本项目受广东省宣传文化发展专项资金资助出版

名家文丛

粤派评论丛书

黄伟宗集

黄伟宗 著

SPM

南方出版传媒

广东人民出版社

·广州·

图书在版编目（CIP）数据

黄伟宗集 / 黄伟宗著. —广州：广东人民出版社，2018.1
（粤派评论丛书）
ISBN 978-7-218-12462-9

Ⅰ．①黄…　Ⅱ．①黄…　Ⅲ．①珠江流域—地方文化—研究—文
集　Ⅳ．①G127.6-53

中国版本图书馆CIP数据核字（2017）第321810号

HUANG WEIZONG JI
黄 伟 宗 集　　　　　黄伟宗　著　　　　

出 版 人：肖风华

责任编辑：向路安
装帧设计：张绮华
排　　版：广州市奔流文化传播有限公司
责任技编：周　杰　易志华

**出版发行　**广东人民出版社
地　　址：广州市大沙头四马路10号（邮政编码：510102）
电　　话：（020）83798714（总编室）
传　　真：（020）83780199
网　　址：http://www.gdpph.com
印　　刷：珠海市鹏腾宇印务有限公司
开　　本：787毫米×1092毫米　1/16
印　　张：23　　**字　　数：**330千
版　　次：2018年1月第1版　2018年1月第1次印刷
定　　价：88.00元

如发现印装质量问题，影响阅读，请与出版社（020-83795749）联系调换。
售书热线：（020）83795240

总　序

近百年来中国文坛，"京派批评""海派批评"以及20世纪80年代崛起的"闽派批评"已是大家公认的文学现象，但"粤派评论"却极少被人提起。事实上，不论从地域精神、文化气质，还是文脉的历史传承，抑或批评的影响力来看，"粤派评论"都有着独特精神气质和文化品格，有它的优势和辉煌。只不过，由于历史、现实、文化和地域的诸多原因，"粤派评论"一直被低估、忽视乃至遮蔽。有鉴于此，我们认为，以百年粤派文学以及美术、音乐、戏剧、影视等评论为切入点，出版一套"粤派评论丛书"，挖掘被历史和某种文化偏见所遮蔽的"粤派评论"的价值，彰显粤派文学与文化的独特内涵和深厚底蕴，不仅能更好地展示广东文艺评论的力量，让"粤派评论"发出更响亮的声音，而且有助于增强广东文化的自信，提升广东文化的影响力，促进区域文化的繁荣发展。

出版这套丛书，有厚实、充分的历史、现实、文化和地域等方面的依据。

第一，传统文化的影响。岭南文化明显不同于北方文化。如汉代以降以陈钦、陈元为代表的"经学"注释，便明显不同于北方"经学"的严密深邃与繁复，呈现出轻灵简易的特点，并因此被称为"简易之学"。六祖惠能则为佛学禅宗注进了日常化、世俗化的内涵。明代大儒陈白沙主张"学贵知疑"，强调独立思考，提倡较为自由开放的学风，逐渐形成一个有粤派特点的哲学学派。这种不同于北方的文化传统，势必对"粤派评论"的形成起到潜移默化的作用。

第二，文论传统的依据。"粤派评论"的起源可追溯到晚清，黄遵宪的"诗界革命"，梁启超的"小说界革命"的倡导，开创了一个时代的风潮，在全国产生了普泛的影响。上世纪二三十年代，黄药眠在《创造周报》发表大量文艺大众化、诗歌民族化的文章，风行一时。钟敬文措意于民间文学，被视为中国民间文学的创始人。新中国建立后的"十七年"，"粤派评论"的代表人物有黄秋耘、萧殷、梁宗岱等人。新时期以来，"粤派评论"也涌现出不少在全国具有一定知名度的文艺评论家。如饶芃子、黄树森、黄修己、黄伟宗、洪子诚、刘斯奋、杨义、温儒敏、谢望新、李钟声、古远清、蒋述卓、陈平原、程文超、林岗、陈剑晖、郭小东、宋剑华、陈志红等，其阵容和影响力虽不及"京派批评"和"海派批评"，但其深厚力量堪比"闽派批评"，超越国内大多数地域的文艺评论阵营。如果视野和范围再开放拓展，加上饶宗颐、王起、黄天骥等老一辈学者的纯学术研究，则"粤派评论"更是蔚为壮观。

第三，地理环境的优势。从地理上看，广东占有沿海之利，在沟通世界方面具有得天独厚的优势；同时，广东处于边缘，这既是劣势也是优势。近现代以来，粤派学者在中西文化交汇的背景下，感受并接受多种文明带来的思想启迪。他们视野开阔，思维活跃，不安现状，积极进取，敢为人先，因此能走在时代变革的前列。黄遵宪、康有为、梁启超、孙中山等是这方面的代表人物。他们秉承中国学术的传统，又开创了"粤派评论"的先河。这种地缘、文化土壤的内在培植作用，在"粤派评论"的发展过程中是显而易见的。

"粤派评论"有属于自己的鲜明特点。

第一，中国现当代文学史写作，是"粤派评论"最为鲜亮的一道风景线。在这方面，"粤派评论"几乎占了文学史写作的半壁江山，而且处于前沿位置，有的甚至成为中国现当代文学史写作的高地。比如20世纪80年代，钱理群、陈平原、黄子平联合发表的著名论文《论二十世纪中国文学》，其中陈平原、黄子平均为粤人。洪子诚的《中国当代文学史》以方法先进、富于问题意识、善于整合中西传统资源和吸纳同时代前沿研究成果著称，它与陈思和的《中国当代文学史教程》被学界誉为中国现当代文学史的"南北双璧"。杨义的三卷本《中国现代小说史》是比较方法运用在文学史写作的有效实践，该著材料扎实，眼光独到，分析文本有血有肉，堪与夏志清的《中国现代小说史》比肩。此外，温儒敏的《中国现代文学批评史》、黄修己的《中国现代文学发展史》、古远清的港台文学史写作，也都各具特色，体现出自己的史观、史识和史德。

　　第二，"粤派评论"注重文艺、文化评论的日常化、本土经验和实践性。粤派评论家追求发现创新，但不拒绝深刻宽厚；追求实证内敛，而不喜凌空高蹈；追求灵动圆融，而厌恶哗众取宠。这就体现了前瞻视野与务实批评的结合，经济文化与文艺批评的合流，全球眼光与岭南乡土文化挖掘的齐头并进，灵活敏锐与学问学理的相得益彰，多元开放与独立文化人格的互为表里。粤派评论家有自己的批评立场、批评观念，亦有自己的学术立足点和生长点。他们既面向时代和生活，感受文艺风潮的脉动，又高度重视审美中的文化积累和文化传承；既追求批评的理论性、学理性和体系建构，又强调批评的实践性，注重感性与诗性的个性呈现。

　　我们认为，建构"粤派评论"，不能沿袭传统的流派范畴与标准，它不是一种具有特定文化立场、一致追求趋向和自觉结社的理论阐释行动。它只是一个松散的、没有理论宣言与主张的群体。因此，没有必要纠结"粤派评论"究竟是一个学派，还是一个地域性的概念，但有一点可以肯定："粤派评论"已是一个客观存在的文化实体，即虽具有地方身份标识，却不局限于一地之见的文艺理论家、批评家群体。

　　党的十九大报告指出，发展中国特色社会主义文化，就是以马克思主义为指导，坚守中华文化立场，立足当代中国现实，结合当今时代条件，发展面向现代化、面向世界、面向未来的，民族的科学的大众的社会主义文化，推动社会主义精神文明和物质文明协调发展。广东省委宣传部策划、组织、指导编纂出版"粤派评论丛书"，是贯彻落实十九大关于文化建设发展精神的一项重要举措，是讲好中国故事、传播中国声音、阐发中国精神、展现中国风貌的一次文化实践。我们坚信，扎根广东、辐射全国的"粤派评论"必将成为新时代坚定文化自信、实现中华民族伟大复兴路上其中一块最稳固的基石。

"粤派评论丛书"编辑委员会

作者近照

作者简介：

　　黄伟宗，男，1935年出生于广西贺州，祖籍广东肇庆。1951年初参加中国人民解放军，1959年毕业于中山大学中文系，历任《羊城晚报·花地》副刊编辑、《韶关文艺》主编等，现为广东省人民政府参事、广东省珠江文化研究会会长、中山大学中文系教授、广东省海上丝绸之路研究开发项目组组长。著有《创作方法史》《当代中国文艺思潮论》《文艺辨证学》《珠江文化论》等专著20余部，主编《中国珠江文化史》《珠江文化丛书》等百余种。先后多次荣获广东省优秀社会科学奖、鲁迅文艺奖等。

目　录

宏观论评

珠江文评

海洋文化与"一带一路"

珠江文派与千年南学

文海感言

粤派评论·珠江文派·文化批评

——以"群""气""风"三字切入的简述并代前言

2017年春天，当我正在筹划"珠江文派"书系的编写与出版工作时，《羊城晚报》也在发表倡导"粤派评论"的系列文章，并向我约稿，我当即将正在付印的《珠江文典》跋寄去，以表支持和赞许。因为我始终认为：文学创作与文学评论，是文学事业之两翼；前者是土壤，后者是庄稼；"皮之不存，毛将焉附"？两者共存共荣，相互促进。所以，我感到倡导粤派评论和珠江文派，是双簧一曲、异曲同工之事。同时，最近接到通知说：按照"粤派评论丛书"出版计划，要我编出《黄伟宗集》，列入"名家文丛"。在进行编选时，又使得我从自己文学生涯即届60周年的文学批评活动回顾中，对个人追求的文化批评风格有所感悟，进而对当今广东的文化批评之"粤海风"颇为认同和赞赏。于是便利用为《黄伟宗集》写前言的机会和方式，将粤派评论、珠江文派、文化批评等三个相关而又各有不同的命题，分别以"群""气""风"三字切入简述自己的想法和看法，向读者请教。

（一）"群"——以粤派评论凝聚批评群体，以批评群体领潮创作批评

顾名思义，粤派评论姓"粤"，理当是粤地粤人粤风的文学评论。既然称之为"派"，则应当有"结群"和"可群"之能量，也即是当有群众、群体、成群结队之"群"，又应有古语所云："诗三百"（即《诗经》），"可以群"之群众、群知、群情、群潮之"群"。粤派评论就是这样一个早已具有并充分发挥出这两方面"群"之功能的文派。

广东文学在建国后有两度辉煌：一是二十世纪五六十年代，以《三家巷》《香飘四季》《花城》为代表的老一代作家新作的涌现；二是二十世纪

七十年代末至八十年代初，以《我应当怎么办》《海风轻轻吹》《雅马哈鱼档》为代表的第二代中年作家的"伤痕文学"和改革文学的兴起。与此同时，广东文学批评界也创造了自己的辉煌：一方面表现在最早而及时地为这些作品及其代表的文学新潮鼓与呼，另一方面是从同时期创作现象升发深度的理论批评，如六十年代初从《金沙洲》升发关于典型问题的讨论，七十年代末从"伤痕文学"升发关于"社会主义悲剧"和"社会主义批判现实主义"的理论争鸣。这些批评活动的群体性及其反响的群潮性，说明当时的广东文学评论界与广东文学创作界一样，在创造两度辉煌的同时，已自觉地形成一个成熟的文派，只不过是与珠江文派那样，"有实无名"而已。

其实，粤派评论在这两度辉煌中成熟和崛起，不是偶然的，而是有其来龙去脉的。《黄伟宗集》中有篇两万字长文：《百年珠江文流的三段历史波澜》。文章详析了珠江文派和粤派评论在正式成熟和崛起之前的百年文流长河中，掀起三段历史波澜的辉煌，具体是：一、由梁启超在维新运动前后，开创的"新民说""文界革命"和"学术新论"掀起的历史波澜。二、由朱执信、杨匏安、洪灵菲等革命者和作家，分别在五四运动前后掀起的"土话文""美学"与"革命文学"波澜。三、以欧阳山从"粤语文学""大众小说"到"新写作作风"之路，蒲风、温流与"中国诗坛"，以及黄谷柳的《虾球传》和粤港"方言文艺运动"，在抗日战争和解放战争时期掀起的第三段历史波澜。从这三段历史波澜的辉煌可见：珠江文派的文脉是源远流长、光辉灿烂的；同时，也可看到粤派评论的文脉不仅同样如此，而且尤其鲜明突出地在这三段历史时期，对当时的文学创作以至整个时代的历史文化洪流，都持续地发挥着领潮争先、推波助澜，以及文学评论的"群体""群知""群潮"作用。

（二）"气"——以"五气"聚现珠江文派，以珠江文派记住乡愁

要种好粤派评论的"庄稼"，必须培育好珠江文派之"土壤"；要培育好珠江文派，就应当响应习近平总书记发出的"记住乡愁"号召，从强化本土写作入手，挖掘出本土文化之"底气"，聚现（也即是"结群"和"可群"）珠江文派，并以珠江文派之创作永远记住乡愁。

"气"者，即精神之气，包括有形或无形的气派、气势之"气"。三国时代，曹丕以点化"文章以气为主"（《典论·论文》）之"气"，由曹操父子创造了流传千古的"建安文学"；明清时代，方苞、刘大櫆先后以"义法""神气"造就了"桐城派"300年的承传历史；珠江文派也是以"气"为主，但却是"五气"相通之气派而聚现的广东作家群体。"五气"包括："天气"，即时代之气和本土独特自然天气；"地气"，即本地水土自然环境之气；"人气"，即本土社会环境和风俗人情之气；"珠气"，即珠江文化之气；"海气"，即海洋文化之气。

这"五气"也是粤派评论凝聚之气。因为粤派评论是珠江文派之羽翼，是重要组成部分和理论支撑。粤地粤人粤风之文学评论与珠江文派一样，要有立足之地，这就是本地的生活与创作，尤其是对本地的深情厚谊，也即是习总书记号召的：要"望得见山，看得见水，记得住乡愁"。这对于粤地之新旧粤人作家评论家而言，是尤有指导意义的。因为粤地自古是移民繁殖之地，出生本土者固然有其深厚乡愁，非本土出生者，也皆因"年深外境犹吾境，日久他乡即故乡"而具有粤地之乡愁，从而可以立足粤地而群为文学创作和评论之文派，又由作此而使其创作和评论或浓或淡地具有"记住乡愁"的粤地印记。所以，聚现珠江文派与"记住乡愁"是互为因果、相辅相成的。

广东省珠江文化研究会组编"珠江——南海文化书系"，是为实现这个双向性目标铺垫或铺路之作为。从《黄伟宗集》录其总序分列之"珠江文派与记住乡愁"书链序中的书目及其结构可见：首部《珠江文典》是轴心，即以"五气"聚现珠江文派和记住乡愁之座碑；接连的书目是梳理百年历史波澜的《珠江文流》，评析新时期精英作家作品之《珠江文粹》，以及评析跨世纪崛起作家作品之《珠江文潮》，则是从纵向疏理其源流和承传发展之碑记；《珠江诗派》《珠江文评》，是从领域横向而丰其羽翼之论著；《珠江文港》《珠江文海》，则是从地域横向展示其对海外的凝聚力和辐射力之实录；而《珠江民俗》《珠江民歌》《珠江民艺》等三部民俗风情录，则是从文化根向寻其基因与血脉之本根之作。从这些书目展示的内容和整体结构可以窥见：这个书链的完成是可以达到以"五气"聚现珠江文派，以珠江文派记住乡愁之预期目标的。

（三）"风"——以文化铸就风格，以风格增强粤海风

所谓粤人粤地粤风之文学评论之"粤风"，包括两个方面：一是指个人风格，二是指文派群体相通并聚射之文风。据说"粤派评论丛书"出版计划，列入其中"名家文丛"出版专集的人，都是有影响、有个人风格的前辈和同代文学评论家。我认为这是很幸运的文坛盛事，这意味着当今可以倡导文派、学派，并重视作家、评论家的个人风格了，过去一直是忌谈文派、学派和个人风格的。

其实，文派或学派并不可怕，而是可喜。正如开创百年珠江文流的大学者大作家梁启超所说："学派之为物，与国家不同。国家纷争而遂亡，学派纷争而益盛。"至于个人风格，也不是有些人说的那么高不可攀。照我看来，个人风格，不过是作家评论家个人的经历、学识、专业、职业、事业等因素之渐进与融合，逐步形成一定的写作范围和写作习惯的特点而已，尤其是专业或职业的需要和事业的追求起重要作用，起码在我来说是如此。

现在这部《黄伟宗集》，是从我已经出版的20多部个人专著（基本汇集于最近出齐的《黄伟宗文存》四部）中选出来的，可以说是我即届60年文学生涯的缩影；又由于是侧重选辑评论文章，所以也是我个人批评风格的缩影。概括而言，这些篇什都可以说是：以文化观照文学、从文学透视文化的评论，几乎每篇都有文化或文学，"双文"融于一体，均可称之文化批评或文学的文化批评。如果这可以说是我的批评风格的话，那正好说明这是由于我的专业、职业和事业的因素造成的。1959年我从中山大学中文专业毕业，到《羊城晚报·花地》文艺副刊任《文艺评论》责任编辑开始（当时还是《三家巷》首篇评论的作者）到现在（除"文革"十年外），我从事的专业、职业和事业，都主要是文化和文学领域的工作，并都是按专业、职业和事业的需要，写文章、出专著。所以，《黄伟宗集》中"宏观论评""珠江文评"等栏目中所选篇什，都是我在中山大学中文系任教时，按讲授中国当代文学和文艺理论批评需要，而写的一些专著或文章；"决策咨询""珠江文化""文化发现""珠江文派与珠江学派"等栏目中的文章，是自1992年开始，我受聘为省政府参事并任省参事室广东文化组组长和珠江文化研究会会长，按职务要求而写的参事建议或调研报告；"海洋文化与'一带一路'"栏目中的文章，则是2000年6月

我率考察团到雷州半岛发现徐闻是中国海上丝绸之路最早始发港，而被任命为广东省海上丝绸之路研究开发项目组组长（2013年后又任"海上丝绸之路研究书系"学术委员会主任兼总主编），所编写的专著或报告。总之，这些篇什，是文化中的文学，文学中的文化，是以文化为主体的"多学科交叉立体文化工程"，是既有理论、又有实践，既有决策参考价值、又有实际操作成效的学术成果。所以，尽管有人认为我这些作为，是文学界的"个别"，又有社科界的人视为"另类"（参见"文海感言"中的《年轮、计步器，以及"个别"和"另类"》），我也不以为悔，反以为荣。因为被多个学科人士均视为不能入其"类"、其"格"的"边缘人物"，不就是本身"自成一格"么？这不就是个人风格么？怎能不引以为荣呢！

我的学术道路和学术风貌实际如此。如果这样的文化批评也能算是有个人风格的话，那么"粤派评论丛书"及其"名家文丛"，也会同我主持的"珠江文派与记住乡愁"书链及《珠江文典》所印证的珠江文派的存在那样，印证出粤派评论也是实际存在的，因为两套书系所列举的代表人物，都是既有共性又有个性，也即是既有文派共有之气派文风，又都各有自己独特风格之作家批评家群体。因为拥有相当数量各有个人风格而又有相通气派文风的作家评论家群体，才能称得上是成熟的文派或学派。

那么，当今粤派评论相通之气派文风是什么呢？我认为与珠江文派一样，是"五气"相通相聚而迸发出来的"粤海风"。这是因为"五气"中的"珠气"和"海气"是凝现"天""地""人"三气之轴心，其根是海洋性特强、江海一体的珠江文化特质，其文化风格和气派文风，正如唐代南粤"第一诗人"张九龄所写"海上生明月，天涯共此时"，故名之"粤海风"。我本人一直追求以文化铸就批评风格，也旨在以文化批评风格为增强粤海风而尽个人力所能及的绵薄力量。

本书在编选过程中承蒙中山大学中文系博士生包莹大力协助，特此鸣谢！

黄伟宗

2017年端午节完稿于广州康乐园寓居

决策咨询

破"五论"、立"八系"，促进广东文化大发展大繁荣

最近举行的中共中央十七届六中全会，通过了《中共中央关于深化体制改革推动社会主义文化大发展大繁荣若干重大问题的决定》（下简称《决定》），其中首次提出"把我国建设成为社会主义文化强国"的奋斗目标，令人鼓舞！我省早在前些年已提出"建设文化强省"的号召并取得了显著成绩，现在有了《决定》指引，必将会更加快前进的步伐，取得更大的发展繁荣。在认真学习《决定》之后，笔者结合我省实际，认为要使广东文化在现有基础上取得更大发展繁荣，应在思想认识和机制举措上破"五论"、立"八系"。具体如下：

一、破"五论"

一是破"广东文化沙漠论"。这是上世纪末期广东以至全国流行的观念，说广东讲发财、无文化，即使有文化也是"商业文化""市民文化"。近些年这些说法少了，可能是大量的事实受到人们的认同而自行破除此论的缘故。但尚不能说完全破除。因为这种说法不完全是有无文化的问题，相当大的因素是在于文化观念的不同，以及文化宽容度的差异，应继续以求同存异、相互包容的胸怀待之。"沙漠论"的另一种表现，是对本土、本地、本行业、本企业的文化历史、文化存在和文化现象视而不见、不以为然，只重"他山之石"，不攻本身之"玉"，既不去挖掘、打造本身文化宝藏，又对本身落后文化现象熟视无睹、麻木不仁，不能以文化的自觉和自信去兴良除垢，造成文化

上的无所作为，是文化发展障碍，应当破除。

二是破"文化次要论"。头脑和眼光只想到和看到经济指标的GDP，忽视文化的GDP，将文化置于次要位置，不予重视，不进议事日程，不入发展规划。其实，多年以来，党中央和省领导，一直强调发挥文化引领作用，增强文化软实力和文化综合竞争力，现在又首次以中央全会决定的方式对文化改革发展作出重要部署，并首次提出建设社会主义文化强国的宏伟目标和战略任务。由此可见文化具有何等重要的位置，"文化次要论"可以休矣！

三是破"文化花钱论"。进行文化建设、发展文化事业、开展文化活动，的确都要花钱，往往是只有经济付出、无经济收益，或者收益少、收效慢，难在任职期间见成效，因而不愿投资文化，即使投资也是缩手缩脚、小手小脚、表点意思。这种认识，关键是欠缺文化意识，近视眼，眼光浅，不懂"城市的竞争实质是文化竞争""未来城市的竞争以文化论输赢"的道理，也不懂文化与经济发展的辩证法，对发展文化产业的思想和政策不明确、贯彻力度不大。现在《决定》明确要求："文化产业成为国民经济支柱性产业，整体实力和国际竞争力显著增强，公有制为主体、多种所有制共同发展的文化产业格局全面形成"，"文化管理体制和文化产品生产经营机制充满活力、富有效率"。如此明朗而深刻的指针，所谓"文化花钱论"该收场了。

四是破"文化片面论"。这种"片面论"突出而相当普遍地表现在以狭隘的"小文化"理念看文化，将文化仅看作是图书馆、博物馆、唱歌跳舞、写诗绘画、旅游会展之类建设或活动，而不是以现代的"大文化"理念看文化，片面地将文化仅作为文化部门管的事情，忽视或不懂观念意识、精神形态是更重要的主导或根本性的文化，是社会的、也即是文化的灵魂，尤其是信仰、道德、荣辱、诚信等观念与传统，更是社会精神支柱和文化基石，不抓住或离开这个根本方面去进行文化建设，是舍本求末、因小失大。诚然，文化建设要做实事、出成绩、造品牌，但不应只片面追求基建数字、作品销量、获奖多少、品牌知名度，而应当注重其物质或精神建设的社会效益和实际效果。

五是破"文化边缘论"。"边缘"者，处处沾边、却又沾不上边。对于文化，为了交差搞一点，做做表面文章，不深不浅沾点边，谓之"文化边缘论"。此论现象相当普遍可以理解，奇怪的是"文化热"现象流行有20年以上，迄今城乡各地、各行各业，无论国企或民企、党政机关或事业单位，抑或科研单位或高等院校、街道或村落，以至家庭或个人，无不高唱文化，真可谓文化无处不沾边、人人处处讲文化，可是无文化、亚文化、丑文化、恶文化、邪文化现象却屡见不鲜、屡禁不止，显然与只偏重做"擦边球"表面文章有关。这也是"文化边缘论"的一种表现。更奇怪的是，多年来文化高调唱得如此普遍，但在科学院却无专门的文化研究单位、大学无专门的文化院系或专业，学术系统及学术规划、基金或评奖项目，都未能将文化学科或文化学类的项目单列申请和专项评审。这种在学术、科研、教学等领域中的重大缺失现象，可谓"人人有份却无人过问"的"边缘"现象，也是"文化边缘论"的一种表现。

二、立"八系"

广东应在社会主义核心价值体系为中心或前提下，以综合统筹的方式，确立和建设八个文化体系：

一是立"文化学术体系"。包括：确立文化学为独立的一级学科，要与世界现代文化学理论对接，以中国传统文化理论为基础，以社会主义文化思想为导向，确立有中国特色的文化学基本理论和体系。同时，以多元化的现代思维，允许或倡导以多种文化观、多种学术视角、多种学术途径、多种学术层面、多种艺术方式，去进行其二级学科体系的建设和确立，从而充分发挥各种学者个人或群体的积极性，促成更多文化领域的发现与开拓，造就多种文化种类和多种文化学派以及文学艺术流派的形成和相互竞争，真正形成"百花齐放""百家争鸣"的繁荣局面。例如，既支持以传统文化观念去研究岭南文化或南粤文化并建设其学术体系，又应当容许以世界水文化理论去对南中国海洋或珠江水系文化进行研究而确立其文化体系；在文化领域的研究上，既倡导对广府文化、客家文化、潮汕文化和雷州文化等民系文化的研究，又当支持对西江文化、东江文化、北江文化等水域文化的探索，更应鼓励对广信文化、南江文化、十三行文化、校园文化、佛山监狱文化等等未受注意文化的发现与开拓。应当说，文化学术体系及其所带来的文化学派和文化种类与开拓，越多越好。

二是立"文化教育体系"。教育是国家和社会的根本。教育既是一种文化，又是文化的根本。发展繁荣文化的根本也在抓文化教育，要确立文化教育体系，包括：在中小学设立专门的"文化"课程和教材，在大专院校设"文化"为文理科学生的必修课，在有条件的大学专设文化系或研究院所。在成人教育系统，尤其是领导干部培训方案里，要有专门的文化课程，或者定期举办文化专修班、领导干部文化研修班，形成制度，从而逐步确立文化教育体系，或者是以突出文化为特色的教育体系。

三是立"道德诚信文化体系"。当今最为突出的社会问题是道德信誉危机，道德缺失，诚信缺失。这是严重的文化现象，但又不仅是文化问题，必须综合治理，以确立完整的道德诚信文化体系而根治之。确立这个体系，各级政府和领导干部必须守公德、守诚信，品格高尚，公正廉明，言必行，行必果，树立威信和形象；要倡导在城市农村各种基层单位或群体（街道、乡村、机关、企业、工厂、商店等），订立道德公约，在社会各种经济与人际关系之间，包括单位与个人、企业与企业、投资方与被投资方，双方的平等交往和利益的良性循环，使社会的人际关系和市场经济具有诚信道德基石；在社会各个领域，广泛开展评选诚信个人、单位、村庄、小区、街道、企业、商店、产品、商品的活动，并以道德诚信度进行等级评比，架构以立德守信论品位的道德准绳，形成以立德守信度比高低的时尚，创造人人讲道德、事事讲诚信、处处讲道德诚信的社会环境，营造以有德有信为荣、无德无信为耻的社会风气，使道德诚信文化社会化。在宣传和教育中，要大力宣扬古今有德有信典范人物的光辉事迹和动人故事，以各种媒体弘扬诚信文化和道德传统，编写普及的道德诚信读物，使幼儿园孩子也能看懂听懂，争做"立德守信孩子"。邓小平说现代化的电脑教育要从娃娃抓起，同样，传统道德诚信教育也应当从娃娃抓起，这才使道德诚信文化代代相传，全面而持久地确立道德诚信文化体系。

四是立"信息文化体系"。当今手机、电脑等现代化通讯设备的发明与流行，使人类社会进入了高科技的通讯时代，既高速地促进人们的信息沟通与交流，又造就了一种新的信息文化领域，开拓了"微博""QQ"等新的交流方式，开创了网络文学、绘画、音乐，以及手机短信"段子"、诗歌等等超时空的交流和艺术方式。由于这些新方式，以个人操作为主，自由度大，自发性强，往往形成自流，因而很有必要确立信息文化体系而加以管理引导，使其从自发走向自觉，从低层次走向高层次，以积极面克制其消极面，促沟通，出精品，使其健康发展，在信息交流和信息文化建设上，发挥更积极的作用，为社会经济文化建设作出贡献。其中应特别重视的是：政府、领导与人民群众之间的网络交流体系，对于建设和谐的幸福社会、社会主义精神文明建设尤有重要意义。要经常以征文、比赛、评比等活动或方式，促进信息网络文艺有更多的好作品出世，有代表性的作品、作家、理论家，使信息文艺和信息文化成气候、成领域、成体系。

五是立"品牌文化体系"。在总体上，既要以文化打造经济物质生产的品牌，又要打造文化品牌，开拓品牌文化研究领域，树立品牌观念意识，确立品牌文化体系。在各行各业都要树立和打造品牌，既挖掘或弘扬传统品牌，擦亮本有品牌，更要打造开创新品牌。在文化领域，既要以设立各种奖项的方式树立个人或作品的品牌，更要以在社会上大力宣传、弘扬文化特质或实效的方式，使品牌成为公认的社会存在；既要打造现实新生事物、新人新作、新建景点、新开场馆的文化品牌，又要挖掘、重现传统文化遗存或文化星座的品牌光辉。从而使各行各业都有自身的品牌系列，形成品牌的经济和文化体系。尤其要实施促使品牌走出国门、参加国际比赛和竞争的战略，尽力争取举办或参加国际赛事的机会并获得奖项，竭力争取多种文化遗存列入世界文化遗产或非物质文化遗产。

六是立"生活文化体系"。衣、食、住、行、玩，是人类生存的五要素，也是社会生活的五项基本内容；每项要素或基本内容都自成其经济和文化体系，同时又在总体上构成一定国家、民族、地域的社会生活的基本特质与形态，包括其经济体系和文化体系。所以，在文化建设中，从本地文化特质出发，分别确立本地域的衣、食、住、行、玩的文化体系，又在总体上确立自身的社会生活文化体系，是极其重要的基本文化建设，是最能体现本地文化特质、最能体现文化惠民、最能繁荣发展文化经济的基本途径和战略。例如，"食在广东"是举世公认的，广东自古食文化经济繁荣，食文化有悠久传统，自成经济和文化体系，当今又有更新更大发展；衣饰服装业"领导全国新潮流"；住房建设和房地产业，高铁、地铁等交通建设，以及旅游业、娱乐业等都是全国的"排头兵"。这些衣、食、住、行、玩等生活文化体系既是各项生活要素的高速发展，又是整体社会生活的发展，既是经济的发展，也是文化的发展，既是物质惠民的发展，也是精神文化惠民的发展，既是广东经济特质的充分展示，又是广东文化优势的直接弘扬。过去只注重这些社会生活要素或行业的经济效能，忽视其中的文化内涵与文化功能。同时，以往多是将这些要素或行业"各顾各"地、零散地去进行操作，其发展是迟缓的、有限的，应当以确立社会生活文化体系而促其整体地、综合地、系列地发展才能高速发展。

七是立"生命文化体系"。生、老、病、性、死，是人类生命过程的基本环节或基本命题，每个人都是必须经历或必然接触到的，每个国家、民族、地域的每个时代的社会管理者，都必须面对和解决这五项生命命题，也即是社会命题。每个社会对这些生命环节和命题的认识理念、解决方式和关怀程度，是其人性关怀、物质和精神文明程度的体现，也是其社会文化、传统文化特色的重要体现。如"生育"，既是人的生理必然，又有生养优生、计划生育、孕妇婴儿保健、助产出生风俗等等，都无不有经济、文化问题；当今社会老龄化日益突出，社会问题多多；病、性、死的问题，同样不可避免、持续不断，都受社会风俗文化影响，又是社会文明程度标志。这些生命文化问题，必须以社会主义思想而确立具有民族特色和地方色彩的生命文化体系来解决并发展之。

八是立"文化人才体系"。要充分注意从文化事业的特殊性来培养人才、发现人才、使用人才、保护人才、鼓励人才，确立具有民族和地方特色的文化人才体系。如在工艺性特强的行业，可破学历或艺龄限制评升职称，可以私人收徒或亲属带徒；在大学和学术机构，可以破除退休年龄限制而持续使用特殊人才，并为深有造诣的专家配备助手；根据不同行业的劳动付出情况制定弹性报酬准则，尤其是对公认为"冷门"的行业，如文艺批评、文化研究等，要扩大研究课题和经费投入，提供更多造就人才、使用人才的机会，以减税、免税、提高稿费和奖金等措施，促使研究或创作成果的经济价值和文化价值升值；在文化竞选、比赛、评审、评奖中，要公开、公平、公正，人人平等，破除门户之见、派系之争，严禁黑箱操作、霸道行为，造就人才顺利成长的良好环境，真正确立科学的文化人才体系。

以上"八系",是供实现广东文化大发展大繁荣参考的策略与途径,其建设与确立的进度大小,则当是广东文化发展繁荣程度的主要指标和实现标志。

2011年11月1日

附注:本文发表于《省政府参事建议》2011年11月24日第68期。

以自身特性和共通性文化为纽带，促进区域及对外经济文化合作

——从建设文化大省和泛珠三角经济合作提出的战略性建议

前年冬天，中共中央政治局委员、广东省委书记张德江同志代表省委，发出建设泛珠三角区域（"9+2"）合作的号召，我即先后向媒体发表了题为《泛珠三角经济圈需珠江文化支撑》（见2003年11月20日的《人民日报》）、《泛珠三角：不仅是经济概念，也是一个文化概念》（见2004年4月12日的《南方日报》）的谈话，表示热烈拥护和支持，因为我认为这是一项很有战略与理论实践意义的英明决策和举措。为此，我特地提出一项战略性建议，即：以自身特性和共通性文化为纽带，促进区域和对外经济合作，使文化与经济相互转化。

一、这项战略性建议的理论和实践依据

这项建议，其实是从我对省委先后提出建设文化大省和泛珠三角合作区域（"9+2"）号召的理解而提出来的。我发现这两个号召是密切关联的两个步骤：如果说建设文化大省是以我省自身特性或优势文化的发掘、弘扬、建设推动全省经济的发展，那么泛珠三角则是进一步找到"9+2"省区共有或共通性文化，并以此为纽带或平台，进行区域和对外经济文化合作，同时又以此发挥出区域的经济文化的特性和优势；特别是，由此找到了本来经济文化都差异甚大的省区之间的连接链条，甚至连不同社会制度的香港、澳门，也找到了从文化的特性与共通性进入经济合作的途径，使泛珠三角成为全国地域最大的、经济文化成分最丰富多样的合作区。我想这是两项号召之精髓，是战略上的

创举。

我之所以特别关注并认真领悟这两项号召的战略思想，从而郑重提出这项建议，是由于我近15年来一直研究珠江文化（含岭南文化），并且取得一些与其战略思想一致的成果和体会。这些成果，是由广东省珠江文化研究会具体组织的珠江文化和海上丝绸之路研究，经十多年努力而取得的。我们在研究中发现：在泛珠三角合作区域（"9+2"）各省区，都有其自身特性的文化，在各省区之间，又有两种共有或相通的文化，可以作为相互协作，以至对内凝聚、对外合作的纽带和交流的平台，如能再加以深化研究和利用，必会更大促使文化转化为经济，又使经济转化为文化的良好效果。

珠江文化，就是泛珠三角区域共有或相通的一种主要文化，是既可对内凝聚，又可作为对外交往平台的一种文化。首先，珠江文化的覆盖地域，是珠江水系及沿海江河流域和辐射地带，即：云南、贵州、广西是其第一主干流西江的发源地和流经地，湖南、江西是其第二主干流北江的发源地，江西又是其第三主干流东江的发源地，福建是其毗邻江河韩江的发源地，广东是珠江水系的总汇地，海南自古属广东，香港是东江下游，澳门属珠江三角洲，四川是珠江文化的辐射地带。（四川从古至今与广东关系密切，清康熙年间实行"湖广填四川"政策，使广东大量移民进川，致使至今四川全省百多个县大都有"广东会馆"，而且馆内大都供奉六祖惠能佛像。）可见珠江文化是"9+2"省区共有的相通的文化，是泛珠三角区域的文化基础和支撑；自古以来以水路交通为重，珠江水系似蜘蛛网，河汉纵横，交往特别密切，改革开放后更是往来频繁，入粤人口剧增，珠江文化更被人们认同接受，从而使其成为具有全区凝聚力的文化，也是可对外（包括外区、外国）交流的平台。

珠江文化是一个科学的概念，又是有其自身特性和优势的，是可与黄河文化、长江文化等并列的大江河文化之一，是"茫茫九派流中国"的江河文化网中的有机组成部分。它有自身的发展系统（黄河文化的始祖是黄帝，长江文化的始祖是炎帝，珠江文化的始祖则是舜帝；黄河文化的哲圣是孔子，长江文化的哲圣是老子，珠江文化的哲圣则是六祖惠能）。它有自己的性格和风格（黄河文化正如李白诗"黄河之水天上来，奔流到海不复回"所体现的神圣、庄严，长江文化正如苏轼词"大江东去，浪淘尽，千古风流人物"所体现的开阔、气派，珠江文化则如"岭南第一诗人"张九龄诗"海上生明月，天涯共此时"所体现的海洋性、宽容性、共时性）。它有自身的悠久历史（经我们研究发现岭南文化发祥地在封开，解开两广之"广"之谜，论证出封开原始人牙化石距今12.8万年，比距今10万年的马坝人早，这即意味着将岭南文化推前2.8万年）。它还有自身的独特形象（黄河似龙，长江似凤，珠江则似多龙会珠）。而且，珠江文化的称谓和概念还深受港、澳、台和外国学者及华人的认同和欢迎，如前些年我先后到西欧五国和美国讲学或进行文化交流，大谈珠江文化，外国学者甚感兴趣，我因此受到华人华侨作家和文化人的特别欢迎；2000年我在台湾高雄中山大学以《珠江文化的创新特质的源流及其发展》为题讲学，受到该校师生及学术界的赞许；2002年年初，台湾海洋学会会长刘达材（原台湾海军中将）从香港《中国评论》杂志上知道我们研究珠江文化，特从台湾到广州与我们珠江文化研究会作学术交流；2004年年初，我们与香港《中国评论》杂志联合举办了"粤港澳文化的回顾与前瞻"论坛，三地学者一致公认珠江文化（含岭南文化）自古以来都是三地文化的主流，是相互经济交流的基础，"敢为天下先"是三地的共通特性和文化优势。这些研究成果和效果说明：珠江文化是自成体系的，其成为泛珠三角区域一种共有和共通的文化，成为区内的一种连心力、凝聚力，成为对外交流的一个平台，是有科学依据的，是受到认同的。

海上丝绸之路文化，既是珠江文化海洋性的佐证之一，是珠江文化的有机组成部分，又是具有更为广泛共通性的一种文化。丝绸之路，即中国从汉武帝派张骞通西域开始的对外通商之路，陆路从当时首都长安出发，海路从当时岭南首府广信（今封开和梧州）出发。从徐闻、合浦出海，其古代港口遍布世界50多个国家，其中有好些点已被定为世界文化遗产，联合国教科文组织总干事去年宣称：打算将世界上所有海上和陆上丝绸之路遗址（估计有50多个点）合定为一项世界文化遗产，现在世界各国都在纷纷争取其遗址列入。所以，海陆丝绸之路是更为广泛的共通性文化，是受到较多运用的对外交往平台，前些年江泽民主席、朱镕基总理先后访问意大利、巴基斯坦，都在讲话中谈到我国与这些国家自古交往的丝绸之路历史。最近媒体报道，我国交通部公布了修建国际公路的宏伟规划，其名称则是用"新丝绸之路"。

我们进行文化大省建设和泛珠三角合作，也应当发掘和运用这种文化。2000年6月，我们发现并论证出雷州半岛的徐闻，是西汉时，也即是中国最早的海上丝绸之路始发港之一。这个发现，将联合国教科文组织确定南宋时才开始的福建泉州港为中国最早始发港的海上丝路史，推前了1300多年，也即是将珠江文化的海洋史大大提前。随后我们发现在广东沿海，从东到西都有不少分别于不同年代开始的海上丝路始发港；同时我们发现在泛珠三角其他省区，特别是福建、广西、海南、香港、澳门，都有许多著名的海上丝路始发港，从而证实海上丝路文化是珠江文化的有机组成部分，是泛珠三角各省区共有共通的一种文化。其体现的海洋性，也正是珠江文化区别其他江河文化的重要特质之一，同时也即是中华民族文化的有机成分之一，这就有力地驳斥了德国大学者黑格尔在《历史哲学》一书中所说的，中国"并没有分享到海洋所赋予的文明"，海洋"没有影响他们的文化"为代表的西方观点。我们还发现在海上与陆上丝绸之路之间，有许多交汇点或通道，填补了学术空白，而且在广东和整个泛珠三角区，包括云南、贵州、四川、湖南、江西、福建，都有许多这样的交汇点或通道，显然这也是泛珠三角共有的而又是区别其他地域的文化特点之一。由此可见，海上丝路是我们广东和泛珠三角的一项资源十分丰富、共通性特大特强的遗产文化，也是其自身的一种文化特性和优势。

我从媒体的报道上看到：我省一些市县，在省委发出建设文化大省和泛珠三角合作号召的感召下，近年运用了我们研究珠江文化和海上丝绸之路的学术成果，进行对外交往和招商，取得了很好的成绩。如前些年，湛江市以海上丝绸之路最早始发港之一为品牌，使徐闻县增多五亿元投资；韶关市以珠玑巷是中原与岭南文化交汇地和文化寻根地的定位，在南洋和欧美开展后裔联谊活动，使南雄增加近亿元投资；去年，云浮市以惠能出生地定名为六祖镇和举办六祖节，使新兴县仅去年即增加数亿元投资；肇庆市先后在封开举办岭南文化发祥地研讨会和招商会，在端州举办包公文化研讨会和端砚文化节，在德庆举办儒学研讨会和龙母文化节，在怀集举办金燕文化研讨会和攀岩比赛活动，都取得了可观的经济效益和文化效益。尤有意思的是：2003年9月我应阳江市领导的邀请，带一班专家去考察"南海Ⅰ号"沉船，作出了"海上敦煌"的文化定位，经媒体报道，引起世界著名海洋学家吴京教授（美国工程院院士，台湾

"中央研究院"院士、原"教育部"部长、成功大学校长）的注意，他要求我邀请他前来考察。他在考察时大为惊讶，评价极高，认为"世界海洋史要由此改写"；去年元旦，联合国教科文组织几位官员和专家在中山大学开会，也要求我陪同考察，他们在考察时也赞赏不已，认为是价值特高的文化遗产，并认同我提出的"海上敦煌"的文化定位；去年在国家文物局等单位举办论证会后，中央和省领导高度重视这项文化遗产，批予1.5亿元人民币投资建设。这些情况表明：各级领导已经开始注意以本地文化特性、优势资源和共通性文化为纽带进行经济文化合作，并都取得了文化与经济相互转化的良好效果。

从上可见，我根据省委的战略思想而提出以自身特性和共通性文化为纽带，促进区域和对外经济合作，使文化与经济相互转化的战略，是有充分的学术研究和理论依据的，是有大量的成功实践依据的。

2005年1月23日

（收入本书时，本文第二部分已删去）

附注：中共中央政治局委员、时任广东省委书记张德江同志（现任中共中央政治局常委、全国人大常委会委员长）2005年5月11日对此件作出批示："请东士、小丹同志阅。"蔡东士同志时任广东省委副书记，朱小丹同志时任广东省委常委兼宣传部部长。

强化文化软实力之"五力",发扬光大广东文化特点和精髓

——广东文化软实力与文化特质调研报告

在2013年广东省参事决策咨询会上,中共中央政治局委员、广东省委书记胡春华同志作出了"广东文化具有自身特点""具有自己的精髓,需要我们今天去发扬光大"的指示。那么,什么是广东文化的特点和精髓呢?2010年7月,以建设文化强省为主题的省委十届七中全会指出:"改革开放以来,广东的成功探索,不仅为全国贡献了经济发展的成功经验,更重要的是,改革开放中形成了'解放思想,先行先试,开拓进取,领潮争先'的思想观念,成为新时期广东文化的精髓。"这个概括,也包括其内涵的开放性、领潮性、变通性、务实性、进取性等特点,故可统称为广东文化特质。显然,广东自改革开放以来取得的长足发展,是充分发挥了这些特质而取得的丰硕成果。

现在广东正面临着经济社会发展的关键时期,胡春华书记作出这一指示,是很及时、很重要的。如何贯彻这个指示呢?笔者认为,应当以新的高度或视角,去重新认识自身文化的特点和精髓,并在已有成就和经验的基础上,使其发扬光大。这个新的高度和视角,就是现代文化理念和文化软实力理论及其内涵之"五力",即:文化激活力、文化对应力、文化伸张力、文化浸润力、文化持续力。为此,特提交调研报告及具体建议如下:

一、用时代文化理念,以文化激活力发扬开放性特质

当今世界,时代文化理念就是大文化理念。其"大",一是以世界和时代的眼光看文化,二是以大文化概念(即指人的理念、精神、思维方式、行

为方式）用文化。具体而言，就是以这"两大"文化理念为高度，去研究、分析、发现、升华广东的一切自然、历史、现实的客体文化元素（含古今生活与文化）而进行文化创造，包括创作文艺作品、确立文化定位、策划文化项目、组织文化活动、建设文化设施、保护利用文化遗产、普及文化知识、创办文明单位等举措或实体成果（统称"作品"）。以这"两大"文化理念为高度去进行这些文化创造，实际上也就是以文化软实力之激活力，去激活广东的相关文化元素（包括文化特质）而创造的作品；同时，这作品本身对于受众又是有文化激活力的。所以，文化激活力，既是作者以一定时代理念去激活文化客体元素而进行文化创造的文化力，又是作品对于受众的影响力。

例如，2010年11月在广州举行的亚运会开幕式，就是以这"两大"文化理念中，最"世界"、最"时代"的水文化和江海文化理念，激活广东文化中传统的水文化元素（如"落雨大水浸街"的咸水歌、游河的花艇、海上丝绸之路的风帆、乘风破浪的海船等），在"以羊城为背景，珠江为舞台"的宏大艺术空间中活灵活现，既突破了历代亚运会均在场馆内举行开幕式的传统，又扩充了体育活动的文化内涵，以"一滴水通向海洋"的亮点，充分体现广东文化的开放性特质和风采，使其不仅具有鲜明的地方色彩和民族风格，而且具有强烈的世界意义和时代意义，从而使广州在"一夜之间成为世界名城"（海外媒体语）。可惜这种以时代文化理念发挥文化激活力之"大手笔"作品太少，而且"中手笔""小手笔"的作品也不多见。看来其原因主要在于以"两大"文化理念激活广东古今文化元素和开放性特质的功力不足。

纵观天下古今大著，能列入世界级之时代经典者，莫不是作者以时代文化理念激活一定地域或领域文化元素之巨作，其文化理念越高、激活的文化元素越深，其世界性、时代性就越强越大。鲁迅说："越是民族的越是世界的。"其实是以"世界的"激活"民族的"，才能是"世界的"。中国内地首获诺贝尔文学奖的莫言，称他的文学故乡是"高密东北乡"，他的《红高粱》系列小说，就是他以现代文化理念激活其故乡文化元素而写出的作品，可谓以现代文化理念激活地域文化元素而成功的典型例证。

当然，能否以及如何掌握现代文化理念并激活地域文化元素，取决于作者（包括策划者、主持者、决策者、指挥者）的文化素养与创造功力，但如能高度掌握现代文化理念和地域文化元素，则更能发挥和增强自身的素养、个性、特质和功力，也即更能发挥和增强其文化激活力。所以，对于作者而言，文化激活力即是自身文化素养和创造功力；对于作品而言，则是其社会影响力及其影响面的深度和广度。

文化激活力在文化软实力"五力"之中，是主干力、关键力，具有并强化此力，才能创造出具有强大文化软实力的作品，才能发挥和强化其他"四力"。当今广东文化，首先就应以强化这个首"力"，去进一步发扬开放性特质。

二、用江海文化理念，以文化对应力发扬领潮性特质

文化对应力，也即文化对接力、认同力、亲和力，其内涵有两个层次：一是指文化创造过程中，作者与其所激活的客体生活面而产生的文化力；二是指作品问世以后，作品与其受众面对接而产生的文化力。一般而言，作者与客体生活对接面、作品与其接受面越宽越深，文化对应力就越强越大，否则就较弱较小。因此，作者必须在创造过程中精心选择一条文化对接纽带，将尽可能深广的生活面和作品的受众面串接起来，才能发挥和增强作者和作品的文化对应力。

这条对接纽带的最佳选择，应当是以最"世界"、最"时代"的文化理念和地域文化的最大特质为主体。就广东文化而言，就是江海文化理念和领潮性文化特质。珠江水系和海上丝绸之路，是广东文化对接全国和世界的两条主干性纽带，是广东文化领潮性特质的主要体现。这是由于地理环境和人文历史决定的。广东处于珠江与南海联为一体的地理环境，又有开发珠江、南海和海上丝绸之路的悠久历史，决定了广东是江海一体的文化特质和传统。这种特质和传统，在当今时代，正与世界水文化中江海文化潮流和中国改革开放潮流相吻合，从而将广东推到时代风口浪尖的位置，造就了领潮争先的文化地位和特性。也正因为如此，这两条主干性文化纽带的文化对应力特强特大：珠江是中国第三大河，覆盖整个中国南方水系，与黄河、长江、辽河、运河等大江大河"茫茫九派流中国"，对接美国的密西西比河、英国的泰晤士河、法国的塞纳

河、印度的恒河、埃及的尼罗河等世界各国母亲河；海上丝绸之路，从秦代南越港、西汉徐闻港等数十个南海沿海古港始发的海上交通，两千多年来络绎不绝，与全球100多个国家地区对接，新的丝绸之路越拓越长越宽。显然，文化对应面也极宽极广，文化对应的潜力也是无穷无尽的。

可惜的是，广东在文化上，对于这些时代和历史赋予的特质认识不够、运用不足，以现代江海文化理念，以珠江水系和海上丝绸之路两条主干纽带而发挥文化对应力、发挥领潮性特质的自觉性和力度远远不够，与兄弟省市相距甚远。如二十世纪六十年代，甘肃以敦煌文化和陆上丝绸之路为纽带，创造了音乐舞蹈史诗《丝路花雨》，数十年一直发挥着巨大的文化对应力；中央电视台以长江为纽带，对接世界江河文化，制作了电视系列片《话说长江》，近十年来"一说""再说"，在海内外发出了无穷的文化对应力量。作为中国和世界海上丝绸之路发祥地的广东，作为中国第三大河——珠江水系中心地的广东，至今仍未有像样子的写海上丝绸之路和珠江文化的作品问世，能不汗颜么？

此外，广东的广府、客家、潮汕三大民系，均有大量移居海外的华人华侨，其文化对应受众面在海外极宽极广，遍布世界五大洲，是广东江海文化和领潮性特质的重要元素和体现，也是可以发挥和强化广东文化对应力的又长又宽的文化纽带。可惜只是近年来才开始注意发挥这些纽带对应力，而且至今所付出的力度偏弱偏小。应当大力对其强化，同时，也应以此原理，发现和运用更多更新的文化纽带，以持续不断地强化文化对应力和发扬领潮性特质。

三、用信息文化理念，以文化伸张力发扬变通性特质

江海一体的地理优势和江海文化特质，使广东自古有重商传统，商品经济特别发达，直至改革开放，对内"搞活"是经济，对外"开放"也是经济，所以才有"东南西北中，发财到广东"的热潮和声誉。商品经济特重信息、机会、际遇、敏感、灵活，"随机应变""灵活多变"，因而造就广东文化自古有变通性特质。这种特质，在世界进入信息时代的今天，更是如鱼得水，恰逢更大发挥之时。若求百尺竿头，更进一步，应更自觉地以信息文化理念，更大

地发挥变通性特质而强化文化伸张力。

文化伸张力，有对内和对外的双向伸张。对内是指作者在进行文化创造过程中，对客体文化元素内涵的深度、广度的强化力；对外是指作品问世以后更大更深地扩展受众面的影响力。以现代信息理念发挥和强化文化伸张力，则如虎添翼，对作者而言，有似《红楼梦》中林黛玉所言的"愿奴胁下生双翼，随花飞到天尽头"；对作品而言，则如薛宝钗所言的"愿借好风力，送我上青云"。前者是伸张内力，后者是伸张外力。

具体说来，作者在创造过程中对内伸张力的发挥，首先就要求对时代信息比较敏感，有预见地选择时代最前沿的题材或项目，不失时机地进行创造；同时，也可以有前瞻性地选择有经营价值的题材或项目，以"十年磨一剑"的精神，对其文化内涵进行层层伸张，使其成为文化瑰宝，在最佳时机问世；或者是按全国或世界性活动的需要，有预期有目标地选择题材或项目，对相关的客体文化元素进行深广伸张，创造出能过长江、跨黄河、出海洋的文化精品。

以对外伸张力而发挥文化变通性特质，是广东传统的"看家本领""拿手好戏"。明清以来，一口通商的"粤海关""十三行""侨墟楼"，到二十世纪五十年代的"广交会"，源源不绝的商贸际遇和变幻无穷的推销手段及广告，使广东商品誉满全球。改革开放后，信息文化理念日益现代和开放，信息传播的媒体与方式更是突飞猛进、日新月异，电脑、网络、手机、广告，既是信息媒体，又是文化创造母体；各种各类的交流会、联谊会、交易会、旅游节、特产节、风情节、民俗节，既是商贸集市，又是文化盛宴。广东信息经济与信息文化的高速发展和发达盛况，是无愧于全国"排头兵"称号的。但从发展上看，尚有明显不足：一是从现代信息文化和文化伸张力的高度，发扬变通性特质的理念的自觉性不足，大都处于自发盲目状态；二是对原有媒体功能发挥不足，报刊多是应景玩乐之文，有深度有分量之作甚少，舞台艺术欠缺可"出口"精品，电影名片几乎空白，电视已进入家家户户，却甚少有能让人"追"的故事片或专题片；三是在众多全国性、国际性的经济体育等活动中推介广东文化不足；四是"走下去"不足，即将文化向基层、向群众、向家庭推广不足；五是"走出去"不足，即将文化向省外、国外推广不足。可见我省的文化伸张力尚有甚大的伸张余地和空白地带。

四、用生态文化理念，以文化浸润力发扬实效性特质

保护自然生态的理念，已取得世界共识。其实在这理念中，也当包括生态文化理念。因为自然生态保护是为保护人类生活环境而言。生活环境包括自然环境和社会环境，社会环境的灵魂是文化。因而以优秀文化保护、营造良好的社会环境，造就良好的文化生态环境，是现代文化的重要理念和重大课题。这就是用现代生态文化理念营造文化软实力中的文化浸润力。

文化浸润力，包括文化的环境力、氛围力、向心力、凝聚力、熏染力、孵化力、竞争力、辐射力、实效力等，在环境营造和文化创造上，尤其是在人才和作品的成长和孕育上，与广东文化的实效性特质要求是一致的。所谓"润物细无声""近墨者黑，近朱者赤""桃李不言下自成蹊""榜样的力量是无穷的""知识就是力量""敢拼就会赢""时间就是金钱，效率就是生命"等名言，都是阐释文化浸润力和实效性特质的内涵和道理。深圳办特区的重要经验，就是营造良好的投资环境，包括广纳、培养人才，扶持、孵化项目，创造文明单位，等等；全省各地的先进经验也是如此。但这大都是经济发展上的成就和经验，在文化方面的成就或经验却较弱较少。

无论是作者的成长和创作，或者是作品的酝酿和创造，都需要良好环境的孕育和扶持。"典型环境中的典型人物"，无典型环境就不能出典型人物（包括作者与作品）。广东是经济强省，有较好的经济环境，所出经济成果较大较多。相对而言文化环境力却较弱，故有"文化沙漠"之贬语。其实这是不实之词。且不说近年广东新挖掘出来的悠久丰富的古文化，仅以现代新潮文化而言在全国也是位列前茅的。但也不得不承认文化环境力较弱的事实。因为特强的现代新潮文化，有明显的现代商业文化因素，显然与特强的经济环境力相关。经济与文化的环境力平衡，有助于文化，文化又能引领经济，否则会牵制以至削弱文化。所以，应当以生态文化理念，掌握经济与文化环境力的平衡，包括文化领域中各种文化的平衡发展，营造良好的文化环境。具体而言，就是要：加大文化投资比例；着力发现和大力扶持重点项目；强化平等竞争机制，从中发现可重点扶持人才和项目；强化公正评选和评奖机制，鼓励先进，树立榜样；破格扶持青年拔尖人才和项目，也破格留用开拓性、传统性学科或行业

的项目和领军人物，树立新老文化权威，以克服或持续防止某些学科或专业青黄不接、创新多碍、传统割裂、积累断弃等现象。

五、用正负文化理念，以文化持续力发扬进取性特质

任何文化都有正面和负面，有文化特质上的正负面，又有发展上的正负面。特质上的正负面，是其优质和劣质（或正能量和负能量）同在；发展上的正负面，是前进与滞后并存、扩大与消失共现。这是现代文化学中的辩证理念，用之于文化软实力理论，则是文化持续力或后劲力、转化力的原理。这个原理，与广东文化的进取性特质又是极其一致的。要发扬光大这种特质，就必须以这个理念和原理，发挥和强化文化持续力。

中国的各大江河文化，各有其特质，每个特质都有其正面和负面。例如，黄河文化有似李白诗称"黄河之水天上来，奔流到海不复回"，神圣、庄严，但却有封闭、保守之传；长江文化宛若苏轼词称"大江东去，浪涛尽，千古风流人物"，豪放、气派，但却重于表面、精打细算之风；珠江文化正如南粤第一诗人张九龄所写的"海上生明月，天涯共此时"，宽宏、共时，但却是浅尝辄止、易变易移，也即是既有开放包容、领潮争先的正面，却又有不求深刻、不求升华的负面。所以，广东人有"只会生孩子不会起名字"的戏称。

这种正负面同在的文化现象，可以说是特质性的，但却不能说是永恒不变的，而且其负面也往往是可以转化、转型，或以新陈代谢的方式转化为正面，以新的方式发挥文化持续力并持续发挥进取性特质的。例如广东人在近百年来中国历次重大政治事件中，扮演着叱咤风云的领袖角色，开始时风生水起、领潮争先，但因事成不久，往往虎头蛇尾、后劲不足：洪秀全太平天国起义，只占了半个中国即寿终正寝；康有为、梁启超戊戌变法，只做了"百日维新"即四散逃亡；孙中山发动辛亥革命，成功不久被袁世凯夺了权；随即发动讨袁战争，恢复大元帅职，在广东誓师北伐，可惜"出师未捷身先死"，蒋介石接手指挥，尚未打过长江，即在上海策动屠杀共产党的"四一二"政变，北伐夭折。这一系列史实，说明广东文化特质确有正负面同在的现象。

但是，从历史发展眼光看，这种虎头蛇尾的负面，虽然是以失败方式消

失了，但其实是一种转化，"前事不忘，后世之师"，显然，洪秀全、康梁、孙中山的革命，都有着这种承前启后的转化关系和现象。另一方面，太平天国起义、戊戌变法、孙中山两次革命，虽然离开广东最后失败，但其影响遍及全国以至世界，也是一种承传转化关系和现象。这两种关系和现象说明，特质性的正负面文化都是在前进中转化、转移、扩大的。再从历史发展进程的态势看，广东人在百年近代史上的风云转换，虽然有似走马灯旋转，"你方唱罢我登场"，但始终保持着前仆后继的承传关系和领潮争先的态势。这正是广东文化开拓进取特质的一种体现，也是正负文化面的转化、转移、扩大的体现。应当说，这也是文化持续力发挥的一种方式和途径。从这种方式和途径可见，发展的总体目标越新、转化的层次越深、转移的空间越宽、扩大的范围越广，文化持续力和文化进取性的发挥就越强越大。

改革开放以来，广东经济持续发展的历程和经验也可为此佐证：从开始"先走一步"创办经济特区，到建设珠三角城市群、到办粤港澳"大珠三角"、到"泛珠三角"（"9+2"）经济合作、到建设"珠三角经济圈"、到现在加快"粤东西北"发展，使广东一直保持着开拓进取、领潮争先的地位和态势，未出现虎头蛇尾、后劲不足现象。这些事实说明，文化特质的正负面不是永恒不变的，是可以用现代文化理念辩证把握，使其转化、转型、转移、扩大，以发挥进取性特质和文化持续力而发展的。

从文化发展来说，也是如此。应该说，广东文化在有些时候或有些领域，也有过引领全国风骚之荣耀，如流行歌曲、广场文化等，但往往是新"风乍起"，神采飞扬，有的"吹皱一池春水"，有的"翻江倒海"，即"好花不常开，好景不常在"，正可谓虎头蛇尾之证。然而，尽管这些文化如此"短命"，相关新潮文化仍是前收后启、此息彼生地发展着，一直保持着应时而生、源源不断、层出不穷的发展态势。这种态势，虽然有连连"短命"的负面，但同时具有新潮的正面，并很快转化为另一新潮，保持着持续发展的"长命"。这不也是发挥文化持续力和开拓进取特质的一种体现么？应该肯定，这也是一种文化发展方式，也是一种广东特色和优势，大可不必对此非议，也不必为此妄自菲薄。当然，除此之外，还应当有更多种多样的文化，尤其是经典性、重量级文化。

的确，这种"江山代有人才出，各领风骚数百天"的"快餐文化"，有快、轻、小、短的特点，这既是其弱势，又是其优势，应当继续发挥其特点和优势；同时，又应当以正负文化的理念，将其转化、转型、转变、扩大，向深、重、大、厚的文化进军，并将其发展为广东文化的又一特色和优势。若要这样，就必须下大决心、抓大策划、加大投入、花大力气、搞大作品，以强大文化持续力发扬光大广东文化的进取性特质才能实现。

2007年10月，党的十七大报告中引用的文化软实力理论，是美国著名政治学家、哈佛大学教授约瑟夫·奈在《软实力——国际政治的制胜之道》一书中首先提出的概念。他认为，文化软实力是指一个国家维护和实现国家利益的决策和行动的能力，其力量是基于该国在国际社会的文化认同感而产生的亲和力、影响力和凝聚力。对每个地区而言也是如此。笔者试图将这种软实力之力源，细化为文化激活力、文化对应力、文化伸张力、文化浸润力、文化持续力等"五力"，并尝试用之论析当今广东文化实际，旨在探求发扬光大广东文化特点和精髓的策略与途径，为建设文化强省给力。

2013年9月3日

附注：本文发表于《广东参事馆员建议》2013年9月3日第31期。

持续发掘海上丝绸之路文化，全方位发挥海洋文化软实力

——关于研究开发广东海上丝绸之路文化的调研报告

最近公布的《中共中央关于全面深化改革若干重大问题的决定》中提出的"建立开发性金融机构，加快周边国家和区域基础设施互联互通，推进丝绸之路经济带、海上丝绸之路建设，形成全方位开发格局"的要求（下称"中央决定要求"），对我启发很大，促使我回顾了从1992年被聘任为省政府参事至今20年来，在省政府参事室党组领导和大力支持下，偕同一批来自中山大学、华南理工大学、省作协的多学科专家学者，在进行珠江文化研究的同时，研究开发海上丝绸之路的进程，从而进一步体会到中央的决定和要求具有深厚重大的历史和现实意义，具有高瞻远瞩的发展战略意义，特提供调研报告和建议如下：

一、研究开发海上丝绸之路的起因、进程及成果

二十世纪八十年代下半期，我即开始探索珠江文化和海洋文化，起因是受当时西方现代文化学进入中国的影响，更直接的是出于对一部电视片的触发。这部电视片的主题，是探究中国受封建制度和思想束缚而造成长期落后的原因，影片的回答是：在于作为民族文化发祥地和中心的黄河文化属黄土地文化，而不是海洋文化；而西方发达国家都是因以海洋文化为主体的。对此，我当即质疑：难道中国只有黄河文化吗？难道中国没有海洋文化吗？于是，我便有意识地从广府文化进入探讨珠江文化，从海上丝绸之路进入探讨海洋文化。当然，这两条研究线路是交叉结合进行的，但也大致各成系列。

古代丝绸之路，是指汉代到鸦片战争两千多年来，中国与周边及世界相关国家地区之间，进行商贸和文化交流的交通线路，由于中国特产以丝绸著名，十八世纪德国学者李希霍芬在其中国旅行记中，正式使用"丝绸之路"一词，被普遍接受而通行至今。历来说的中国丝绸之路是从西汉张骞通西域开始，始发地是长安（今西安）。二十世纪中叶，学术界开始有海上丝绸之路的说法，具体始于何时、何地则众说不一。1990年秋，联合国教科文组织派专家到中国考察海上丝绸之路古港，确定福建泉州是中国海上丝绸之路始发港，依据是在泉州发现南宋时的海岸沉船，以及来自中东的教主遗墓碑和回教移民村。故泉州有联合国教科文组织助资兴建的"海上丝绸之路博物馆"。而广东的海上丝绸之路文化遗存，在联合联教科文组织考察时未受专家注目，于是留下了广东究竟有无（或有怎样的）海上丝绸之路文化遗存的悬念。正是带着这个悬念，启开了我与一些学者研究开发广东海上丝绸之路和海洋文化的进程。这个20年进程，大致可分为六个阶段，具体如下：

（一）从田野考察对西汉徐闻古港的实证，到举办"海上丝绸之路与中国南方港"研讨会的确认

早在1993年夏天，我受聘为省政府参事不久，即偕同文教组参事到古广信所在地封开和梧州，考察广府文化和珠江文化，当时得知《汉书·地理志》有一段记载，称汉武帝平定南越国后，即派黄门译长从广信到徐闻、合浦赴日南（今越南）出海外多国。这是中国最早的海上丝绸之路文字记载。但是从未有学者到徐闻、合浦实证这个记载。

2000年6月上旬，正当珠江文化研究会成立之际，我等一行冒着酷暑，到达徐闻县西南沿海土旺村（与徐闻古县治"讨网"音近），在二桥、仕尾一带，发现汉代板瓦、筒瓦、戳印纹陶片，以及汉墓、枯井口、烽火台等遗存，综合之前考古学者在此发现的汉代"万岁"瓦当、水晶珠、银饰、陶罐等文物，以及《汉书·地理志》中的"自日南障塞，徐闻合浦开航""徐闻南入海，得大州东南西北方千里"等记载，将田野考察实证和史料记载结合判断，这即是西汉海上丝绸之路始发港旧址。我随即写出参事建议《应当重视海上丝绸之路的开发》，受到省领导高度重视，批准成立以黄伟宗为首的广东省海上丝绸之路研究开发项目组（下称"项目组"），继续进行论证并扩大沿海古港的考察研究工作。这是正式探索进程的起步。这项实证成果，意味着将联合国教科文组织专家考察团在泉州确定的中国海上丝绸之路在南宋始发时间，推前到西汉，从而具有将中国海上丝绸之路史推前1300年的意义。

由此，项目组从两方面进行深化研究开发工作：一方面是继续开展对合浦等南海古港的田野考察工作，包括到泉州古港学习取经；另一方面是进行文案研究并撰写作品及编写论著工作，于2001年11月出版了《珠江文化丛书·海上丝绸之路研究专辑》六部，包括《开海》（洪三泰等著）、《千年国门》（谭元亨等著）、《广府海韵》（谭元亨著）、《中国古代海上丝绸之路诗选》（陈永正编注）、《交融与辉映——中国学者论海上丝绸之路》（黄鹤等编）、《东方的发现——外国学者谈海上丝绸之路与中国》（徐肖南等编译），共达200万字，由广东旅游出版社出版。这套专辑，既将原有考察研究上升到更高的学术档次，又为研讨会提供了充分的学术准备和基础。

2001年11月下旬，项目组在湛江市举办"海上丝绸之路与中国南方港学术研讨会"。来自北京、上海、广西、海南、厦门、泉州、香港、澳门等地的百余名专家们，再次证实和认同了我们对西汉徐闻古港的发现和实证，充分肯定中国本是世界海洋大国之一，应当改写将中国排除在世界海洋大国之外的世界文化史。

（二）从对南海沿岸古港的普查，到《海上丝路文化新里程》等重要专著的出版

自研讨会结束后，项目组乘胜前进，继续坚持走田野考察与文案研究并著述相结合的学术道路。从2001年至2003年期间，项目组同仁先后到南海沿岸的南岸、柘林、凤岭、樟林、白沙、大星尖、广州、香港、澳门、广海、阳江、电白、雷州、徐闻、合浦、北海、钦州、防城等古港，以及西江、北江、东江、南江、漠阳江、鉴江、南流江、北流江等港口，进行实地考察，发现每个古港都有一段海上丝绸之路的辉煌历史，而且在历史上呈现此盛彼衰现象，但又在总体上形成了从汉代至清代都不间断地有繁荣古港的形势和格局。由此说明，广东自古以来都有不间断的海上丝绸之路历史，在每个历史年代都有兴

旺的古港和历史，是海上丝绸之路历史最长、最完整的文化大省。

这些研究开发成果，都集中体现在2003年出版的专著《海上丝路文化新里程——珠江文化工程十年巡礼》中；同年出版的《广东海上丝绸之路史》（黄启臣主编）、《珠江文化论》（黄伟宗著）、《珠江文化与史地研究》（司徒尚纪著）等专著，更将田野考察成果上升到深度的理论学术层次。

（三）从发现海陆丝绸之路对接通道，到《珠江文化丛书·十家文谭》出版

项目组一直以田野考察方式，持续进行古代文化遗存的发掘，并且一直坚持以多学科、多方面、多层次综合考察为方针，因而不断有新的发现和新成果，被称为"填补丝绸之路学术研究空白"的"海陆丝绸之路对接通道"的发现，即属此例。在此之前，学术界对陆上丝绸之路研究早已硕果累累，近年起步的海上丝绸之路研究也正风生水起，但都是各自为政地研究，既不注意将两者研究联系进行，又忽视在文化遗存中尚有许多起到对接两者的古道文化，所以造成这个学术空白。

早在二十世纪九十年代上半期，我在先后考察贯通古广信（封开）的潇贺古道，以及南雄梅关、珠玑巷时，已对此有所觉察，但真正意识其重大意义的是本世纪初对这两条古道的再次考察。这两条古道的遗址和史料，都证实其本身从来就具有对接海陆丝绸之路的功能和意义。前者在《汉书·地理志》已写明，汉武帝派黄门译长开创海上丝绸之路，就是从水陆联运的潇水至贺江古道到广信，然后又沿南江、北流江、南流江到达徐闻而出海的，这不就是名正言顺的海陆丝绸之路对接通道么？南雄梅关古道是唐代贤相张九龄主持开通。他在《开凿大庾岭路序》中写明其目的，是为沟通中原与海外的贸易和往来。与梅关相连的珠玑古巷，是唐宋以来中原南下移民岭南以至海外的中转站，致世界广府人皆认其为"吾家故乡"，可见梅关、珠玑巷在历史上起到对接海陆丝绸之路的重大作用。此外，我们还发现了南雄乌迳古道、乳源西京古道、连州南天门古道等等，可见广东古道文化丰富。古道具有对接海陆丝绸之路的重大作用，亦理当属于海陆丝路文化遗存。

这些古道发现是这个阶段的主要成果。每项发现，我都及时写出调研报告通过《省政府参事建议》呈报。项目组在这个阶段的学术成果汇集于中国评论学术出版社2006年1月出版的《珠江文化丛书·十家文谭》中，包括：《海上丝绸之路的研究开发》（周義编）、《海上丝路与广东古港》（黄启臣著）、《珠江文化系论》（黄伟宗著）等书，共达300万字。

（四）从"海上敦煌在阳江"题词，到举办首届"'南海Ⅰ号'与海上丝绸之路"论坛

阳江"南海Ⅰ号"宋代沉船，从发现、出水、进入海上丝绸之路博物馆安放，历时十年有余，从始至终都是世界性的新闻大事，因为这条沉船，是迄今世界海上出水历史文物中，历史最早、体积最大、文物最多、保存最好、价值最大的文化遗存。由于其是从事中外贸易的商运货船，具有海上丝绸之路文化性质；而且其文物以瓷器为主，代表了海上丝绸之路主要是"陶瓷之路"的特点；尤其是以往发现的海上丝路文化遗存多是海岸文物，海中实物甚少。所以，项目组2003年9月对其考察时，我为其作了"海上敦煌在阳江"的题词。从此，"南海Ⅰ号"有了"海上敦煌"的文化定位和代号。我作此定位的根据是：陆上丝绸之路文化遗存最多的是甘肃敦煌，约有六万余件，故为陆上丝绸之路的文物中心和文化标志；而阳江"南海Ⅰ号"沉物中的文物，估计有六到八万件之多，又是具有海上出水文物的"五最"优势，堪为海上丝绸之路的文物中心和文化标志，故称"海上敦煌"。

我意想不到，这个文化定位和代号也震动了世界。当时《阳江日报》报道"南海Ⅰ号"是"海上敦煌"的文化定位，并在网上传播，被正在中山大学举办世界文化遗产申请培训班的联合国教科文组织的专家知道了，便托人找我引领，于2004年元旦前往阳江考察。当他们认真观看"南海Ⅰ号"少量出水文物和听取介绍之后，当即作出"世界少有"的表示，并认同"海上敦煌"的定位。2004年5月，居住美国的著名海洋学家、美国科学院院士、台湾"中央研究院"院士、原台湾"教育部"部长兼成功大学校长吴京教授知悉，打电话到中大，请我邀请他来考察"南海Ⅰ号"，经上级部门批准后，我陪他到阳江考察。结果他对"南海Ⅰ号"评价更高，认为"世界海洋史要由此改写"；接着他在中山大学对研究生作报告时又讲到，"南海Ⅰ号"与郑和下西洋都是中国宝贵的海上丝绸之路文化。2007年12月22日，"南海Ⅰ号"沉船打捞出水，进入广东海上丝绸之路馆"水晶宫"安放，我应邀参加了庆典，150多家海内外媒体记者云集采访，发表了大量报道，我与阳江日报总编辑薛桂荣汇集全部报道于《海上丝路的辉煌》一书中，并于2009年6月由中国评论学术出版社出版。2011年4月26日，在阳江举办了首届"'南海Ⅰ号'与海上丝绸之路"论坛，来自北京、西安、甘肃、上海、福建、武汉、广西和本省等地近百专家学者，充分论证、高度评价了"南海Ⅰ号"的"海上敦煌"价值和意义。会后，我与谭忠健主编的论文集《海上敦煌在阳江》，由中国评论出版社2011年12月出版。

（五）从在广州发掘"西来初地""十三行"，到在台山发现"广侨文化""侨墟楼"，再到广州中国商品出口交易会

早在二十世纪九十年代，广州有"四地"之称，即千年海上丝路发祥地、岭南文化中心地、民主革命策源地、改革开放前沿地。其实，这"四地"都是因具有江海一体的文化特质而来，皆因海洋文化而来。由此，广州的海上丝绸之路文化历史特长、文化遗存特多，最著名而有代表性的是"西来初地"与"十三行"。前者是东晋时印度佛教禅宗和尚达摩，从海上丝绸之路到达广州的登岸地，达摩是中国禅宗教派始祖，其登岸地标志着海上丝绸之路也是"海上传教之路"。后者是清代最大的商帮——粤帮的统称，又是清代从乾隆至同治年间全国唯一对外通商并具海关职能的口岸，历时300余年，直至鸦片战争后"五口通商"才结束。"十三行"实则是清代中国海上丝绸之路的中心和标志，很有历史文化意义。我和项目组多位同仁，都为发掘其文化遗存写过多次调研报告和参事建议，以及历史报告文学、电视剧本等作品。

海外华人华侨和侨乡文化，实质上也是海上丝绸之路文化的一种产物和体现，因为出海或回归、联络、交流，都必经海上丝绸之路，所以海上丝绸之路也是华侨之路。项目组自2006年以来，一直关注华侨和侨乡文化现象，多次到江门、开平、台山、恩平、鹤山、新会、蓬江、东莞等地考察，先后发现和提出"后珠玑巷""客侨文化"等文化现象和文化定位，受到海内外媒体的普遍关注。尤其是从2006年至2011年，项目组到台山进行多次调研，发现和提出

了"广侨文化"和"侨墟楼"文化现象,更具有典型代表意义。"广侨文化"是广府文化与华侨文化融合而成一种新型文化;"侨墟楼"是侨乡中墟集商市总称,因其既是传统农村墟集,但又因是华侨投资所建而有"楼",并有与海外通商的码头和商行,而具有"洋"的特点,是"广侨文化"载体之一。它具有自"十三行"统管海外通商结束后,所出现的中国海外通商在侨乡遍地开花的转型意义,也是海上丝绸之路文化在侨乡泛化之体现。所以,广东大多侨乡都有这种"侨墟楼",但以台山为最多、最集中、保存最好。2012年8月我们举办了中国首届广侨文化研讨会,来自北京、武汉、广东和江门,以及澳大利亚的数十位专家学者,充分论证和肯定了这种文化遗存具有独特的海洋文化和海上丝绸之路文化价值和意义。我和邝俊杰主编的《广侨文化论》是这项成果之集萃。

二十世纪五十年代中期,在广州创办的"中国出口商品交易会",是中华人民共和国成立后重开海上丝绸之路的新起点,可谓传统海上丝绸之路的再延续、新海上丝绸之路的发端,迄今已举办百届,而且从开始只是"出口商品交易",发展为"进出口商品交易",交易面和交易额均与时俱增,带动了会展业在广东飞速发展,如影响世界的深圳"高交会""文博会"等等,都是广东海上丝绸之路和海洋文化持续发展的重要标志,也即是广东海上丝绸之路文化的五大"亮点"。下面则是总结性的理论成果。

(六)从《中国珠江文化史》完成,到《中国南海文化研究丛书》出版

2009年6月28日,正当广东省珠江文化研究会成立十周年之际,本会(也即是项目组)同仁历时三年努力而完成的300万字大型史著《中国珠江文化史》,由广东教育出版社出版。这是继《黄河文化史》《长江文化史》出版之后,被学术界称为"填补中国大江大河文化史空白"的史书。这部史书的完成,既是珠江文化工程总结性的阶段成果,也是探索海上丝绸之路的阶段性总结成果。因为它以大量的史料和翔实的论证,以数千年珠江文化发展历程和体系,证实了珠江也是中华民族文化发源地之一,是与黄河文化、长江文化等并列而构成多元一体的中华文化家族中的一员,同时也论证了珠江文化本身就以江海一体的特质,而具有特强的海洋性;这部史书中又有大量篇幅,系统论证

了与珠江流域一体的南海沿岸海上丝绸之路的悠久历史和发展，从而以雄辩的史论匡正了认为中国无海洋文化的偏误。

虽然取得了这些重大成果，但项目组并不以此停步不前，而是乘胜前进，向海洋文化进军。所以，在中共中央政治局委员、时任广东省委书记汪洋同志致信我表扬《中国珠江文化史》的时候，我在复信表示感谢的同时，提出了为研究海洋文化立项的请求。在汪洋同志的关心和支持下，从2010年开始，项目组在原有珠江文化和海上丝绸之路研究成果的基础上，再进入海洋文化的深度研究。2013年7月，出版了由我主编并撰写长篇引论的《中国南海文化研究丛书》，内含《中国南海海洋文化论》（谭元亨等著）、《中国南海海洋文化史》（司徒尚纪著）、《中国南海海洋文化传》（戴胜德著）、《中国南海古人类文化考》（张镇洪等著）、《中国南海商贸文化志》（潘义勇著）、《中国南海民俗风情文化辨》（蒋明智著）等六部，共达200万字，由广东经济出版社出版，属国家出版基金项目。

二、从中央决定要求看海上丝路研究开发的若干要点

1. 海上丝绸之路，是汉代以来中国通向世界的千年海洋航道，既是交通航道，又是经济、贸易、文化往来的通道。它首先并主要是经济往来的功能，同时又具有政治、文化、外交、军事等诸多方面意义，尤其是具有国际之间人民友谊交往的意义；它开始并主要是中国与沿海周边国家地区的海上通道，随着航海能力与经济实力的增强，逐步延伸至太平洋及其他海洋诸国或地区。可见千年海上丝绸之路，是中国与国际之间进行经济和全面合作的纽带，又是人民友好往来和友谊的象征。所以，前些时候习近平总书记在出访欧洲和亚洲时，先后提出建设"丝绸之路经济带""海上丝绸之路经济带"，中央决定要求以"推进丝绸之路、海上丝绸之路建设，形成全方位开发格局"，是有很有历史依据和发展战略眼光的。

2. 海上丝绸之路的实质是海洋文化，千年海上丝路之历史证实，中国是海洋大国。西方学者之所以认为中国无海洋文化，其根本在于海洋观的不同，更在于海洋文化的本质差异。从中国千年海上丝路史可见，西汉黄门译长是为

找特产而出印度洋，宋代"南海Ⅰ号"是运瓷货出洋，明朝郑和不带一兵一卒七下西洋，清代"十三行"是经商出洋，历代华侨是谋生下南洋，全都不是像西方殖民主义者那样为霸占殖民地而在海洋兴风作浪。可见中国千年海丝史是和平友谊的海洋史。所以，中央决定要求建设海上丝绸之路，具有承传发展我国和平友谊的海洋文化传统和海洋观，并以此为和平外交政策与睦邻友好基石的重大意义。

3. 中央决定要求"推进"当今"丝绸之路经济带、海上丝绸之路建设"，也应当以此精神"推进"古代海上丝绸之路研究开发，并将古今对接起来。因为"观今宜鉴古，无古不成今"，将古观好，才能更促成今，建好今。

4. 为此要持续研究开发古代海上丝绸之路文化，并以中央决定要求"全方位"研究开发丝绸之路文化。即：不仅是从经济上而且还要从政治、军事、文化、外交、国际交流上研究，不仅是分别研究海上或陆上的丝绸之路，而且要将两者联系起来并对两者的对接通道进行研究开发，以形成"全方位"研究开发的格局。

5. 广东在"海上丝绸之路建设"中应持续发挥"率先"的"排头兵"作用。广东是海上丝绸之路历史最长、港口最多、航线最广的大省，是接受海洋文化最直接、最丰富、最充分的大省，是毗邻沿海各国及地区的经济大省、海洋大省、文化大省，理当在贯彻落实中央决定要求的使命中，持续发挥"率先"的"排头兵"作用。

三、关于以文化软实力之"五力"，全方位发挥海洋文化软实力的建议

海上丝绸之路文化，既是海洋文化软实力之载体，又是海洋文化软实力之迸发体。2007年党的十七大引进的文化软实力理论，完全适用于对古今海上丝绸之路文化的建设与开发。我曾据文化软实力的理论核心，将其力源细化为文化激活力、文化对应力、文化伸张力、文化浸润力、文化持续力等"五力"。现以此理念提出全面发挥海洋文化软实力的建议如下：

1. 建设丝绸之路经济带和海上丝绸之路，实际上是以文化对应力的原

理，利用历史上与中国有经济往来的国家地区，因有海上丝绸之路的友谊之"缘"，而以此"缘"之亲和力为纽带，建立亲密的合作关系。这项"再续前缘"的举措，就是文化对应力的运用和发挥。由此，就应当自觉地以此理念主导，持续深挖并千方百计地发展原有亲和力之纽带，使相互合作关系全方位地发展。据历史资料，古代海上丝路经过交往的国家地区有50多个，现已变成近百个。可以通过外交途径，与这些国家地区的海上丝路文化遗存及其所在地再结"前缘"，全方位合作，借联合国已决定将世界所有丝绸之路文化遗产评为一项遗产之时机，共同申请世界文化遗产，提高其文化价值和知名度，扩展增强文化对应力。

2. "再续前缘"和深挖"前缘"的重要举措之一，就是要以文化激活力再生"前缘"，也即是以新的理念和举措，使已逝去的历史文化元素重新具有新的生命力和感动力，这就是既有再生"前缘"的激活力，又有对当今受众的激活力。由此，应当自觉以此理念，采取种种方式，激活并发挥"前缘"之感动力，如着力扶持海上丝绸之路题材的电视片、电视剧、歌舞剧、美术作品等文艺创作。据我所知，现在已有不少这类题材作品，如：辛磊的长篇小说《大清商埠》、谭元亨的《十三行》电视剧本、丘树宏的《海上丝路》组诗、谢鼎铭的《海上丝路》组画等，都是比较成熟的作品，应当大力扶持。成功的文艺作品，既是对历史题材的激活，又是对读者观众心灵的激活，运用于海上丝路，功力无限。

3. 对于本国或相关国家的海上丝绸之路的题材、作品、成果、活动，应当以文化伸张力的理念和文化功力，以种种方式和媒介，扩大其能量和影响力。如以印发邮票、印花税票、礼品，举办会展、发布微博、微信、网讯等，使其"前缘"复苏，并持续而层出不穷地发挥出更大能量和影响力。建议在阳江海陵岛，以"南海Ⅰ号"存放的广东海上丝路博物馆为中心，将整个岛建设为永不落幕的海上丝路博览园：一方面以深圳世界之窗的模式，将全国和世界各地的海上丝路文化遗存或景点，以袖珍的形象聚现园中；另一方面是以广交会模式，为有海丝文化之缘的国家地区提供场地，让其自建有本国海丝文化风格的展馆，展销其特产与民俗风情文化产品。如能建成，必将有持续发挥海上丝路文化伸张力的效果。

4. 文化浸润力，就是环境力、氛围力、孵化力。应当以此原理营造丝绸之路的建设环境、海洋文化氛围，浸润人的海洋文化素质，孵化海洋文化人才、文化产品及企业创新。建议在广州这个海洋文化源远流长、博大精深的地方，加大突出海丝文化与海洋文化特色，使其成为世界上最具中国南方特色的海洋文化大市。由此，在软件和硬件建设两方面，都应当贯穿以海洋和海丝文化为主线，无论在古建筑的维护改造，或是新建筑的建设，从媒体宣传到街道或高大建筑风格设计和起名，都应强化海洋和海丝文化的基调和色彩。例如，被媒体俗称"小蛮腰"的广州塔，应当恢复当年网上全球18万人次投票评选出的"海心塔"之名；已建成的"西塔"和正在建造的"东塔"，两个名字都浅薄一般且欠"海味"，建议加冠"比目"而名之，即可称"比目西塔"和"比目东塔"，这样，既以一种海鱼之名而显"海味"，又有广州"双眼"之寓意。以海洋文化眼光营造的环境，才有海洋文化浸润力，才真正具有海上丝路的"全方位的开发格局"。

5. 文化持续力，就是文化转型力、转化力、综合力，具体用于海上丝绸之路建设，就是要"古为今用""洋中通用""五力并用"。因为以"前缘"而建设新的经济带、新丝绸之路，无"古"则失"缘"，不为"今用"则缺"新"；中国与海外他国共建新"路"，不能没有中国特色，也须尊重相关国家地区的文化特色；中央决定要求"形成全方位开发格局"，就是要全面发挥文化软实力之"五力并用"，这就必须有权威机构的综合统筹，设立领导小组或指挥部，确立相应决策和实施机制，才能堪此重任。同时，应当在学术上持续对古代海上丝路文化、并连接扩大对新丝绸之路海洋文化研究，才能切实保证和发挥文化持续力。如认为此建议可取，我们原项目组可承接这项重任，以政府购买方式，授权投资，正式立项，才能进行。

2013年12月4日

附记：本文是应中共广东省委办公厅2013年11月20日的约稿信而写的调研报告，并发表于《广东参事馆员建议》2013年12月4日第57期。2013年12月16日，中共中央政治局委员、广东省委书记胡春华同志对此件作了重要批示。

从三个理论看"一带一路"

——在广东部分省直单位和地市中心组专题会议上的专题报告

很荣幸、很高兴，专程来同大家一起学习习总书记关于建设"一带一路"的号召。我讲的主题是：从三个理论看"一带一路"。讲完后同大家一道探讨各业务部门或地方如何对接"一带一路"和投入二十一世纪海上丝绸之路建设问题。

丝绸之路是中国古代与外国贸易的交通线，从汉武帝派张骞通西域开始，直到清末鸦片战争后"五口通商"，两千多年一直保持着中国与世界各国之间的贸易和友好往来，由于中国主要特产是丝绸，外国商贸也以丝绸为多，故称之为丝绸之路。这是十九世纪德国学者利希霍芬在他写的中国游记中最先提出的名词，受到普遍认同，所以一直沿用至今。

丝绸之路包括陆上丝绸之路、海上丝绸之路、草原丝绸之路、西南绸之路等，总之，从中国出境至外国的交通线即是丝绸之路，包括贸易、移民、文化、宗教等的友好往来之路，所以丝绸之路不仅是商贸之路、交通之路，也是文化之路、和平友好交流之路。

习近平总书记2013年访问俄罗斯时，提出建设"丝绸之路经济带"；在访问马来西亚时提出建设"二十一世纪海上丝绸之路"；两者统称为"一带一路"建设，也即是重新建设新丝绸之路。这是很有文化内涵和战略意义的号召。这个号召，既指明了丝绸之路是最有中国传统文化内涵的一种世界文化，又指明了建设"一带一路"是最有中国特色的世界和平发展之路。

这个课题，是我从三个理论层次上对习总书记这个号召的个人学习体会，供大家参考。

一、从中国传统的纽带理论上看

所谓"纽带"，是指事物之间的相互关系和发展的链条。从唯物辩证法理论说来，事物之间的相互关系，核心是对立统一关系。对立，是指世间事物都是各自相对独立存在的；事物在一定条件下联结，即建立起纽带关系，此即"统一"的第一义，第二义则是指事物在发展中相互地位的转化或变异，即转化为同一事物或变异为另一新的事物。事物都是循着对立统一规律而不断地转化发展的。从战略意义上来看，纽带就是在国与国之间利用双方在历史上或现实利益上曾有或现有的良好关系或共同需求而建立新的联结关系，以促进双方互通互联、互利互赢、共同发展。中国古代著名的政治家、军事家，大都很善于运用这个规律和理论进行战略策划和决策的。我看这种理论，是一种传统精华文化，又是一种英明的战略决策理论。

纽带理论也即是 "合纵连横"论，战国时代是这一理论的开创，也是这一理论的实践依据和典型事例。"合纵连横"是战国时期纵横家所宣扬并推行的外交和军事政策。"合纵"论者苏秦，曾经联合"天下之士合纵相聚于赵而欲攻秦"（《战国策·秦策》三），他游说六国诸侯，要六国联合起来，即结成纽带关系，共同抗秦。因六国土地南北相连而成纵的系列，故称"合纵"。张仪首倡的 "连横"论，则主张六国连成并列的"连横"纽带关系，共同尊奉秦国。 这是两种针锋相对的主张，在战国时期影响很大。当时是齐、楚、燕、韩、赵、魏、秦七雄并立。战国中期，齐、秦两国最为强大，东西对峙，互相争取盟国，以图击败对方。其他五国也不甘示弱，与齐、秦两国时而对抗，时而联合。大国间冲突加剧，外交活动也更为频繁，从而加剧"合纵"与"连横"两大主张和纽带的斗争。 其实质是战国时期的各大国为拉拢邻国而进行的外交、军事斗争。"合纵"就是南北纵列的国家联合起来，共同对付强国，阻止齐、秦两国兼并弱国；连横就是秦或齐拉拢一些国家，共同进攻另外一些国家。"合纵"的目的在于联合许多弱国抵抗一个强国，以防止强国的兼并。连横的目的在于侍奉一个强国以为靠山从而进攻另外一些弱国，以达到兼并和扩展土地的目的。最初"合纵"与"连横"变化无常，"合纵"既可以对齐，又可以对秦；"连横"既可以联秦，也可以联齐，这就是所谓"朝秦暮楚"成语的由来。后来秦国的势力不断强大，成为东方六国的共同威胁，于是"合纵"成为六国合力抵抗强秦，"连横"则是六国分别与秦国联盟，以求苟安。秦国的"连横"活动，目的是为了破坏六国间的"合纵"，以便孤立各国，各个击破，真正达到了通过"连横"政策的推行而兼并土地，最后统一中国的目的。这段史实，说明"合纵连横"的主张实际是纽带理论的开创，是战国时代各国之间相互斗争的两种模式和策略，两者在斗争中的变幻和发展，说明纽带的关系和战略运用，不是始终不变的，必须是因形势的变化而变化的，高明的战略家、决策者必会审时度势而成功地运用这种纽带理论。

战国以后，历代以纽带理论治国安邦的成功事例不胜枚举，最著名的是：汉元帝时以昭君出塞和亲而平息边塞烽火，三国时诸葛亮以和亲而联吴抗魏；唐朝以文成公主出嫁而和亲西藏；明代以郑和七下西洋而和好南海诸国；等等。

尤其是在现代中国革命战争史上，对纽带理论的运用更是登峰造极，高明之至：孙中山在第一次国内革命战争时期，倡导"联俄、联共、扶助农工"三大政策；中国共产党在抗日战争时期提出组织"抗日民主统一战线"；在解放战争期间，以统一战线为"三大法宝"之一而夺取了中国革命的胜利。建国以后，无论是在国内或国际的政治或外交上，都有成功运用纽带理论的杰出范例，如成功建设富有中国特色并有广泛代表性的全国人民代表大会和中国人民政治协商会议制度，在国际上联合亚非拉国家组成"第三世界"与两个"超级大国"抗衡，并被第三世界国家"抬进联合国"（毛泽东语），后来改善中美关系以对抗苏联的威胁，近年又先后与许多国家建立战略伙伴关系，与美国建立新型大国关系等都是如此。显然，习总书记提出的建设"一带一路"的号召，也是中国传统纽带理论的继续和创新发展。

二、从现代文化学和海洋文化理论上看

二十世纪八十年代刚开始改革开放的时候，邓小平曾经推荐干部阅读美国学者阿尔文·托夫勒的《第三次浪潮》一书，这是世界未来学的代表性论著。著者提出人类社会发展至今有三次浪潮：一是农耕文明，早在一万年前已

开始了；二是工业文明，始于十七世纪工业革命；三是二十世纪九十年代后的信息时代，包括高科技和文化时代。著者在1992年来中国访问时，预测第四次浪潮是太空时代，包括生物经济和人类技术革命时代。所谓文化时代，是指世界各国之间将主要是文化关系，彼此的冲突主要是文化冲突。当今世界冲突的焦点是宗教、民族、海洋冲突，三大冲突实质都是文化冲突。所以，文化是决定国家的政治、经济、军事、外交战略决策的主要因素。

现代文化学的"文化"概念，是指一个国家、民族、地区的人们共通的观念意识、思维方式、行为方式。其内涵主要在三个层面：一是精神层面，二是制度层面，三是事业层面。大文化理念主要是指精神层面，即如《周易》所言：文化者，"观乎人文，以化成天下"也。"文"是指精神、理念、意识；一方"天下"的人，自受一方之"文"所"化"；以受一方之"文"所"化"人，自成一方"天下"。可见我固国早有大文化理念，只是被忽略了。

十九世纪在西方在兴起的现代文化学，有诸多学派，其中最受认同的是水文化、江河文化和海洋文化学。海洋文化学的创始人是十九世纪著名德国哲学家黑格尔，他在《历史哲学》中说，十七世纪世界工业革命后，有些国家驾驭了海洋，变成了具有海洋文化的先进国家。而像中国和印度，虽有海洋，但海洋并不影响它们的文化，其文化没有海洋因素。显然，他创始的海洋文化理论是有道理的，但说中国无海洋文化则是不符合事实的，可能与他从未到过中国有关。

联合国曾宣布：二十一世纪是世界海洋世纪。这意味着世界的焦点和中心是海洋，是认识、利用、开发、征服海洋，也意味着共处、争夺海洋。每个国家的驾驭、利用海洋的实力，是其国家硬实力的主要标志；每个国家在海洋文化上的决策力和影响力，则是其文化软实力的主导力。海洋文化又是与每个国家的江河文化密切相连的，海洋国家大都称自身的代表文化，是本国主干母亲河文化，如美国是密西西比河文化，英国是泰晤士河文化，法国是塞纳河文化，德国是莱茵河文化，埃及是尼罗河文化等。外国学者也称我们中国是黄河长江文化。我从这个世纪初开始探索并发现珠江文化和海上丝绸之路最早始发港徐闻，就是要匡正西方学者对中国的误解和偏见，对接世界的江河文化与海洋文化理论，并以这种理论理解和解读我国改革开放30多年来的重大步骤和战略决策。

从二十世纪八十年代改革开放之始，我国的发展战略决策是以江河文化和海洋文化为指导理念的。首先选择深圳、珠海、厦门三个海边城市开办经济特区，就是出自这理念；接着开放沿海14个城市，以及海南岛、广东"先走一步"，再就是开发三个"三角洲"，即黄河三角洲（即环渤海经济区）、长江三角洲、珠江三角洲，都是以这理念指导战略决策的鲜明体现。就广东来说，从开创深圳、珠海特区，到建设珠三角城市群、到建粤港澳大珠三角、到建设泛珠三角（"9+2"）合作区、到建设珠三角经济圈、再到发展珠三角"两翼"和粤东西北战略，都是以这理念为底蕴的。现在中央提出建设"一带一路"，又提出建设长江经济带并与丝绸之路经济带对接；最近又将"珠江—西江经济带"建设纳入国家战略，并要求与东盟共建二十一世纪海上丝绸之路对接。我省正根据中央部署，正在发挥自身的优势，率先在二十一世纪海上丝绸之路建设中起"排头兵"作用。可见"一带一路"是改革开放以来国家以江海文化为理念的战略决策的继续和创新发展。

（收入本书时，本文三、四部分已删去）

附注：本文是2014年初至2016年间，先后在广东省政府参事室（文史馆）、文化厅、交通厅、水利厅、海洋局、地税局、省科技协会、省海洋协会，东莞、梅州、江门等市委中心组和广州市荔湾区中心组，以及广西梧州市、贺州市中心组等单位或专题会议上做的专题报告稿。

论文艺繁荣发展的五大动力和"珠江文派"

——纪念广东文学两度辉煌的领军人物之一萧殷师百年诞辰

在当代中国文学史上，广东文学有两度辉煌时期：一是二十世纪五十年代末六十年代初期，主要是1959年至1963年的五年间；二是二十世纪七十年代末至八十年代初期，主要是1978年至1982年的五年间。这两个"五年"，正是中国当代史上两个时代气候与时代浪潮渐起方兴的时候。前"五年"，是国民经济调整带来的宽松暖流气候，造就了以《三家巷》《花城》《香飘四季》和《山乡风云录》为代表的粤味文学的辉煌时期；后"五年"，是粉碎"四人帮"后拨乱反正的思想大解放，造就了以《我应该怎么办》《姻缘》《海风轻轻吹》和《雅玛哈鱼档》为代表的具有粤味的伤痕文学和改革文学兴起，以及以欧阳山的《一代风流》五卷长篇、吴有恒的《滨海传》等三部长篇、杜埃的《风雨太平洋》二部长篇、秦牧的《愤怒的海》、陈残云的《热带惊涛录》等为代表的粤味文学再度辉煌时期。

广东文学这两个"五年"辉煌的历史经验，是很值得认真总结和汲取的。前不久，习近平总书记亲自召开文艺座谈会并发表了长篇重要讲话，中共中央又发表了《关于繁荣发展社会主义文艺的意见》，使广大文艺工作者深受鼓舞，迫切期望创作出无愧时代的作品，创造出新的时代辉煌。所以，很有必要去总结历史辉煌而创造出更新更大的现代辉煌。

正好在这样的时候，我们纪念萧殷同志百年诞辰，回顾这位为革命文艺事业奋斗终生的作家、文艺理论批评家、文艺编辑家和教育家的光辉业绩，感到有许多值得借鉴的经验和启示，其中特别值得注意是，萧殷同志在广东文坛这两个辉煌的"五年"中，作为领军人物之一的作为和经验，由此切入探讨造就文艺辉煌的条件和动力是什么，是很有好处、很有意义的。

在前"五年"，萧殷同志正式从中国作家协会调来广东作协，任党组副书记、副主席，主持日常工作，还任《作品》月刊执行副主编，并主管每周一大版的《羊城晚报·文艺评论》版。他主要是以这两个阵地，开创性地组织了广东文艺批评队伍，开创了广东文艺理论批评的新局面，他也就自然地成为众望所归的领军人物。在此期间，他突出的贡献是在《羊城晚报·文艺评论》开展了对长篇小说《金沙洲》的讨论。这场讨论的时代背景，是在宽松暖流气候下，以强调文学的典型性而对文学上的教条主义和庸俗社会学倾向进行了理论冲击，同时又以具有粤味的长篇小说《金沙洲》为个案，将其具有广东的地域文化特质和优势在理论冲击中一并张扬出来，形成了一种发自南方并具有珠江文化内蕴的理论强音，与当时被称为"广东三宝"之一的《羊城晚报》和欧阳山、秦牧、陈残云所写的粤味文学作品，组成了时代新潮与粤味文化协奏的大型交响乐。这是萧殷同志和他领军的广东文艺批评队伍，在广东文坛前"五年"辉煌中作出的贡献。

在后"五年"，萧殷同志从"五七"干校出来，被安排在刚恢复活动的广东省作家协会主持日常工作，再任刚恢复原名的《作品》月刊主编，并任新成立的文艺评论委员会主任，再次担任领军人物。在这后"五年"中，他主要领军对"四人帮"文艺黑线及其余毒进行大批判大清理，率先为被诬为"毒草"的《三家巷》等粤味文学作品平反，率先发表陈国凯等具有粤味的"伤痕文学"和"改革文学"作品，并大胆地率先发表尚未完全"解放"的"右派"作家王蒙等的作品，尤其是邀请了当时尚未完全"解放"、被诬为"文艺黑线"领导人周扬、夏衍、张光年等南下广州作报告，并将他们的报告公开发表。如此等等的举措，使《作品》成为全国最受欢迎期刊之一，使广东成为全国率先"三活跃"（思想活跃、组织活跃、创作活跃）地区。另一方面，欧阳山等老作家原未完成的长篇小说，也在这时候陆续完成出版；中青年作家的新作也如雨后春笋，纷纷竞起，形成了真正的广东文学第二个春天，再次组合了文艺创作与理论批评、时代浪潮文学与粤味文学的大合唱，将第二个"五年"的辉煌推上了顶峰。显然这次二度辉煌，也是与萧殷领军的广东文艺理论批评队伍分不开的。

从广东这两个"五年"的辉煌，以及萧殷同志在领军中所作的杰出贡献上看，我认为可以得到文艺繁荣发展五大动力的启示：

一是运筹力，"运筹帷幄"的"运筹"，即宏观把握和运作之力，包括报刊舆论和文艺批评的统筹力和影响力。萧殷同志利用《羊城晚报·文艺评论》版，以《金沙洲》为个案，组成作协理论组、有计划地连发三大版评论，之后又通过《文艺报》转载，进一步扩大影响，就是运用运筹力的体现。

二是环境力。环境即社会条件和氛围，包括全国性或全省性的大环境，文艺界本身的小环境，也即是全局性和局部性环境。前"五年"，全国和全省都是宽松温暖气候环境，当时中央颁布的"文艺八条"，尤其是1962年在广州召开了全国话剧歌剧儿童剧创作座谈会，周恩来总理出席、陈毅副总理讲话，时任广东省委书记的陶铸也在会上讲话（后以《关于繁荣文艺创作的意见》为题在《作品》发表），说明全局环境是宽松温暖的。当时的广东文艺界，在萧殷同志主持下的环境也是宽松温暖的。例如在全国最早的文艺评奖——《羊城晚报·花地》评奖中，对陈国凯及其小说《部长下棋》的排除无端非议的评选过程，就是突出事例。二十世纪七十年代末的后"五年"，则是全国性和全省性的时代浪潮环境，全国掀起揭批"四人帮"反动黑线和滔天罪行、向四个现代化进军的时代浪潮，全国文艺界开始了"第二个春天"，广东文艺界也开始了第二个"五年"的辉煌。在这期间，被称为"第一个向中央要权的省委"——广东省委，在习仲勋、任仲夷的先后领导下，给广东文艺创造了前所未有的宽松温暖环境，注入了无限的复苏生机与活力，使广大作家在时代浪潮的冲击中不致落伍，发挥出最大的创作实力和潜力。作为广东文学领军人物之一的萧殷同志，也在这后"五年"辉煌的环境力发挥上，起到"领潮争先"的作用，他领导全国最早的对"三突出"的批判、对《三家巷》的平反，就是实例。

三是创作力，主要是指作家队伍的创作实力、功力、潜力及其发挥的伸张力。广东作家队伍阵容强大，创作力强，老中青均有人才，专业业余都有名家。前"五年"的辉煌，主要靠老一代作家创作力的发挥；后"五年"的辉煌，则是老中青三代和专业或业余力量的大协作。萧殷从在中国作协和文艺报工作时开始，即是作家、尤其是青年业余文艺写作者的良师益友，到广东工作后一直都是如此，《与习作者谈写作》《习艺录》是他的业绩实证和代表作，王蒙、陈国凯等无不尊他为师，所以他不仅是文艺批评家的领军人物，也是作家的领军人物；广东文学两度辉煌，有他自己创作力发挥的功绩，也有他帮助他人增强或发挥创作力所作出的无名奉献。

四是文化力，即文化意识及民族地域文化特质的主导力，对广东来说，主要是发挥珠江文化特质及其文化内蕴的伸张力。迄今似乎尚未有人注意到，在广东文学两度辉煌中起到标杆作用的作品，包括长中短篇小说或散文，大都是写广东乡土题材或具有粤味的作品，也是具有岭南或珠江文化特质和文化内蕴的作品，如前"五年"的《三家巷》《苦斗》《花城》《香飘四季》《山乡风云录》，后"五年"的《滨海传》《愤怒的海》《热带惊涛录》《风雨太平洋》等长篇，以及《我应该怎么办》《姻缘》《海风轻轻吹》《雅玛哈鱼档》等短篇，都如此。萧殷领军的典型问题大讨论，个案也是描写珠江三角洲乡土题材的长篇小说《金沙洲》。这些作品和理论的实际，暂且不究作者的主观意识如何，起码在其艺术形象和艺术效果上，具有彰显岭南或珠江文化特质和风采的作用与效果；这些作品在社会上引起的反响，有多种因素，其中最重要的正就是这种文化力所起的伸张作用和效果；而作家们之所以自觉或不自觉地这样做，也正就是这种文化力的主导作用的体现。

五是群体力，即作家群体的感应力和互促力，尤其是相互之间的感应力和互促力。这就是说，在同地域或同圈子的作家之间，由于在相同的时代和环境中生活，相互之间会逐步形成某些相同或相似的感受和群体意识，并同时在彼此间也会产生相互感应和相互促进的无形力，这些对外或对内的群体性感应力和互促力，统称为群体力。由此力的主使，群体内的作家往往会自觉或不自觉地在创作上产生某方面或多层面的相类或相通现象；另一方面，由于相互感应和相互敦促，又会形成一种互补和互促的合力。这种现象，日久成熟，即可形成文学流派。地域性文学流派，大都属于这种类型。前列出的广东文学两度"五年"辉煌的代表性作品，在体现珠江文化特质和风采的相类相通现象，是这种群体力外张现象的产物和佐证；而这些作品鲜为人知的产生过程，则是这种群体力内张现象的史实说明。在座文坛前辈们会记得，1960年前后，中国作家开始试行专业作家制，有成就有声望的作家可以申请脱产创作，靠稿费生活，不领工资，但要申报创作规划，经批准才有这待遇。当时只有欧阳山、秦牧、陈残云、萧殷等有此殊荣，实际上未能完全这样做（据说不领工资未实行），但他们申报的创作计划则是继续实行的。值得注意的是，作家们的创作计划是作家自己提出、并经相互讨论批准后公开发表的，这就是作家群体力的内向发挥之处。欧阳山早在1957年提出脱产五年创作《一代风流》五卷的创作规划，经当时省委书记陶铸同志批准。1959年出版首卷《三家巷》，由于写广州地方风情，又在《羊城晚报》连载，影响很大。此后，陈残云的"乡、山、海"计划（《香飘四季》《山谷烽烟》《热带惊涛录》）、秦牧的"花、海、艺"计划（《花城》等散文、《愤怒的海》、《艺海拾贝》）、杜埃的"三部曲"计划（《风雨太平洋》）、吴有恒的"乡、海、山"计划（《山乡风云录》《滨海传》《北山记》）等，都是系列性和地域文化性的，显然与《三家巷》影响有关。这就是群体感应力和互促力的内在体现。所以，这种文学现象不是偶然的，既是一种文学动力的驱使，也是一个地域文学群体的成熟，或者说是形成一种文学流派的体现。

从广东文学两度"五年"辉煌的实际看来，广东作家群在思想艺术上有大体一致的主导倾向，在创作内涵上有大体相类的地域文化特质和内蕴，在叙事和语言艺术上有大致相似的方式方法，是已经形成为一个地域性的文学流派的。所以，1986年3月老作家吴有恒提出"应当有个岭南文派"的主张，可惜响应者少，只有我和张绰同志呼应"已经有个岭南文派"。由此造成了创造出两个"五年"辉煌的作家群，只是一个"有实无名"的文派。现在事过20年，我仍认为这说法是对的，但应称之珠江文派为好。我现在正与广东旅游出版社合作，以"记住乡愁"为主题，编选一套珠江文派代表作品选析，诚望大家指教支持。如果现在将"珠江文派"作为一个建设目标的口号，或者作为繁荣发展文学创作的一项措施规划提出，我看是可以的，因为这有利于文艺群体力的形成和发挥，也可以将促进文艺繁荣发展的五大动力都并用于这一建设目标或举措去典型带动。

（本文是2015年12月8日在萧殷诞辰100周年纪念研讨会上的发言）

宏观论评

希望重视和开展创作方法的研究

——《创作方法史》后记

编写这部《创作方法史》，主要是为从事文艺工作和爱好文艺的人们，介绍关于文学艺术创作方法的发展情形和各种创作方法的特征，同时，也试图在创作方法的研究上作一些新的尝试，或者是为开展创作方法的研究做一些铺垫工作。这就是说，既着眼于介绍性、普及性，又注意于探讨性、研究性；所着重介绍的问题，也即是试图探讨的课题。这些课题，主要是：

1. 自古至今的创作方法，是否有其本身的发展脉络？现在许多人都知道，自古至今有种种名称的创作方法，诸如浪漫主义、现实主义、古典主义、自然主义、批判现实主义、现代主义、社会主义现实主义，以及我国现在提倡的革命现实主义和革命浪漫主义，等等。这些创作方法在历史上先后出现；有的出现了之后在一段时间消失，但在不同的时候又再次或反复出现；有的自出现之后，一直不停地流传着；有的似乎很短命，像流星一样，一闪就消逝了。在这些先后出现的创作方法之间，后者往往是出于对前者的反拨（即作为一种对立面反对而有所发展之意）出现的。好像与前者是根本对立的。这种时隐时现和前后反拨或彼此对立的状况，是什么原因呢？除了社会发展原因之外，在这些创作方法之间是否有着一种本身的发展关系呢？这就是说，是否存在着创作方法本身的发展脉络，或者说存在着创作方法本身的发展历史呢？这个问题是有现实意义的。它关系到文学艺术的发展是否有其本身的规律问题，也就关系到文艺有没有独特的本身的规律问题。如果认识到或承认文艺本身有其独特规律，也就理当承认和认识到创作方法有其本身的发展规律和自己的历史，因为创作方法是创造艺术形象所运用的方法。如果认识到和充分肯定这一点，那么就会引起对创作方法的运用、创造和研究的重视，就会比较注意研究历来所出现的创作方法的得失利弊，从而采取广收众长的态度，谋求以新的创作方法创造出高水平、高质量的作品来。这些发展情形，在现有的各种文学史、艺术史、美学史或有关的文章、资料汇编中，是时有谈到的，但是比较分散。这里面，有着因命题范围所限的原因，也有似乎不很注意（或不承认）创作方法有其本身发展脉络和历史（或规律）的原因。所以，我试图将自古至今创作方法的发展情形，梳理出一个线索来，一方面是使读者免去东奔西忙地找介绍材料的麻烦；另一方面也是尝试一下，是否可以将此作为一个领域或命题去进行探讨、研究，以有利于当今文艺创作和理论批评的发展。

2. 创作方法的实际意义是什么？所谓"实际意义"，有两层意思：一是指创作方法这个名称和概念本身，包含着什么实际的含义，也就是说什么是创作方法？二是指创作方法在创作实践中有着什么样的作用？学习和研究创作方法对于我们进行文艺创作有怎样的意义？这两层意思（也即是这两个方面的问题）之所以成为问题，主要是在于现在的创作方法概念比较混乱、含糊，当今有关创作方法的理论也比较抽象和脱离实际。有的同志发表文章，说创作方法这个概念是"不科学、不实际"的；还有的同志认为种种被称为创作方法的"主义"（诸如现实主义、浪漫主义等等），是文艺理论家概括出来的，作家们在进行创作的时候，只是根据自己的习惯和经验去写作，是不会想到用什么创作方法去写作的。此外，好些书籍中关于现实主义、浪漫主义之类创作方法概念的解释，常常使人摸不着边际；好些关于提倡某种创作方法和认为某种主义"最好"的文章，也常常说某种"主义"是创作方向、创作道路、创作路线等等，有些分析某个作品或某个作家是某种"主义者"，或是某种创作方法的产物，但滔滔万字也未讲出究竟所言的创作方法的特征是什么？这种状况，怎能不使人怀疑创作方法的存在及其作用呢？本书试图以每种创作方法的代表作家和理论家，在运用和创作某种创作方法方面的体会和论述，以代表作家的代表作品的创作实际和艺术形象的特征，并且特别着重在创造艺术形象所采用的途径、方法、手段上的特点，而去将每种创作方法的特征加以说明，从实际出发去介绍创作方法的存在、特征及其作用。当我们这样做的时候，我们也就更进一步地证实和清楚地看到：创作方法不仅是早已存在着、发展着，而且对于每一个作家和每一个作品的创作都有决定性的指导作用；同时我们也就更清楚地认识到，创作方法不是别的，也不是漫无边际、捉摸不定的东西，而是实实在在的、每个作家都在运用的。这就是说，任何文艺作品，都是以一定的创作方法创作出来的。因此，对创作方法的学习和研究，对于从事文艺工作（尤其是从事文艺创作）不仅是十分重要的，而且是非掌握不可的。我们从历来创作方法的理论与实践认识到这一点，也力求以历史的实践，去说明创作方法本身所具有的实际意义和掌握它的实际意义，以求对读者的实践有所帮助；同时也是以此尝试一下，是否可以为创作方法的概念和理论搞得更科学、更实际一些，为改变创作方法理论长期存在的混乱和脱离实际的状况，作出一点努力。

3. 如何区别和正确对待各种创作方法？这问题是较多读者关心和感兴趣的，也是当前文艺创作和理论批评上比较突出的问题。我们试图向读者介绍，并在理论和实践上探讨两个区别：一是各种创作方法之间的区别，二是创作方法与文艺思潮、倾向的区别。长期以来创作方法的概念和理论混乱，与未能注意和搞清楚这两个区别密切相关。历来各种创作方法之间，的确有着在某个方面有明显不同，而在另一方面有相通之处的情形；在同样运用某种创作方法的作家中，又往往是各有特点的；同时，有的作家也难以明确说清楚所用的究竟是什么方法。这正是创作方法在实践上千姿百态的反映。这种千姿百态，是不能用简单的理论说明的。正确弄清过去的千姿百态，才能促进今后出现更新更高的千姿百态。创作方法问题之所以比较尖锐复杂，主要是由于它与文艺思潮、倾向密切关联，两者是既密切相关而又有着区别的两个概念。历史上每一种创作方法，大都是某种文艺思潮、倾向的产物，是在一定文艺和社会思想（包括哲学、美学）的基础上产生的。当它作为体现某种文艺或社会思想和以这种思想去把握现实、创造艺术形象的方式而形成之后，它也就成为有相对独立性的方法了，就具有在艺术形象创造法则的发展上的前进或倒退的意义了。例如，浪漫主义是作为一种文艺和社会思潮而产生出来的。但它自形成一种创作方法后，也就是有相对的独立性，可以为其他文艺和社会思想的人所借鉴和运用。这种情形，说明创作方法与文艺思潮、倾向是有密切关联而又有区别的。由于过去未能注意或不承认这个事实，未能将这两个概念分别来看，造成了种种不能正确对待创作方法问题的现象。这些现象，主要是两种：一是忽视与一定创作方法相联系的文艺或社会思想的反动性、落后性、局限性，对其采取一概肯定或一概照搬的态度；另一种是只看到其思想上的反动性、落后性，而采取一概否定和排斥的做法。当前在对待西方现代主义的问题上，就有这两种现象。因此，从历史和实际的事实出发，向读者介绍和进行研究各种创作方法之间，创作方法与文艺思潮、倾向之间的联系和区别，对于正确对待创作方法问题是有现实意义的。出于这样的目的，本书对每种创作方法的介绍和探讨，注意其产生的社会条件，其思想和美学基础，其代表的文艺思潮和代表的理论，并且比较注重以其代表性的创作实例去介绍和探讨其在创造艺术形象上的特征，力求以马克思主义的观点进行分析，力求对解决现实问题有所帮助，力求为我国的创作方法的理论与实践的发展有所补益。

4. 对于我国提倡的革命现实主义和革命浪漫主义，本书采取按年代介绍的方法，将从五四到1979年第四届全国文代会的60年来，每个年代的有关代表理论和代表实践作出介绍，比较详细地摘录了有关的理论观点，并结合对一些代表作家或作品的分析，去加以说明，以求使读者比较清楚地看到每个年代的情形，看到这方面的理论和实践不断发展变化的脉络，以及在每个年代中发展变化之所在。本书较着重摘录有关的理论观点，这是因为我国的文艺发展情况，一般人较了解，不必作太多介绍；而这些理论观点是较有意义和影响的，但其确切的说法，似乎较少人去认真注意，又比较分散难找，同时也尚未有人将这方面的材料加以系统整理，尚未将这方面的理论与实践的发展情形理出一条脉络，对于革命现实主义和革命浪漫主义以及这两者的"两结合"，作为创作方法意义上的特征，也不很明确而又说法不一。要进行及完成这样的工作和改变这种状况，不是轻而易举的事。所以，本书这样做，只能说是为此作些铺垫工作，对于读者、创作者、研究者也许会有好处的。此外，作为一部《创作方法史》，理当将我国古代文学中创作方法的发展情形进行介绍和研究。这方面的材料是极其丰富的，这个命题也是很有意义的。也正因为如此，这是不能在短期内所能完成的事，个人的能力也有限的，只好留待日后或他人来完成了。相信本书出版之后，如果能够达到希望引起重视和开展创作方法研究之初衷，这个命题的进行和完成，是指日可待的。

本书的编写和出版，得到了花山文艺出版社、特别是李屏锦同志的支持、指导和帮助，也得到一些文艺界前辈和我的一些朋友、学生的支持帮助。

没有他们的支持帮助，是不能进行和完成这项工作的。如果这本书对读者和文艺工作有所补益，首先应该感谢他们。这是集体劳动的产物。同时，本书又是参考和根据大量有关资料编写而成，借用和吸收了它们的研究成果；因引用材料较多，难以一一列出致意。在此，特向这些材料的作者、编者、出版者和资料工作者，致以深切的歉意和谢意。承蒙著名作家姚雪垠教授为本书题签，谨致谢忱。这件工作，完全是一种尝试，是引玉之砖，肯定是有许多不当之处的，衷心期望得到读者的批评指正。

1984年4月于广州中山大学

附注：《创作方法史》由花山文艺出版社1986年9月出版，是笔者首部理论专著。

论社会主义的批判现实主义

《湘江文艺》编者按　本刊在第三期开始关于现实主义问题的讲座，得到了广大读者和作者的热情支持。本期特发表黄伟宗同志的来稿，在这篇文章中，作者勇于阐述自己的观点，我们欢迎就他的文章展开同志式的争论。只有争论，才能使讨论深入而不空泛，才能进一步活跃文艺思想，也才能使真理愈辩愈明。我们欢迎有分量的长文，但对有一得之见的短稿将优先刊用。

周扬同志在第四次文代会上的报告中指出："文艺创造既要描写人民生活中的光明面，也要揭露社会的阴暗面。有光明面就有阴暗面，有颂扬就有批判。社会主义负有批评和自我批评的任务。'辩证法不崇拜任何东西，按其本质来说是批判的和革命的'（马克思）。丢掉了这种批判精神，它的革命性就丧失了。我们不仅要批判敌人，对于我们自己和我们的实践，也必须采取批判的态度，否则我们就不能前进了。"这段话说得何等好啊！有的同志说：如果我们对文艺早有这个认识并以这认识去领导文艺，那么我们的文艺肯定就不会经历如此曲折的道路，许多着重揭露批判社会生活中阴暗面的文艺就不会遭到如此的磨难。是的，事实已经证明：过去我们本来应有这样的认识和可以这样做的，只是未能坚决和坚持这样做罢了。造成这种情况有复杂的历史原因和社会原因，其中之一，是在于只承认和允许社会主义文艺的一种，即以写光明为主、写英雄为主、以歌颂为主的文艺，不承认着重揭露批判社会生活中阴暗面的文艺即社会主义批判现实主义文艺，也是社会主义文艺的一种，不允许其存在和发展，因此，现在很有必要确定这种方式居社会主义文艺中的应有位置，并促进其健康发展，否则难免会再犯过去的错误。

一

为什么说，过去我们本来应有这样的认识和可以这样做呢？马克思、恩格斯早在《共产党宣言》中指出："共产主义革命就是同传统的所有制关系实行最彻底的决裂，毫不奇怪，它在自己的发展进程中要同传统的观念实行最彻底的决裂。"这两个"决裂"的内容和对象，显然不仅是剥削阶级的所有制关系和传统观念，还包括革命营垒中的某些阶级、阶层的所有制关系和传统观念，如小生产者的私有制和传统观念以及剥削阶级的传统观念在人民群众中的影响等等。毛泽东同志指出："无产阶级和革命人民改造世界的斗争，包括下述任务：改造客观世界，也改造自己的主观世界。"马克思主义、列宁主义、毛泽东思想，就是在同反动阶级斗争的同时，与形形色色的机会主义的斗争中发展的；中国共产党就是在同封建主义、帝国主义、资本主义的斗争同时，与各种各样的机会主义的斗争中发展壮大的。由此可见，我们从未在理论上和实践上忽视过在对敌斗争中改造自己和批判革命内部存在问题的任务。根据这样的理论和实践，作为革命事业的一个组成部分的文艺，既要承担批判敌人的使命，又要担负改造自己的职责，不是本来应有这样的认识和可以这样做的么？

事实上，无产阶级革命领袖都指出过这一点并亲自这样做的。列宁在苏维埃政权建立之初，当高尔基提出社会主义文艺主要是写英雄事迹的时候，他郑重地补充说还"需要抒情诗，需要契诃夫，需要日常生活上的真实事迹"；并且在苏联文艺界排斥诗人马雅可夫斯基和批评他写的讽刺官僚主义的诗《开会迷》的时候，挺身而出为诗人辩护，对这首诗大加赞赏。斯大林在拉普派横行的时候，提出了文艺要"写真实"的口号，并亲自为当时受批评的肖洛霍夫《静静的顿河》辩护，为这部通过一个反动富农分子（葛利高里）的经历反映苏联建国初期革命进程并揭露批判当时苏联富农政策的缺点错误的作品撑腰。马林科夫在苏共十九次党代会上的报告中，也提出文艺有揭露批评内部问题的职责，并认为要有新的像果戈理、谢德林那样的讽刺作家。早在1942年，毛泽东同志在提出"一切危害人民群众的黑暗势力必须暴露之，一切人民群众的革命斗争必须歌颂之，这就是革命文艺家的基本任务"的同时，还指出对人民大众的缺点进行批评和自我批评是文艺的"最重要任务之一"，又特别证明"这不应该说是什么'暴露人民'"。全国胜利以后，周恩来同志和陈毅同志都一再指出文艺揭露批评人民内部缺点的重要性，并支持关怀像老舍的《西望长安》这样一些揭露批评人民内部缺点的作品的创作和演出。这，不是说明我们党的领导不仅过去是这样认识的，而且事实上也这样做的么？

　　然而，数十年来的文艺现状表明，按这样的认识去做的时间不是很多，而且能够这样做的时间和范围也是很短暂很狭小的，往往是一出现这样的作品就受到批评围攻。有时某领导人出来为某作家或某作品解围，有的可起到一时的作用，有的则不起作用。列宁、斯大林为《开会迷》和《静静的顿河》辩护是起到作用的；毛主席曾经为王蒙的小说《组织部新来的年轻人》辩护，但作者及作品不是同样被划为"右派"和受批判么？数十年来的文艺论争，绝大多数都是或多或少、直接或间接地与要不要和如何看待人民内部的缺点错误的文艺有关的，例如：对鲁迅前期的作品究竟是不是属于社会主义现实主义的争论，对胡风"写真实论"的批判，对王实味、丁玲、艾青、罗烽等的《野百合花》《三八节有感》的批判和再批判，对刘宾雁、王蒙等的《在桥梁工地上》《本报内部消息》《组织部新来的年轻人》等作品的批判，对秦兆阳的《现实主义要广阔的道路》的批判，对邵荃麟等关于现实主义深化与写中间人物主张的批判，对邓拓等《燕山夜话》《三家村札记》的批判，对欧阳山《三家巷》《苦斗》的批判等。直到粉碎"四人帮"以后，对小说《班主任》《伤痕》等作品的争论，关于歌德、缺德和向前看、向后看的争论，关于特写《人妖之间》、小说《乔厂长上任记》、诗歌《将军，你不能这样做》、话剧《炮兵司令的儿子》和《假如我是真的》（又名《骗子》）、小说《我应当怎么办》和《在小河那边》等作品的争论，其焦点不也还是这个问题么？可见，仅仅是某时某地某领导人为某一作品辩护，或者通过讨论使某一作品得以存在或使某一局部问题得以解决，或者仅仅是明确革命文艺是有批判自己方面（包括负有反官僚主义、反封建主义等等任务的提法），是不能从根本上解决问题的，必须从理论上、实践上、法制上确立这种文艺在社会主义文艺中的应有位置，应当承认和允许这种文艺作为一种文艺潮流或创作派别而存在发展。

二

数十年的文艺史已经表明：尽管这种文艺作品或文艺主张往往一出来就受到批评，遭到扼杀，但它一直是"野火烧不尽，春风吹又生"的，具有前仆后继的顽强生命力；另一方面，从这种文艺的历史发展上来看，前后相承的理论主张和创作实践，已鲜明地形成了自己的理论体系和创作特点，已经是一种不以某些人的主观意志为转移的客观存在。正因为如此，它是扼杀不死的，是阻挡不住的。正确的态度只能是：承认它、允许它、引导它、发展它。

这种文艺基本的含义是什么呢？它是：站在无产阶级立场上，着重通过揭露批判革命进程和人民内部存在问题去反映现实，并在真实的、具体的描写中体现社会主义思想的现实主义。它的特色具体表现在：

从与那些着重通过写敌我斗争去反映生活的文艺比较，这种文艺有着主要通过内部斗争反映敌我斗争或只是写人民内部矛盾去反映现实的特点。这是内容上的差别，而主要是反映生活的角度和矛盾冲突组织上的差别。它着重从人民内部的矛盾斗争去取材，以人民内部的矛盾冲突为描写的正面，以尚属人民内部的人为矛盾的主要的直接的对立面。那些主要通过直接描写敌我斗争去反映生活的作品，其取材角度和组织矛盾冲突，都着重于敌我之间的斗争，主要的直接对立面是阶级敌人，或者是地主资产阶级分子，或者是混进革命队伍的叛徒、特务、历史反革命分子。这些作品也写人民内部矛盾，矛盾的对立面中也有人民群众中的不觉悟分子，但都是从属于反映敌我矛盾，居于次要的地位，写新民主主义革命斗争的题材如此，写社会主义社会中矛盾斗争的题材也是如此。例如反映农业合作化的小说《艳阳天》，所写的主要是贫下中农与地主富农分子的矛盾冲突，矛盾的主要对立面是混进革命队伍的历史反革命分子马之悦和地主分子马斋，萧长春和马大炮、弯弯绕等属于人民内容的矛盾冲突居于次要地位。但我们所说的这种文艺却不是这样。话剧《曙光》写的是国内革命战争时期的红军斗争生活，与歌剧《洪湖赤卫队》的题材相似，但它却主要是通过贺龙同志与执行王明路线的中央特派员林寒之间的路线斗争去反映的，剧中混进来的特务蓝剑只是矛盾的次要人物。至于写社会主义建设时期的生活，这类文艺作品更是多得不可胜数，这是因为社会的性质有了根本性的变化，革命的任务也起了变化，人民内部矛盾更突出起来，客观生活要求文艺的出现和发展。如果说反映过去年代生活的这种文艺大多是通过写内部斗争或以内部斗争为主线去表现社会生活和敌我斗争的话，那么在这个时期的这种文艺的大多数都是写人民内部矛盾的。例如《重放的鲜花》中所收集的1957年被打成"毒草"的小说、戏剧就是如此。对于无产阶级与林彪、"四人帮"这场敌我性质的矛盾斗争，像话剧《神州风雷》那样直接写无产阶级与"四人帮"斗争的作品是不多的，更多的是通过无产阶级与受林彪、"四人帮"利用或毒害的人的矛盾斗争去反映的，像小说《班主任》、话剧《丹心谱》就是如此。反映粉碎"四人帮"后向"四化"进军的新时期的作品，像《报春花》《未来在召唤》《救救她》等话剧，写的更主要是人民内部的矛盾斗争。由此可见，这种文艺尽管其产生年代和所写的历史时期各不相同，但在反映生活的途径和矛盾冲突的组织上却是相同的或相似的。既然如此，不是可以说这是这种文艺的特征之一吗？

从与那些着重在对敌斗争中歌颂人民和暴露敌人的作品比较，这种文艺则是以着重在人民内部的矛盾斗争中去歌颂人民和暴露敌人为特色的。这是在反映生活途径和组织矛盾冲突差别的基础上，在歌颂与暴露问题上反映出来的差别。着重在对敌斗争中歌颂人民和暴露敌人的作品，是从文艺的基本任务是歌颂人民和暴露敌人这一基本观点出发，从而自觉或不自觉地只是注意在对敌斗争中去歌颂人民和暴露敌人的，这种作品歌颂和暴露的对象壁垒分明，暴露的对象只能是阶级敌人，人民群众大都是歌颂的对象。而这种文艺，从根本上说也是歌颂人民和暴露敌人，但它往往是通过揭露批评人民群众和革命进程中存在的缺点与落后现象去暴露敌人，通过人民群众中的矛盾斗争去歌颂人民，甚至有些对揭露批评的对象也有歌颂，对歌颂的对象也有揭露和批评；它不是从人物的阶级成分出发去决定对其歌颂或批判的，而是从其在矛盾斗争中的地位及其思想实际出发去进行歌颂或批评的。话剧《于无声处》反映天安门四五运动，是通过欧阳平和他的母亲与过去的老战友和未婚妻所展开的矛盾冲突去进行的，它通过揭露何是非的丑恶去暴露"四人帮"，通过欧阳平母子与何是非的斗争去歌颂无产阶级的英雄气概，对于受蒙蔽还以为革命的何芸和以济公态度对抗"四人帮"的何为，则是既暴露批评而又热情歌颂。其他许多作品也是如此。可见上述这一点，也是这种文艺的特征之一。

从与那些着重以塑造英雄典型来歌颂人民和反映现实的作品比较，这种文艺着重从提出社会现实中的存在问题出发去塑造多种多样的人物，并在塑造多种人物中去塑造英雄人物（有的并不写英雄人物）和反映现实。被批判多年的现实主义深化论和写中间人物的理论，实际上是要坚持从生活出发去塑造多种人物来加强反映现实的深度和革命力量。例如被诬为中间人物的代表作品《赖大嫂》（西戎），就是通过塑造一个自私的农村妇女提出了走什么道路的问题，反映了农村两条道路斗争的实际，也塑造了英雄人物。陈国凯的短篇小说《我应当怎么办?》，通过塑造与人无争的女工薛子君的形象，反映了普通工人在林彪、"四人帮"横行下所受的苦难，概括了许多人在这一特定时代的悲欢离合，塑造了刘亦民、李丽文这样的英雄人物。短篇小说《盼》，写了一对青年男女结婚不久分居两地，直到丈夫死了也不能一家团聚的故事，它所揭露出的现实问题，难道仅仅是家庭问题和个别的问题吗？这些作品表明了反映现实有多种途径，歌颂人民也有多种途径，而在着重揭露批判的文艺中，则是较多通过描写受苦难的或有过缺点的人物去反映现实，或者从中塑造出英雄形象，但都不是以塑造英雄形象为主或为创作前提的。

从与那些着重以写革命进程或新社会的成就和光明为主的作品比较，这种文艺则是着重揭露和提出前进中的落后面和存在的问题，并通过揭露和批判去反映革命的光明与前进。在我们新社会发展的历程中，主要方面是光明的，但也有曲折的黑暗的年代；在阳光灿烂的年代，仍有阴暗的角落；当乌云密布的时候，也仍有阳光。这种现实决定了既有以写光明为主的文艺，也要有揭露前进中黑暗面的文艺，两者是缺一不可的，只允许其中一种，不利于全面发挥文艺推动生活前进的作用。1957年，一些人提出文艺应当"干预生活"、揭露阴暗面，并涌现了《本报内部消息》等干预生活的作品，其原因正在于生活中有阴暗面要求文艺干预而长期不许干预。这些主张和这些作品受到了批判扼杀，不许文艺尽这方面职责；然而生活中的阴暗面并不因不许文艺反映而减少，反而变本加厉地发展。也正因为这样，着重揭露阴暗面的文艺也就从地下到地上顽强地发展着，同那些以写光明为主的文艺并驾齐驱。在许多大写总路线、"大跃进"、人民公社的成就与光明的作品广为流行的时候，像《燕山夜话》《三家村札记》等揭露阴暗面的作品不是同样受人欢迎吗？当像电影《甜蜜的事业》《小字辈》等大写"四化"的光明与成绩的作品流行的时候，像《报春花》《未来在召唤》这些揭露"四化"进程中阴暗面的作品不是也很受人们赞赏吗？可见这是两种可以并行发展的小说。《大墙下的红玉兰》写的是"四人帮"极度猖獗年代的黑暗生活，长期在专政机关工作的老革命反被专政，而且是被无产阶级专政对象所专政，甚至最后死于自己阶级弟兄的枪口。这对于我们社会的黑暗揭露得真够严峻的了；然而这部作品不是同时使人看到灼灼闪耀的光明么？所以，这种文艺在实质上也是歌颂光明和歌颂成绩的，只是不像那些正面或着重描写光明面的作品那样直接而已。这一特色，也是这种文艺的特征之一。

从与那些着重表现革命斗争中的无产阶级革命精神与新社会的道德风尚的作品比较，这种文艺则是着重从革命斗争和新社会生活中提出一些普遍存在而令人思考的问题。这种文艺既从社会主义思想高度提出过去的革命斗争中的问题，也提出社会主义革命和社会主义社会中存在的问题。革命的道德风尚和社会的污秽旧习，是矛盾对立的两个方面，又是两种不同的社会存在。文艺既可表现两者对立，也可着重表现两者之一。着重表现社会主义革命进程中的革命精神和社会主义社会的道德风尚和作品不少，如电影《雷锋》《革命家庭》等等。这类作品里面，也揭露批判了革命和社会中的污秽旧习，但都是置于次要的从属的地位。而这种文艺却以揭露批判为着眼点，有的作品在揭露批判中表彰革命的道德风尚，有的作品以写革命的精神去揭露批判社会污秽，有的作品则只是揭露批判丑恶的东西。例如话剧《权与法》就是在揭露、批判执权者践踏法律的丑恶行径中表彰大公无私、坚持原则的革命精神。刘心武的小说《爱情的位置》虽然写了孟小羽和陆玉春的崇高爱情，但它的着眼点是为了揭露批判社会普遍存在的对待爱情问题上的庸俗倾向；黄宗英的报告文学《大雁情》虽然写的是一位参加科学大会的代表的杰出事迹，其主旨明显是为了揭露和抨击反动的血统论；话剧《假如我是真的》（又名《骗子》）通过知青李小璋迫不得已而行骗的过程，深刻地揭露批判了利用职权、上行下效、互相利用的丑恶现象，提出了我们当今社会生活中一个发人深省的问题；特写《人妖之间》、话剧《炮兵司令的儿子》、诗歌《将军，你不能这样做》等作品也是如此。这些作品虽然着重揭露社会的丑恶现象和提出存在的严重问题，但它的社会效果都不是消极的，因为它在揭露中有表彰，就是揭露丑恶的作品也有着鲜明的思想倾向，不是鼓吹或宣扬这些丑恶，而是站在无产阶级立场上批判丑恶，在揭露批判中体现和宣传社会主义思想，激发人们与丑恶作斗争的义愤，从而使革命更顺利地前进。难道这不是积极的么？其作用不是与那些着重表彰革命精神和道德风尚的作品殊途同归么？而这不也可以说是这种文艺的特色么？

上述这些相比较而言的特点，归纳起来，就是：揭露、批判、思考。即：在揭露中表彰、在批判中歌颂、在思考中前进。这些特点既包括思想内容方面，又包括创作方法方面，所以它既是一种文艺潮流，又是一种创作方法。因其是以社会主义思想去揭露批判社会主义革命进程中的存在问题，并以此去反映社会主义革命进程中的社会现实，所以名之：社会主义批判现实主义或革命的批判现实主义。

三

周扬同志指出："任何创作口号，都不应成为束缚创作生命力的公式和教条。在遵循文艺必须正确地反映现实生活这个客观规律的前提下，每一个作家或艺术家采用什么样的创作方法来从事创作，这是作家、艺术家的自由。"提出社会主义批判现实主义也是如此。有些创作口号产生束缚创作生产力的后果，因素是多方面的，有的是由于创作口号本身脱离创作实际，不是或不完全是在总结创作实际的基础上提出来的，而是依据某时的政治需要提出来的主观要求，将政治需要取代文艺创作，将主观要求取代客观实际；有的是由于将某一创作口号当作万能的灵丹妙药，结果是百病可治而无一愈；有的是由于将某一创作口号当作狼牙棒，随意打杀文艺作品；有的是由于将某一创作口号当作模式去套作品，套不上就一概抛掉；有的是由于将某一创作口号当作百事可解的通书，用之去解释任何创作，结果是将创作实际中存在的和不断涌现的多种多样的创作方法和风格抹杀掉。社会主义批判现实主义就是因为这些原因而被长期排斥和否定。提出这个创作口号，意义不仅在于恢复这种文艺的合法地位，而且在于真正体现和贯彻创作方法多样化的方针。只有创作方法的多样化，才能真正实现文艺的多样化。多样化本身不是目的，而是为了一个目的：要繁荣社会主义文艺。当然，作家们用不用这种创作方法是完全自由的，评论家也不应该以此给作家排队站位，否则就会束缚创作生产力。

提出社会主义批判现实主义，也不意味着要以旧批判现实主义来反映社会主义革命时代的生活。这两者有根本性质的不同。首先在于思想立场和目的不同。高尔基说，旧批判现实主义是资产阶级的"浪子"文学。旧批判现实主义作家站在自己原来的阶级立场上去揭露批判旧社会的黑暗；他们的目的并不是要将旧的社会制度推翻，而是试图医治无可医治的社会病根，使旧社会得以生存下去。杜甫写过许多揭露旧社会黑暗的诗篇，他的立场和目的是"致君尧舜上，再使风俗淳"；白居易说他的创作是"唯歌生民病，愿得天子知"；曹雪芹写《红楼梦》的根本思想是"补天"；恩格斯说巴尔扎克"在政治上是一个正统派，他的作品是对上流社会必然崩溃的一曲无尽的挽歌；他的全部同情都在决定要灭亡的那个阶级方面"；列宁指出托尔斯泰"一方面反对官办的教会，另一方面却鼓吹清洗过的新宗教"。旧批判现实主义作家的立场和目的，决定了他们在对社会生活的观察和反映，正如列宁论托尔斯泰那样，虽然"揭发资本主义以及它给群众带来的灾难"，但他们不理解"所遭遇的危机和摆脱这个危机的方法"。因而在旧批判现实主义的作品中，对生活的反映受到作家的阶级局限，失望消沉而无理想。显然，社会主义批判现实主义不是如此。但是，从创作方法的发展继承的意义上说，两者也有着某些相通之处，那就是着重通过揭露社会的黑暗面去反映现实，而且都是对之进行批判的，所以两者都是批判现实主义。但是，这只能说是某些方面的形似，而实质是貌合神离的，它们是两种不同社会、不同阶级的批判现实主义。

社会主义批判现实主义文艺，会不会像旧批判现实主义文艺对旧社会所起的破坏作用那样，对社会主义革命和社会主义制度产生破坏作用的效果呢？这要作具体分析。首先是对文艺的社会功能要有正确的估计，过大或过小的估计是不对的，机械地片面地去认识也是不对的。应该肯定，旧批判现实主义的作品对促使旧社会崩溃或历史发展可以起到一定的积极作用，但这种作用并不是像一些人所认为的那样大得可观。试问：历史上揭露批判社会罪恶的文艺作品数不胜数，又有哪一个作品起到改朝换代丧国亡邦的效果呢？杜甫的"朱门酒肉臭，路有冻死骨"流传百年之后威名赫赫的盛唐才没落，《红楼梦》流传了几百年才发生辛亥革命而结束了封建王朝的统治，如果这些文艺果真有摧毁社会的神力，为何要百年以上才能奏效呢？又有哪一个历史学家能推出这种文艺与旧社会崩溃的有机联系呢？这样说并不意味着否定过去揭露批判性文艺的积极作用，而是反对将其作用过分夸大的倾向。这种倾向，是反历史主义的，又是导致惧怕现在的揭露批判性文艺的思想因素之一，造成这种倾向的原因是在于以形而上学的观点去看文艺作品的社会效果，只看到揭露旧社会黑暗对旧社会的破坏作用，忽视了其维护的反作用。事实上历史上就有许多的"诗谏""文谏"的事情，这些谏诗、谏文，都是揭露旧社会黑暗的；《诗经》的"国风"中大都是诉说人民疾苦的民歌，孔子将其收集的目的不是因其有"可以兴，可以观，可以群，可以怨""上以风化下，下以风刺上"的作用么？所以，不分青红皂白地一概认为旧批判现实主义的文艺都是对旧社会起到破坏或摧毁作用是不准确的，以此而推断社会主义批判现实主义文艺具有破坏社会主义的效果更是不对的。在这个问题上，有些人同对待旧批判现实主义文艺一样，由于形而上学地去看问题，将揭露社会阴暗面与破坏社会制度等同起来，将两者的关系看作正比，从而将这种文艺视若洪水猛兽，将创作这种文艺的人看作大敌。其实，这是一种精神虚弱的表现。如果是坚定的科学的社会主义者，那他必然充分地看到社会主义革命进程中出现的曲折并充满信心地去扭转它；如果是彻底的唯物主义者，那他必然会充分地看到生活中的阴暗面并坚定不移地去克服它；这样，对待揭露批判这些曲折和阴暗面的文艺就会看作是必不可少的"文谏"了。不允许这种文艺的存在，实际上是不愿看到革命中的曲折和阴暗面的存在，也就是没有信心没有力量去扭转它克服它的表现，这不是虚弱么？至于这种文艺会不会产生消极的效果，这也得具体分析。文艺作品是客观生活的反映，同时它又是生活中的一个客观存在。因为它是生活的形象反映，而这形象的生活面，对于读者来说它又是同生活本身一样，是客观的存在物（所区别的是它具有典型性和思想倾向性）。对于这存在物，人们同对待生活一样，是以自己的立场、观点、感情去认识和评价的。有的是与作品的思想倾向一致，有的甚至相反，有的有所取舍，有的有所创造。如果仅以某种人的取舍而推断作品的性能，往往会导致歪曲作品本身价值的结果。对待社会主义批判现实主义文艺也是这样，许多人就是以己所需、以己所感去反对这种文艺的，同当年《阿Q正传》问世的时候许多人以为是骂自己一样。这种状况，不应当说是这种文艺的消极后果，也不能以此而推断是某个作品的主要思想倾向。作品的社会效果是积极还是消极，不应当离开作品的主要思想倾向去推断，也不应当仅以某种人的反应去论定，而应当从其对社会发展所起的实际作用去衡量。如果仅以作品的某些枝节或某些人的反应去论断作品的社会效果，势必会导致任何作品都有消极作用的结论，正如用求全责备的要求去看任何作品都必有缺点一样。自然，在社会主义批判现实主义的文艺作品中，也不是所有作品都是完美无缺的，有的作品有艺术上的缺陷，有的甚至有思想错误；用这种创作方法去创作，对于思想和艺术上不够成熟的人来说，也可能会出现错误或问题。但不能因此否定这种文艺。因为这不是这种创作方法所造成的错误，而是掌握运用得不够好而产生的缺点。如果有的人站在反动立场上去利用这个创作口号，那就是另外性质的问题而不是社会主义批判现实主义之咎了。总之，站在无产阶级立场上去创作社会主义批判现实主义文艺作品，是坚持四项原则的，是有利于四个现代化的，是维护和推进社会主义革命事业发展的，这难道还有什么疑问吗？！

（原载《湘江文艺》1980年4月号）

文学的批判与批判的文学

——"社会主义批判现实主义"的提出及其"前因后果"

在1980年4月号的《广州文艺》和《湘江文艺》上，同时发表了我写的两篇文章：《提倡社会主义创作方法多样化》和《论社会主义批判现实主义》，文中提出了"社会主义批判现实主义"的理论观点，在当时产生了强烈反响。文章发表不久，同年7月号《新华月报·文摘版》（《新华文摘》原名）即转载了前者全文；中国社会科学院文研所的《文学研究动态》发表了后者全文摘要。接着，《美国之音》作为新闻，向全世界广播了这个理论观点提要；当时在原苏联文艺报刊所发表的关于中国文坛报道中，称这个理论观点是中国现实主义"新学派代表之一"。翌年，这理论观点被列入1981年的《中国文艺年鉴》和《中国文学研究年鉴》的大事记中。1982年7月，美国纽约圣若望大学举行以"当代中国文学的现实主义"为主题的学术研讨会，邀请我和作家王蒙参加。王蒙和当时在美国的大陆学者黄秋耘、乐黛云到会。此外，到会的尚有美国、英国、加拿大、法国，以及台湾、香港的学者。我因故未能赴会，只能提交论文，由会议主持人金介甫博士委托华人作家於梨华女士，在会上代读我提交论文的提要。美国《世界日报》《北美日报》《美国之音》《华语快报》《华侨日报》，台湾《联合报》，香港《中报》《七十年代》等媒体，均作了报道。可见当时在国内外的影响是颇大的。我提出这理论观点的背景和依据是什么呢？有什么"前因后果"呢？

一、提出的背景和依据

当时在论文中，我提出社会主义批判现实主义（或称革命批判现实主义）就是："站在无产阶级立场上，着重通过揭露批判革命进程和人民内部存在的问题去反映现实，并在真实的、具体的描写中体现社会主义思想的现实主义。""它的特点就是：揭露、批判、思考。即：在揭露中表彰、在批判中歌颂、在思考中前进。""它既是一种文艺潮流，又是一种创作方法。"

这个理论观点，是我根据1977年至1980年连续涌现的"伤痕文学""反思文学""改革文学"的创作实际概括出来的。当时的时代背景是：1976年10月6日粉碎"四人帮"后不久，"两个凡是"的阴影还笼罩着，"左"倾路线思想余毒尚在。但党的十届三中全会精神发出了时代的新曙光。以《于无声处》为代表的揭露"天安门事件"真像的作品，以《班主任》《伤痕》《神圣的使命》为代表的"伤痕文学"，以《天云山传奇》《大墙下的红玉兰》《剪辑错了的故事》为代表的"反思文学"，以《乔厂长上任记》为代表的"改革文学"等等，像狂潮般地接连涌现。我们广东的《作品》和《广州文艺》，也在这大潮中发表了《我应当怎么办》《姻缘》，以及王蒙当时尚在新疆流放时写出的首篇"伤痕文学"小说《最宝贵的……》。这些作品的创作实践，从对生活的观察反映的取舍面、从反映矛盾冲突的侧重点、从描写人物的侧重点、从思想倾向体现和人物典型特质，都无不鲜明地体现出在揭露中表彰、在批判中歌颂、在思考中前进的特点。对新出现的文艺现象和文艺思潮作出新的理论解读，对新的创作实践和作品实际作出新的理论概括，是文艺理论批评家的天职，是文艺理论批评的生命。没有直面社会现实和文艺现实的勇气和责任心，就等于放弃自身的天职；不能说明文艺新现象新实践的文艺理论批评，也就等于失去自身的应有价值和生命力。

我提出这个理论观点，还在于这种文艺新潮和创作方法，是历来规定的"基本创作方法"（即社会主义现实主义）或提倡的"最好创作方法"——"两结合"（即：革命现实主义与革命浪漫主义相结合）的理论所不能包括和不能说明（实则是不允许）的，因为历来是规定以写光明为主、以歌颂为主。另一方面，在这巨大文艺新潮的冲击下，当时的官方理论也有点解禁的迹象。当时在刚开过的第四次全国文代会上，周扬的权威报告首次提出："我们要提倡我们所认为最好的创作方法，同时要提倡创作方法的多样化，不应强求一律。"又指出："任何创作口号，都不应成为束缚创作生命力的公式和教条，在遵循文艺必须正确地反映现实生活这个客观规律的前提下，每一个作家或艺术家采用什么样的创作方法来从事创作，这是作家艺术家的自由。"另一方面，尤其值得注意的是，周扬在这报告中还同时指出："文艺创作既要描写生活中的光明面，也要揭露社会的阴暗面。有光明面就有阴暗面，有颂扬就有批判。社会主义负有批评与自我批评的任务。'辩证法不崇拜任何东西，按其本质来说是批判的和革命的'（马克思），丢掉了这种批判精神，它的革命性就丧失了。我们不仅要批判敌人，对于我们自己和我们的实践，也必须采取批判的态度，否则我们就不能前进了。"这段话说得多好呵！尽管这位数十年主管全国文艺工作的周扬同志，从来没有这样做过（实际上他一直是按他现在所批判的做法去做），但能在灾难后"复出"的时候，总结出这点觉悟，实在是难得的了。由此也可见，我所提出的理论观点正是与周扬总结出这点觉悟是一致的，因而是有理论和实践依据的。

二、提出的"前因"和"后果"

我提出的社会主义批判现实主义的理论观点，实际上是社会主义时代的文艺，有无批判功能或作用，同时能否允许批判文学出现或存在的问题，简言之，是文学的批判与批判的文学问题。如果周扬从延安解放区时期到建国后17年社会主义建设时期，都能按他所总结的这点觉悟去主管文艺创作，恐怕就不会存在这个问题了。当然，这不是（也不仅是）周扬个人的事，而是一种社会性、体制性、历史性的事，是一个带政治性、实质性、一贯性的文艺问题。

正因为如此，我所概括的这种社会主义批判现实主义文艺思潮和创作方法，不是社会主义新时期"伤痕文学""反思文学""改革文学"涌现时才有的，其实早在延安解放区时期以至建国后17年并直到现在，一直都在反复地、不断地出现的。但影响较大的还是在某个特定历史时候，所出现的若干或一批带潮流性的作品，又由于当时的政治原因而造成历史性事件的。例如在延安解放区时期出现的、后来在1958年拿出来"再批判"的"奇文共欣赏，疑义相与析"作品，包括丁玲的《三八节有感》《在医院中》、王实味的《野百合花》、艾青的《了解作家，尊重作家》、萧军的《论同志的'爱'与

'耐'》、罗烽的《还是杂文时代》等；1956年和1957年，在"双百"（百花齐放、百家争鸣）的鼓舞下，涌现一批"干预生活"、不久又被批为"毒草"的作品，如王蒙的《组织部新来的年轻人》、李国文的《改选》、宗璞的《红豆》、邓友梅的《悬崖上》等；1962年前后，连续涌现的《三家村札记》等作品；以至在"文革"期间白色恐怖下冒出地面的《天安门诗抄》等作品，真可谓前仆后继、层出不穷，一直是"野火烧不尽，春风吹又生"。而为这些文艺创作和文艺思潮鸣锣开道的理论，也都一直是应运而生、立论不断，另一方面却又是批判不断的。如五十年代初批过胡风的"写真实论"，五十年代末又批秦兆阳的"现实主义广阔道路论"，六十年代又批邵荃麟的"现实主义深化论"等等，这些都可以说为文学的批判和批判的文学鼓与呼的理论，都一直是在不断地冒出而又不断地处在受批判的境地中。这不就是数十年来文学的批判与批判的文学问题始终未得真正解决的最好说明么？

这些，都可以说是我提出这个理论观点的"前因"，也可以说这个理论观点的历史依据，包括创作依据、理论依据，以及历史的经验和教训依据。但是，在我提出这理论观点的时候，由于受时代的局限，这个理论观点的内涵和这些"前因"依据，尚不能受到普遍接受或认同，有的人甚至不分青红皂白地加以反对。二十世纪八十年代中期，在"反对资产阶级自由化"和"清除精神污染"的时候，将我作为"典型事例"和"代表人物"之一而组织批判，要我作检讨，并在报刊上发表文章以"讨论"名义批判。这个"后果"，同前面所谈到的在国内外产生强烈反响的"后果"一样，我是有思想准备却又是出乎意料的。这些"后果"表明：同前面所述的"前因"一样，文学的批判和批判的文学问题仍未得到解决，这种文艺作品及其理论仍在继续着受压制、受批判的历史。但是，与其相反的、抗争的历史也在继续，甚至较前更深、更广、更妙地继续着和发展着。这样的"后果"，也是我有所预见却又颇感意外的。

从文艺思潮的现象上看，自1980年我提出社会主义批判现实主义理论观点，也即是在"伤痕文学""反思文学""改革文学"等思潮之后，接连出现了人性人道主义文学、朦胧诗、意识流、荒诞派、黑色幽默、寻根文学、文化小说、新写实主义、后现代主义等等，像长江后浪推前浪似的，一浪高过一浪，从二十世纪跨过二十一世纪，仍在不停地继续。这些文艺思潮，尽管名称不同，创作方法各异，但在着重揭露、批判、思考的基本点上，在发挥文学的批判作用上，其基调和倾向是基本一致的，都可称之为批判的文学。直到本世纪开始后，现实主义回归的潮流明显，其有较大影响的代表作品，如柯云路的《新星》《夜与昼》，贾平凹的《废都》等，实质上也仍是社会主义批判现实主义文学。

从文艺创作实践上说，具有较大影响的作品，大都是具有批判性的，即使不能说是批判的文学，也是具有文学批判功能的文学。就拿具有标志我国文艺创作水平的茅盾文学奖获奖的长篇小说来说，每届的获奖作品都有这类作品，如：首届的《芙蓉镇》（古华）、《将军吟》（莫应丰）、《许茂和他的女儿们》（周克芹）、《冬天里的春天》（李国文），第二届的《沉重的翅膀》（张洁）、《钟鼓楼》（刘心武），第三届的《平凡的世界》（路遥）、《穆斯林的葬礼》（霍达），第四届的《白鹿原》（陈忠实），第五届的《抉择》（张平），第六届的《天字》（张洁）等，都具有这种特征；在历届短篇小说、中篇小说、戏剧、电影、电视的获奖作品中，属这类作品者更是多如牛毛，不胜枚举。

从文艺批评和理论研究上说，在我提出这个理论观点的前后，全国文艺界曾就"伤痕文学"是"歌德"还是"缺德"、是"向前看"还是"向后看"的争论，关于《假如我是真的》（又名《骗子》）等三部作品的争论，关于朦胧诗、现代派等等的争论，都直接或间接地关系到文学的批判性问题。在八十年代中期先后进行的"反对资产阶级自由化"和"清除精神污染"，矛头所向也主要是这类作品和理论。我提出这个理论观点虽然在当时受到了批判，并且由此而受到"冷藏"（即不让发表文章和参加文艺批评活动），但我却利用这机会冷静下来，在教学之余，坐了四年冷板凳，潜心研究世界从古至今数千年的文艺思潮和创作方法，写出了《创作方法史》和《创作方法论》两部共70多万字的学术专著，1986年由花山文艺出版社出版。这两部曾先后获得两届"广东省优秀社会科学成果奖"、被学术界称为"中国首部创作方法理论专著"，既是我坚持所提出理论观点和研究的继续，又是在更大的创作方法理论体系中，确立社会主义批判现实主义的价值和地位。这个结果，真可谓从消极的

"后果"转化为积极的"后果"。

最近几年，文艺界和学术界对当年社会主义批判现实主义论争事件似乎已经淡忘，对创作方法和现实主义理论问题也很少注意。难得的是，有一些学者仍在执着地研究着。如2000年6月，广西师范学院中文系学者巫育民、顾凤威撰写了长达两万余字的论文《关于社会主义批判现实主义若干问题的理性反思》，他们认为：我所提出的社会主义批判现实主义文学"是当今中国文坛的客观存在"，"要否定这种理论，先得否定这种实践；而要否定这种实践那就必须否定我们的现实、我们的生活。当然，这一切都是办不到的"。他们还指出："20年前由黄伟宗先生引发的一场并未真正展开起来的学术论争，当时即注定了它遭扼杀的失败命运。20年后，我们的旧事重提但愿不会重蹈覆辙。中国毕竟前进了一大步。"2005年1月，在《北大中文论坛》上，阎浩岗发表了《文艺学不该放弃创作方法概念》一文，文中称："在中国，黄伟宗1986年出版的《创作方法史》一书也开始对该概念（创作方法）作此理解，称之为'有相对独特性、较小范围的创作方法概念'。只是他们未作出明确界定并展开论述。"（注：其实在拙著《创作方法论》中已有明确界定和详述。1992年《学术研究》第一期发表的何楚熊的《论黄伟宗的创作方法理论研究——从〈创作方法史〉到〈创作方法论〉》一文也有较详论述。）这些论文都是认真下了研究功夫、甚有学术水平之作，可惜至今未见有其回响。虽然如此，我也是对此特感欣慰的，因为这些学者的注目和努力，体现了在社会主义条件下，对文学批判和批判文学的理论探索还在继续，其理论生命力也同其所概括的创作实践和代表作品一样，也是持久的。

从现实社会的实际来说，光明面与阴暗面始终是并存的。国家和各级政权设公安、司法、监察、检查、法院机关，中国共产党各级委员会均设纪律检查委员会，就是要防止、惩治和克服时有发生的阴暗面，以发挥专政职能和监督作用。现在倡导的舆论监督，也是为此而发挥对阴暗面的揭露批判功能，发挥使人警醒和思考的作用。文学是舆论的一种，自然也当有监督的功能，应当有监督的文学。只要社会有阴暗面，就有对其惩处的机关和法制，也就必须有对其监督批判的舆论与文学。所以，社会主义批判现实主义的理论和创作实践，在现实社会中是持久存在的。

　　广州市文联在举办"改革开放与广州文学"论坛上，将"社会主义批判现实主义"的提出与现实意义作为中心议题之一，并给我作这个发言的机会。谨致以衷心的感谢！

　　　　　　　　　　　　　　2008年8月18日完稿于广州康乐园

新时期以来中国小说艺术的发展

——提交美国"当代中国文学"国际学术研讨会学术报告

粉碎"四人帮"后的中国，开始了社会主义的新时期；当代中国文学，也进入了新的发展阶段，取得了1949年以来所未有的成绩和进展，无论从什么角度去看都具有空前的景象和意义。中国著名的文艺理论批评家周扬，最近在一次文学作品颁奖大会上指出："从文艺史上看，文学创作的每一个新的突破就是一个里程碑，可以作为划分文学艺术史上每一时代的标志。我们不要轻易说我们已经创造了划时代的作品，但是可以说这次得奖的作品和许多没有得奖的作品，有一些已经达到了前所未有的新水平。"这个评价是切合五年来我国文学艺术各个领域的实际的，也是切合五年来小说艺术的实际的，甚至可以说主要是由小说艺术的发展表现出来的。因为五年来中国文学艺术的发展，是由短篇小说的突破开始，又由中篇小说的崛起而向纵深推进的，具有带动和代表性的意义。所以，我想着重谈谈个人对近五年中国小说艺术发展状况的一些肤浅看法。近五年中国小说艺术的新突破和新水平，我认为主要表现在：

一、 生活形象的多样性与丰富性

"生活形象"这个词，也许有朋友认为是我的杜撰。其实非也。亚里士多德早说过：艺术是对生活的"摹仿"。别林斯基说："艺术是对于真实的直接观照，或者是形象的思维。"车尔尼雪夫斯基说：艺术是生活的"再现"。意识流大师福克纳也说："艺术家的宗旨，无非是用艺术手段把活动——也即是生活——抓住，使之固定不动，而到了100年以后有陌生人来看时，照样又会活动——既然是生活，就会活动。"这些论述，无不指明艺术形象都是生活的形象。每一个成功的作品，都是一个独立的、完整的、有机的，比实际生活"更高、更强烈、更集中、更典型、更理想，因此就更带普遍性"（毛泽东语）的生活形象。艺术创作的基本要求，首先所创造的生活形象必须是新颖的。近年中国小说艺术的发展，也首先表现在生活形象有了新的创造。

（一）先后出现过去没有和难以创造的形象

粉碎"四人帮"不久，主要是1977年至1979年，从短篇小说《班主任》（刘心武）、《伤痕》（卢新华）、《神圣的使命》（王亚平）等作品破土而出以后，有一大批被称之为"伤痕文学"的作品兴起。这些作品主要是揭露林彪、"四人帮"所造成的灾难和反映人民所进行的抗争，所呈现的是十年浩劫时期的生活形象。这些形象，是过去的中国小说从未出现，也不可能出现的。这是因为："文化大革命"前的中国社会生活，没有这样的存在；这些生活是"文化大革命"时期才有的，但这个时期又不可能创造出这样的形象来。这些生活存在，只能在粉碎"四人帮"后才能被反映；这些生活形象，也只有在粉碎"四人帮"后才能创造出来。所以，这些生活形象的出现，对过去的小说来说，是一种发展和突破，这种发展和突破，既是社会生活发展的必然，又是社会条件和人们认识发展变化的结果。

社会生活的发展和人们认识的发展，要求彻底消除十年浩劫的灾难和造成灾难的根源，要求克服这场灾难造成的前进阻力和解决阻碍前进的种种问题。于是从1979年以后，又有两种生活形象在小说艺术中兴起。一种是从当今的某些生活矛盾问题着眼，进而思考和反映这些矛盾问题的历史渊源的。如短篇小说《剪辑错了的故事》（茹志鹃），以老寿这个农民在革命战争时期和1958年"大跃进"时期的几个故事，创造了对过去时期的生活重新思考的形象；中篇小说《天云山传奇》（鲁彦周），以罗群这个革命干部在1957年被错划为"右派"分子，今天才得以改正平反的故事，创造了对过去时期的生活重新思考的形象。高晓声的《李顺大造屋》，以一个农民在几十年时间里为造屋遭受的种种波折，创造了发人深省的形象。这种有相当数量的小说，有人称之为"反思文学"。这种作品的生活形象是在过去小说艺术中没有出现过，是过去难以创造的。以过去的社会条件和人们的认识，还不可能创造出这样的形象来，即使在"伤痕文学"流行的初期，这种生活形象也还不可能立即出现。因此，它既是对过去小说艺术的发展，又是对"伤痕文学"的生活形象的突破。

另一种与"反思文学"同时出现的是，着重反映向四个现代化前进的当今生活中，遇到的种种阻力和与这些阻力进行种种斗争的生活情景。有人称这种作品为"改革文学"。自短篇小说《乔厂长上任记》（蒋子龙）问世后，这一类作品越来越多，近一两年，已经取代了"伤痕文学"在小说艺术中的优势地位。这种作品自1980年后有三个发展趋向：其一是像短篇小说《三千万》（柯云路）、中篇小说《祸起萧墙》（水运宪）那样，着重反映改革进程中遇到官僚主义与某种习惯势力或工作制度上的毛病而造成的种种阻力，以及人们向这些阻力不懈斗争的精神与行为；其二是像中篇小说《人到中年》（谌容）那样，以着重表彰为"四化"辛勤劳动的中坚力量，但却未受到应有的重视和关心的生活，提出中年知识分子问题和人生态度问题的作品；其三是像短篇小说《丹凤眼》（陈建功）、《勿忘草》（周克芹）、《被爱情遗忘的角落》（张弦）等作品那样，着重反映在社会和思想中新出现的矛盾冲突。这三种趋向的小说，在广度及深度上日益发展。这种"改革文学"所创造的生活形象，同样是社会生活和人们认识发展的必然产物，既是对过去小说艺术的发展和突破，也是对"伤痕文学"和"反思文学"的发展和突破。

自从王蒙的《春之声》《蝴蝶》等小说刊出，又有被称之为"意识流文学"的兴起，引起社会的强烈反响。创作这种文学的作家还不多，但在短短的一两年，使用这种方法的创作，从短篇一下发展到中篇、长篇（如戴厚英的《人啊，人浴》）。这种文学的出现，不仅是创作手法与过去有别，更主要的是所创造的生活形象有别，因为它所创造的是人们灵魂世界的形象，是社会生活中的意识再现，称之为"意识文学"也许较为确切。这种生活形象的出现不是偶然的，也不完全是照搬外国的产物，而主要是社会生活和人们认识发展的要求促使艺术表现的结果。因为曲折的道路，复杂的生活，使作家们对生活的认识和思索有了更深的发展，要求创造的生活形象更符合社会生活的曲折性和复杂性，不仅反映外在的生活形象，还要将内在的心灵形态创造出来。这种生活形象，自然同样是对过去小说艺术的突破，也是对同时期的其他小说的突破。此外，值得注意的是还有两种作品所创造的生活形象，也是过去没有和不可能创造的。一种是过去往往回避描写的关于国内人民与海外侨胞、台湾和港澳同胞的今天与历史关系的小说，如《空巢》（冰心）、《灵与肉》（张贤亮）、《成功者的悲哀》（欧阳山）、《彩云归》（李栋）、《深圳河畔》（陈残云）等等；另一种是过去罕见的科学幻想小说，如《珊瑚岛上的死光》（童恩正）等。这些作品创造的生活形象，同样是过去小说艺术所没有和难以创造的，也是社会生活和人们认识发展的产物。

（二）越来越多而又层层深入地以过去没有的角度来创造生活形象

艺术，大都是以一定的生活横断面来反映一定时期的社会生活。这些生活横断面，既是某个时期社会生活的缩影，又从不同角度反映了该时期的社会生活。这就是说，从这个横断面中，可以管窥这个时期社会的情形。同时，作家选取和表现一定的生活横断面，总是站在一定的立场观点和体现一定的思想倾向的，只是有立场观点和思想倾向的不同，以及有比较显露和比较隐蔽的区别而已。中国小说的本质特征，是反映社会主义在社会生活中发展的现实和进程，体现社会主义的观点和思想倾向。过去如此，现在和以后也仍然如此。当然，这并不意味着我们的小说所创造的生活形象都是一个模子，也不意味着我们的小说艺术都是一个固定的格式，更不意味着创造小说艺术的形象，只有一种反映社会生活和体现思想倾向的角度或途径。如果说，过去由于历史条件和人们认识的局限，在反映生活和体现思想角度或途径方面，还显得不够多样、不够丰富的话，那么在这个方面，近五年中国小说的发展和突破是特别突出的。这个方面的发展突破，近五年也是一个逐步发展的过程，而且有日益深入的趋势。为了论述方便，从两方面来说说。

先从反映社会生活发展这个方面来看。这五年，"伤痕文学""反思文学""改革文学""意识文学"的发展进程和状况，不仅是小说艺术中生活形象的发展和突破，也是对社会主义发展的社会生活，在反映角度上的发展和突破。这是因为这些反映角度，是过去未有过的，又是层层深入的。在一些人看来，所谓"伤痕文学"，只是揭露我们社会生活的阴暗面，未能表现生活本质光明面；只是反映社会主义的曲折，未能反映社会主义的发展。这种看法，有道理但是不全面。必须指出，这些作品所写的灾难和伤痕，不是社会主义所造成的灾难和伤痕，而是反社会主义势力破坏社会主义所造成的灾难和伤痕；这些灾难和伤痕，是在社会主义遭到挫折的时期才出现的，在社会主义势力战胜反社会主义势力以后，这些灾难和伤痕就逐步克服和消除了。事实很明白：在这些灾难和伤痕折磨着中国人民的时候，我们是不能控诉和揭露的，因为反社会主义势力正在猖獗。只有在粉碎反动势力以后，我们才能这样去做。这些作品都是从胜利后的今天而去控诉灾难和揭露伤痕的。这的确是表现了社会主义进程中的挫折。但是，这只是这些作品在形象上所呈现出来的一个方面的情形，还有另一方面的情形：就是这些作品无不表现对社会主义的坚定信念和思想，有的作品在形象中直接表现这信念和思想，有的则是体现在形象的后面。这个方面才是这些作品的主旨，是社会生活的本质方面。这些信念和思想在作品中表现出的人物精神和行为，正是社会主义力量和社会主义发展的体现。这就是说，这些作品所写的是社会主义力量和社会主义发展的体现。这即是说，这些作品所写的是社会主义遭到破坏和曲折时期的灾难生活，但不是为揭露而揭露，而是旨在反映与灾难搏斗的精神和行为，旨在反映在灾难之中的社会主义力量和社会主义的前进。这样做，固然是这个时期社会生活的客观要求，但从艺术发展的意义上说，不是意味着开辟了反映社会主义发展生活的新的角度或途径吗？这就是：反映社会主义的光明本质和发展前进，除正面表现之外，还可以通过更多的侧面以至反面的角度去达到目的。例如：一是从维熙的中篇小说《大墙下的红玉兰》（见《收获》1979年第二期）。这部小说，是写一个历来做管制劳改犯人工作的领导干部葛翎，在"文化大革命"中被关进监狱，被过去自己管制的犯人管制的悲剧。一是卢群的中篇小说《有这么一个地主》。这部小说写的是，一个叫季万粟的老地主，1949年后一直服罪服法，老实改造，在"文化大革命"中，被林彪、"四人帮"路线逼得要用刀杀人的故事。这两部作品，写的是两个根本不同的人物，一是专政阶级的成员，一是被专政的对象。前者的悲剧，从形象上看所反映的社会生活，统治与被统治的地位颠倒了。这种颠倒，深刻地表现了十年浩劫时期灾难的产生，是由于反社会主义势力占了优势；同时，又表现了即使是在这种颠倒的情况下，以葛翎为代表的社会主义力量仍是占着实际的优势的，是继续发展着前进着的。后者的故事表明，真正的社会主义使敌对阶级人物也得到改造；乔装打扮的反社会主义势力，连原来敌对阶级人物也能够分辨出来，甚至不惜豁出性命去与之搏斗，可见社会主义力量的发展深度和巨大威力。这两部作品都反映了社会主义在生活中的力量和发展，与那些正面表现社会主义力量如何占主导地位、如何所向无敌的作品，是殊途同归、本质一致的。这不是意味着我们反映社会主义发展的途径和角度，有了新的扩展和突破吗？从"伤痕文学"到"反思文学"，也同样是在反映生活的途径和角度上的扩展和突破，而且是更深意义的突破。如果说，"伤痕文学"还只是从在灾难中仍顽强地存在和发展的角度，来反映社会主义发展的进程和情形，那么，这种文学则是从今天对历史错误的克服和对历史教训的吸取的角度，反映社会主义的发展的。例如短篇小说《月食》（李国文）写两个新闻记者（伊汝和毕部长），在1957年的冤案中得到平反后，重回过去战斗过的老根据地的情景，概括反映了几十年革命兴旺、曲折、胜利的过程，表现了胜利的根本，体现了曲折的原因。这种以"反思"来体现社会主义发展进程的角度，也是过去没有的，是历史的突破，又是对"伤痕文学"的突破，也是对社会生活的更深的表现。

被称之为"改革文学"的作品，从表面上看，同过去比较常用的正面反映的角度或途径的作品相似，其实，是有重大的突破和发展的。例如《祸起萧墙》和《三千万》，都是写雄心勃勃的人物到最困难的地方去力图实行改革的情形，在改革的过程中遇到种种阻力，以致失败。这些作品从形象看来，是较多揭露了种种黑暗面和存在的问题。过去的文艺创作是难以这样做的。过去写社会改革的作品，通常是将揭露黑暗面放在次要地位并且大都是写胜利的结局，现在这些作品改变了过去的做法，采用了新的角度和途径，同样达到反映社会主义发展的结果。这不是反映生活角度的不断增多和深入的说明吗？

从体现社会主义思想倾向的途径和角度上来说，这几种文学作品的做法都是过去没有的或较少的，这些新的做法，在这五年中又是不断发展、步步更新、层层突破的。一般人都认为近几年的文学是悲歌，只是对灾难的控诉，其实不是这样。像中篇小说《躲藏着的春天》（岑桑），虽然是控诉伤痕，但却是"灾难与希望混织的故事"；中篇小说《泥泞》（丛维熙），虽然写的是革命的泥泞道路，但却是坚持社会主义道路的颂歌；中篇小说《赞歌》（谌容），旨在歌颂三位县委书记的劳绩，但却是通过这三个人物的悲剧而达到了歌颂的目的。这可以说是对过去表现歌颂必须以胜利的形象体现的做法的突破。另一方面，一些作品也突破了历来表现作者的理想观点都是直接体现于对形象的褒贬之中的做法，例如短篇小说《一个工厂秘书的日记》（蒋子龙），通过这个秘书眼里之所见，写一位关心工人生活、全力搞好生产的厂长，他千方百计地拉关系为厂争到荣誉，为职工获得更多奖金，这位厂长也认为自己这样做不是真正社会主义的，是为此而感到内疚的。作品不是像习惯的做法那样，在形象刻画上对这个人物直接表现出批评的思想倾向，而是着力表现这个人物勤勤恳恳、兢兢业业地做这些事的情形，而贯穿作品内在思想和使人读后产生的效果，则是批评这样的做法和形象。与此异曲同工的是《西望茅草地》（韩少功），写的是一个农场场长为办好一个农场不惜牺牲自己一切的动人事迹，但取得的是农场连年亏损，以致不得不解散的结果。作品所写的事情和作者对这些事情表现出来的思想观点，主要是值得歌颂的事和表现出歌颂，并不是着力揭露那些所谓"黑暗面"和直接表现出批评的观点，但所呈现的形象和体现出的思想倾向，则是对事与愿违和好心办错了事的批评。这些作品所表现出来的体现作者思想倾向的角度和途径，之所以过去未有而现在出现，也是由于社会生活和人们认识发展的结果。因为社会生活和人们认识的发展，总是受一定历史条件限制的。有些事物，往往经过一定历史时间发展检验，才能更清楚地表现出来，人们才能发现过去没有看到的东西或方面，也才能以更多更新角度去表现它；事物的发展促使人们的认识发展，无论是对过去或今天的事物的认识和体现，这些认识的方式，也就必然是越来越多和层层深入的了。所以，赞颂今天的突破，不应随之而责备历史。同样的道理，以后艺术发展必将出现更深的反映社会主义发展和体现社会主义思想倾向的新角度和新途径。对艺术的发展，要有"大河小溪均归海"和"风物长宜放眼量"的眼光和气度，才能正确理解中国文学的发展情形和趋势。

（三）创造了过去未有或少有的深厚生活形象

这是从一个作品里面所概括和容纳的生活内容与思想内容的意义上，与1949年以来的情形比较而言的。比较熟悉中国当代文学的人都知道，历来的小说都可以题材的不同去作出分类的，人们习惯了这样的分类法，作家的创作要求和作品的实际表现也的确如此。这种做法，越来越不能概括中国小说的状况了。从这几年的得奖作品中可以看出，有的是可以按题材归类的，有的则不能；有的从这个角度可归入这一题材，从另一角度则又可归入另一类；有的则无论哪一类都可归入。从主体思想上说，也是同样的情形。近几年来通行"伤痕文学""反思文学""改革文学""意识文学"等等称谓的文学分类，是沿用题材分类法之所致。为言谈方便，如此称谓未尝不可，但这是不能确切表明这些作品的实际的。因为事实上在"伤痕"作品中有许多是表现"改革"的；在"改革"的作品中，有光辉业绩，也有"反思"和"伤痕"；在"意识文学"中，改革、希望、光明、黑暗，什么都有，至于过去以工业、农村、军事、文化、民族、国际等等的题材分类，以及历史、革命历史、现代、当代之类以时间划分的题材分类，也都难以用来解释一些作品了。这种状况，在生活形象的创造上，是有突破意义的。因为它既是对过去写什么和怎么写的突破，又增加了生活形象的多样性与丰富性。这种突破的表现和作用在于：

一是增强了反映生活的复杂性和丰富性。我们知道生活本身是错综复杂的有机整体。在每一个生活横断面中，都不是孤立的发展趋向；从横的角度说，又有犬牙交错的多种关系和方面。小说艺术撷取某一生活横断面来创造生活形象的特征，决定每个作品所概括和容纳的生活内容是有限的。从纵的方面说，是以一定的时间和地点为范围的撷取；从横的方面说，是以一定的人物的关系和活动为范围的撷取。每个作家都力图在形象中概括和容纳更丰富的生活内容，形象的局限又限制着只能撷取一定的内容。作家只能在一定的时间、地点、人物的局限下，将这个局限中所能允许的生活内容表现出来。这样，作家们只能是选取一些具有意义的生活内容在一定的形象里体现，这就是典型形象的创造。在遵循这样法则的前提下，能否增加和容纳更多的生活内容呢？这是许多作家孜孜以求的目的。这五年中国小说艺术在生活形象创造上的突破，也是由此而来的。我们不妨看看这样一些难以按题材归类的小说。一是像《西线轶事》（徐怀中）、《战士通过雷区》（张天民）、《天山深处的"大兵"》（李斌奎）这样的作品。这几篇小说既可说是写军事题材的，又可以说不是，前两篇主要是写对越自卫反击战斗中的生活的，后一篇主要是写在深山艰苦奋斗的人民解放军生活的，但实际上作品正面描写军事生活的篇幅不多，较多的是写这些战士过去的和在军事生活之外的生活情景。第一篇的描写，往往离开战场之外，写这些女战士的过去，写她们参军或参加战斗前的经历；第二篇更是着重写英勇战士的父母，在儿子英勇通过雷区的同时，也在通过不同的思想和生活"雷区"的情景；第三篇写一位姑娘对一位在深山从军的年轻军官的爱情，与其说是反映解放军的艰苦奋斗的生活，不如说是反映这位姑娘所经历的爱情艰苦。这种写法和生活形象，与过去写军事题材的作品比较，有极大不同。另一种就是根本无法归类的作品，例如《空巢》《成功者的悲哀》《春之声》等等。第一、第二篇可以说是写侨胞生活，又可以说写知识分子或革命干部的生活，既可说是写过去的伤痕，又可以说是写今天的胜利；第三篇只是写一个科学工作者乘火车的一段路程中所见和所思，更是难以确切地说它是写什么题材的。这些作品的生活形象所概括和容纳的生活内容，比过去以某种题材为范围而创造的生活形象，明显地丰富了。这不仅是表现形式的突破，而主要是对生活复杂和丰富性的认识和反映的突破。这样做，使创造的生活形象更符合于客观生活的真实，也增强了形象的多样性和丰富性。

二是增强了思想倾向的丰富性和深刻性。艺术作品的形象与客观生活的形态的重要区别，除了更集中、更强烈、更典型、更普遍之外，还具有生活形态所没有的思想意义。作家创造形象总是体现一定思想的。但思想不是强加于形象的，也不是在形象之外增添思想，而应在形象中自然地流露出思想来。艺术形象所体现的思想，本来应同客观生活对人们的启示一样，具有多样性和丰富性。但是，在小说艺术中，既能反映生活的丰富性和复杂性，又具有思想意义的丰富性和深刻性的生活形象，过去还不是很多。较多作品中所创造的生活形象只是体现一个主题，一个思想。这就是说，往往一个形象只是说明或提出了一个问题，体现一个思想。例如某个作品是写农业合作化题材的，其形象往往是表现坚持者和反对者的斗争，提出的只是坚持或反对的问题，体现的只是农业合作化必然胜利这一个思想。这种状况，直到粉碎"四人帮"之初的小说艺术，还相当普遍，包括一些"伤痕文学"作品。自"反思文学"和"改革文学"，特别是"意识文学"兴起后，这种状况有了很大突破，这是与形象概括和容纳生活内容的多样性和丰富性的增强成正比的。就拿上面谈到的《西线轶事》来说，如果不写这些姑娘在参军前战斗前的生活，只是表现她们在战场上的英勇战斗生活，同样可以创造出一个动人的生活形象。但这样的形象，它只能体现爱国主义和英勇战斗这样一个主题和思想，而不能体现这个作品所本应有的丰富、深刻的思想，那就是，它不仅体现了爱国主义和革命英雄主义思想，还进一步地体现了这种思想的历史渊源和社会依据，从越南战场上的中国军队生活中提出了中国社会当今和历史的问题，使这种思想的表现具有更鲜明的时代性和空前的丰富性。《成功者的悲哀》写一位成了博士的美籍华人来华期间，到自己过去的恋人坟前吊唁。这位死者过去是县委书记，"文化大革命"中被害死。如果将这作品只看作是写"文化大革命"的伤痕，那就浅显了，它所体现的是两重"成功者的悲哀"：这位县委书记，是革命事业和精神的成功者，又是个人生命的悲哀；这位美籍华人，是个人事业和生活的成功者，又是精神的悲哀。显然这不同于许多"伤痕文学"所体现的思想，也不同于过去只体现一个主题和思想的形象。《春之声》里所写的形象，概括和容纳的是刚从灾难中起步、刚从迷惑中苏醒、载运着多种杂音前进的社会现实生活。它的生活和思想基调是体现当今中国社会前进的脚步和心声。但这基调的组合与体现，却不是单一的音符和简单的节拍，而是复杂而有机的组合，沉重而前进的节奏。这种形象不仅在生活容量上，突破了过去只是重在生活形态上的概括和体现的做法，体现了过去很少的生活中心灵的内在，而且在思想容量上，突破了单一性和单层性，体现了过去少有的思想多样丰富性和多层的深刻性。从这些作品，可见这五年中国小说艺术在增强生活形象的深刻性上的进展。

（四）具有过去未有的广度和发展速度

上面所说的三个突破表现，只是从过去没有或少有的生活形象及其创造方法来说的。这五年的中国，不仅只有这些文学，生活形象创造的突破也不仅表现在这些方面；而且，随着生活和人们认识的发展，小说艺术的生活形象已经并且正在飞跃发展。在观察中国小说艺术现象的时候，不应只注意到过去没有的东西或这些东西能否发展下去，还应当注意此外的其他东西和这些东西朝着什么方向发展，这样才能了解中国小说的全貌、本质和发展趋向。这样做，我们就会发现，除上述三个突破之外，在生活形象的创造中，还有前所未有的广度和发展速度的特色，这也是新的突破和多样性、丰富性的两个表现方面。

在许多国家的不同历史时期，都有"题材热"的情形，就是在某个时候，写某种生活的作品为当局者所需或受读者欢迎，于是这种题材的作品就飞跃发展，数量日增，某个时候又换了另一种题材的作品受重视或欢迎，这种题材的作品就占优势。这种状况外国的古今皆有，中国也同样如此。值得注意的是：我们过去对于这种现象的产生和发展规律，是理解和掌握得不够好的，这就是在提倡某种题材作品的时候，忽视了其他，忽视了多样性。这五年的小说发展说明了对于这一点有明确的突破。我们会注意到，在"伤痕文学""反思文学""改革文学""意识文学"等流行的同时，还有着许多不属这些文学的小说，也在发展着。有写历史题材的（如《李自成》《金瓯缺》《庚子风云》《风萧萧》《戊戌喋血记》《一百零三天》等），有写革命历史题材的（如《山鸣谷应》《巴山月》《柳暗花明》等），有写少数民族生活的（如《魔鬼的峡谷》《扎西梅朵》等），还有写古代剑侠和侦探、破案的小说，甚至还有写动物的小说（如《月眉》是写一条狗的经历），这些作品也都是受欢迎的，不受排斥的，与过去的状况不大相同。题材的广阔和生活形象的多样性，既是社会生活对艺术的广泛要求的反映，又是艺术形象发展的标志。这些作品所写的题材及其所创造的生活形象，虽然大多是过去有过的，但在生活面的开拓、体现生活的途径和形象特征上对过去也是有突破的。也就是说，上述三个方面的突破，在这些题材的作品的生活形象创造中，也同样表现出来。例如长篇小说《巴山月》（《长江三部曲》之二的上部，第一卷是《漩流》，作者是工人鄢国培），是写抗日战争时期生活的。作品所呈现的生活形象与过去写抗日战争时期生活的作品有明显不同，它写了南京失守，蒋介石开"御前会议"，写了蒋介石、孔祥熙、宋美龄、宋霭龄、孔二小姐、陈布雷等上层人物。这是过去写同样题材的作品所从来未呈现过的生活形象，从未采取过的角度和途径，概括和体现的生活和思想内容都深厚得多。《柳暗花明》（欧阳山《一代风流》第三部）也是写抗日战争题材的，同样在这方面与过去同类题材有别。以藏族生活为题材的《扎西梅朵》（赵启强），讲述了一个贵族小姐的坎坷经历，展现了西藏人民1949年后的坎坷历程，这种生活形象和反映生活的角度，以及形象的生动与思想的深厚性，都比过去同题材作品胜了一筹。这种状况表明了：不仅在整个小说艺术的生活形象创造上，而且在对相同题材的生活形象的创造上，都具有前所未有的广度，具有前所未有的多样性和丰富性。

生活形象创造的变化和发展的速度也是从未有过的。这五年的小说艺术中的生活形象的发展，很像是"长江后浪推前浪"。"伤痕文学"问世不到一年，"反思文学"与"改革文学"同时出现；不到一年"意识文学"又破土而出；与此同时，一些对人生诸多课题进行探索的文学，又异峰突起；最近，许多着意表现生活与精神美的作品又日益发展起来。发展变化的速度是惊人的，尤其是写这些生活形象的作品，开始是短篇，很快就发展到中篇，这个速度也是前所未有的。从第一篇写"伤痕"的作品《班主任》的出现，到第一篇同类创作的中篇《大墙下的红玉兰》问世，不到一年；第一篇同类创作的长篇《许茂和他的女儿们》（1980年5月出版）与《班主任》发表时间的距离也只是两年时间；"反思文学"是从中篇《天云山传奇》（1979年第一期《清明》发表），到长篇小说《人啊，人》（1980年11月出版）的问世，只是一年；"改革文学"从第一篇短篇《乔厂长上任记》（1979年7月发表）到第一篇长篇《沉重的翅膀》（作者张洁，1981年第四期《十月》开始连载），也只是两年时间。可见，这个方面发展速度也是惊人的。这种高速，是我们当今社会生活和人们认识高速发展的一种反映。

五、存在问题与发展趋势

这几年的小说艺术也有其不足的一面，我认为主要是有的作品存在着思想与形象、形象与生活、动机与效果不够一致的缺陷。有的作品的思想和形象偏离了正确的思想和美学原则，有的作品违背生活真实，生编硬造，追求低级趣味，等等。总的说来，在这五年的前半期，小说艺术是比较活跃的，影响很大，这主要是由于当时社会发展要求清除十年浩劫的灾难与遗留的问题，这也是作家们的切身经历和迫切要求，于是，在创作上比较熟悉和敏感地抓住社会所关心的问题，使作品产生强烈社会反响。近年来，社会生活发展了，社会和人们对文艺提出了新的要求。应该说，社会上的人们同作家们一样对新的生活发展和要求都是陌生的，有一个认识和熟悉的过程，这样就出现了对旧的不满足，而新的又一时难以突破的状态。所以我认为当前的小说发展不是能不能写什么的问题，主要是如何满足社会生活的发展和人们对艺术要求不断发展需要的问题，是作家们熟不熟悉社会生活的新发展，从而将这种新的发展状况和问题反映出来和敏锐提出的问题，在于能否表现出"新的人物和新的世界"。

1981年11月30日脱稿于广州

（收入本书时，本文二、三、四部分已删去）

附注：本文是应美国纽约圣若望大学之邀情，为该校在1982年7月举办的"当代中国文学国际学术讨论会"提交的论文，曾于讨论会上宣读提要。美国之音电台、美国《北美时报》《中报》《华侨日报》《世界日报》《华语快报》、台湾《联合报》、香港《七十年代》等均作了报道。本文主要部分发表于《当代文艺思潮》1982年创刊号；《形象创造的多样性与丰富性》一节，是在《当代文学》1983年第1期发表的《试论革命现实主义发展的若干新特征》一文中的一节。

一个新的研究领域正在出现

——评外国学者对中国现当代文学的研究和评论

一、这是一个新领域

自从粉碎"四人帮"以后，中国的现当代文学越来越受到外国文学界和学术界的重视，中外文学界和学术界的文化交流日益频繁。中国作家和学者参加了国际笔会和各种国际文化活动，他们的许多著作被翻译介绍到国外，外国作家和学者也大量来到中国，或从事文学交流，或从事对中国文学的考察研究。据不完全了解，前些年在柏林、德达姆、纽约、科隆等地，先后召开了很有影响、卓有成果的专门研讨中国现当代文学的国际学术讨论会，在多次的国际笔会上，或在写作中心的活动中，也都探讨了中国现当代文学问题。这些国际性的文学交流和学术活动及其产生的成果和影响，以及中国现当代文学作品和论著在国外发行的增多和影响的增大，使得中国现当代文学正在作为一种有独特魅力的文学现象，受到外国文学界和学术界的日益重视，这是很可喜的。

与此相联系的一个学术研究新领域，也正悄悄地在世界学术领域中出现了。这就是外国学者对中国现当代文学的研究和评论的理论学术领域。这个领域是外国汉学中的一个分支，在外国已经有近百年历史，许多专家都有新著出版。近十年来，它同中国现当代文学在国际上作为一种新的文学研究对象领域而日益发展起来，而又对它的兴起和发展起到积极的推动作用。所以两者是密切相关的，又各有其独特性。从中国的文学创作和评论研究的角度看来，固然对前一个新的领域的兴起和发展，应当高兴和重视，并以更大努力去促进和扩展它，而更为重要的是对后一个新领域的重视。因为这是外国读者、作家和学者对我国文学的批评，对我国的文学创作和文学评论研究，是直接的，具有更为有效的促进作用和启发意义。

我之所以将外国对中国现当代文学的研究和评论，作为一个新的研究领域（或称之为一种学科），首先是它具有相对的独特性和规定性。它是外国学者（包括作家、读者）对中国现当代文学（包括艺术）的研究和评论，这就是领域的规定性。虽然外国学者各以不同的立场、观点、方法去研究和评论中国文学，但他们的研究对象（中国现当代文学）、研究项目（文学艺术）都是一致的；同时，从研究对象上与他们所在国其他文学研究者是不同的，在研究角度、方法、走向上，又是与中国学者不同的，这就是独特性。其次是，外国从事这种研究和评论的学者和成果以及活动，过去是没有或者很小，现在是日益增多，大有方兴未艾、蓬勃发展之势。同时，外国从事此项研究的工作成果已取得重要的影响，取得了公认的学术地位（如已被大学列为课程或作为攻读硕士、博士学位的选题，列入科学研究项目）。所以，对这种研究和评论的反研究、反评论，不仅是新的、具有广阔基础和前景的研究领域，同时也是一个具有重要学术价值的高层次学术研究领域。

当今国内外都兴起"文化热"。文学是文化的一部分，是文化的重要体现。中国的传统文化和外国文化都对中国现当代文学有着直接的重大影响，这已是举世公认的事实。要对中国现当代文学作出深入的研究和评论，固然要对与一定时代文学相联系的中外文化及其相互关系作出研究，而对当今外国学者对中国现当代文学的研究和评论作出研究，也是不可忽视和更为新鲜的一个方面。因为外国学者的研究和评论，实际上就是外国文化的一种体现。外国学者都是直接或间接以一定的文化观念去评析中国现当代文学的；除了在他所在国发生影响，起到促进中外文化交流的作用之外，也会对中国文化产生影响。从五四以来中国文学发展的事实上看，外国文化对中国文化的影响，除了思想文化上的专著之外，影响最大的是文艺作品和文艺理论批评。在文艺理论批评中，主要是一些体系性的理论，对中国文学的评论则很少。这是过去中国文学在外国影响不大、不受重视的缘故。随着中国文学在外国影响日益增大，外国学者对中国文学的研究和评论的日益发展，这种文学研究和理论批评，也必然会对中国现当代文学的创作和研究起到反馈的作用，对中国文学产生影响，同时也体现了中外文化思想上的交流与融合。从这个意义上来说，对外国学者关于中国现当代文学研究和评论的研究，不仅有助于对中国现当代文学及其与中外文化关系的研究，而且是一个更有新意和有着广阔发展前景的研究中外文化与中国文学关系的方面或领域。

前些时候，在我国的文学创作和理论批评上，出现了一种主张"全盘西化"的观点和思潮。这种观点和思潮所持的理论，是认为中国的传统文化束缚文学的发展，使新时期文学产生了严重危机，要中国传统文化"后继无人"，只有"全盘西化"，中国的思想文化和文学艺术才有出路。这种观点和思潮提出的问题是多方面的，其中主要是中国和外国（主要是西方）文化是否水火不相容的两极？这两种文化对中国现当代文学的影响，实际上是相互撞击、相互抵消、各相径庭，还是相互交错、相互补充、相互交融的？五四时期和新时期开头的文艺繁荣，是否全是"全盘西化"的结果？这些命题都很有深入研究的必要。对这些命题，我们除可以从中国现当代文学的历史和实际进行正面研究之外，从外国学者的研究和评论中也是可以作出解答的。因为他们是货真价实的"西化"学者，是西方文化中的一员，都以"西化"的思想和方法研究评论中国文学。西方文化对中国文学有何影响，在他们来说比中国学者看得更清楚；中国传统文化对中国现当代文学发展是否起桎梏作用，他们更会"旁观者清"。由此，对外国学者的研究和评论进行研究评论，对当今"全盘西化"的观点和思潮所提出命题的回答，是更有说服力的。

所以，无论从作为一个研究领域的要求，或者从中国文学的发展、中外文化的研究，以及从现实的社会需要上去看，对外国学者关于中国现当代文学的研究的反研究，很有作为一个新的研究领域予以重视的必要，进行这项研究是很有现实意义和广阔发展前景的。

我们高兴地看到，我国文学界和学术界，已经对此开始重视了。中国社会科学院的有关研究所和一些大学的科研机构，近年以各种方式介绍和翻译了外国学者的许多有关论著；报刊翻译转载了好些有关材料，中国作家协会还于1986年10月间在上海召开了数十位外国汉学家参加的关于中国当代文学的国际学术讨论会，并在同年《文艺报》上选登了这次讨论会上的发言。中国社会科学：文学研究所最近还编辑出版了《国外中国文学研究论丛》；外国也先后出版了许多有关研究中国文学的论文集或专著，如美国加州大学教授皮柯维支的专著《马克思主义文学思想与中国》，美国波士顿大学教授梅尔·戈德曼编的论文集《五四时期的中国现代文学》，美国麻省密德贝利大学约翰·伯宁豪森等编著的《中国革命文学》，法国学者让·蒙斯特勒特的论文集《中国现代文学的顶峰》，捷克学者玛利安·嘎利克的专著《中国现代文学批评的产生》，日本大阪女子大学副教授中岛碧的《郭沫若史剧论》，苏联学者费德林的《中国现代文学简论》，捷克学者雅·普实克的专著《中国文学的现实和艺术》，加拿大利特什哥伦比亚大学副教授杜迈可的《当代文学论集》，美国加州大学教授林培瑞的《玫瑰与刺：中国小说的第二届百花齐放》《劲草："文革"后的通俗与有争议文学》《知识分子与现代化》，美国纽约圣若望大学教授金介甫就他于1982年主持的中国当代文学讨论会提交的论文编辑出版的《毛泽东以后的中国文学与社会》，以及聂华苓、李欧梵、白先勇等在外国发表的许多评论文章和编辑的丛书，等等。这些论著丛书和文章，在外国文学界和学术界有广泛影响。这些情况印证了我们认为两个新的领域（中国现当代文学被作为一种研究领域，外国学者关于中国现当代文学研究而自成一种被研究领域）正在出现的论断，也为我们进行后一个领域的研究提供了丰富的材料。

为了倡导进行这个领域的研究，拟就笔者当今的视野所及和有限水平，对外国学者关于中国现当代文学研究和评论的基本走向和观点方法作出粗浅的探讨，供读者和学者参考，并祈教正。

二、动向分析：若干相似之点

一是从重视中国古代文学研究到逐渐重视现当代文学研究；在现当代文学中，从重视五四文学研究，到重视革命文学、抗日战争文学、延安根据地文学，并日益重视新时期文学研究。总之是从重古而日趋转为重今，并越来越向当今现实靠近。

二是从重个体作家或作品研究，逐步转移到对某个时期文学的整体研究，从个体的静止分析逐步转向动态的、理论的分析，并注重理论批评研究。

三是在研究角度、观点和方法上，从多以个体的、求奇性的外部的研究，逐步转为多以联系的、发展的、内部的和比较的研究。

我们读外国学者的研究论著或评论文章，大都感到观点新颖，论述生动活泼；有针对性，无八股味；有学术水平，无学究气。这些特点，同外国学者本人的研究、评论风格，同他们的研究和分析水平，和他们的文化气质和理论素养是密切相关的，是这些因素的综合具体体现。他们比较注意研究和评论的角度新颖，以及研究和评论的方法。他们写的文章，往往不惜篇幅开头申明他所选取的角度和采用的方法，使读者从新颖感中进入他的命题，从对其角度和方法的理解，随着其结构和思维方式的逻辑而逐步对其阐述和论证了解或认同。他们的这些研究、评论的方法和特点，同我国学者或评论家是很不同的。他们几乎没有用过我国的研究和评论界过去流行的方法，更没有那种将思想和艺术分割，各分列出若干特点的模式，没有那种将优缺点七三开或在肯定之余，带上几句不足的"鉴定式"的评论，也很少运用前些时被我国某些人奉若神明的"系统论""信息论""控制论"之类的研究评论方法（也许外国学者对这些方法比我国某些倡导者熟悉得多），也不是像前些时我国视为时髦的堆满新的名词术语（这也许于外国学者更不困难）的，对所研究、评论对象若即若离的（同样对于读者也是似懂非懂，若即若离的）"自我感受"式的文艺批评。若要将外国学者的评论文章，同我国过去和当今的文艺评论比较的话，我感到他们的评论是比我国过去的评论"西化"一些，但比之当今我国某种时髦的批评文章，这些外国学者的文风却是比我们某些中国人的文章"中国化"得多。这可真是文学研究和评论上"洋"趋"土"化，而"土"反而"洋"化（是否货真价实的"洋化"？）的反差现象，是颇耐人寻味而又有讽刺意味的。外国学者一般运用比较的方法较多，也有用结构主义方法的。为对他们运用的方法更具体地探讨，现根据笔者所见的有限材料和有限的水平，试将他们的研究方法分得更细一些，作出一些粗浅的分类概括，大致有：寻根法、潮现法、认同法、反差法、凝现法、平比法、交叉法等（具体论例均略）。外国学者对中国现当代文学研究和评论在方法上也有自己的独特性，对此是值得深入研究和借鉴的。这也是笔者认为外国学者对中国现当代文学的研究和评论是一个新的领域的根据之一，自然它也是这个新领域的一个研究方面。

1987年8月写于广州流花湖畔

（收入本书时有删节）

　　附注：本文原载《当代文坛报》1987年第11、12期和1988年第1期。本文所列引的论文，分别引自《国外中国文学研究论丛》（中国文联出版公司1986年出版），以及1986年11月12日《文艺报》各期发表的"中国当代文学国际讨论会"的发言选登和有关报道，个别引自外国学者给笔者惠寄的著作和论文。

对中国当代文学的文化观照

——在"中国当代文学"国际学术讨论会上的学术报告

本文力图以文学是文化的一部分并是文化的一种体现为视点，以中国传统文化和外国文化的影响为参照系，对中国当代文学40年三个时期的文化风貌作一个大略的考察与评价。

一、蜕化、苏化、北文南化——赤色文化

从1949年10月至1965年5月，是中国当代文学的第一时期，即社会主义革命和建设时期。中华人民共和国成立，意味着在中国大地建立了社会主义性质的社会和开始了社会主义时代，也即意味着开始本时代的文化体系和文化形态，包括作为文化之一部分的文学体系和文学形态，建设和发展社会主义的文学和文化，并以社会主义和时代的需要，利用、吸引、改造、融化中国传统的、外国的、地方的文学和文化，从而构成一种独特的体系和形态。这时期的文学体系和形态的总体特点，也即是其文化风貌，主要是：对中国传统文化的批判继承而显出的"蜕化"，对外国文化是排除欧美文化而以学习苏联为主的"苏化"。在文化地域性上，由于1949年后成为全国性的革命文化与文学，实际上是在陕北解放区开始形成并在华北丰富而奠定的，所以其基础是西北或北方文化；这种有北方地域性的文化，被确定为全国性文化之后，随着全国自北而南的解放步伐和建国后一系列自北而南（或称之为自西北而东南）的革命和建设的发展走向，也就形成了文化上的"北文南化"的进程态势。这种"蜕化""苏化""北文南化"的轴心或基调，是以社会主义思想为主导的，也是以此而综合传统文化、外来文化和地域文化的，因而这些"化"的风格及其所

构成的风貌，是赤色文化。

具体表现在：这时期的文艺思潮和理论批评，实际是这"三化"的不同体现，并构成赤色文化的纵横风貌的。1949年后首次文艺批判事件——关于电影《武训传》的讨论，以及首次全国地方戏曲会演便很能说明问题。毛泽东发动批判《武训传》，又同时倡导传统戏曲要"百花齐放，推陈出新"，实际是一"破"一"立"地提出对中国传统文化，要采取"取其精华、去其糟粕"的批判继承方针，也即是必须进行脱胎换骨改造的"蜕化"。此后对《红楼梦》倾向的批判，在对胡风批判中关于民族形式问题、关于民族化的讨论等等，实际上都是对传统文化进行"蜕化"的措施或者说是对传统文化的"蜕化"与反蜕化的斗争。从对外国文化的影响上来看，1950年代初期在"抗美援朝"运动和知识分子思想改造运动中，对欧美文化的批判，在对胡适批判中的对杜威思想批判，对胡风以"主观战斗精神"为核心的现实主义理论体系的批判，倡导苏联和社会主义现实主义创作方法及其有代表性的文学作品，对秦兆阳的"现实主义广阔道路"论的批判，在对苏联"修正主义"批判中对《一个人的遭遇》（肖洛霍夫）的批判和对《叶尔绍夫兄弟》、《州委书记》（柯切托夫）的颂扬等等，无不表现了"苏化"的立体性，甚至在中苏关系破裂后仍有回旋的走向；由文化地域性而导致的文艺论争或理论批评，似乎不甚明显，其实许多论争也内含有此因素的，如1950年代初期发端于上海的关于小资产阶级作品的讨论，关于肖也牧的《我们夫妇之间》的批判，关于欧阳山的粤剧要"好看有益"的批判，关于《达吉和她的父亲》的讨论，关于新诗与民歌的讨论，以至在1965年对《舞台姐妹》《林家铺子》《早春二月》等电影，以及对《上海的早晨》和《三家巷》《苦斗》等小说的批判中，无不有鲜明的南北文化差距和由此而有着"北文南化"进程中引起碰撞的因素。这些重大的文艺论争或文艺批判事件，即是这时期文学中的"蜕化""苏化""北文南化"的典型例证，体现了各个年代的文学所属的文化形态，又从纵的方向体现了这"三化"的发展进程，体现了赤色文化的风貌。

如果说这些文艺文化论争或批判，除政治因素外，尚有对待传统文化是否"蜕化"，对外国文化是否"苏化"、对文化地域性是否"北文南化"的文化论争性质，那么从这时期所崇尚的文艺思想和理论，即占主导地位的文艺方针、政策、路线的文化性质，更可以看到这"三化"确是主导着这时期的文学和文化的。在这时期里，社会主义的文艺强调为政治服务，强调表现革命的理想，这种基本理论和思想，实际上是与中国传统的儒家文化所崇尚的"文以载道""诗言志"一致的；文艺为人民群众服务的口号，实际与"诗可以群"也是一致的；但社会主义文艺之"道""志""群"，却与儒家文化有根本性质的区别，可以说是对儒家文化之"蜕化"。毛泽东说："十月革命一声炮响，给我们送来了马克思列宁主义。"显然，我们作为思想基础的马列主义是经过"苏化"的马列主义；社会主义文化和文学所遵循的马列主义文艺理论，也是经过"苏化"的，被作为"基本创作方法"规定下来的"社会主义现实主义"，从口号到内容，全是苏联的原版；由于"苏化"实际上被等同于马列主义化而具有权威性质，连同沙俄时代的民主革命思想家、批评家别林斯基、车尔尼雪夫斯基、杜勃罗留波夫等的理论，以及斯坦尼斯拉夫斯基的戏剧体系，均被推崇于至尊地位，自此亦可见"苏化"的重大影响。至于文学地域性问题，自确定以北京话为基础的普通话为全国规范语言以后，实际上包括文学在内的一切文化领域都是以北方文化为典范或准绳的。这些情况，也说明了这时期文学是以这"三化"为基本文化形态的，是以赤色文化为基本风貌的。

在文学创作中，这"三化"的体现更是普遍而深刻的。首先是文学的功能意识。在中国传统文化意识中，文学的地位及功能是极为重要和庄重的，文学功能意识在中国当代文学中是始终继承和保持着的，虽然其内涵同样是古今有质的区别。这种意识，一方面使得中国当代文学有着鲜明的政治倾向和发挥重要作用，使得文学成为政治战场，既有益于社会又造成甚多悲剧；另一方面，造成了作家的创作意识，有着沉重的社会责任感和使命感，造成这时期当代文学的创作同中国传统文学的创作有着一脉相通之处，即以严肃庄重的题材、主题和基调为主流。显然这种文学功能意识，是传统儒家文化的一个重要内容，是几千年中华民族文化的一种共识；自然这种意识及其在文学创作上的体现（即主导着作家的创作心态，主导着批评家的批评，主导着整个文学创作的走向以至每个作品的格调）与传统文学和文化是有质的区别的，也即是对传统文化"蜕化"而成的。这种功能意识，又是与"苏化"一致的，即苏联文学及文化自十月革命后直至五六十年代，都是如此的。

与这种文学功能意识相应的另一种文化意识，是诗史意识。这也是自《诗经》开始并沿承数千年的传统文化。这种意识，是"诗言志""文以载道"等传统理论的具体化或实践化，即旨在诗与史之结合，也即是表现主观、理想同表现客观、现实相结合。这种意识，之所以是一种文化观念，在于它是以虚与实对立统一的传统哲学为基础，并以此主导一切思维和创造的一种意识和方式。中国数千年文学史，以诗和散文这两种文学产生最早、尤为发达、持久不衰，看来与这种文化意识有密切关系；中国画及其理论崇尚"师法自然"而又"意在笔先"，以至几乎所有艺术都有类似理论，其内核也在于这种诗史意识。所以这也是一种传统文化意识。这时期的当代文学同样相承并"蜕化"这种意识：理论上提倡革命现实主义和革命浪漫主义相结合，在创作要求上强调反映时代、反映现实，又强调表现理想。在革命发展中反映现实，具体在要求作家到生活中去，到群众中去。从五十年代提倡写土改，到六十年代写合作化、公社化，都是出于这种意识。正因为如此，中国当代文学创作的各个领域，包括诗歌、散文、小说、报告文学、戏剧和电影文学，在这时期中都有反映出现实发展的代表性作品。如郭小川、贺敬之的诗，杨朔、秦牧、刘白羽的散文，以及赵树理的《三里湾》、柳青的《创业史》等小说，还有许多反映革命历史题材的杰出作品。这种类型文学创作的发达，有政治需要原因，亦有传统文化的诗史意识得以继承和蜕化之缘故；还在于苏联文学也有较多诗史之作，如《青年近卫军》《金星英雄》《被开垦的处女地》等作品，这也可以说是"苏化"的一种体现。

再就是典范意识。中国传统文化常通过文学弘扬社会的道德规范，文学又常以形象、尤其是以典范的形象来弘扬。如《烈女传》《孝子传》等弘扬封建道德典范的作品历代均有。另一方面具有人民性的典范作品，如《史记》《木兰辞》等优秀之作也经久不衰，说明这种典范意识，既是传统文化的主要体现方式，又是传统文化的一种意识。1949年后的中国当代文学出于社会主义道德规范的弘扬需要，蜕化了这种传统文化意识，改变为创造规范或先进典型的概念和方式，在一切工作中采取"典型带动""培养典型"的做法，在宣传文化工作中以宣传先进典型的做法，都是出于这种意识。文学创作中，创造社会主义的先进典型形象之作比比皆是，文艺理论是将创造工农兵英雄人物列为首要任务，并一般都作为作品的主角人物。这种文学现象及其意识，恰恰又是与苏联的社会主义文学一致的，《钢铁是怎样炼成的》《卓娅和舒拉的故事》《普通一兵》等苏联小说在五十年代风靡六亿神州，说明了"苏化"之强大威力；这威力能在有几千年自身文化传统的中国大地上得以施展，在于实际上当时将"苏化"等同于社会主义革命化，也由此而以其为典范去蜕化中国传统的典范意识。换句话说，就是将中国传统的典范意识，换上"苏化"内容，虽有质的变化，而方式仍旧，也就易于认同，从而得领风骚了。也正因为这个缘故，六十年代中苏关系破裂后，"苏化"随之消失，但在文学创作上典范形象创造之风，不仅不随之消失，反而更其盛行，出现了更多有中国特色的典范形象（以雷锋为代表），理论上也更加强调，甚至走上极端化之路。

与典范意识相应的是完善意识。这种意识之内含，包括自身、家庭和社会的完善，又包括道德、伦理、社会的完善，即所谓"修身、齐家、治国、平天下"的目标、准则或理想；另一方面，完善又是一种思维和行为之方式或模式，即以完善的要求或以要求完善之方式去掌握客观世界和主观世界。无论是从内容或从方式上而言，这种民族传统文化意识，都是有浓重的封建性质的。这种意识也在这时期中受到社会主义的改造而蜕化变质成为革命的意识和模式。1949年后一系列改造思想运动、改造世界观的基本理论，就是这种完善意识之新生。文学创作上许多改造式的典型，如《青春之歌》中的林道静，《三家巷》中的周炳，可谓由此而取得完善的形象；《在和平的日子里》中的梁建、《组织部新来的年轻人》中的刘世吾，可谓未取得这种完善的知识分子人物。这时期文学中的知识分子形象基本属于这两种类型。放而观之，其他社会阶层人物，包括农民、军人、干部，包括被称之为"不好不坏，亦好亦坏，中不溜儿的芸芸众生"的中间人物，实际上也是以这种完善意识和方式创造的，同样是这种意识之体现。而这，同这时期的苏联文学中的人物形象，如《古丽雅的道路》《远离莫斯科的地方》《拖拉机站站长与总农艺师》中的人物，也是神同形异的。可见这时期对传统文化之蜕化，同"苏化"和社会主义革命化，是一致、甚至是一体的。

以"三纲五常"为核心的儒家伦理观念和以"仁"为核心的人际关系准则，是几千年封建文化的主要部分。1949年后对此是彻底批判的，对其内容是完全否定的；但如果将其作为一种意识的模式，或者说由于社会生活中实际存在的这种观念和关系尚未得到完全清除，那么，在这时期的文化改造中，都是对此既以新的观念和意识取代，又是将其形式和实际消极因素利用和转化得较好的。1949年后倡导的"消灭阶级，人人平等""斗争的哲学""阶级斗争为纲"，就是根本否定"三纲五常"和"仁"的伦理观念之后而代之的新观念。这些新的观念被作为新的社会文化体系之"纲"，指导并推动着整个社会生活和意识运转；另一方面，值得注意的是在承认阶级对立和阶级斗争的前提下，对本阶级即人民内部，强调阶级友爱的人际关系，这即是蜕化了"仁"的观念；又在家庭和种种血亲的关系中，倡导革命基础上的团结和情谊，或者说又团结又斗争的人民内部矛盾公式。这种倡导，实际也是将消极因素化为积极的关系，既维持传统文化的这种人际关系又将这种关系蜕化变质。这种观念和关系的蜕化，对这时期的文学影响极大，表现尤为普遍而鲜明，绝大部分作品都是斗争为纲，体现斗争哲学，皆在于此。由此，亦可看到在这时期的小说和戏剧、电影创作中，大多数在处理人际关系的时候，均在伦理关系的联结纠葛中写出人物之间的"斗争哲学"，将原来具有封建性的系代关系，蜕化为或增进了新型的思想关系。例如《创业史》中梁三老汉和梁生宝父子间开展的是否走社会主义合作化道路的矛盾，《三家巷》中周、陈、何三家及其三代人的亲戚之间进行的走什么道路的长期争斗，《红旗谱》中朱老忠、严志和两家三代人的农民英雄群像，都典型地表现了这种观念和意识的蜕化升华。许多作品都有类似状况，可以说这是这时文学创作中的一种主要现象。值得一提的是，在这时期流行的苏联文学作品，如《茹尔宾一家》《叶尔绍夫兄弟》等，也有类似格局，可见"苏化"也是与此同工的。

以上列举的只是社会主义革命和建设时期的当代文学中，中国传统文化和苏联文化影响较大的若干表现，也是社会主义性质和时代的文化，对传统文化和外来文化批判吸取的若干体现，远远不是全部。虽然如此，我们已可看到传统文化和苏联文化对中国当代文学的重大影响。当然，应同时指出的是，在1957年"反右"的扩大化，1958年"三面红旗运动"和1965年"大批判运动"时，当代文学及其文化形态，是不正常的，其时之风貌是游离这里所言之"三化"的，虽然仍属赤色文化，但却显得过赤以至开始染上黑色了。

二、异化、教化、法西斯化——黑色文化

　　从1966年5月到1976年10月，是史无前例的"文化大革命"时期，即中国当代文学史的第二个时期。在这十年时间里，林彪、"四人帮"篡夺了思想文化领域的领导权，造成了"横扫一切"文化的大浩劫，将一切文化都称之为"封、资、修"（即封建主义、资本主义、修正主义）的"黑"货、毒草，均要统统排斥、打倒和消灭；另一方面，又称他们自己炮制的文艺理论和文艺作品，是真正"革命"的、"社会主义"的"香花"，要强制推行，"霸占"舞台和一切文化阵地。这些做法说明，他们所谓"文化大革命"实际是施行封建法西斯的文化专政。他们打倒一切，排斥一切，否定一切，唯独自封自己，难道他们是自天而降的神人吗？他们自吹的文化是没有任何渊源的天外文化吗？不，他们也不可能例外，但他们却矢口否认和斩断这种属性的渊源。他们这种自欺欺人的做法，恰恰暴露了他们不是吸取传统文化、外国文化和地域文化的精华，而是取其糟粕；不是以社会主义文化的性质和立场而是以反动的立场去对待传统文化、外国文化和地域文化。他们的倒行逆施综合起来的体现是：

　　既是对中国文化优良传统的异化，又是对社会主义革命文化的异化。毛泽东在"四人帮"横行时指出："形而上学猖獗。"列宁说过，将真理推前一步就会变成谬误。作为政治野心家与阴谋家，"四人帮"的思想方法，就是将一切推向极端的形而上学方法，其思想本质是唯心主义和唯我中心主义，这是其文化体系和形态的核心。他们是以此本质和方法将中国优秀文化传统和社会主义文化异化的。从江青的文艺理论来看，她提出塑造工农兵英雄人物是社会主义文艺的"根本任务"，表面上是出自传统文化的典范意识，其实是片面的；她还要求以"三突出"创作方法来创造英雄典型，要"高大完美"，这样的形象实际是凌驾群众之上的唯我独尊的"救世主"；从她倡导"写走资派"的阴谋文学之实际来看，所写的根本不是什么工农兵英雄人物，而是野心家、阴谋家。这些理论和实践，不是否定了17年时期蜕化了的典范意识和功能意识，从而异化了优秀传统文化和社会主义文化么？

　　所谓教化，是指宗教化、教条化。众所周知，林彪、"四人帮"极力推

行个人迷信、个人崇拜，强制每日进行"早请示""晚汇报""天天读"等活动，无异于宗教仪式；在文艺理论上将"三突出"定为"党性原则""根本原则"，将生动的创作教条化。在所谓"样板戏"中，将本来有爱情关系的内容全部砍掉，《白毛女》中的喜儿和大春、《红色娘子军》中的琼花和洪常青都不再有爱情关系；《海港》中的方海珍、《龙江颂》中的江水英、《沙家浜》中的阿庆嫂等女主角，全是"活寡妇"，均与尼姑式的宗教徒无异；《红灯记》写的是无血缘关系的三代人，虽然更显革命性和戏剧效果，但联系上述各种戏中的"砍情脱亲"的做法，显然这不是偶然的或仅为强化思想艺术之作为，难免有着相通的宗教意识作怪的因素。如此教化，显然是对中国传统文化和外国文化中消极因素之承袭，同时也即是对优秀文化传统和社会主义文化之背离或异化。

法西斯化，是"四人帮"的文化专制主义的本质，也是其文学理论和创作的本质，是其文化体系和文化形态的本质特征。所谓"路线斗争为纲""主题先行""英雄人物在矛盾中的主导地位""写同走资派斗争英雄"等等，也都是为其政治野心服务的法西斯理论；将一切传统文化和外国文化称为"封资修"而扫荡，是法西斯化之行动；不许地方戏剧移植"样板戏"，说是"走样"，在"样板戏"创作中有意识削减本有的地方特色，如《白毛女》已无陕北味，《红色娘子军》只剩布景有海南特色，《沙家浜》失去江南风情，都是否定文化地域性所致；这些做法，在文化形态上是强求一统之意识和模式。这种意识和模式，又是与林彪、"四人帮"实行法西斯专政的野心相一致的，是其反动本质之体现，也是其思维形式之体现，所以亦可称是法西斯化的一种体现。

"文化大革命"十年中，林彪、"四人帮"主宰了思想文化领域，包括文学领域。虽然中间不无正确的反抗斗争，尤其是在1975年毛泽东对电影《创业》的批示和邓小平根据这批示"调整文艺政策"时，他们仍盘根错节，为所欲为，变本加厉地行其异化、教化、法西斯化，使偌大中国在这十年里，乌云遮日、万马齐暗，充斥着黑色文化的暗影。

三、融化、西化、南文北化——七色文化

从1976年10月粉碎"四人帮"到现在，是社会主义新时期。这时期在开头两三年对"四人帮"的倒行逆施拨乱反正之后，开始了向现代化进军的新长征；尤其是中国共产党十一届三中全会以后，实行了改革开放政策，举国上下都出现了前所未有的新气象，文学艺术和文化领域也都如此。十多年来，整个社会的文化体系和文化形态，都有重大变化，并且仍继续在飞速地变化发展着，怎样概括当今新时期日益飞速发展的动态文学和动态文化呢？让我们还是以中国传统文化、外国文化和地域文化对这时期文学的影响及作用为窗口，去窥其风貌吧。

这时期文学在对待中国传统文化的问题上，是有多种不同的态度及其所形成的多种不同倾向的。首先作为对"四人帮"的拨乱反正和对17年时期正确做法的恢复，不少人仍继续采取蜕化的态度；另一种较突出的是以片面极端的态度对待中国传统文化，公开鼓吹要"传统后继无人"，要"全盘西化"。对此，从前些年到现在仍进行着反复的论争。其实，全盘否定传统或者全盘继承传统，都是不可能的。既是一个中国人就必有中国传统文化素质；既是一个当今时代的人也就不可能只有传统素质而无时代素质。每种文学及文化，莫不如此。从新时期以来接连出现的文艺思潮和创作实际看来，在对待传统文化上似乎以融化为主要特点，即将传统文化融于时代文化之中，或者在时代文化中融化传统文化。值得注意的是，这种融化的方式，不同于脱化，既不是将传统文化扬弃变质，也不是将传统文化融化解体于时代文化，而是将传统文化纳入时代文化范畴，并融于时代文化体系和形态之中，以其本身形态和性质作为时代文化的一个有机组成部分。例如"寻根文学"思潮及其代表作品《小鲍庄》（王安忆）、《井》（陆文夫）、《老井》（郑义）等，所"寻"和所表现的"根"，是"原装"的传统文化，"原汁原味"地保留传统文化之形与质，包括其陈旧落后面；而这种文学之所以要"寻"和表现这种"根"，根本是在于要找到和挖去阻挠当今改革开放的民族文化之"根"，也即是说将这种传统文化作为当今文化体系和形态之有机部分。所以，融化与蜕化根本不同。

新时期对待传统文化的这种融化特点，亦可说是一种兼容性的文化形

态。这也可以说是中国传统文化的基本性质或形态的一种表现方式或模式。中华民族的五千年的文明史、文化史，是五千年的政治、经济、民族、地方的分合和变迁史的产物和写照。在神州大地上的分合变迁，凝铸了中华民族文化特有的兼容性质，这种兼容性，由于中华民族历史和地理上的因素，基本上有两种不同形态：一是以统一的需要去兼容，即以一定文化主体去利用、吸收、改造、消化异体文化。这是一种蜕化性的兼容，或者是从属主导的兼容。另一种是并存式的兼容，即现在所谈之融化。如果说在当代文学的第一时期，即社会主义革命和建设时期，对待传统文化的方式主要是蜕化式的兼容，而且所蜕化者又主要的被认为是两千年文化正宗或主体的儒家文化。那么在现在的社会主义新时期，则主要是后一种兼容，即并存式融化，也由此而改变了第一时期以蜕化儒家文化为主体的做法，形成了并存式的多元格局。值得注意的是在这格局中，固然仍有儒家文化一席之地，但过去长期被忽视、被排斥的以老子、庄子哲学为代表的道家文化，以及佛教文化，影响之大远超儒家文化。这种现象，我们是可以从贾平凹、韩少功、阿城等作家的创作走向及其影响中得到证实的。贾平凹自1983年后，写了一组"商州系列"小说，包括《小月前本》《鸡窝洼人家》《九树》《腊月·正月》等等，这些作品以全方位的视角去剖示整个人文环境的变迁给人的心理世界带来的变化，并展示历史的道德外力与人的生命本身内力之间的冲突。虽然内容不是老庄文化，但却是对儒家文化的明显挑战。韩少功的《爸爸爸》，以丙崽的形象凝现了中国传统文化的种种神灵、宗教、巫卜、伦理、人性、兽性观念和"集体无意识"的生存状态，显然是与崇尚天人合一、人与自然合一的道家思想相通的。阿城的"三王"，即《棋王》《孩子王》《树王》，被称为"文化回归"小说，震动国内外，原因在于揭示了人与自然本性同一的民族文化传统心理。这些作家的作品，同气势磅礴的改革文学、军旅文学，同以谌容为代表的正统女性文学和以张洁为代表的开放女性文学，同时存在着同等的影响力，彼此是不同的民族传统文化之体现，而又同是新时期改革开放的文化产物，具有同一的时代性。这种格局，不仅说明了新时期文化体系与文化形态不同于前两个时期，而且确证了中国传统文化对新时期文学仍有重大影响。

新时期的对外开放，主要是对西方开放。经济开放，西方文化也必然大量涌入。所以，新时期的外国文化影响，主要是来自西方欧美国家的文化，即所谓西化。西化在新时期对中国文学和文化的影响是日益强烈，尤其明显的。从1978年"朦胧诗"兴起，随即接连兴起的"意识流"文学、人性文学、女性文学、性文学，以至象征主义、印象主义、后印象主义、超现实主义、结构主义、黑色幽默，以至最近兴起的新写实主义等等，无不是西化之表现，近年兴起的"文化热"，同样也是西化产物。可见西化在新时期的文学和文化中，比重是日益增大的，影响是日益强烈的，比17年时期之"苏化"实有过之而无不及。值得注意的是，在这时期的文学中，西化与中国传统文化的关系，呈现出多种不同的状态，其中最主要的是两种：一是冲撞而相互排斥，一是相互吸取而融合，也即是融化。前一种状态，在改革开放初期是尤其突出而普遍，其原因一方面是在于长期闭关锁国，一旦文化开放，人们难以适应，所以有阻力；另一方面是西方文化本身有积极因素也有消极因素，人们一时难以分辨，有害于社会主义文化建设。最近一两年这种状态有明显改变。后一种状态，在改革开放初期也是一开始即有的。如果说，融化是新时期对待中国传统文化的一种独特方式，那么，在西化的问题上，也同样具有融化的特点，这就是既有中国传统文化与西方文化之融化，又有中国现代文化与西方文化之融化，简直可以说是传统、西方、现代汇于一体，熔于一炉。"朦胧诗"来自西方文化，其思想内核有西方哲学，又有老庄哲理，又是中国式的现代意识。王蒙的"意识流"作品，是西方现代主义创作方法，有现代主义思想又有老庄哲学；其艺术形式是西方意识流又不完全是，亦有中国传统形式特点；写的是当今中国现实生活，体现的是革命思想，如《春之声》《海的梦》《蝴蝶》，都是如此。高晓声的农村小说，写的是陈奂生之类地道的中国农民，用的也是中国的小说形式，然而其把握心态的方式和方法却又是西化的。谌容的《人到中年》体现的是典型的中国传统道德观念和现代的献身精神，而其艺术形式却是现代主义的意识流。类似的情况不胜枚举，说明中国的传统和现代文化，在新时期文学中与西方文化融合是甚为普遍的。这既可说是中国传统和现代文化的一种特色，又是新时期文学西化的一种特色。这种特色，不又是中国传统和现代文化具有兼容性和融化特色的又一印证么？

　　新时期文学又一个极为明显的特色，是文化地域性得到前所未有的发挥，并且出现了前所未有的发展状况和融化现象。改革开放初期，先是以濒临南海的深圳、珠海、汕头、厦门、海南经济特区为窗口，后扩大为沿海城市；这些特区和沿海城市多在南方，西方文化多经此而传入内地，这些地方也有着自身的地域文化传统，具有不同于内地的海洋和沿海文化特色。由于历史和地理的原因，南方文化接触西方文化较多，有较多的相同基础；另一方面在过去闭关锁国的背景下，经过几十年的北文南化过程，使南北文化有了较多的交往途径。这样，改革开放之后，从南方窗口而入的西方文化，连同具有海洋味的南方文化，就很必然而高速地向北挺进，从经济到文化都出现了类似于"北伐"之走向和态势，这就是所谓南文北化。前些年，香港电视片《霍元甲》拳飞全国，接连出现"琼瑶热""亦舒热""三毛热""张爱玲热""席慕蓉热"，似乎神州大地都被南方文化席卷了。这种状况，近些年又有新的变化，在有些领域出现了北风南吹、西北风东进、内地风倒吹沿海等新的态势，像以张承志为代表的《北方的河》，以"黄河之水天上来"的气势滚滚南流，以《红高粱》为代表的西部文学和西部电影，造成"西北风"式的歌曲震荡全国，连地处边陲的广西，也以电影《黄土地》和革命历史题材影片威震国内外……这些新的气象说明了各地的文学和文化，均在发挥本身地域优势和特性而纷纷崛起，各自形成本身体制，自成一格而屹立于全国文化之林，几乎每个省或区都有一支可称之为"伊军"的创作力量，形成称之为"伊伊文学"的有地方特色的文学风格或流派，连创办才十年的经济特区，也具有自成一格的"特区文学"格局了。这种文学现象，是文学地域性得以充分发挥之说明，更重要的是体现了地域文化观念和地域文化性的增强。以宏观视之，它是文学和文化的多元格局的一个体现方面，是中国传统文化具有兼容性的一种体现，又是新时期文学和文化具有融化特色的一个方面。

新时期十余年的改革开放，在文学和文化领域似乎是"杂花生树，群莺乱飞"的局面，令人目不暇接，眼花缭乱。中国传统文化和西方文化，好像不管好坏，均粉墨登场，争相扰乱文场，地域文化竞相崛起，像是闹"文化独立"。其实，这些现象正是改革开放的文化形态的必然特色。因为改革开放的文化是一种动态的、竞争的、发展型的文化，是以建设具有中国特色的社会主义为基本的开放型文化。所有这些杂色的文化现象，都是以此为基本而融化、西化和地域化的。这些杂色现象有似太阳的光辉所含的赤、橙、黄、绿、青、蓝、紫七种色素，其本体或"化"之所向，是与金黄色的太阳光辉相似的，具有中国特色的社会主义的现代文化，或谓之曰：七色文化。

1991年12月22日脱稿于广州流花湖湖畔

从1980年代到1990年代中国文艺思潮的演变

——在香港、澳门的讲学报告

中国当代文学的文学思潮和文学现象，数十年来形成了一种似乎带规律性的发展态势，即往往是：一哄而起，走向极端，进而物极必反，走向反面；如此周而复始，但前后的内容和性质有异。这种现象，可称之为逆反性的螺旋形现象。

毋庸讳言，新时期以来的当今中国文学已经形成了整体的多元化格局，这是对过去数十年相承的一元化格局的逆反。我们观察新时期以来十余年间的种种文学思潮和文学现象，几乎都可以从这整体格局的逆反性去找出其产生原因或依据，亦可由此评价其在当今文学发展中的作用和价值。例如新时期之初涌现的"伤痕文学""反思文学"，可说是对过去规范性的颂扬文学的逆反；"人性文学"的兴起并日益盛行未尝不是对过去一味强调"阶级文学"的反拨；西方现代派文学的各种花样或流派在1980年代的中国文坛先后踊跃登场，虽有门户洞开的时势原因，然则也未尝不可说是长期坚持现实主义一统天下的必然反结果；"性文学"的出现显然有对过去文学禁欲主义的惩罚因素；"寻根文学"的昙花一现，从登场到退场，都与文学对现实的直面性之淡化和强化的时势有关。可见这些文学思潮和现象的出现，都是对过去的逆反结果，是过去某些思潮或现象向极端发展，也即是物极必反之产物；由此又可见这些思潮和现象，在其初始的阶段，是具有推进当代文学发展的作用和价值的；同时，这些众多思潮和现象所构成的总体的多元化文学格局，也是对过去一统化或一元化格局的历史性反拨。

以上只能说是八十年代上半期（也即是1986年或1987年前）的情形。八十年代下半期，中国文坛出现了主要是两种文学得势而又相互对峙的局面：一种是以现代主义占上风的所谓纯文学，一种是以武侠或侦探小说（包括一些"言情小说"）为代表的所谓"俗"文学。这两种文学思潮和现象，都各有其自身的健康或错误（或庸俗）的部分，不能一概而论，但从总体趋势而言，虽然两者的竞争开始时平分秋色、势均力敌，但很快决出雌雄，前者败北，后者耀武扬威。个中原因甚多，其中之一是现代主义文学始终停留在青年大学生（又主要是部分文学青年）的欣赏领域里，不为广大读者群众所接受，而当时文坛又被现代主义先锋派主宰，弄得广大群众无可接受之文学，造成了精神与文学需求之空白。在这种情况下，一些基层文化人"近水楼台"而得知如此需求信息，率先将香港金庸、梁羽生之"武侠风"加大、煽足，使用盗版、改编、翻制等手段，或者是采取再创作、自创作的做法，大量抛出所谓俗文学。又由于发行与出版体制的改革，使这种文学更有出版发行渠道，一时小报小刊风行，书报地摊遍布城乡街头，真可谓席卷神州大地，风行一时，将现代主义的先锋文学挤得无立足之地。这种"纯"不如"俗"，"纯"败于"俗"的状况，恰恰正是"纯"文学走向极端所造成的逆反现象；另一方面，这也是对长期以来过分强调文学的教育功能、忽视文学的消遣功能，也即是过分地束缚文学的"纯"并以"纯"取代"俗"的偏向的报复和惩罚。以整体格局而言，这种"纯文学"和"俗文学"两军对垒并主导文坛，之后又由"俗文学"取胜并霸占市场的格局，对于八十年代上半期那种极其多元又极易躁变的格局，也可以说是一种稍有收敛的逆反。

必须特别说明的是，这里所说的八十年代下半期这种状况，是大体而言的，不是文坛现象的全部，有些重要现象未包括在内。比如说文学艺术上的情绪化现象，尤其是躁动的情绪宣泄现象。这是在八十年代上半期已有，但在八十年代下半年尤为突出并风行的。这种现象表现之一，是港台"言情文学"流行，"琼瑶热""亦舒热"就是实例。这是俗文学的一种现象；另一种表现是纯文学中的情绪化倾向，如刘索拉的《你别无选择》、刘西鸿的《你不可改变我》、徐星的《无主题变奏》，电影《红高粱》的插曲《妹妹你大胆往前走》以及《跟着感觉走》《酒干倘卖无》《不在乎天长地久，只在乎曾经拥有》等歌曲的流行，都是纯文艺向俗文艺倾斜的表现，这些小说和电影都可说是纯文艺，然则其流行的内在原因，是情绪的通俗化，也是躁动情绪宣泄的通俗化。这既是俗文学对纯文学的逆反，也是对长期以来文学上机械反映论的片面发展（强调反映现实客观生活进程，忽视或否定情绪表现）的逆反。

在八十年代中期兴起的以"寻根文学"为起点的"文化热"现象，也是八十年代下半期的一个文坛热点。这个热点的发端，可说是现代主义先锋派的一个分支，值得注意的是这起点——寻根文学，只是昙花一现，一哄而起，很快潮退，但其所掀起的"文化热"却日益蔓延深化，推展至整个文艺创作、文艺批评、文艺研究领域。各种创作方法和流派，都不约而同地向这"热"点深化，各种地域性的文学（如"西部文学""乡土文学""岭南文学""特区文学"）、领域性文学（如军旅文学、经济企业文学）也都朝这热点深化；文学批评方法热，有西方文学批评方法传入之原因，实际上也是这种文化热在文学研究领域中的具体表现；在文学研究上，以对新时期文学是否危机四起到如何对待民族传统文化的论争，尤其是对《河殇》的论争，以至对五四文学、近代文学、古代文学的史料或个体文学的研究，都进入文化层次的研究，或者说是以文化为研究的着眼点和归宿。这种"文化热"现象，实际上也是一种逆反性发展，过去长期以来一直强调的是文学的社会性、政治性，从创作到批评、到文学研究，都重于或偏于社会学的眼光或政治上的功利要求。"文化热"是对这种传统的反叛或反拨。寻根文学热，文学批评方法热，否定民族传统文化热等的匆匆来去，因为它们本身都具有走向极端的因素（如寻根文学过分强调民族传统文化之落后面，文学批评方法热则过分将方法抽象化并脱离文学而批评文学，否定民族传统文化的虚无主义和崇洋主义），也有这些"热"脱离现实实际，脱离群众需求（也即是欠缺"俗"气）的原因，所以，致使纯文学败于俗文学。

跨进九十年代以后这两三年的文学，可以说是八十年代文坛的继续而又作逆反性的发展。在总体格局上，仍继续保持着多元化，但所包含着的"元"则有别于八十年代。最突出的是求实之风在文坛兴起，与八十年代的大轰大鸣的轰动效应和躁动之风明显不同，是对此前的螺旋形的逆反发展。具体表现在：

小说创作上兴起"新写实主义"作品。以方方、池莉、刘恒、苏童、叶兆言、刘震云、何卓琼等作家为代表。这种文学思潮或流派，是以写真实的人和事并以塑造真实的、客观的形象为旗号的，其所谓写实，是写具体环境和具体人物之真实，即活灵活现的具体时空和人物，不是再造的典型环境和典型人物，也不是代表理念或某种情绪的形象符号，使人读之，真实易懂，但又内含基本的文化意味和现代意识。所以，可以说这是一种既是纯文学又是俗文学的作品，是寓纯文学于俗文学之中的一种艺术。这种思潮或流派的出现，直接地说是对现代主义文学的一种逆向发展，是写实文学传统的一种回归现象，但又与现实主义尤其是革命现实主义（社会主义现实主义）有根本区别，也是对这种传统的反拨。

其次是电影和电视文学的实体化现象。从创作要求到形象结构，以至艺术效果，都注重形象的实体性。例如家庭电视剧的流行，《渴望》就是一例，最近引起争议的电视剧《爱你没商量》又是一例，王朔等作家就是由此而名噪一时，被称之为一种"现象"的。此外一些影响颇大的电视剧，如《女人·辘辘·井》等北方的作品，《商界》《公关小姐》《女人街》《外来妹》等广东的作品，都是注重实体生活的表现；甚至一些重大革命历史题材影片，如《血战台儿庄》《平津战役》《淮海大战》，以至一些写领袖人物、先进人物的影片或电视剧，如《朱德》《刘伯承》《焦裕禄》和最近上演的《蒋筑英》，都是注重忠实于历史本身的真实，人物本身的真实，不为政治需要而作拔高或贬低的更改，少了空话、大话、假话，以活生生的实体形象征服观众和读者。这种实体性形象创造之风既是对极"左""假大空""隐瞒骗"之继续反击，也是对八十年代以来越演越烈的现代主义先锋派倡导的理念、玄虚、空灵等的心灵化之风的逆反。

其三是实感性的作品走俏。尤以诗歌、散文作品突出。前些年继琼瑶热、亦舒热、张爱玲热之后，连续兴起诗歌的席慕蓉热、汪国真热，这些热，是由于受到大中学生和社会青年欢迎之缘故，而席慕蓉、汪国真的诗，都带有一定人生哲理性，并贴近于青年生活实感，所以才为许多青年传抄，作为自己的座右铭或情感寄托，将这些诗歌同近年流行的国内或港澳的"金曲""劲歌"对比，我们不难发现许多相似之处，简直如出一辙。例如汪国真的名诗句："生命是自己的画报／为什么要依赖别人着色"，"没有比脚更长的路／没有比人更高的山"。广东近年流行歌曲之一《为何走不出母亲的温柔》（杨湘粤作词）："云在水里漂，水在天边流，说不清是喜还是忧，阳光在我前头，鲜花在我身后，说不清该不该回首。"对比这些诗句和歌词，不难发现其异曲同工之处，即：是勉励、劝慰，但不是高调的口号空话；是真情实感，不是无病呻吟或自作多情。看来这些诗热或流行歌曲热，主要是说出当今青年心里话，吐出了他们心声的缘故；同时也在于这些诗浅白易懂，易记易学。显然，这也是对前些年"朦胧诗"潮的逆反，也是对过去唱高调的新诗"传统"之反拨。散文创作同样有着实感化的走向，并且出现了实感化散文走俏的新势头。近年巴金的《随想录》引起港澳和国内外轰动，原因之一这是"真情实感录"，是"无技巧而高度技巧之作"。贾平凹的主张是："明白文章也是古镜，是不需要磨的，别把一切都收拾得干干净净，美人不是绢人，雪花并不算花。"这种写实感的创作走向及其主张，正是对多年来以杨朔为代表的以诗写文、造境写文的散文模式的挑战，也是对近年某些写心灵、灵性的散文主张之逆反。去年花城出版社编有一套散文丛书，名为《人生文丛》，分别将鲁迅、胡适、郁达夫、周作人、徐志摩、朱自清、梁实秋、林语堂、沈从文等五四以来著名散文家的有关人生的散文之作，分别编出专集，并以各家之人生观特点，分别取名为：《呐喊人生》《实用人生》《颠沛人生》《恬适人生》《浪漫人生》《温静人生》《雅致人生》《幽默人生》《淳朴人生》等等，很受欢迎，一版再版，供不应求。这股散文热的兴起，原因同汪国真等类似，一方面是青年对人生追求之寻觅需求，另一方面是实感之共鸣感应。这两个方面，都是过去强化一元人生哲学的虚化、神化之散文倾向的逆反。

其四是实用化之风日盛，甚至成为当今中国文坛的主要时尚。近年社会主义的市场经济受到承认和倡导，由此而带来各种领域的体制改革，包括文艺体制改革。实用化，就是偏重于为市场经济服务，讲求实效，并使文学本身赋予经济价值。前些年，报告文学创作出过一阵"大"风头，《唐山大地震》《知青大串联》《大动摇》等"大"字头的报告文学，产生了轰动效应，但很快就潮过浪平，出现了众多写改革开放先进企业与人物的经济型报告文学或企业报告文学，有人戏称其为"广告文学"，对其评价有褒有贬，莫衷一是。但不管怎样，在经济界企业界是受欢迎的。以王朔为代表的一些作家，则将作品推向市场，被戏称为"议价作家"；除著名演员黄宗英、刘晓庆先后投资做生意之外，近年又有谌容、张贤亮等作家"下海"。这些现象，不仅使文艺创作实用化，连同作家的职业也开始具有实用性和商品性了。这可看作是过去多年文学的政治实用化现象的重复，亦可谓是一种逆反；重复着一窝蜂的风潮化和实用化，逆反则是对片面的政治功利主义的逆反；近距离来说，则是对八十年代以来取消文艺"为政治服务"口号之后，"纯文学"思潮中片面强调"自我表现""无目的""无意识"文学之风的逆反或惩罚。

以上这些"求实"之风，虽有相似之基调，但出自不同领域，有不同表现形式，有不同性质，与过去某些时候（如1958年"大跃进"时候的浮夸风）的"一元化"之风不同，是一种多元性的相通汇聚，是带有自发性的浪潮，实质上仍是新时期以来多元化格局共性逆反性体现，也可说是逆反性的螺旋形的发展。看来现在之"实"风已几达极致，往后如何发展，以何方式或缘自何处出现逆反现象，难以预料，但可以看出，分化之趋势是不可避免的，且迫在眉睫。中国文坛的多元性，发展的逆反性、螺旋性，还会继续下去。

附注：本文是1993年3月13日和16日在香港中华文化促进中心、香港作家联会合办的《当代中国文坛透视》讲座和澳门写作学会主办的讲座上的报告。

什么是文艺批评？

——《文艺辩证学》之一章

一、文艺批评的对象和性质

文艺批评，又称文艺评论，是对文学艺术的创作、现象、形象、作者、作品进行分析评价的一门学问。它属于文学艺术领域中的一个门类，也属于人文和社会科学领域中的一个学科。

"批评"一词的含义，不是现代中国人通常所说的对缺点或错误的谴责或责备的意思，而是指对文艺作品的客观分析和评价，包括对其优点和缺点、成功或失败、水平的高低等的分析评价。所以，文艺批评也叫做文艺评论。"批评"一词是自中国古代的批评方式而来的，因为古代的印刷品，每页上方留有较大空间，行与行之间有直线分隔，行距也较宽，学者在读书时，喜欢随手写上一些心得或评论的文字。这些文字，写在每页上方空隙的叫"眉批"，写在行距间的叫"横批"或"点评"（用墨点或文字表示）。例如金圣叹批《水浒》，脂砚斋批《红楼梦》就是如此。"批评"一词由此而来。可见它的本义，不是贬义的，而是中性的。

文艺批评的对象主要是文艺作品的文本，但不仅是作品文本，还包括同文艺作品的产生、创造相联系和所体现的一切方面，即作品的作者、作品产生及其体现的社会思想意识、民族历史文化、作品的形象创造及其内涵和外延等等。文艺作品主要是创造出艺术形象；为了更确切而深刻地论析形象，又必须论及导致文艺作品产生及其体现的一切现象（包括作者及其所代表的思想或文艺思潮等）。所以，文艺批评的对象和任务，就是分析评价文艺形象和文艺现象。从这个意义上说，文艺批评就是文艺形象和文艺现象的分析学。

文艺批评根据什么去分析评价文艺形象和文艺现象呢？主要是根据文艺的特点和规律。一般来说，人们对文艺的特点和规律是有共识的，如艺术的形象特点、艺术创造的内容和形式等，但又往往由于文艺观的不同（包括世界观、哲学观、美学观的不同），对文艺特点和规律的看法不同，也导致文艺批评观的不同，这就使得人们分析评价文艺形象和现象的根据不同，由此产生不同的文艺批评性质和标准，出现各种各样的文艺批评学、文艺批评方法或文艺批评学派。尽管如此，在对文艺作品作为对象和在其作品分析评价的目的和功能要求的基本点，是一致的或大同小异的。

由于文艺批评有着明确的固定的对象，有着基本一致而又多种多样的论析依据和性质任务，而又都有着基本一致的特点和规律，所以，它可以自成其为一门学问的，即有其自身本体的，这就是对文艺形象和现象的分析评价，而不是离开这个对象或与这对象无关的批评。由于其对象是文艺，所以是文艺领域的一个门类；由于它不是进行艺术形象的创造，而是对文艺形象和现象进行分析评价，是科学性的对象研究分析，所以它又是人文和社会科学的一门学科。

文艺批评是对文艺形象和现象的理论分析，是属于文艺理论，但又与一般称的文艺理论有别。文艺理论主要是研究阐释文学艺术的基本原理、特征和规律，包含对文艺创作和文艺批评的研究；而文艺批评主要是针对文艺作品及其相关的文艺形象和现象，即使接触文艺原理和规律的探究，也是从具体的形象和现象出发的，对形象和现象的规律性论析，是旨在实践性和现实性的，不是着重于原理性的。

文艺研究包括文艺理论研究和作家作品研究。文艺理论研究属文艺理论领域，作家作品研究是属文艺批评领域，两者都是对文艺形象和文艺现象论析。但在当今学术界的观念中，作家作品研究，尤其是对古代和外国文艺的研究，一般都不划入文艺批评领域，而是作为一门单独的学科，即将文艺研究这个概念中本来包含的文艺理论研究和文艺批评分划出来，变成了主要是这门学科的称谓。这就是说，文艺研究主要是指对古代文学、外国文学，以及距当今时间较久的（如1949年前的中国现代文学）作家作品及其文艺发展史的研究；而文艺批评，主要是对当今现实文艺形象和现象的研究论析。所以，文艺批评又是有较强的现实性和实践性的。

文艺欣赏也属于文艺批评，或者说，文艺批评也属于文艺欣赏。因为，在文艺批评中有欣赏的成分，欣赏中也有批评的成分。但两者不能等同。因为文艺欣赏是读者（或观众）对文艺作品的接受、共鸣和评价，带有较重的主观性、随意性和感性；而文艺批评虽然也有批评家的主观性，但还是较重于客观性、科学性和理性；欣赏重于主观的接受或反接受，批评重于客观的肯定或否定；前者着重于感受，后者着重于论析。所以，两者是有联系而又是有很大区别的，不能将两者画上等号。不仅不应当将文艺欣赏取代文艺批评，而且，还应当将文艺欣赏作为文艺批评的研究对象，对其也作出客观的、科学的、理性的研究。

二、文艺批评是主体与客体的对立统一

文艺的认识反映对象是客观事物和人们的思想意识，这是客体；文艺家的认识反映，是主体。文艺的性质，是主体与客体的对立统一。文艺批评的认识分析对象，是文艺的形象和现象，这是客体；文艺批评家的认识分析，是主体；文艺批评的性质，也是主体与客体的对立统一。文学艺术的对立统一规律，包括主体与客体的对立统一、具体与抽象的对立统一、个别与一般的对立统一、有限与无限的对立统一等规律，也是适用于文艺批评的；但在个体的形象的和感情的特征上则是文艺批评欠缺的。文艺批评必须掌握这些规律和特征对文艺形象和现象进行分析评价，同时，以理论的、抽象的方式去掌握这些规律。

由于文艺观的不同，自古以来对文艺批评的主体有两种对立的观点：一是认为主体应是批评家；一是认为主体是客观的文艺作品及其所反映的社会生活。这两种对立观点，过去在西方和中国古代，以不同方式有过争论……

其实，这个问题的关键性、根本性分歧，是在于主观性和客观性两个方面，各强调一方为主导性作用，也就意味着各从一个方面偏离对立统一规律。不管怎样，这场论争对于文艺学和文艺批评学的发展是很有意义的。从文艺批评学的角度看，更有意义。因为它从两个方面证实了文艺批评的实质，应是主

观与客观，也即是主体与客体的对立统一；如果过分强调主观的作用，那么文艺批评则欠缺客观性和科学性；如过分强调客观的作用，也即会使文艺批评欠缺能动性和独立性。所以，应是主体与客体的对立统一。

三、文艺批评的参照系

虽然文学艺术是有其特殊性和规律性的领域，是一种掌握世界的独特方式，文艺批评也有其自身的独特性、本体性和主体性，但是，无论是文艺创作或文艺批评，都不能单纯地孤立地存在或孤立地进行创造和论析，文艺批评尤其如此。文艺对现实认识和反映有直接性和能动性，但同时也受其他掌握世界的方式或领域的影响或制约，如政治、宗教、法律、经济、文化等。文艺批评对文艺形象和现实的认识和论析，也同样有直接性和能动性，但也同样受到相关的意识形态的影响和制约。这些制约的意识形态或领域，就是文艺批评的参照系。不同的文艺观和文艺批评观，有不同的文艺批评参照系。参照系对文艺批评的影响和制约，有些简直就是文艺批评的标准和目的，有些则是起间接的或在根本上起主导的作用，有的则是起直接的参照作用。这些不同的参照系，主要的多是文艺之外的或包括文艺在内的更大范畴的意识形态或领域。其中主要有：

（一）政治参照系

这是中国过去数十年一贯的最为重要的文艺批评参照系。因为过去历来强调，文艺必须为政治服务，文艺批评必须以"政治标准第一"，文艺批评是"斗争武器"等金科玉律，简直将政治提高到超出文艺和文艺批评"参照系"的地步，变成了包办并代替文艺和文艺批评的一切目的和标准了，这实际是将文艺等同于政治或作为政治的附庸。其实，这是自古有之的，不过不像当代中国那样严重罢了。孔子说"诗言志""诗可以怨，可以群"，曹丕说"文章乃经国之大业，千古之盛事"，韩愈的"文以载道"等说法，都是强调文艺的政治属性。西方国家也历来如此，不过说法和做法不那么明显露骨罢了。近些年，从西方到中国，文艺的政治性不怎么强调了，但不等于说这个文艺批评的参照系不存在，实际上仍在有形或无形地、或大或小地影响和制约着文艺批评。

（二）思想参照系

这是指一些非政治性的意识和思想对文艺的制约和影响因素，其中尤其突出和普遍的是人性、人文精神、人道主义的思想的制约和影响。这些思想，既常被作家作为进行创作的主导或灵魂，也常被文艺批评家作为文艺批评的原则或标准。这是十六世纪文艺复兴时期和十八世纪启蒙运动时期的西方世界文学的旗号，此后至今西方各国的美国、日本、俄国都是主要以此为参照系的；新时期以后的中国文艺创作和文艺批评，已越来越明显地在这参照系上与世界文艺和文艺批评接轨。

（三）宗教思想参照系

这本属思想参照系，因其有特殊性，故另列。中国古代文学中儒家思想影响特别明显而持久，至今仍在。儒是思想，又被视为教，主要是伦理道德观念。其次是佛教和道教的影响和制约，在魏晋诗、李白诗、明清的小说名著《西游记》《红楼梦》等的影响特别明显，也自此而被作为文艺批评的参照系。西方则以天主教、耶稣教以及伊斯兰教等的影响为主，也被作为文艺批评的参照系。

（四）社会参照系

主要从对文艺的社会功能特别强调的理论和社会学的观点移用于文艺和文艺批评而来。以别林斯基、车尔尼雪夫斯基、杜勃罗留波夫为代表的十九世纪俄国民主主义文艺理论批评，主要是以此为参照系的。苏联时代和五六十年代中国的文艺批评，除政治因素外，其参照系也在于此。

这是以唯物论反映论为哲学基础，以文艺的社会责任和社会功能为主导的文艺批评，运用得当是正确而积极的，用之不当即陷入庸俗社会学的泥坑。从苏联时代到中国的当代文学数十年，尤其是"文革"年代的文艺和文艺批评，凡错误者，除极"左"的政治错误外，尚在于其参照系是将社会与文艺等同，造成了简单化庸俗化的偏误。

（五）审美参照系

文艺本属美学范畴，是美学的一种体现形式或方面。以审美作为文艺的参照系是应当而必然的。但自古以来的文艺批评，常常只注意这个方面，忽视了文艺的功能不仅在这个方面，还有其他方面，如社会功能、认识功能等方面。因而，文艺批评应以审美为参照系，但不能作为唯一的参照系。

自古以来，从西方到中国，所谓"为艺术而艺术""唯美主义"等流派或学派，屡屡出现而又很快消逝，原因就在于"只顾一点，不及其余"。新时期以来，在二十世纪八十年代中国风行的西方现代派，老是打出不介入政治的招牌，走上不问政治、只求艺术的象牙塔，结果无人问津，自生自灭。其悲剧的来源，也在于仅以审美为参照系。

（六）文化参照系

这是近年才引进中国文艺批评的参照系，也是迄今为止最为先进的、科学的、与世界接轨的参照系。因为当今世界已进入文化时代，新的文化学已成为当今世界最先进的一门科学。

其实，文化学的观点，早已有之，不过是尚未受到普遍运用，尤其未被用于文艺和文艺批评而已。列宁关于阶级社会"两种文化"的理论，其实都是文化学的学说。蔡特金在《列宁印象论》中引用列宁说的一句话："在性生活上，不仅应该考虑到单纯的生理上的要求，而且也应当考虑到文化的特征，看它们究竟是高等的还是低等的。"可见列宁早已从文化学的观点去观察事物。这一点，由于他强烈的革命色彩被人们忽视了。

在二十世纪下半叶的西方世界兴起了文化学的热潮，这一热潮已涉及文艺学、语言学、社会学、人类学、经济学、管理学，以至政治、外交、军事和自然科学、科学技术各个领域，成为各个领域的参照系。文化学的热潮，也造成了文化学本身的深入发展，出现了多种学派，由此对文化的概念及其内涵又有多种解释。如丹尼尔·贝多在《艺术资本主义文化矛盾》一书的1978年再版序言中说："我在书中使用'文化'一词，其意义略小于人类学涵盖一切'生活方式'的大定义，又稍大于贵族传统对精妙形式和高雅艺术的狭窄限定。对我来说，文化本身是为人类生命过程提供解释系统，帮助他们对付生存困境的一种努力。"

另一位文化学家威廉斯在《关键词：文化与社会》中认为，文化包含四个层面的意思：一是"心灵的普遍状态或习惯"；二是"在作为整体的社会中的知识发展的一般状态"；三是"艺术的总体"；四是"由物质、知识与精神构成的整个生活方式"。（汪晖：《关键词与文化变迁》，《读书》1995年第二期）

人类学家克利福特·格茨认为："共同的理解，就是文化的精髓。"又说："我深信马克思、韦伯所说的人，是悬挂在他自己编织的具有意义的网上的动物。因而，我认为文化就是这些具有意义的网。"

这些说法尽管不同，其内涵是大同小异的。我看文化的概念，是指一定的社会或民族的共性意识，及其共性的思维方式和行动方式。这个涵义包含并体现于一定社会或民族的传统道德和伦理观念、传统风俗习惯和生活方式、一切建设中的文化和文化中的建设。文艺要认识和反映一定社会和民族的生活，自然必须认识和掌握这些文化内蕴，文艺批评要对这样的艺术形象和现象进行分析评价，自然也就必须以这些文化存在为参照系，而且，必须首先就具有这样的文化观念和知识，这应当是当今文艺批评特别重视的参照系。

文艺批评的参照系对文艺批评和文艺批评家是起重要作用的，但是应予特别注意的是，这些参照系的作用也仍然是"参照"，不应作为文艺批评的主宰或全部内容，否则就是取消文艺批评本身的独特性和功能性，而不是"参照"了。这种偏向，过去长期存在，近年有所克服，但又面临着滑向另一种偏向的危险。所以必须充分注意坚持和发挥文艺批评的本体性和主体性。

附注：《文艺辩证学》一书由广东教育出版社2000年7月出版。

珠江文评

史诗与风俗画纵横编织的艺术

——《欧阳山创作论》之一篇

在探讨《一代风流》对生活进程的反映、周炳形象的塑造、众多人物形象的系列之后，看来有必要进入这部巨著对于风俗画描绘的命题了。因为这个命题，既是这部作品对生活的反映和人物形象创造的有机组成部分和成功的重要体现方面，又是欧阳山在六十年创作生涯中始终体现的一种艺术特色和拿手的艺术本领；同时，这又是《一代风流》这部史诗性的作品与迄今所见的我国其他史诗性作品区别的重要特征之一，在小说民族化和表现地方特色，以及如何与风俗画结合等创作课题上，具有重要的实践意义。

早在1935年，欧阳山在上海，将他的几个短篇结集为《七年忌》出版的时候，著名评论家胡风在《文学系列》二卷三期（1935年9月11日出版）发表《"七年忌"读后》一文，开头即写道："欧阳山底出现虽然还不过是两三年来的事情，但他在读者中间造成了一种特殊的印象……主要的原因：第一，他一贯地写的是广东的生活，一个特殊的背景，这构成了他底作品独异的色彩……第二，他笔下的人物有一种特色，最明显的是，每一个角色对于生活都是倔强的……第三，从结构方面看来，他描写人物，大多数场合用的不是故事底发展而是生活断片。"这个对欧阳山在文坛初露头角时的评论，是颇能反映出他的起步特色的。胡风将他"写的是广东的生活，一个特殊的背景"列为第一个"特殊印象"，可见他首先是以此受人注目，而且是在上海这个当时已相当"洋化"的"冒险家乐园"中受到注目。第二、三个"特殊印象"，人物倔强的性格及结构上写人物用"生活断片"，实际上也是与"地方色彩"密切关联的，都是在广东生活的特殊背景中创造的，是这特殊背景的"生活断片"。可见欧阳山对地方特色、风俗画的描绘的注重由来已久，是贯串他数十年创作的基本特征之一。

在前面章节谈到他的三种作品里面，即在《玫瑰残了》《再会吧，黑猫》《钟手》中，都程度不同地具有这个基本特征，在写下层社会生活与写心灵世界的这两类作品中尤为明显。他的第二个里程碑《竹尺和铁锤》，第三个里程碑《战果》，写的社会下层生活与罢工斗争、抗日斗争，都是在具有浓郁地方色彩的城市或农村生活的背景下表现的，写的人物也体现特有的南方人气质；影响很大的第四个里程碑作品《高干大》，无论是人物或生活场景，都渗透着陕甘宁边区的人情风俗；他在1949年后的一系列作品，无论是写海南人民斗争的《英雄三生》，写珠江三角洲地区土改、合作化、整风整社时农村生活的《前途似锦》《慧眼》《乡下奇人》，以至写城市售货员的《骄傲的姑娘》，寓理性的小说《在软席卧车里》，写十年浩劫悲剧的《成功者的悲哀》，也无不呈现浓郁的华南农村或城市的地方色彩。

《一代风流》这部他最大的里程碑，更是集此之大成，不但具有总汇的意义，并有新的、更大的发展创造。它的基本特征就是：从反映社会生活与人物形象创造的要求，将风俗画与史诗有机地纵横编织起来，并水乳交融，化为一体，构成为绚丽多姿的艺术画卷。其主要特征是：

1. 通过主人公的生活道路，将东南西北的地方人情风俗画面串联起来，使史诗具有浓郁的生活气息和多色多姿的地方色彩，又在整体上具有生活的广阔性与鲜明的民族性。在五卷中，首卷《三家巷》写广州的地方人情风俗，是最为细腻而具有特色的；从小说反映中国在二十年代初的社会结构和历史斗争的要求上来说，不一定非要将周、陈、何这三个对立阶级的家庭，安排为同住一条小巷的邻居不可；小说如此布局，固然有便于环境集中，更在于体现出广州特有的城市结构。因为小说如此布局，是有实际生活依据的，类似如此小巷，遍布广州（据史家考证，真名为三家巷者也有三条）。自然，其他城市也有如此结构，只是叫的名称不同：北京叫"胡同"，上海称"里弄"；"巷"之称谓，多在华南城市。所以，连名称也有地方色彩。在这些巷里的邻居，往往有世代之交，有着各种交错的联结关系；又大多有社会阶级地位之差别，也就有种种阶级性的纠缠，又多如牛毛的不咸不淡的人事摩擦；此外，这些邻里又往往与巷外、市外的社会各阶层人物有着各种关系。小说就是以此为特色，将当时的阶级关系结构和彼此的对立和斗争，寓于这些具有地方特色的人情风俗的关系之中。即使是正面描绘重大的历史斗争，如省港大罢工、广州起义，也以这些关系中的人物在斗争中的纠葛，这些斗争在三家巷中所引起的反响，而反映出来；并结合广州地理风光的描绘，结合斗争在广州各种社会阶层引起的骚动，展现出时代风云的特定环境和风土人情。《苦斗》前几章写上海的世态，在将"洋房多""汽车多""电灯也多""还有电车和煤气，打电话用不着接线生，吃水用不着挖井"的表面现象写出的同时，揭示了它的本质："真是一个醉生梦死的地方。也许你今天中了彩票，变成富翁，也许你明天就会变成一个叫花子。外国人都是主人，中国人都是奴隶"，写出了"华人与狗，不得入内"的殖民地惨象，将旧中国半封建半殖民地的社会本质，寓现于特定的环境中。后半部写广东南海震南村的斗争，再三安排在特具华南农村习俗的节日和农场中开展，例如"三抢胡杏"的斗争，前后两抢，分别是在正月初七的"人日"、七月初七的"七夕"节。写第一赤卫队起义抢粮救济灾民，是在阳历八月十三那天，正是阴历六月十九观音诞，写胡柳、胡杏两姐妹正梳好头换上一身干净衣裳，准备上街市的新观音庙去拜神的时候，也就使这些斗争具有独特的人情风俗色彩。《柳暗花明》中写抗日游行和罢工斗争，以及广州轰炸、大撤退的惨象，也具有独特的地方色彩。《圣地》中写国民党破坏抗日统一战线的阴谋，写解放区的整风抢救运动和土改运动，也是分别寓于重庆、延安地区的独特地理环境之中的。《万年春》写土改运动的曲折，写华北农村的人情风俗与人物关系的展现，更是蛛网丝连。这些描写，都表现出作者是有意识地将中国社会和革命进程的每一历史阶段的社会生活，寓现于具有鲜明地方色彩的环境之中，将重大的历史斗争和转折寓现于各地的人情风俗的氛围之中。这种艺术匠心和艺术效果，体现了这部作品不仅具有史诗的价值，而且具有风采诗的价值；不仅具有历史性，而且具有民俗性、民族性；它不仅是我国迄今反映革命历史进程的长篇小说中时间跨度最大，所写的地域最广的作品，而且是在地方色彩和人情风俗的描绘上也是最多最广的作品；又是在史诗与风俗画的结合上独辟蹊径的作品。

2. 它对风俗画的描绘，不仅是使社会历史斗争体现于特定的地方色彩之中，而且又将这些斗争融现于人情风俗和别具地方色彩的环境之中，从而体现了社会的阶级与政治斗争的深刻性、广泛性。五卷小说写了许多节日，其中写得较多的是春节，尤其是除夕。在一、二卷，共写了四次。第一次是《幸福的除夕》一章，写区华在家吃团年饭时所发的世态与三家巷变化的感慨，写周榕与区苏、陈文婕，陈文雄与周泉的爱情，写周炳和区桃逛街、卖懒、游花街，在幸福中蕴藏着种种分歧；第二次在《幻想》一章中，写陈文英家的团年饭，表现上海沦为帝国主义殖民地的情景；第三次在《恍如隔世》一章中，写胡杏被打将死回到震南村后，第一赤卫队的人在胡家吃团年饭，商议起义；第四次是在《佳期》一章中，写震南村试验农场经理郭寿年给工人"开年饭"，写出旧社会资本家在此时解雇工人的"无情鸡"。四次除夕的描写，节日相同，情景各异。在人情风俗中体现了复杂的阶级对立和政治斗争。前两卷各写了两次"人日"：《人日皇后》一章，在充满节日欢乐的气氛中，由对"工农兵学商"排列次序的争执，表现了三家巷少男少女们阶级意识的对立，也表现了大革命开始时期的阶级分歧，在以人为主的节日中表现了人的阶级性；在《佳期》一章写的"人日"中，是胡杏遭到第一次被抢的灾难，真是"佳期"不佳，"人日"中不能做人，要做奴隶。《鲁莽的学徒》一章写牛郎织女聚会的"七夕"佳节，在这姑娘的节日里，美人儿区桃受到少东家林开泰的当众侮辱，周炳为打抱不平而不能继续当学徒；《终天恨》一章写的七夕节，正是天上牛郎织女即将于天河相会的黄昏，地主何家派兵第三次来抢"翻生区桃"胡杏，胡柳为保护妹妹牺牲，周炳也就再次失去了恋人。这些事例表明，《一代风流》对人情风俗的描绘，不是孤立地使形象具有风俗性和地方色彩，而是为了反映阶级的分歧和斗争，渗透着社会的每个细胞、每条神经，从而使小说对社会生活与历史斗争的反映具有罕见的深刻性、广泛性。从纵的方面来看，将这些描写进行前后对比，我们又可发现，这阶级的分歧和斗争日益尖锐的发展状况：四次除夕，两次"人日"和"七夕"，都是对立阶级之间剑拔弩张的气势一次比一次强烈，剥削阶级的假面具日渐撕破，劳动群众要求翻身的呼喊声在苦难日益深重中日渐强烈。这也是小说反映社会生活与斗争的发展性的表现。

　　3. 地方色彩和人情风俗的描绘，在《一代风流》中又是人物形象创造的有机组成部分，它既是人物思想性格形成和发展的因素之一，又是人物形象的生活与美学意义的重要方面。从艺术上而言，对它的描写，又是凸现人物性格和气质，使形象丰富而具有实感的重要手段。读者会注意到，这部小说主要描写的青年男女，大都是广东人，他们在广州和华南农村的生活环境中如鱼得水，生活在与自己的思想性格协调一致的环境中，具有地方色彩的环境哺育了他们特有的粤人气质，他们的气质也寓现了华南特有的人情世态。后来这群青年男女，分别先后到了华东、西南、西北、华北的环境中生活，也在这些环境中成长或迈向中年。他们的性格和气质，一方面随世事之沧桑、政治环境之改变和年岁的增长而发展，另一方面又在人情风俗有所变异的地理环境中，更清楚地显现了他们广东人的气质，在思想性格上有所改变又有所不变。试以周炳来说，他的憨直性格气质贯串始终，在每个历史阶段的不同具体环境下，其具体表现及其内涵又有所不同。在他童年的时候，先后因为不服老师讲梅花鹿蠢而读不成书，因为贪看戏误了年终收账而不能继续当铁匠，因为不忍区桃受欺侮打了少东家被除去了鞋匠学徒的资格，因为被人诬陷而离开中药铺，因为做婢女被调戏的证人而做不成资本家陈万利的干儿子，因为救济穷苦的胡源家而做不成地主何家的看牛娣，由此，被人称他为"秃尾龙"。这一系列情节，有着他与环境对立的一面（即表现了他与剥削阶级和虚伪社会的对立），也有人物与环境协调的一面（即他与劳苦阶层的一致），是他的憨直性格与气质的形成和表现环境。在这情节和环境中，又是渗透地方色彩和人情风俗的。如在年晚收账，拜七夕等场景中写周炳的作为，他的迷恋看戏，沉醉于良辰美景之中，表现了他爱美和心灵的形成环境（在小说五卷中多次描写周炳演戏和每逢节日的独特感受，与此又密切相关），又体现了憨直性格气质的由来。后来写他在刚到上海时面对中国受外国帝国主义欺凌的现实，发出"你还像一个广东人么？"的感慨。这感叹，既体现出他作为有光荣斗争传统的广东人的自豪感，也在相异的环境中显现了他内在的粤人气质。他在陕北高原和华北农村，在整风和土改运动中先后被误解时的表现，既体现了他的憨直性格在政治思想成熟和年龄增长后的发展，又在异地的风情中映衬了他的粤人气质。《万年春》中的《再游青纱帐》一章，写周炳对何守礼表示在工作与爱情上的"和解"要求所表现的态度，坚持原则而又雍容大度，是他憨直性格的发展，这在具有北国风情的青纱帐的漫步中表现出来，就有了一种心旷神怡的美感情调；在前一章《漫游青纱帐》，写吴生海在同样环境中对何守礼的追求，诗情画意的环境反而更显出吴生海的卑小、愚昧；两章前后对比，也就显现了周炳与吴生海思想性格与气质的差异。两章都写到的何守礼，也是在相同的环境、不同的人物之间，显示了南方女性的气质和她特有的好强又软弱的个性。限于篇幅，不能以更多的人物形象为例论证这部小说在风俗画中纵横刻画人物的艺术。这种艺术功力体现了作者的形象创造，注意到往往被人忽视的实体性、实感性，即不同地方的人因人情习俗的潜移默化的熏染所造成的不同气质；同时又说明了作者在对形象的塑造中很注意地理、民俗的展现，以此拓宽和加细典型环境和人物形象的内涵，巧妙地运用了人物与环境在美学上的辩证关系。这种功力随着我国作家对形象创造美学日益被重视的趋势，将会使人逐步认识到它在我国艺术形象史上的作用和价值。

4. 仅从地方色彩与人情风俗描绘本身来说，这部小说还注意到描写旧的人情风俗，不是以世俗的观点或单纯的艺术目的去写，而是以正确的观点和明确的思想寓意去描绘。小说对人情风俗描绘，大致上有几种方式。其一，以相同的环境显示社会与人物及其发展的差别，如前面谈到的四次除夕的描写，既有表现人物与阶级的差异和对立的寓意，又是社会时代发展的前后对比。其二，利用民俗加强思想与艺术效果，如《人日皇后》，既有写人的阶级意识差别之意，又包含着对区桃形象的提高和美化；《凶日》一章写振华纺织厂正式开工这天正是通书称之为不吉利的日子，小说写道："周炳虽然不相信这个，但是他不能不承认：对于他来说，没有任何其他日子，可以数得上是比一千九百三十一年九月十八日更凶的凶日了。"这天正是日本帝国主义侵略中国的"九一八"事变，其实是寓写了中国人民八年苦难的开始，确实是一个"凶日"。其三是反义而用，带有嘲讽意味，如《一个谜》中，写胡柳的生日"恰巧阴历十一月初六那一天，是天上玉皇大帝诞辰"，一个农家姑娘的生日竟与玉皇大帝相同，颇有劳动人民与玉皇平起平坐，或者劳动人民即玉皇的寓意；偏偏这一天，在何家做奴隶的胡杏，给玉皇拜过寿，在白兰树下呕血，玉皇对受苦的信男信女丝毫也不发慈悲。胡杏与观音菩萨是同一个生日，这位长相和人品都被人称赞为"生观音"的姑娘，受尽了人间的折磨，观音丝毫不能保佑这位同生日的信女，而是共产党将她救出苦海。这些方式的人情风俗描写，既增强了艺术效果，对于人情风俗本身也具有推陈出新或以旧立新的意义，这对于民俗学的研究和发展，也是有所启发或促进的。小说的后三卷，较少写旧的人情风俗，写了一些革命的节日中的生活，如《延安的婚礼》中写江炳和李为淑、区卓和张纪贞在苏联十月革命节举行婚礼。最后一章《大地回春》中，写胡杏与何守礼本来都打算将她们分别与周炳、杨承荣的婚礼定在11月7日十月革命节，以表示坚持革命道路和革命传统，后来，何守礼提前为11月4日，胡杏推延为11月10日。何守礼结婚那天在三家巷自己家里大摆筵席，胡杏在三家巷的周家开茶话会。两个婚礼的描写，形成旧风尚与新风尚的鲜明对比。这些婚礼，又与前两卷中分别写的陈文雄与周泉、何守仁与陈文娣、陈文婷与宋以廉的婚礼形成纵的对比。这些纵横对比，体现了人间沧桑、世态炎凉，也体现了人情随时新，风俗跟世转，这也是表现大江东去所"淘尽"的"千古风流人物"的一个方面或一个侧面。

附注：《欧阳山创作论》由花城出版社1989年9月出版，并荣获该年度广东鲁迅文学奖。

秦牧创作的民族文化意识特征

秦牧是当代中国著名的散文大家，又是公认的中国文化名人。他以杰出的散文创作成就为中华民族文化增添了光彩，同时又以他独特的个性和风格体现和丰富了中华民族的文化意识。

一、整体的意识和方式

民族的整体的意识和方式，这是贯穿秦牧全部创作道路的纵横各个方面的意识和方式，也是他的民族文化意识特征之一。自古以来的中国作家和文化名人都有强烈的民族意识，这是他们都受到中华民族的思想文化哺育和生长环境的影响所决定的，这是他们的共通性。但是，由于他们所处的时代和地域不同，其民族意识和思维方式亦有各自的差异。自先秦以来，黄河流域就是中华民族经济、政治、文化的发祥地和中心，以秦楚文化为基础的中原文化成了中华民族文化的主体或实际代表，而其他属于中华民族文化的各地域性文化，长期被忽视或弘扬不够。这种情况造成旧时代的文艺家和文化人在民族意识及其体现方式上，是有局限的。这局限不是指民族意识体现之强弱或深广程度，而是指时代和地域造成的特点。秦牧出生于海外华侨家庭，主要活动于中华民族屹立于世界东方的时代，主要工作于海外文化与中原文化交汇的地域华南。这些时代和地域条件，使秦牧的民族的意识和方式具有自己的整体性的特点。

这种整体性的特点具体表现在：一、他的著作大都是以弘扬民族的独立精神、优良传统和灿烂文化为出发点或主要内容的。人民文学出版社1987年出版的《秦牧散文选》共85篇作品，直接或间接体现这一出发点和内容的达70篇以上，其自选的代表性散文集《艺海拾贝》的文艺思想和理论，主要汲取自中国传统文论的思想和理论；《语林采英》洋溢着对民族语言的高度热情，探索了民族语言和文学语言的规律和特点；他的中长篇小说几乎都是以此为主要思想和内容的。二、其民族意识的整体性，既立足于民族优良传统和精神文化的弘扬，又不遗余力地批判民族的落后面和劣根性；既对民族的历史、现在和将来有强烈的自尊心、自爱心和自信心，又对某些陈腐现象、历史灾难和现实隐患有着强烈的愤恨和忧患意识；既力主发扬民族精神和光辉传统，反对民族自卑感和民族虚无主义，又主张改革开放、吸取外来思想文化，反对盲目的民族自大、闭关自守、因循守旧。主张民族整体观念，尊重和发掘各兄弟民族的优良传统和文化，尤其是，四海华人是一家，热爱伟大的社会主义祖国的观念和感情特别鲜明强烈，这与秦牧出身华侨有密切关系。

他的文化观念，不仅具有敦厚的中原文化气质，而且具有海外文化和珠江文化的活跃的特点。这在他的小说《黄金海岸》和《愤怒的海》中表现得尤为完整。两部小说的主人公都是被卖"猪仔"到外国受尽苦难的劳工，他们由于祖国的积弱和贫困而漂泊，但他们在漂泊中却始终怀着对祖国的眷念之情，无论经过多长时间或处于什么地位，都保持着这种情感，思念着回国返乡。这种内在的向心力和回归意识，这种既写苦难和忧患，又写对祖国和故乡之深情的构思，不正是秦牧的民族意识和对生活的把握方式具有完整性的一种典型表现么？这种民族意识和思维方式的完整性，是对近百年来反复出现的或夜郎自大或妄自菲薄的片面意识和方式的一种有力的纠正和抨击，也是对民族文化的一种正确体现和贡献。

二、文化观念和方式

秦牧是我国当代作家中较早以文化意识认识和把握社会生活的作家之一，而且是一贯以这种意识把握和开掘社会现象、历史现象、自然现象等艺术对象的领域面最宽、层次较深的作家。早在1943年，他写的《私刑·人市·血的赏玩》一文，对吃人的旧社会的种种残酷现象，尤其是对此采取"鉴赏"和"静观的鉴赏"态度的现象，既从"关联到经济的原因"和"社会心理""人性"的方面剖析，又从"各自为政的封建传统，这种毫无法治精神的野蛮作风"的传统方面加以分析，进而阐发道："因为我们所处的是这样的国度，真正的人道主义者，它的为正义奋斗的信念才不是一现而谢的昙花。"他的这篇杂文表明，秦牧的文化观念从开始就不是抽象的人道主义和无视内容健康与否的为文化而文化的观念。这是我们把握秦牧一贯的、多方面、多层次的文化观的一把钥匙。

他50年来的全部创作尤其是在大至天文地理，小至花鸟虫鱼的谈天说地式的杂文和散文创作中，简直无不是以文化观念和方式对其艺术对象进行把握。从面包和盐、每人都有的手、菱角、大象、猕猴桃、仙人掌、贝壳、榕树等事物，从清代的"八旗子弟"、北京和广州的春节、中国的圣诞节、赌赛、茶馆、筵席、菜式等社会现象，从天坛、社稷坛、东陵、茂陵、三元里、红场等历史古迹，从青海土族人家和塔尔寺前的佛节等兄弟民族的宗教习俗，从欧洲的风雪和阴霾、哈瓦那的华侨纪念碑、新加坡与乌兰巴托的异国风情……无不在繁花满眼、遍地珍珠的景象中，表现出深广的文化内涵，也表现出不同时代的民族和国度的文化及其方式的差异，开拓了"旅游文化""风俗文化""饮食文化"等等新的文化领域，并且以其正确的、革命的、科学的思想和生动深刻的艺术表现，对提高民族的文化素质和文化观念的自为意识有着积极而深远的意义。

此外，秦牧也以文化的广博性和开拓性的特点，在一定意义和程度上体现和代表了中华民族文化意识的一个重要特征，即兼容性。中华民族自古以来对异族文化虽有排斥或对撞的时候，但更多是采取兼容的态度。佛教在中国同化，儒、道、佛并存，甚至在一些寺庙里同堂，就是这种特性突出的表现之一。不过，秦牧在文化观念上的兼容性是以革命的、科学的思想为主导的，具有新的时代性和发展性。这也是当今的民族文化特征与过去不同之所在。

三、辩证的思想艺术

贯穿和体现于秦牧全部创作的另一基本思想，是辩证唯物的哲学观、美学观、文艺观。在他的作品里，对社会生活和事物的分析，对事物的艺术表现和艺术形象的创造，常表现出这样的特点，即：把握事物的两面性或二重性，事物的复杂性和独特性。例如，他在《花蜜和蜂刺》中认为，"刺和蜜这两样东西都有，蜜蜂才成其为蜜蜂"；在《网和剑》中，他以周恩来的光辉事迹，剖析出"在中国，封建气习的网是存在的，斩网的利剑也是存在的，问题是需要大批勇于劈开网罗的猛士"的真理。这正是从正反两面把握和揭示事物的规律。在《菱角的喜剧》中说："我们寻常所说的'认识事物深刻'，事实上就是认识事物的规律之后再高度掌握它的复杂性之谓。……只知道一般道理，不掌握事物的复杂性、多样性，常常是我们做事情摔跟头的原因。"在秦牧的作品里，人们无不对他从许多平常的、微小的事物引申出海阔天空般的广博知识和深刻的道理而叹服，其实，这正是他对事物的复杂性有充分认识并对此着力探究的表现。但他对事物复杂性的表现和探究，不是为了炫耀自己的知识，而是为了帮助人们充分认识事物的本质和各种不同的特殊性和个性。例如在《果王的美号》一文中，他惟妙惟肖地写出了被广州人称为"果王"的木瓜以及被各地称为"果王"的种种水果的不同，指出这是"因地而异，因栽培人的不同"之故，进而阐发出"精神的食粮何尝不是如此！各种文学体裁，各种题材，各种艺术手法，在不同人手里互竞雄长，也可以出'顶尖儿'的作品"的道理，既写出了事物的复杂性和特殊性，又强调了独创性。这类例子在秦牧的作品中俯拾皆是。值得注意的是，他并不停留于认识和把握事物的二重性、复杂性上，而且注重对事物发展性的探求和促进，帮助人们认识促使矛盾的转化和对立面的新的统一的规律，以达到使社会物质生活与精神生活（包括精神产品）更丰富多彩、不断发展的效果。

秦牧的这种辩证的哲学思想和美学文艺思想，也是中华民族文化意识和方式之精华的继承和体现。众所周知，春秋战国时代的诸子百家，开始写下了中华民族哲学思想的光辉篇章，孔孟的儒家哲学，老庄的道家哲学，墨子、荀子、孙子的哲学，影响着数千年的民族文化。从屈原到曹雪芹，从刘勰到王国维，不可胜数的作家和美学家、文艺理论家，尽管各在不同的文化领域有不同的贡献，他们的哲学观、美学观、文艺观各有差异，甚至有的彼此对立，但在承认辩证法这一点上似乎较多是相近或相通的。秦牧的文艺理论和全部创作，始终贯穿和体现着这种意识和特质，说明他也对这方面的民族文化作出了贡献。

四、民族的正气和气度

秦牧50年的创作道路和全部著作，始终贯穿和体现着一股正气。这股正气是中华民族文化传统精神的骨气与人文主义的博爱精神的结合，又是以无产阶级革命思想、精神和当代中国的社会主义时代精神过滤、融化而凝现的。

他的每篇作品都是观点鲜明、是非分明、爱憎分明的，对事物分析客观实际，不虚张声势、夸大其词，也不含糊其辞、模棱两可，以科学的严正态度显示出这种正气。他往往选择具有各种不同意义的正气的人物或事物来描写和发挥，这种描写和发挥又往往不是写某个人物或事物的全部或仅仅是写人物或事物，而是着力于弘扬其内容的正气，创造出富有各种正气的艺术形象。如《脊梁颂》从鲁迅在受迫害的情况下谢却日本友人请他出国看病的邀请一事，写他虽恨透旧中国但最爱中国的正气。《土地》这篇散文，将古今人们对土地的深情和创造精神熔铸一体，写得淋漓尽致。在他笔下，有革命的、民族的、爱国的正气歌，也有像《南国鸟节》《彩蝶树》《翡翠盆中活化石》那样的，在欣赏花鸟盆景中沁发正气的抒情小曲。

他对正气的弘扬和歌颂，也是对邪气的抨击；在着重针砭邪气的作品中，也立足于伸张正气，挽救染上邪气的人们。《鬣狗的风格》这脍炙人口的名篇，痛斥"文革"中的"风派"人物丑态，旨在使此类"改恶从善"；《给一个喜欢骑马的女孩》，披露了秦牧在十年灾难中受尽迫害欺凌的史实，写出了他在受迫害中的刚气正骨，并显示出他对一时做坏事的人谅解的气度。

中国自古以来的著名作家和文化巨人，都具有刚正不阿的正气，也具有博大的胸襟，他们不仅为人处世如此，而且以此作为艺术把握世界的方式，从事文化活动和写文章。秦牧无疑也是继承和发扬了中华民族文化的这一种光荣传统，并以其创作丰富了这一民族文化意识和方式的宝库的。

五、散文意识和方式

中国是有悠久深厚的散文传统的国度，历史上有过先秦、汉、唐、宋、明、清等散文繁荣的时代，出现过众多的散文流派和散文大家；五四以后的新文学，散文成就也是辉煌的；1949年以后，散文创作也有过三个繁荣时期（五十年代初、六十年代初、八十年代初）。散文创作是中华民族文化的重要组成部分，又是体现民族文化意识和方式的一个重要领域。

历代散文大家，往往同时又是思想家、政治家或史学家等等，如写《逍遥游》的庄子、写《出师表》的诸葛亮、写《史记》的司马迁、"文起八代之衰"的韩愈、宋代苏氏父子、《爱莲说》的作者周敦颐等等，都是著名的思想家或政治家，还有《水经注》《徐霞客游记》的作者郦道元、徐霞客则是地理学家。从某种意义上说，他们能写出这些千古传诵的名篇，是由于他们以散文的意识和方式来把握自己的哲学、政治、学术思想，并以此把握各自的客观世界领域之故。

秦牧更是以散文意识和方式把握世界和艺术的代表作家之一。他的创作不仅以散文居多，他写的小说、戏剧、诗歌、科普作品、儿童文学作品，也都是散文化或散文味很浓的。他从事新闻、编辑、出版和其他文化工作的指导思想，以至他的讲课、发言、谈话，都体现出他的散文意识和方式。

秦牧的散文意识和方式集中体现在他多次说过的一句名言："寓共产主义教育于谈天说地之中。"这句话表面平常，其实甚有学问，大有文章。"寓"，体现了他的散文意识和方式是自觉把握。"共产主义"教育是目的。"谈天说地"这四个字，至少包含几个方面：一是以散文把握对象，包括题材和相关的事物，上至天文下至地理的一切无不纳入自己散文的把握范围，所以其散文的题材和触及面是特别广的；二是写作方式自由、自在、自如，从容谈吐，以谈天的文艺写散文，不是硬做出来的文章；三是写作态度和格调入情入理，平易近人，不是居高临下的训话，而是朋友间的谈心，并以生动的语言和亲切的格调使人接受。

此外，他在创作实践中蕴涵较多的是中国古今的文化知识，弘扬的主要是上文所述的民族文化观念和精神；他以散文寓共产主义思想教育的主张，与"文以载道"的民族传统的散文观念和方式是相通的；他的形式多样、以谈天方式为文的散文方式，与民族传统的"文无定法"、文情并茂、亲切动人等散文意识和方式又是一致的。所以，他的散文意识和方式也是他继承民族文化传统的一种表现；而他用之于载共产主义思想教育之道，并以此为目的和标准来改造和利用古今各种知识和民族意识，则是他将民族传统散文意识和方式现代化和个性化的表现，因而，他又是有新的发展和创造的。

1991年1月

论珠江文化及其典型代表陈残云

在庆贺陈残云文学生涯55周年之际，陈残云的名字被列入当代中国文化名人系列。这位77岁高龄的老作家以其300余万字作品对中国文化作出了卓越贡献。他的文学活动和文学创作从一个方面体现、丰富和发展了中华民族文化意识。

陈残云对中华民族文化的贡献是通过以革命的时代精神熔铸和丰富珠江文化而实现的。他的作品是珠江文化的文学体现，他是珠江文化在文学上的典型代表。

一

《当代文坛报》因曾经提出"珠江文化圈"的概念而引起争论。争论的焦点是文化有无地域性及在中华民族文化中是否有地域文化之分的问题。诚然，文化是社会经济基础的反映，是由一定的社会历史、经济关系决定的。但是恩格斯指出："包括在经济关系中的还有这些关系赖以发展的地理基础。"（《马克思恩格斯选集》第四卷第505页）值得注意的是"地理基础"几个字是以黑体字加以突出的，表明恩格斯强调它在经济关系中的重要性，自然也包括它在受经济关系制约的文化中的重要作用。由此可见，在肯定民族的经济和文化的整体统一性前提下，提出地域性差别及各种地域文化的概念是有理论依据的。

地域性的文化概念显然比某些以秦、楚、吴、越等先秦行政区划分命名的文化概念更为科学。根据历史和地域的实际，中华民族文化的构成有三个主要部分：黄河流域文化、长江流域文化、珠江流域文化。此外还有黑龙江、雅鲁藏布江等江河流域文化。由于历史上政治、经济、文化中心主要是黄河和长江流域，因而这两个水域的文化常被视为中华民族文化的主体或正宗。这种现象可以理解，但由此造成忽视珠江文化的存在及其在中华民族文化中的重要地位和作用则有失片面。而这种偏颇同样表现在作为文化的重要组成及体现的文学艺术上。当今流行的文艺史及有关文艺的研究都对珠江文艺的历史和独特性欠缺应有的重视和关注。

这个问题的提出并非将"三江"文化对立，而是指出了中华民族文化是由多个子系统构成这样一个事实。每一个中国文化名人都是通过为一定的本土文化作出贡献而为中华民族文化增添光彩。赵树理以黄河文化为中华民族文化增光，周立波以长江文化为中华民族文化添彩，而陈残云则是以作品中凝聚的珠江文化风姿为中华民族文化作出贡献。

二

珠江文化或可称为岭南文化，它所覆盖的地域为珠江流域和珠江口外沿海诸岛，包括广东、广西、海南及香港、澳门。这片华南地域因独特的地理位置和自然环境、历史原因形成了自身的经济、文化特性，在整个中华民族的经济文化中有独特的位置和作用。

或许可以以珠江的特点喻珠江文化的特质和风韵。那就是：多样、平实、清新、洒脱。珠江流域的地理风光、人情风俗、经济基础、工农业产品、建筑格调以至人的服装、性格、交往方式等无不显出这种特色。岭南画派、广东音乐、粤剧等更是如此。陈残云的人品文品，他的文学道路和全部作品正是这种特色的表现。

珠江与黄河、长江最大的不同处是它由三条干流——西江、北江、东江汇合而成。这种结构形态即多样性。珠江流域的自然与社会正体现着符合这种多样性的多姿多彩。其地理、地质、气候、动植物以及经济、文化、风俗等均如此。陈残云创作的最大特点也表现了这种多彩多姿。从内容说，他的作品写了历史和现实中珠江流域各式各样的生活；从文学样式说，他几乎使用了每种文学体裁，并都写出了有影响的作品。四十年代，他发表了《黎明散曲》等诗篇,创作了轰动一时的中篇小说《风砂的城》,粤语电影《珠江泪》更是家喻户晓;五十年代他除了以《羊城暗哨》《椰林曲》《南海潮》(后两者与人合作)等电影剧本享誉影坛之外,又以一批中篇小说跻身于中国著名小说家之林;六十年代他在《红旗》杂志发表《沙田水秀》等散文名篇获得"红旗作家"称誉,并以长篇小说《香飘四季》而成为国际知名作家;七十和八十年代,他以中篇小说《深圳河畔》、长篇小说《山谷风烟》《热带惊涛录》以及《香港纪行》等一批散文既获得"赤脚作家"的赞美,又被认为对华侨题材创作作出了贡献。这种从内容到形式的多彩多姿体现了陈残云艺术素养和才华的多彩多姿,与珠江文化的特色和神韵浑然一体。

三

陈残云出生于广州市郊农村,青年时代在香港做工并开始写作,此后回到广州读大学并投身革命和革命文学运动。抗日战争时期他曾在马来亚身受日寇侵略之苦。辗转回到祖国之后,他参加了东江纵队。从那时迄今40余年,他一直生活在珠江流域。

陈残云的生活历程表明,他是由珠江文化哺育成长的。他的所有作品都是写他自己经历过的珠江人的生活,即使是反映海外马来西亚抗日时期生活的《热带惊涛录》,也是写几个香港人的经历。他所塑造的人物无论属什么阶层具有什么样的独特个性,都程度不同、方式不同地具有珠江人特有的文化意识和素质,其中最明显的就是平实,也即平和、实在、实际。《风砂的城》中的江瑶,《还乡记》中的罗润田,《珠江泪》中的阿牛和牛嫂,《香飘四季》中的许火照、叶肖蓉、许凤英、何桂珍,《热带惊涛录》中的杜青松,《山谷风烟》中的刘二柱、刘东仔,这些作品中的主要人物都是具有珠江文化平实特质的形象。

而作为塑造这些人物的作家陈残云自己,无论是指导人生的态度、为人的风格还是创作的态度和风格,都具有鲜明的平实特质和气度。他的一贯生活作风是艰苦朴素,对人热情诚实,工作认真负责,做事踏实。他的创作道路和创作态度的平实表现在:数十年来,他始终紧跟现实,随现实的需要写作。

从题材到艺术形式的选取均遵循这一原则。抗战时需要鼓动诗，他便投入诗创作，需要真实的报道，他便写了《走出马来亚》。四十年代末，香港需要革命的粤语电影，他写了《珠江泪》。1950年代初期需要写革命斗争历史的电影，他就投入了《椰林曲》《羊城暗哨》《南海潮》的创作。现实生活需要写农村的改革，他写出《山村的早晨》；需要反映社会主义建设时期农村的变迁，他拿出了《山谷风烟》《香飘四季》和《珠江岸边》等等。他不像一般作家那样有某种艺术题材的特别偏好与较固定的文体追求，而是现实需要什么就写什么。他的作品内容大多是现实生活中的新人新事，其描写也是本着忠于生活真实的原则，以实实在在的态度写实实在在的人和事，并且以对现实有实实在在的作用为出发点。

正是由于这样一种平实的写作态度，陈残云的作品无论写什么年代，都具有真实感。即使写五十年代末中国农村浮夸风甚炽甚盛的"三面红旗运动"，他之所写也是真实的。《香飘四季》以人民公社化运动为背景，但主要是写集体大搞农田水利所引起的农村发展变化。《沙田水秀》也是写兴修水利。《鸭寮纪事》则写怎样少用谷子养鸭。这些都是实实在在的生活。尽管当时的整体社会生活是狂热的，实行的某些政策已被历史否定，但是即使站在今日的高度去看陈残云当年的创作，也可以看出其作品中的人和事实实在在，并具有现实意义。

这种为人为文全面体现平实风格的特点固然是陈残云个人品格和性格的体现，但从更深层次上说，这正是珠江文化特质的外显。诚然，崇尚忠诚、朴实、实际是我国传统文化意识和道德规范之一。但是相比之下，珠江流域因其历代经济的发达和对外交往的频繁而显得较为突出。作为大统一的大国家，各个历史时代的政治经济政策总体上总是南北一致，但细致考察则可看出岭南的做法更为偏重实在。文学艺术也同样，在民族总体特征和时代总体特征之下，岭南的文艺总有更为强烈的实在性因素和风格。康有为及梁启超的文章、黄遵宪的诗正在这点上有别于魏源、严复、谭嗣同的诗文。岭南画派创始人高剑父等强调"师法自然"的主张和画风。以《雨打芭蕉》《平湖秋月》《步步高》等名曲为代表的广东音乐流淌着平实格调。还有粤讴、咸水歌以及粤曲中独具特色的南音、木鱼等，都贴近生活，无不体现珠江文化的平实特质。陈残云的平实之风正是这种千姿百态而又保持某种共性的文化现象的反映。

四

如果说，黄河的风采是万马奔腾的雄浑，长江的风采是"浪淘尽，千古风流人物"的开阔，那么珠江的风采可以说是平实和清新。

清新与平实相互联系而各有所含。所谓清新，指的是洁静、淡雅、轻巧、别致、灵活，不断求新求精。珠江文化的清新特质不仅自古有之，而且日益发展强化。以饮早茶习惯和方式为代表的岭南饮食文化正是其典型体现。在经济方面自古以来一直至近年改革开放都体现出的灵活性和求新精神也足以说明这一点。

岭南地区濒海而背靠五岭，能较直接、迅速地承受外国经济与文化的"海风"沐浴。同时，五岭屏立及其造成的地理与气候差异及社会差异也给它以影响。"清新"正是这种形态的凝聚和折射。这种特质辐射于珠江流域的文学艺术之中，体现在每一个文化素养浓厚的文艺大家身上。

陈残云的创作始终以紧贴现实为宗旨，从而满溢清新的生活气息。他笔下的世态风情有着强烈的时代色彩，也有着浓郁的地方风味。《香飘四季》的书名即显出一派清新。小说写的是"大跃进"背景下的农村生活，但却见不到沉重的政治斗争。它不是以政治斗争铺设矛盾格局或基础，而是以许火照与叶肖蓉、何津与许凤英、何水生与阿秀等青年在兴修水利的过程中的理想、爱情、婚姻纠葛为经纬，反映出现实生活中至今仍值得提倡的你追我赶的朝气，表现了当时好些作家不敢表现的青年爱情生活，显示出社会意义和清新的生活气息。其中有许多独具珠江文化特色的农村风俗画，诸如下棋、看戏、过节、趁圩、划龙舟、到"陶陶居"相亲等，充满水乡的清新。

陈残云喜欢用广州话词汇和语法为基础的普通话，格调抒情、轻快，通俗易懂且贴切地表现出珠江风味。《香飘四季》的开头写道："1958年新年过后，东涌高级社的会计何水生对自己的年龄记得特别清楚，他已经29岁了。这样的年龄，正像母亲所啰唆的一样，该讨个老婆了。可是这位沉实的，说话阴声细气，紧张时有几分口吃，因而在姑娘们的面前有点自卑的小知识分子，却对这件事情感到渺茫。村子里没有媒人，又没有人替他搭线，他自己又不善于跟别人兜搭……"在这段短短的介绍性语言里，就有"讨个老婆""沉实""阴声细气""搭线""兜搭"等好些粤语特有的短语或词汇。它们具有南国特色，却又不使外地读者误解或感到涩滞。所写的何水生的心情苦闷、惆怅，但语言的格调轻松、抒情，使人有清新之感。一段小小的介绍性文字尚且如此，小说的描述及人物语言则可想而知。

五

与多样、平实、清新相关联，洒脱也是珠江文化的特质之一。珠江多源，河汉纵横如网，江面宽阔，流势平稳。岭南地区有漫长的海岸线，视线开阔。这些都形成了洒脱的基调。把珠江流域的政治、经济、文化史放在中华民族文化的大背景下考察，就可以感觉到岭南人对矛盾的处理以至对社会、人生的态度相对来说有较强的洒脱气度。

发展了佛教的六祖惠能以"菩提本无树，明镜亦非台，本来无一物，何处惹尘埃"的偈语体现出岭南式的洒脱。岭南著名诗人屈大均、苏曼殊都是气节刚烈、甚有抱负的人，却又都走上了削发为僧之路。中国近现代史上叱咤风云的岭南籍政治家洪秀全、康有为、孙中山等都在兴盛时期打出"大同"旗帜。在中国无产阶级革命史的重大转折关头发挥重要作用的叶挺、叶剑英等，都有顾全大局甘受委屈，大事清楚小事糊涂的气度。这些岭南风流人物虽有不同的历史、政治背景和阶级特质，但都体现着洒脱。尽管所体现的洒脱个个不同，却有着某种内在的相通，而这种内在的相通，正是以珠江文化特质为其共同基础的。

陈残云之为人为文也颇为洒脱。他的人生道路充满曲折坎坷，但无论在受难受挫的当时或事后，他总是洒脱视之，并不耿耿于怀。"文化大革命"中他与大多数作家一样挨批挨斗，但他迄今未写关于自己的"伤痕文学"。1960年是国家经济困难时期，他正在创作《香飘四季》，写的正是造成经济困难的"大跃进"时期。他却没有"皱着眉头"去写，没有写这年头的重重矛盾，而是以轻快的笔墨写生活中"香飘四季"的"万花筒"，写洒脱的田园诗。

　　值得提出的是，在陈残云的小说和电影中，不论怎样揭露矛盾，怎样深化和扩展矛盾，对矛盾的解决和处理往往显出一种洒脱。中篇小说《风砂的城》中的主人公江瑶以嫁给农民走出困境，解决矛盾；《还乡记》中的归侨罗润田受到社会恶势力的压迫欺诈，最终决定远走异国；短篇小说《小团圆》中的黑骨球和电影《珠江泪》中的阿牛都是刚烈硬汉，都被黑暗社会迫害离开妻子。他们的妻子被迫沦为娼妓，但他们都并不因此厌恶自己的妻子。尤值得注意的是，陈残云以对现实反映的敏感、及时为特点，但并不写对政策亦步亦趋的应景文章，而是从实际出发，以宽容和灵活的态度对待一些实际问题。中篇小说《深圳河畔》就由此而较早显出开放意识和敏感性。小说写的是1957年边防线上的故事。主人公亚芬为找丈夫越过边境去香港，这在当时或可以叛国投敌论罪，但小说却充满对她的理解和同情。正因为这样，这篇写于1957年的小说直至1980年4月方才在改革开放环境中订正发表。也是在1980年，陈残云连续写了《香港纪行》《香港散记》《香港随想录》《香港文坛琐谈》等一系列散文特写，多层次多角度地描绘香港的社会生活，该褒则褒，该贬则贬，让人了解真实的香港。这在改革开放之初，也是难能可贵的。这些事例足以说明陈残云的创作以生活为出发点，敏感而开明，有珠江文化特有的洒脱气度。

　　珠江文化的特质及陈残云的创作评论是两个大命题，各自均可任笔墨驰骋纵横。本文主要着眼于两者之间的联系，不免对两个命题均仅触及皮毛。然旨在抛砖引玉，望能就此引起关注。

1991年6月

论民族文化的兼容性及其典型作家杜埃

江泽民总书记最近视察某地时，特地要随行人员记下某佛寺中的弥勒佛像楹联："大肚能容容天下难容之事，慈颜常笑笑世间可笑之人。"弥勒佛是佛教中国化后的"特尊"，这是佛教发祥地印度没有的。这楹联自然也是中国佛家的大手笔，其内含的宽宏、雅量、自信、乐观的气度，实在是中华民族文化基本特征的活灵活现。这就是说，佛教能成为中华民族流传千年的宗教之一，弥勒佛及其楹联的创造及其气度，很能说明兼容性是中华民族文化的基本特征之一。在庆贺著名作家杜埃文学生涯60周年并对他创作的300万字以上的文学作品进行研讨的时候，这位作家的人品和文品，很能使人思及这一民族文化特征，简直可以说他是最能体现这种民族文化特征的典型作家，他是以此显出独特风格，又是以此而在中国当代文学和民族文化上作出贡献的。

他的人生道路和总体面貌是兼容性的。现在举世公认他是有成就的作家，从事文学活动60余年。然而事实上他没有做过一天的专业作家，他主要并一贯从事行政工作；是革命者、新闻记者、编辑家、理论家、活动家。他从学生时代开始做过义务教师、编辑出版地下革命文艺刊物《大港》《天王星》《新路线》，参加"左联"活动；抗日战争时期，在中山大学组织抗日"突进社"，创办刊物《突进》，参加艺协，后到香港主编《大众日报》副刊，任宣传和文化的革命领导工作并写文章，后又到广东东江游击区做行政领导工作；1940年到菲律宾办《建国周报》，任华侨"抗日反奸大同盟"宣传部部长。1947年到香港，任《华商报》副主编并编辑《群众周刊》。1949年建国后数十年，一直在广东担任宣传、文化、文艺的领导工作。杜埃首先是一位信仰共产主义的革命家，他的经历和各方面的才干和成就，全是从属于或服务于他所从事的革命事业，他的全部文化素养和各方面的意识、学识和才干，也都是以他的无产阶级革命思想为目标或轴心而兼容的，是从属或服务于其革命思想和事业的。这是杜埃的思想文化意识最根本性的、核心性的特质。作为一位作家的杜埃，同样是以这样的特质而显出他的民族文化素质，是以无产阶级革命思想和事业为主体而兼容丰富多彩的各种或各方面文化为特征或特质的。放眼看中国当代作家，许多作家有与杜埃相似的人生道路和总体面貌，长期从事多种工作，有各方面的才干和成就，有鲜明的一贯的革命思想和事业的主体性，这是外国作家一般没有的特点和特质。可见杜埃首先在这一点上是有代表性的。从民族文化的兼容性特征上说，杜埃在这个方面所体现的以无产阶级革命思想而兼容，是无产阶级革命条件下的社会主义文化的必然要求，这正是有中国特色的社会主义文化的特质之一，这也是其典型意义之一。

杜埃的生活道路和文化意识也是兼容性的。他出生于广东大埔县一个贫农家庭，读初中一年级时辍学，做小学义务教师糊口，为时两年。得友人帮助到广州考入中山大学文学院，读社会学系。毕业时抗战爆发，参加革命活动，在香港，在菲律宾，在华南地区辗转。1949年后，主要工作和生活于广东。这些生活道路，说明他的成长主要是受中国本土文化的孕育，又受过海外文化（包括香港、菲律宾）的较大影响，尤其是长期生活在侨乡和华南沿海地区。显然，从生活环境及其对杜埃的影响上说，文化意识是兼容性的。这种文化环境，对杜埃为人及为文，从事革命工作和文学活动，都有根本性的基础意义。但是又必须看到，尽管杜埃在生活道路上受过多种文化的熏陶，读过大学，出过洋，是归国华侨，生于侨乡，长期在沿海地区等等，但他为人和为文，始终保持着淳朴的敦厚的形象，他跟着时代的步伐前进，但不赶时髦，不做"风派"，他严于律己，宽容待人，尤其关心扶持后辈，在"斗争的哲学"猖獗的年代里，他身受苦难而从容处之，并从不仗势欺人、整人，又能与种种意见不同者或有多种性格者一道工作，团结互助，对朋友和后辈的缺点错误也恳切指出，对别人的困难热切帮助。他虽是老资格的高干，但从不摆架子，平易近人，他仍坚持以广东增城县朱村为他的生活点，经常深入下乡，以农村为写作基地，这在当今作家队伍中真是凤毛麟角。他数十年来创作的作品也是同他的为人那样，是宽宏、淳朴、清新、诚挚的。这些为人和为文的风格特点，体现了杜埃既有传统的敦厚仁义之德，又有海洋文学的开阔洒脱之风，既有传统文化的深厚教养，又有革命思想的原则，可见杜埃的文化意识体现了民族的、时代的、地域的交融性的特点，而这种交融性，又是以革命的党性和时代性、人民性为主体的古今和海内外的广泛文化交融。这是杜埃在中国当代作家中具有特殊个性而又有典型意义之所在。

他的文学道路和整体的文学风格与成就也是以兼容性为特点的。他60余年的文学道路与活动，主要精力是放在革命活动和行政工作，确切地说是业余作家或专职的文学行政和组织工作者，应该说他的成就主要在行政和组织工作方面。60年来，杜埃无论在什么样的岗位上工作，都坚持写作，除"文革"期间他被投入监狱达数年之久外，他在每个时期都发表过有影响的作品，编过有影响的报刊，参与过有影响的文学活动。在1931年至1936年间，这是他的文学道路第一个时期或阶段，他在失业和读大学的条件下，投身民主和抗日运动，在香港和广州的报刊发表了《堤岸之夜》《私娼》《要活下去的人们》等小说，《笑与泪》《归来——这里》等散文，《可笑得很》《佛法无边》等杂文，《实际的生活体验与文艺》《困难中的文化工作》等理论文章。在1937年至1939年间，他在从事革命的宣传文化部门的领导工作，主编《大众日报》副刊，仍创作了长诗《胜利在战斗的前面》，以及悼念鲁迅的长诗《啊，今夜星斗》和政论《鲁迅与青年》等作品。1940年到1947年间，他被派往菲律宾从事华侨民主活动，主编《建国周报》，在海外报刊发表了长诗《红棉花，栗色马》、散文《远方》、小说《番娜》、散文诗《邦河之歌》等作品。1947年至1949年，他在香港从事革命文化和新闻工作，任《华商报》副主编，创作了散文《乡情曲》、报告文学《加斯特洛的手掌》、政论《送进公墓去》、文艺理论专著《人民文艺浅说》等作品。1949年后，他回到广州，先后任《南方日报》副总编辑，广东省文联和作家协会领导等职务。在1950年至1966年"文化大革命"前的17年间，他发表了许多散文、特写、短篇小说、杂文、文艺理论批评文章，其中影响较大的是散文《花尾渡》《老贫农们》，小说《冰消春暖》《自梳女》，文艺评论《谈谈创作规律》《现实与艺术作品的真实》等，出版了《丛林曲》《乡情曲》《花尾渡》等作品集。自1977年至今的新时期，他在年事已高身体多病的情况下，仍坚持写作，创作了多卷长篇小说《风雨太平洋》三部，先后出版了《不朽的城》《红线笺》《杜埃散文新集》《谈生活、创作和生活规律》和《杜埃自选集》等著作，还不断发表了许多反映改革开放新气象的散文特写，为后辈出版著作而写的序跋，关于古今文艺思想和活动的文艺短论。可见，杜埃的文学生涯虽然是业余创作，但其创作是一贯坚持的，成就是多方面的，巨大的。如此赤诚、勤奋和多方面的文学才华，也体现了他的文艺素养和文化意识具有综合的交融性之特质，有一专多能的特点（我看杜埃以散文为专长，他的散文写得尤为出色，影响尤大，他写的小说和理论文章也有散文味）。这既可以说是杜埃的独特风格和突出成就所在，又可以说是杜埃在当代作家中具有某种代表性方面，即：许多中国作家都是一专多能的，各人所专不同，多能有异。看来这也可说是中国文化交融性的一个特征吧！

他创造的一系列艺术形象的内涵及其结构也是兼容性的。他写在菲律宾的著名散文《丛林曲》，创造了中菲人民携手抗日"亚拉耶，我们的亲娘"的丛林形象，著名散文《乡情曲》创造的"解放区的天是明朗的天"的形象，《番娜》中写的"个子比一般女人高大的番娜"和《萨克林山庄》中的村长尼左丁等菲律宾人形象，《老贫农们》中的山区老妇韦姆，《冰消春暖》中的昔苦今甜的梁汝，《花尾渡》中的老海员张大海，《沸腾的乡村》中的珠江三角洲农民周耀泰，多卷长篇小说《风雨太平洋》写的霍斯特·李兄妹、许庚、丽妲、番娜·玛丽亚等华侨和菲律宾人形象，尽管各有性格，有不同的典型意义，但每个形象的内涵，都是有不同程度的兼容性的，有些形象的结构以至名字（如霍斯特·李）也有鲜明的中外文化兼容性的特点或某种意义上的文化兼容性的特点。但这些艺术形象的兼容性是各个人物自身的主体性的，就整体来说，又是贯串并体现着杜埃的文化意识这一主体性的，因而使这些形象构成了杜埃特有的兼容式的艺术形象家族或系列。这是杜埃在当代中国文坛上独领风骚的又一所在，是他体现并丰富民族文化交融性特质的又一贡献。所以，杜埃是中华民族文化的基本特征——兼容性的典型作家，并是以此作出杰出贡献的文化名人。

1991年11月22日广州流花湖畔

萧殷与广东的当今的文艺批评

在市场经济的浪潮席卷全国，文学，尤其是文学理论批评的价值和地位受到新的挑战的时候，广东作家协会举办纪念著名文学理论批评家萧殷教授逝世十周年暨萧殷文艺思想研讨会，实在是很有意义的事。它首先说明了在我们改革开放先行的广东，并不因为市场经济特别活跃而不理睬文学和文学批评，恰恰相反，而是以种种契机，多渠道、多层次地探讨社会主义市场经济条件下新的文学理论批评的机制。现在举办这个会，是其中之一，是具有特别意义的，寓纪念性、学术性、现实性于一体的重要活动。为什么呢？因为萧殷的文学批评的理论与实践，他的精神与业绩，是值得我们永远铭记效法、值得认真学习探究，而且是有助于当今的、广东的文学批评新机制的建设与确立的。

一

萧殷主要是在二十世纪四十年代人民解放战争的炮火中成长起来，在五十至八十年代初的社会主义革命和建设的数十年时代风雨中，在文艺理论的批评方面发挥了重要作用和影响的作家、编辑、教育家。他的文艺思想和理论批评的最大特点，是具有强烈的时代针对性和自主性，是两者的有机统一。他在《萧殷自选集》自序中对自己从事文学理论批评数十年作出了总结性的自我评价，他说："尽管在不同时期，创作中出现的具体情况、具体问题不同，但都是在生活真实与艺术真实的关系上，在真实性、思想性同艺术性的关系上，在人物、环境和情节的关系上等等脱离了正轨；因而，这30多年来，我也就是针对不同时期的具体情况和具体问题，反反复复地阐述这些基本规律。如此'炒冷饭'的活动，连我自己也感到味同嚼蜡。但以这30多年不同时期所写的文章看来，特别是对形象创造的规律，其基本观点始终保持着一致；当然不能说在大风大浪中，自己没有晕眩，好在晕头转向不久，能很快地醒悟过来，避免了踏上错误的岔道，这是值得庆幸的。"这段既谦虚又实在的肺腑之言，充分说明了他这一特点。大致说来，中国当代的文艺评论家，大都是具有时代针对性的，这是历来确定革命的文艺批评是"斗争武器"和文艺为政治服务的规定的缘故，因此可谓时代针对性是中国当代（"文革"前）文艺批评的主要或基本特色。当然，这特色是时代历史条件造成的有进步积极的方面，也有消极的方面。所以，中国当代的文艺评论家，大都是既有积极方面又有消极方面的具有强烈时代针对性的。问题是消极面大小程度有别而已。萧殷同样具有积极和消极方面，可贵的是他"晕头转向不久"（只写过一篇"错误"文章），更可贵的是他坚持和强调尊重文艺规律的自主性，并做到以这种自主性与时代针对性结合，做到两者的统一，即以文艺规律去解决不同时期的不同具体问题，又不断地在不同具体问题的解决中，深化探讨和坚持文艺规律。这是萧殷最为突出的值得效法的特点所在。

在萧殷的带动下，从五十年代开始到现在，广东的文艺理论批评，主导方面也基本上具有这特点，最典型的事例是六十年代初由萧殷主持，在《羊城晚报·文艺评论》版上开展的关于小说《金沙洲》的讨论。这是针对当时（自五十年代以来）在典型问题上简单化、绝对化的倾向而展开的，萧殷主持广东作协文艺理论组（包括易准、曾敏之、黄树森）写了《典型——熟悉的陌生人》《艺术构思和作品效果为什么会脱节》《文艺批评的歧路》等三篇文章，以深刻而系统的典型理论批判了这种倾向，同时又是对文艺的规律（主要是形象创造规律）的探索，是以文艺规律解决当时具体问题的实践，在全国影响甚大。这场典型问题的讨论，表明了广东的理论批评，不仅具有时代针对性，而且具有自主性；这种自主性，既表现在不跟错误的极"左"风向转，不随波逐流，还表现在坚持文艺规律去解决实际问题，尤其是注重本地方的实际问题，以本地的实际（《金沙洲》就是广东作家于逢写的珠江三角洲农业合作社题材的作品）去解决普遍性的问题。所以，这是很能表现出广东文艺理论批评特点的一场讨论，其理论贡献及其在中国当代文学发展史上的价值和地位，与同一时间《文艺报》提出的"反题材决定论"，以及邵荃麟提出的"写中间人物论""现实主义深化论"是可以相提并论的。

与这场讨论相关的两个讨论：一是从《三家巷》的主人公周炳形象，提出典型塑造与评价问题，提出了典型的复杂性和发展性的新颖观点，批评了将这种符合形象创造规律的典型塑造等同于"性格分裂""双重人格"的简单化理论。二是关于陈则光提出《论典型的社会性》的讨论，就典型的共性内涵展开争鸣，针对典型的共性等同于阶级性的流行看法，提出尚有社会性的新颖主张。这两个讨论，同样表明了广东文艺理论批评的这一特点。

"文化大革命"的灾难岁月，文艺理论批评变质，成为棍子、屠刀。1972年，在纪念毛泽东《在延安文艺座谈会上的讲话》发表30周年和林彪覆灭的背景下，广东文艺界部分老同志得到"解放"，在广东省文艺创作室"收容"，编辑出版《广东文艺》，办文艺创作学习班，辅导青年作者。在清远举办的广东省和韶关地区文艺创作学习班上，一批老作家和大学教师，分别讲授文艺创作的基本知识，坚持以文艺创作规律解决当前创作问题。萧殷在讲课中指出塑造无产阶级英雄人物"不是文艺的唯一任务"，向"四人帮"的"根本任务论"提出挑战，震动一时，后被作为"文艺黑线回潮"之表现而受到追查。这次由刚"解放"的老作家和大学教师为主的讲座，尤其是萧殷的观点，表现了在"白色恐怖"的浩劫年代，广东的文艺理论批评仍具有时代针对性和自主性统一的特点。

粉碎"四人帮"后的新时期之初，这特点更表现得充分、鲜明，影响巨大。1977年10月以后，广东报刊最早批判"三突出""根本任务论""文艺黑线专政论""反写真人真事论"，清算"阴谋文艺"；1978年，在全国最早为《三家巷》《苦斗》《艺海拾贝》等被诬陷的作品及其作者平反；发起关于爱情描写的讨论，冲破"禁区"；讨论陈国凯的小说《开门红》，倡导正常批评；同年底，在全国最早恢复文艺团体组织及活动，召开创作座谈会，刚刚复出的周扬、夏衍、林默涵、张光年专程莅会发表讲话，萧殷策划组织，由黄树森执笔为《南方日报》撰写特约评论员文章《砸烂"文艺黑线"论，为实现四个现代化而创作》，于1978年12月29日《南方日报》头版刊登。这是在全国最早否定"文艺黑线论"的文章，极大地推动和促进了全国文艺界的思想解放运动，被《人民日报》等新闻单位称赞为"三个活跃"，即：思想活跃、创作活跃、组织活跃。1979年，展开了《姻缘》《我应该怎么办》等"伤痕文学"的讨论，关于"歌颂与暴露""向前看"的讨论，1980年后，关于社会主义批判现实主义、关于"意识流""朦胧诗"等等问题的讨论。这都说明了广东的文艺理论批评，是既站在时代斗争的前列，又是很有自主性，也即是现在所说的自主意识的。

萧殷的这一文艺理论批评特点，又是广东理论批评的特点，在九十年代初期的当今中国文坛，无论是在全国或是在广东，都有仍需继承发挥的现实意义。就全国来说，当今的文艺批评似乎失去了或淡化了时代的针对性，也失去或淡化了坚持文艺创作规律和作为文艺理论批评职能的自主性。诚然，像过去那样仅以文艺为政治服务的要求"针对"文艺问题，将文艺批评仅作为"斗争武器"去利用，是必须坚决杜绝的，但不能因此而否定文艺批评的基本原则和标准；我们应当坚持"百花齐放，百家争鸣"，坚持艺术风格、艺术流派和创作方法的多样化，但是不能因此而离开艺术形象创造和评价的基本准则，将包括真善美的标准及其好坏、优劣、高低的衡量尺度一概抛开，去侈谈什么"批评主体""印象批评"，这种否定文艺创造基本准则和基本规律的理论批评，其结果是否定和取消文艺批评本身，是既破坏文艺创造生产力，又阻碍和破坏正当文艺批评的发展的。也许这个原因是因素之一吧，近年来我国少有"拳头"作品问世，也不见有分量的理论批评。广东的时代针对性和自主性结合的特点，使得在前些年对席卷全国的"现代派"思潮若即若离，创作与批评都受影响不大，其他带全国性的文艺思潮也卷入不多，似有专注本地，面向港澳海外，背向岭北内地的"坐北向南"姿态，因而近年欠缺立足本地，面向全国的文艺理论批评，显出了地方自主性过强、时代针对性削弱的弊端，这是需要坚持和发挥广东本有的特点和优势去克服的。

二

萧殷的文艺思想和理论批评的第二个特点，是既注重实践性、普及性，又注重根本性、理论性，并且做到两者的有机统一。

众所周知，萧殷是1949年以来在培养青年作家方面作出杰出贡献的文艺编辑家、教育家，当今著名小说家王蒙，易准、贺朗、黄培亮、沈仁康、蔡运桂、谢望新、李钟声、谢金雄、唐沅双、钟永华等评论家、诗人也与他有师生之谊。从1959年开始至他1983年仙逝，他一直是教育我本人的恩师。萧殷对后辈的教育培养，坚持着实践性、普及性和根本性、理论性的统一。他说："我相信一个简单的道理：任何大作家都不是天生的，都是从稚嫩的不知名的文学青年中产生出来，成长起来的。因此，发现扶植、培养青年作者，是繁荣创作的一个根本措施，不可忽视……在辅导文学青年时，重要的是指引他们走文学的正路。当他们开始学步时，如果路走错或走偏了，以后就越来越难纠正，所以，特别着力帮助他们弄清文学的任务和创作规律。"这段自白，清楚地表明了他这种自觉意识。他长期从事文学期刊的编辑工作和培养青年工作，解放战争年代在《晋察冀日报》做记者并编副刊，1949年后任《文艺报》主编和中央文学讲习所副所长，六十年代后期任《作品》月刊主编，并曾任暨南大学中文系主任、教授、研究生导师，兼任中山大学教授。这些职务，使他长期重视并坚持扶植、培养文艺青年工作，使他的这一主张和特点得以更充分体现并取得更大的成效。萧殷的精神和业绩也因此得到举世公认。

在萧殷的带动下，广东的文艺理论批评是比较重视文艺青年的辅导和扶植工作的，从五十年代到现在，都是如此，而且也同萧殷在这方面的特点那样，具有实践性、普及性和根本性、理论性的统一。萧殷说过："编刊物有两个任务：一是出作品，一是出人才。"以编出作品培养和扶植人才，又以培养和扶植人才而使更多好作品问世，可以说是我国许多作家和报刊成长的道路。报刊是培养作家的大学，是优秀作品的助产——起码在中国是可以这样说的。编辑是老师，是不知名的权威的理论批评家。因为首先是编辑发现作品、发现人才，编辑如果失误，首先也是扼杀作品和人才。编辑辅导作者，不同于学校教师教学生，主要是以刊物的面貌和质量给作者作出示范或提供启示，在改稿实践中提供参考意见，以笔会等形式加强交流。当今流行的评奖活动，就是寓示范、鼓励、交流于一体的一种培养扶植作家方式。广东的文艺理论批评，是最早并一直坚持以此为扶植培养作家的一种方式。早在1962年，《羊城晚报》举办《花地》优秀作品评奖，当时全国只有《大众电影》刚开始举办优秀影片"百花奖"。报刊举办的文学作品评奖，是《花地》评奖开创的。当时的评奖委员会，由欧阳山、周钢鸣、萧殷、秦牧、陈残云等前辈名家组成，评定后又由周钢鸣、萧殷、陈残云分别发表文章分析获奖作品的长处和短处，起到很好的示范和辅导作用，陈国凯、杨干华、程贤章、唐瑜、余松岩、谭日超、陈焕展等获奖者都是在当时正式步入文坛的。粉碎"四人帮"后，也是在广东最早恢复报刊作品评奖，《羊城晚报》《南方日报》《广州日报》的文艺副刊一直坚持评奖；《广州文艺》的"朝花奖"和《花城》杂志评奖，是全国期刊和大型文学杂志中较早实行评奖的；广东的鲁迅文学奖和新人新作奖，也是全国较早开办的省级文学奖。最近召开的首届全省青年作家代表大会，也是全国首创的实际也是培养扶植青年作家的一种方式。如此评奖全面开花的局面和最早开始并一直坚持评奖的历史，说明了广东对作品和人才的培养扶植，不尚空谈，重在实际，实践性、普及性，又重在根本性、理论性——因为每举办一次评奖活动都是对作品的一次检阅，从一定范围的创作透视全省或全国创作态势，作出理论概括和评价，指出存在问题和今后走向。所以，这种实践性、普及性和根本性、理论性结合的特点，也可说是广东文艺理论批评的特点之一。

当今中国文坛，各种评奖甚多，不少是有权威性、示范性的，但有些评奖不是这样，拉关系、走后门、搞平衡，甚至幕后交易私分，歪风邪气污染了这种圣洁高尚的鼓励扶植新作家新作品的活动，必须坚决抵制、杜绝。报刊编辑部门对"出作品、出人才"的任务"淡化"了，醉心于"向钱看"，不惜一切手段，抛出黄色、暴力的东西，腐蚀人们的灵魂，破坏社会文明。文艺理论批评界，虽然连续不断地向这些丑恶现象作出批评，但无济于事，似有愈反愈烈之势。造成这种现象的原因是复杂的，其中与社会的精神追求变化有关，同体制不合理或不健全有关。重要的是如萧殷当年所说："路走错了或走偏了。"自然，这些现象不仅是文艺理论批评的问题，同样也是不能依靠文艺理论批评所能解决的。从对青年作者的培养扶植工作来说，不能说不重视，相对而言是较过去放松了，相当多地方是放任自流、自生自灭的状态。有个别地方则"重视过头"，做法欠妥，像鲁迅所说的"捧杀"青年作家；也有部分自视过高，"老虎屁股摸不得"，向他指出缺点或不足就火冒三丈。所以当今是青年不要辅导，也无人敢去辅导；从而也就谈不上去要求实践性、普及性和根本性、理论性的结合统一。但应当看到还是有优秀的青年要走正路并能出作品、成人才的。我们应发扬萧殷这种精神，发扬广东文艺理论批评这一传统特点，结合新的时代要求和青年特点，继续坚持将这方面工作做下去，做得更好。

三

萧殷文艺思想和理论批评的第三个特点，是既注重研究性、科学性，又注重综合性、实效性，力求做到两者的结合统一。

萧殷是一位一专多能、业绩多面、著述甚丰的杂家型、多栖型的作家。他主要是一位文学家，在文学编辑、文学组织和行政工作、培养辅导青年作家工作、文学教育、文艺创作，尤其是文艺理论批评等方面，都作出了贡献，都有所建树，他的著作有：《生活思想随笔》《论文学与现实》《与习作者谈写作》《给文艺爱好者与习作者》《谈谈写作》《鳞爪集》《习艺录》《论生活、艺术和真实》《谈写作》《给文学青年》《萧殷文学评论选》《创作随谈录》《萧殷自选集》，以及尚未来得及完稿的《创作方法论》，真可谓著作等身。他是著名的学者、文艺理论批评家、教授、编辑家。值得注意的是，他从年青时代开始直到六十年代，一直进行着小说、散文、报告文学的写作，发表过不少作品，在三十年代的广州报刊，四十年代的延安报刊，五六十年代的北京报刊（包括《人民日报》《人民文学》等），都有他的作品发表，其中《桃子又熟了》《"孟泰仓库"》等散文、报告文学发表时影响甚大，他曾出版小说散文集《月夜》。六十年代写出长篇小说《多雨的夏天》（30余万字）尚未修改、出版，可惜原稿在"文革"中失去。这些成果又说明他是一位有丰富创作实践和成果的老作家。所以，称萧殷为综合编辑型和学者型的理论批评家、作家是名副其实的。因此，又可见他的文艺思想和理论批评，是既注重研究性、科学性，又注重综合性、实效性的。他在《自选集》自序中说："我一向认为，无论是文学理论、中外文学史、中外文学批评史、中外作家作品研究、文学编辑工作、文学教学工作，以及文学领导工作等等，尽管它们彼此的研究对象或工作性质很不相同，但归根结底，都是在直接或间接地为繁荣创作、发展创作效劳的，倘离开这最终的目的，这些工作就将失去存在的意义和价值。而文学评论，更是从作品或创作实践中引出来，又回过头去指导创作实践的。

因此文学评论工作直接关系到创作活动的盛衰，是创作活动最亲密的伙伴。"这段话清楚表明他这种特点，他的经历和他的批评风格也说明他这特点。

广东的文艺理论批评，似乎历来都有这种特点。早在五十年代初，欧阳山在领导粤剧改革的时候，即在一次座谈会上提出"好睇（好看）有益"的主张，这是既有科学性又有实效性的主张，是很有地方特色又有普遍意义的理论观点，可惜在"三反""五反"运动中受到了不应有的批判。五十年代中期，广东先后开始了关于欧阳山的系列短篇小说《慧眼》的讨论、关于小说《老油条》的讨论，都是以本地作品为实例而展开的文艺论争，主要是怎样看待作品中揭露批判主观主义、宗派主义、官僚主义现象的论争，虽然最后都是被"左"倾思想压制下去，但也表明了这种坚持从生活实际和本地实际问题出发去进行研究的理论批评之风一直在顽强地继续着；从1957年3月邹豐同志在《作品》上发表《积极开展各种文学流派、创作方法的理论研究》一文受批判，到1980年4月《广州文艺》发表《提倡社会主义创作方法的多样化》，从1959年4月梁水占、余素舫二位同志在《羊城晚报·花地》上发表《谈现代悲剧》一文，到1979年《广州文艺》展开关于社会主义时代的悲剧的讨论（都是历时30余年的"旧话重提"）的历程，亦可见这种研究性、科学性与综合性、实效性的批评之风，是"野火烧不尽，春风吹又生"的。

自改革开放以来，尤其是在中央决定在深圳、珠海办特区，并确定广东为先行点之后，广东市场经济飞速发展，文艺和文艺批评面临许多新的情况和问题，文艺理论批评也在新的时代条件下有新的发展，其中之一就是继续这特点，并有新的发展，在研究性、科学性与综合性、实效性结合的基础上，增添了敏感性、灵活性、多样性。表现在下列方面：一是改革开放与文学经济与文化关系的研讨。1984年，《当代文坛报》《花城》《特区文学》联合召开"文学与改革研讨会"；同年10月《作品》召开了"文学的改革与改革的文学"研讨会；1986年《当代文坛报》与天津《文学自由谈》在深圳作家协会联合召开南北评论家参加的"现代文明与文学"研讨会；1987年中山大学中文系召开的"中外文化与中国现当代文学"研讨会，《当代文坛报》等召开的分别就《急流》《天堂众生录》《胭脂河》《流动的雾》《长路》《商界》《外来妹》《中国铁路协奏曲》《招商集团》等小说、电视、报告文学探讨新时代文艺、通俗文学的研讨会；1990年以来，《当代文坛报》等先后召开的关于报告文学、市场经济条件下的文化与文学等专题研讨会，都是敏感针对时代新问题，而作出科学的、实效性、综合性研讨的。二是对华南的文化与文学研究，比过去自觉、系统、深化。近几年连续分别召开著名老作家欧阳山、秦牧、吴有恒、陈残云、杜埃的专题研讨会，组织了对陈国凯、杨干华等中年作家的系列评论，召开了《地火侠魂》等新作的一系列研讨会，尤其是《当代文坛报》《羊城晚报》《广州日报》等先后发起和组织的关于"珠江文化圈""岭南文化""岭南文派"的讨论，关于"特区文学""特区军旅文学""岭南文学批评派"等概念的提出和讨论，都是富有研究性、科学性和综合性、实效性并结合于一体的。三是开拓文学研究与理论批评的新领域。如在全国较早开展对港澳和台湾文学的研究，海外华人文学研究，比较文学研究，创作方法研究，外国学者对中国文学研究之研究，文艺心理学研究，美学中介研究，文学语言的变异研究等等，都是因门户开放和地域优势等原因，而在广东率先开展起来的并做出成果的。这也是广东的理论批评发挥这一特点和优势的一个表现方面。

在某些情况下，特点和优势会变成局限和缺陷、劣势。广东文艺理论批评的这一特点和优势就是这样，综合性加重了显得芜杂，实效性加重了显得急功近利，敏感性、灵活性、多样性加重了，显得肤浅、多变、缭乱，计划性不够。长期以来，广东文艺理论批评常会出现这些局限或缺陷，近年来出现更多，尤其是太偏重于实效性，表现在偏重本地和眼前研究，对全国性和长远性、根本性问题涉及不够。本来作为改革开放先行地区，所面临和探讨的问题会有全国性、长远性意义的，但对全国态势研究不够，在研究上有本地与全国脱节之偏颇，所以在全国影响不大。忽视根本性、长远性问题的研究，也造成批评虽新颖但肤浅，后劲不足，欠系统性。当今全国文坛不景气，文艺理论批评疲软、无力，广东也不例外。这种全国性的"流行病"，病因不在文坛，要治病，必须党和政府在深化改革中从体制（包括组织和财政）和机制上解决问题，根本是要重视文艺和文艺理论批评，不能只重视眼前有实效性的工作，忽视乍看好似非实效性的意识形态工作。作为宣传文化部门和作家协会等主管部门和新闻出版单位也应将文艺理论批评放在应有位置上予以支持扶植。我们广东经济发展很快，是举世公认的；广东的文艺和文艺理论批评，近年也甚有成绩，也是人们首肯的。但省里对文艺，尤其是对文艺理论批评的支持是不够的，应在体制和财政上加强支持，可考虑成立文艺理论批评家协会或学会，组成基本和专业理论批评队伍，成立文艺理论批评基金会（包括奖励和出版资助），继续办好《当代文坛报》，各大报和期刊加强和增多文艺评论版面，出版社要有理论室，坚持并加强出版理论批评著作。当然文艺理论界本身尽最大努力克服涣散和疲软状态，继续发挥萧殷和广东历来文艺理论批评的特点和精神，在新的形势下开创新的局面。

1993年10月30日脱稿于广州天河

论形式的秘密和新写实主义

——并谈何卓琼的中篇小说《云山婆》

在新时期涌现的岭南作家中，何卓琼是一位尤重独特艺术追求的女作家。自八十年代初步入文坛，她连年写出新作，每有艺术突破。尤为引人注目的是她的长篇小说《祸水》所引起的反响和争议。争议之后，人们明白，这是作者在当时以新文学为高峰的现代先锋派的汹涌思潮中，在革命现实主义被一些人否定的条件下，试图在艺术上将对改革开放现实的反映和对人性美的体现结合起来的尝试。尽管人们对《祸水》评价不一，但无不公认这种艺术追求无可厚非。由于这作品有争议，似乎更充分显示了何卓琼对艺术追求的才华和特性。

这种才华和特性，在何卓琼新近发表的中篇小说《云山婆》（见《广州文艺》1991年11期）中表现得更为淋漓和成熟。《云山婆》是小说系列"西关故事"里的第二篇。据悉，"西关故事"的构思孕育多年，是当年何卓琼在写作长篇《祸水》时触发出来的。作者当时的思绪如云团漫涌，涌出整整一个系列竟有十个八个题目。其时她忙于长篇写作，之后又到了大亚湾核电站体验生活，直拖至最近才动笔。饶有意味的是《云山婆》连同"西关故事"其他篇什均与近年涌现的新写实主义如出一辙。我认为这是一种文艺创作的同步感应现象。

歌德说过："材料是每一个人面前都可以见到的，意蕴只有在实践中须和它打交道的人才能找到，而形式对于多数人却是一个秘密。""如果形式特别是天才的事，它就须是经过认识和思考的，这就要求灵心妙运，使形式、材料、意蕴互相适合、互相结合、互相渗透。"（《关于艺术的格言和感想》）歌德这里所说的形式，是指创作方法，虽然他说得颇为神秘，但他却深刻地揭示了这个"形式"的秘密。何卓琼与当今的一群作家不约而同地悟到并使用某种创作方法这一现象，就是同步感应歌德所说这种形式的秘密的缘故。何卓琼所写的《云山婆》典型地体现了新写实主义这种新的创作方法，是如何"使形式、材料、意蕴互相适合、互相结合、互相渗透"这个秘密的。

其一是在创造什么样的生活形象问题上，新写实主义似乎着意于写出在社会生活中的芸芸众生，即平平常常的"小人物"。这种人物一世劳碌，都是为了生存和养儿育女，除此之外，与世无争。但社会的变迁和种种难以预测和解释的机遇，却主宰着他们的命运；也正因为如此，而以新的途径并在更宽的背景上表现社会现实生活。云山婆就是这样的人物。她年轻时靠着丈夫云山，做云山石灰铺老板娘，过着舒服日子，只管养儿育女，竟一个接一个生了四个子女。后来丈夫患了毒瘤死去，她靠自己和阿有（丈夫生前好友，后成为同居男人）的帮助，将仔女带大成人，各得其所，照样生存和养儿育女。她自己则在晚年退休后，同一位有钱的老头同守一间古老大屋，共度晚年。这小说中的阿有、跛女、阿灿等，实际上也是这样的"小人物"。这种人物形象，不同于传统现实主义所着意塑造的具有丰富社会或思想内涵的典型，更不是革命现实主义或社会主义现实主义的理想典型，但却与现实主义所写的真实形象是相通或一致的；另一方面，这些形象显然与根本否定人物形象刻画的现代主义（主要是表现主义和意识流）是不同的，但在较注意表现这些人物的人本意识及其需求的特点上，却又有异曲同工之处。简单地说，新写实主义的首要特点，似乎是以真实的形象体现人本意识，以现实的平民人物群像体现出社会的变迁和人的众多命运。这种反映现实的途径，显然与主宰或创造社会生活和自己命运的现实主义方法不同，与某些将社会现实模式化或将现实意识化的艺术视点不同，而是专用现实主义不用的材料，用现代主义不用的形式，用现实主义和现代主义各有所用又各有忽略的意蕴——社会性和人本性，进行新的互相适合、结合和渗透的结果。所以，这种方法所创造的生活形象，是以现实主义和现代主义的交叉中而出新的，是自成一格的。从反映面上说，因既有社会性和人本性、既有现实性又有意识性的特点而显得宽广，但也因此而削弱了艺术意蕴的深度。

其二是在怎样创造人物形象的问题上，新写实主义似乎着意于写人的命运和性格，并不着重于社会环境的影响和作用。云山婆生性强悍，到底是女人，内里柔弱不堪重击的。她一生的运气是从一个大暑天"开始衰的"，是开始于同邻居坤记棉胎店闹口角，以后在七月十四"鬼节"拜神时相互报复大打出手和关于"报应"之类的谩骂，接着便是云山一病不起，受到一连串"报应"。小说写了云山婆几十年的人生遭遇，都有时代背景的简单交代，但并不着意描写——既不写时代的变迁对云山婆遭遇的影响，也不是以云山婆的遭遇去写时代的变异，而只是写云山婆的遭遇是在什么时代背景下发生的事情；造成云山婆这些遭遇的原因，也不是在于她的追求与时代环境发生社会性或政治性的冲突，而是被动的、偶然的或者命中注定的、带有起码的人生需求性质的琐屑矛盾。如云山石灰铺在1949年后的公私合营（即资本主义工商业改造）运动中倒闭了，恰在这时云山死去，阿灿和跛女有了童稚之情，云山婆和阿有开始了私通；在六十年代初的经济困难时期，云山婆在烧腊店里做职工，为了儿女活下去，偷了店里的腊肉，却被"雨水主任"预谋抓赃，并以此而要挟与她长期通奸；"文化大革命"时幸好阿有已死，云山婆和"雨水主任"被批斗，但云山婆并不因此受到严重影响或改变命运；改革开放时期，阿灿发了，云山婆退休，跟了一个很有钱的老头……这些描写，都好像是给人物粗画几笔环境背景，谈不上是现实主义的"典型环境中的典型性格"，又不是根本否定典型环境的现代主义；云山婆、阿有、阿灿、跛女、"雨水主任"等人物，都是有鲜明个性的形象，也有一定的典型意义，但却不能说他们有很浓的思想和社会意义。小说似乎只是企求写活这些人物而已，并不求深广的典型概括，由此又可见新写实主义并不是将环境与人物的关系看得很重，既不是时势造人，也不是人造时势，是主要写人的命运及其形象，同时也捎带写时势，使人物与环境都体现出来。这种把握现实的视点，是对传统的唯物史观和唯心史观的否定，将人自在与物自在分开，又同时表现其存在。这种表现，是不同于传统的把握现实定式，出新地、客观地表现了过去忽视或忽略的某种生活面和人物；但是，这种视点和写法，似乎也只适用于与社会发展关系不大也影响不大的人物及其生活面；由此这种方法，也难以触及重大社会斗争，也必会回避重大题材，难以塑造有气势的人物形象和生活形象。

其三是写的人物形象大都重于人的本性需求而产生矛盾和解决矛盾，并不是由于带社会性或政治性的追求而产生矛盾和解决矛盾。云山婆开始同坤记婆的矛盾，是由于吃饭时坤记仍弹棉胎弄得灰尘铺盖饭桌，"鬼节"时大打出手不过是因为洒给鬼神的酒饭过了铺面地界；云山婆同阿有的奸合，开始于云山婆因云山病重失去生活依托和性依托，以后长期同居也在于相互需要这种依托；阿有奸污跛女的起因在于他有"蛊眼"的淫邪本性，也在于跛女的天命和少女的成熟；阿灿娶跛女有报恩和偶然因素，也在于童年接触时的两性因缘；跛女被阿有奸污后怀孕，云山婆多次发作均被阿有以亲抱而化怒为欢，是由于情性；云山婆多次给跛女打胎不成，生下了阿基，20年后在云山婆眼前出现的阿基，竟然全似"活脱脱死鬼阿有"……显然，无论是小说主人公云山婆的性格和命运，或者小说其他人物的性格和命运，均不是发端于带社会性和政治性的矛盾冲突，也不是由于这些饮食男女有什么社会性和政治性的追求而招致的矛盾和命运，而是在于她（他）们的生命本能与需求。这样，所写的矛盾其实都是属于生命本能与需求之间的矛盾，其所显出的人物性格的命运，也自然属此性质的。所以这些矛盾及其人物形象，同现实主义强调表现社会矛盾和创造社会性典型是不同的，同根本否定人的具体性和个性的现代主义也是不同的。应该肯定这也是反映现实的一种途径和方法，所写的矛盾和人物也确是社会存在而历来被忽视或否定，应予肯定其补充反映的作用，同时也应看到它会造成作品内容单调的局限。

其四，在艺术形象的塑造上，着重细节的刻画和瞬间的细微心理描绘，尤其是工于触觉的感觉显现，像浮雕似的勾勒人物。也许是这种方法着意于写小人物的性格和命运，而这些人物又不是有大的作为和丰富的心理世界，大都是琐屑的生活细事和瞬间即逝的思想波澜的缘故，这种文学只能在细处下工夫，做文章。这样，在艺术上也更精细，见功夫。小说的开头："这天很热。其实也不特别热，广州年年大暑天都是这样的了。不过云山婆对这一天很入心，特别记得它热。许多许多年以后，当她火旺的情欲连同她性感的身躯都枯竭之后，她常常想起这一天。她很心酸。她自认一生的运情就是从这天开始衰的。"这段概述性的开头，着意写"热"的"入心"；写云山婆出场的形象，也是着意于"她火旺的情欲连同她性感的身躯"，同一般现实主义小说开头大写一通天文地理环境，或写如何魁梧或苗条身材的人物形象不同，也同写见一块墙上的黑斑即有无边无际意识流的现代主义不一样。再如描写阿有向云山婆摊开云山死牌时的描写："他挨着云山婆坐下来，伸出右臂将她轻轻拥着拍着，嘴里柔声说不要紧，不要哭。云山婆先是一惊。这一惊像流水在光滑的石块上一滑而过，接着而来的是意想不到的慰藉。这慰藉像一股暖流从阿有的臂膀指尖流出，沁入五脏六腑又在周身淫浸开来，将那山一般压下来的哀痛轻轻托起。云山婆顿觉松脱。"这段描写，都是以触觉而入心写情写象的："惊"从阿有的手拍而来，又像"流水在光滑的石块上一滑而过"；"慰藉"从阿有臂膀指尖流出……又将哀痛轻轻托起。这种"由表及里"的精细刻画，真可谓精工妙笔。但这只能说是写出了人物的感受细处，不能说这是人物丰富内心世界的展现，因为这里所写人物的心灵又是很单纯的。这样的精细描写是着意于写感觉，是自外及内的人的生命感觉，所以与现实主义所写的心灵世界和现代主义写的意识意念不同，由此，所写的艺术形象是以精细的感觉表现而勾勒出的形象，是有性格、有感觉的活生生人物，但不能说是凝现丰富的典型的精神世界或代表意念的形象。这是新写实主义又一鲜明特征，这特征所体现的精细刻画感觉的艺术功力，堪称首屈一指。

如果说以上四点是何卓琼在《云山婆》中自己摸索出的而又是体现出当今一群作家所试求的新写实主义方法的主要特点，那么也因与这种方法的运用相关，何卓琼在地方风情的描写上表现了新的创作风貌，并且由此而在新写实主义作家中自成一格，又使她在广州风情的描写中别树一帜。何卓琼过去的作品，不大注重地方风情描绘，从《总工程师的日常生活》到《祸水》，都是如此。而"西关故事"系列，显然是注意改变这缺陷的没想。《云山婆》是这系列之一，这意味着，她探求写实主义方法是为了写这系列，也即是要以此而写出广州风情。所以可以说这小说写的广州风情是她的这方法的综合运用。简言之，写广州的平常百姓，写广州小人物的性格和命运，写广州人的人本性意识与需求，写感觉型的广州人，写广州独特的自然和人文环境，并不是着意于写广州历史和现实的重大政治和经济斗争和环境，以及在这些斗争和环境中受其影响或起到作用的人物，也不是写广州数千年文化积淀或各种文化、人情风俗，而是写在这独特的自然和人文环境中的日常风情和人际世态，是芸芸众生的本土生活。这是她与其他广东作家写的广州风情的差异。她与外省新写实主义作家的不同，是在于以广州人的思维方式、语言方式、格调和特殊的方言、语汇写广州人及其生活。试举其中一段描写为例："再说这日很热。傍晚时分，阿灿照例赤了膊趿双白木屐过马路对面打井水。马路浅窄，阿灿几步一个来回。阿灿兜头兜脑猛撞了十桶八桶水，门口水泥地先是溅起一阵热腥味，后来沁出了清凉。云山婆也照例的褪去了花木屐，轻轻提拉着裤管，赤了脚将水拨来拨去慢慢拨落坑渠。水珠从她丰腴玉润的脚背上滑过，若在往日，云山婆会有种悠闲的舒服，今日她心里是没来头的焦躁。"这段描写广州暑天洗街的情景，是平常百姓每年夏季"照例"的习惯，马路浅窄有井，是古广州地方特点，穿木屐也是广州特有。小说描写这些自然是广州的日常生活，尤值得注意的是写阿灿"兜头兜脑猛撞了十桶八桶水"的动作和门口水泥地"先是溅起一阵热腥味，后来就沁出了清凉"，水珠从云山婆的"丰腴玉润的脚背上滑过"等的感觉性描写，又细写阿灿穿白木屐，云山婆穿花木屐，以阿灿打水"几步一个来回"和云山婆"轻轻提拉着裤管""将水拨来拨去"的动作鲜明对比，活现出不同的人物特有性格和形态；"趿木屐""兜头兜脑""猛撞""拨落坑渠"等均是广州方言短语，更显广州风情，外省读者也能读懂。可见何卓琼的广州风情描写，是她试探用新写实主义方法的一个成功方面，也是由此而有所艺术突破的表现之一。

创造艺术形象总是有得有失、此长彼消的，每种创作方法或艺术形式也是如此。新写实主义也是这样。总的来说，它是在现实主义和现代主义之间或交叉处谋求出一条新的艺术途径，也即是采取了这两种方法所不用或轻视的形式、材料、意蕴，作了新的适合、结合、渗透而自成一格，有它的长处，也有它的短处。何卓琼以《云山婆》的创作实践揭开了这个形式的秘密，也揭开了这种方法的长短处，是很有价值，应该称道的。

1992年1月5日完稿于广州流花湖畔

论"打工文学"与《广州梦》

　　花城出版社最近出版了《广州梦》，这是近年崭露头角的广东青年作家谭伟文的首部长篇著作，又是近年广东文坛新涌现的"打工文学"新潮的首部长篇小说，从作者到作品，都相当典型地体现了"打工文学"在广东出现的必然性、新潮性、独特性及其缺陷。

　　广东是全国改革开放的先行点，深圳、珠海特区的创办，广州作为"南大门"的独特位置，使得全国各地（包括广东各地，尤其是农村）的青年，大量涌来，在经济特区、经济开发区、尤其是珠江三角洲一带"三资"企业发展较快的地区，数量更大，使这些地方的外来人口超出了原有常住人口的比例，并有不断上升趋势；在广东全省的人口比例中，从农村进入城市，从外省进入广东的人口，也是比例日益增大的。值得注意的是，这些移动进入的人口素质，经过十多年的生活，正在起着变化；无论是从农村进入或从外省进入的人口，已逐步适应了城市或广东的生活，并成为建设和社会生活中的重要力量，进入安家立业、养儿育女的阶段，从简单的生活需要与经济需求，进入了更高的精神需求与文化需求；无论是早年进入或近年进入者，文化素质都有明显提高。这种新的社会力量及其素质变化，必然要求文艺反映并有其自身的文化与精神需求，造就了写"打工"的文艺出现，并且兴起了由"打工"者写"打工"或体现"打工仔""打工妹"的精神及其需求的"打工文学"潮流。前些时，广州电视台的电视连续剧《外来妹》，是写"打工"的作品，前些年在深圳《特区文学》等报刊发表的大量写"打工"的诗歌、散文、小说（以青年作家安子为多），已昭示了这种文学新潮的兴起；近年《佛山文艺》因大量发表"打工文学"作品而发行数十万份，更将这种文学新潮扩展。如果可以将较有分量的长篇小说的出现作为某个作家某种文学有所发展的一种标志的话，那么，恐怕可以说《广州梦》的问世是"打工文学"进入更高深层次的一个标志的。因为在此之前，此类文学尚多是中短篇小说（至少是笔者所见如此）。

谭伟文原是回乡知识青年，做过民办教师，在改革开放之初敢冒尖做个体户，不久又敢应开全国公开招考记者之先的《黄金时代》杂志之聘，到广州做合同制的"打工"记者，四年后，又应他的家乡清远升格改市后刚创办的《清远报》之邀，回归任职。《广州梦》是他依据自己在广州"打工"几年的亲身经历、综合所见所闻的人和事创作出来的。作者在书的扉页中写明："仅以此书献给和我一道在广州拼搏的朋友们，以及那些不屈于命运摆布的打工仔、打工妹。"可见作者本人是"打工仔"，这部小说的写作动机是为"打工仔"的，所创造的艺术形象也是很能体现"打工文学"特征的。

首先是体现"打工仔"特有的意愿与命运的矛盾冲突和拼搏精神。"打工仔"是一种新出现的带流动性（或移民性）的社会阶层。他们多数出身农村，经济地位、社会地位和文化较低，处于贫困状态，力求改变自己的命运和环境，有拼搏精神，但要求不敢过高，目前尚属求生存、求温饱的水平为多；社会现实中现代化高速发展和丰富多彩，贫富的差距日益拉大，因偶然性机遇而改变人的命运现象增多，对他们的诱惑力日增，而其实际生活水平甚低（比原来生活水平高），成功的机遇甚少，变动的生活方式和浮动的工作性质（临时工、合同工等）更使他们惶惶过日，使他们不得不相信命运并寄希望于命运，但命运有时与他们的意愿相违或相距甚大；他们艰苦拼搏，也是为了改变自己的命运和希求机遇好的命运。《广州梦》扉页题签："外面的世界很精彩，外面的世界很无奈……"揭示了这部小说的旨意是揭示这种命运与意愿（也即是现实与理想）的矛盾冲突。小说所写的一群青年男女人物形象，尽管不是在"三资"企业中的"打工仔""打工妹"，而是文化层次较高的大学毕业或自学成才的招聘制的青年记者，其浮动性（移民性）是相同的，同是新出现的社会阶层，所体现的矛盾冲突与社会内涵是相同的，甚至更突出、尖锐因而更有典型性。小说主人公叶文星的形象，尤为鲜明地体现了"打工仔"的命运与意愿的冲突和社会内涵。他是个农民，做贫困的乡村民办教师，好不容易考上广州某大学的备取生，却受到失业和家庭失火破产以及失恋的灾难，均是意外的横祸；后来好的命运却又接连地意外地降临到他的头上；处女作《山村那轮弯月》发表了，使他一跃成为青年作家；应《青春》杂志社招考，不料一举夺魁，成为首批受聘的"打工"记者；因成绩优异，知名度日高，他被原未录取他而未能进读的广州某大学请去作报告，并被大学一位名教授的女儿、大学毕业生、又是他现在《青春》杂志的同事苏捷看中，尚未成婚即被拉入教授家中居住，命运使他原来未能实现的意愿——实现；正当他名利双收、红得发紫的时候，他为患了不治之症的女友小桃回乡而隐退，这意愿又再次与命运给他的机遇相违。概括地说，无论是初期命运使他的意愿不能实现，或者是中期他的命运使他的意愿意外地、超前地实现，以至后期他的急流勇退而放弃命运给他的机遇（包括到外国留学或开办新的公司），都是命运与意愿的矛盾冲突，是现实与理想的矛盾冲突，就思想意识而言，是人们希求自主自在而又难以自主自在的矛盾冲突。叶文星所体现的这些矛盾冲突，固然是当今"打工仔"所普遍共通的矛盾冲突的一种体现，是社会生活中一种新的矛盾冲突，即：在现代平等的竞争中渴求机遇而又难有机遇的矛盾，是现代市场经济的一种折射，更为重要的是，这是一种精神性的意识性的冲突体现，即在摆脱某种模式化的精神或意识束缚以后，希求自主自在而又难以自主自在的心态。小桃、苏捷、黎珊珊的形象，同样是以她们各自不同的生活道路与际遇，多角度地体现了这样的矛盾冲突与社会内涵。

"打工仔"多数是从农村进入城市、从内地到沿海。由于历史和地理的原因，农村和内地的传统意识，比城市和沿海较深厚强烈。近年改革开放，现代意识从海外传入，在沿海和城市尤为强烈。在农村和内地传统意识抚育长大并与农村和内地保持着密切联系的"打工仔"，自然成为传统意识与现代意识的交叉点，既密切相连而又反差甚大，往往结合而又冲突激烈。因而传统意识与现代意识的矛盾冲突和相反相成，又往往是"打工仔"的共有思想意识特征之一，又是他们在社会关系中发生和处理人际矛盾的特征之一。《广州梦》写叶文星与小桃、苏捷、黎珊珊三个女性的关系，就很典型地体现了这个特征。叶文星在农村时热恋着小桃，因为她父亲反对并制造罪名，使叶文星失去读大学机会；小桃在叶文星进城后，全心照顾叶的母亲，简直是未过门的媳妇；后来叶文星带小桃进城打工，在小桃得白血病后，不惜放弃自己的事业，陪同返乡。可见叶文星与小桃的爱情关系，是典型传统式的恩爱关系。其实，在叶文星当上记者、尤其是受到苏捷追求后，他与小桃的爱情已经淡化；苏捷进入他的精神生活实际是现代意识进入他的意识的标志，两人的感情日深，也就意味着叶文星的现代意识日益强烈；后来黎珊珊与他发生关系，更将他的现代意识强化；叶文星所以始终不割断与小桃的关系，并且始终想保持并深化这关系，而又半推半就地接受苏捷的爱情追求与黎珊珊的性追求，但又不敢发展与这两位女性的关系，正就是传统意识与现代意识交叉并矛盾尖锐的体现。这是作品成功的一个重要所在。遗憾的是最后表现叶文星为小桃放弃事业而回乡，虽然有强化传统意识对人的制约作用的效果，但这是不够真实的，因为这结局不符合一直以事业为重的叶文星的思想性格，也不符合叶文星与这三位女性之间关系的发展逻辑，以及这些关系中所体现的传统意识与现代意识的关系与矛盾发展逻辑。

同"打工仔"是一种新生而又是尚未稳定的社会阶层的情况一样，"打工文学"尚是一种未稳定未成熟的文学潮流。作为这种文学的首部长篇小说《广州梦》也是一部有新意而不够成熟的作品。它的成功，主要是如前所述的体现了"打工仔"的追求与矛盾冲突，所塑造的几个人物形象有其典型意义和个性，但尚未能在所写人物的生活道路所呈现的时空中，提供（或挖掘出）更多更丰富的社会生活与思想内容，未能扩展更宽的生活面；所写人物思想性格挖得不够深，尤其是内心世界的矛盾冲突展示不够，偏于就故事情节转。这虽然使小说具有情节性、可读性、通俗性的优点，会受一般读者（尤其是"打工仔"）欢迎，但从文学价值而言，从小说所运用的现实主义创作方法的要求（创造典型环境与典型人物）来看，是本来可以而又尚未达到应有水平的。如果"打工文学"主要是现实主义的一种文学，也是应以此作为评价标准的。看来，无论是《广州梦》的作者或是"打工文学"，都有待为此作出更大努力。

1994年元宵节于康乐园

一幅现代体验式的西关风情图

——读梁凤莲的长篇小说《西关小姐》

梁凤莲在刚问世的新作《西关小姐》后记中说："我在小说里强调情感、强调命运、强调时世变迁的活动力，这是小说最真诚的也是最宝贵的元素，在阅读中借此可以去体验生存的意义、体验爱、体验命运的浮沉，从而领悟如何面对不可抗拒的力量，如何保持做人的优雅与从容，保护内心诚信的定力和尊严，比起活着本身，这就是生存的价值所在，也正是小说的价值所在。"这段自白，清楚地点明作者是以个人体验去写自己的生长地广州，同时也希望读者在阅读中去"体验生存的意义、体验爱、体验命运的浮沉"的。具体表现在：

一、体验式的世态风情描绘

小说以倒叙与直叙的方法，通过西关小姐若荷的一生经历，体现了从鸦片战争前后到广州解放的百多年间中国及广州的时代风云，从林则徐禁烟，康有为、梁启超的戊戌变法，孙中山领导辛亥革命、第二次革命和北伐战争，直到叶剑英率领解放军解放广州等重大历史事件，莫不在书中有所体现。小说以特别浓重的笔墨描绘了广州西关特有的人情风俗和良辰美景，如传统节日春节、人日、七巧节，以及洋人的圣诞节，广州的美景泮塘、西关的环翠园、荔枝湾、西来初地，趟栊式的西关大屋，茶楼和饮茶习惯的普遍，粤剧、粤乐的风行，广彩、广绣、广雕的走俏，香云纱的发明和风起云涌，新潮服装的日新月异，莫不写得淋漓尽致、美不胜收，可以说是将广州西关在十九与二十世纪之交近百年的主要世态风情简略托出了。

值得注意的是，小说中对这些世态风情的描写，与许多作家有很大区别的是：作者是以自身的文化意识去体验而选择描写的，而又是以体现当年和现代的文化意识及内涵去体验和描写的。例如，写泮塘的景致与西来初地、华林寺一带的风情，强调"雨翻荷叶绿成海，日映荔枝红满楼"的诗意境界。描写代表荔枝湾风情的私人庭：环翠园的景色，则着意体现若荷少女情怀的唤醒，在"白荷红荔半塘西"的诗境中体验出若荷有似荷花性格形成的文化基础。写海山仙馆及在馆中戏台上唱粤剧、奏粤乐的"缥缈回环，风送荷香，水润音韵"的情景。若荷年轻时曾参加两次时势大集会，都有不同的身世体验和文化背景：一是辛亥革命高潮时革命军在白鹅潭广场的演讲会，二是在广州举行的讨伐袁世凯称帝大游行，她在前者的时代热潮中与初恋情人刘可风达到爱情高潮，后者则是刘可风与她决绝而投入时代风暴，显然，前者的时代顺境与后者的时代逆境，同若荷的个人顺境与逆境是密切合拍的，这也正是以个人体验体现世态风情的典型笔墨。

从这些描写可见，《西关小姐》可以说是一幅体验式的西关风情图；从中亦可见作者所用的体验的方式，可以说是现代文化的一种现代艺术方式，既可以反映过去时代的世态风情所体现的文化内涵，同时又可以在旧题材中体现新的文化意识和艺术观念，使旧时代的文化寓于现代文化的载体之中，达到传统与现代的融合统一，可说是值得借鉴的以文学体现地域文化的艺术途径或经验之一。

二、体验式的主人公形象塑造

照我看来，小说中世态风情及其文化内涵的描绘和体现，功力尤应重在小说主人公的形象塑造之中，包括写有什么样文化内涵和性格的人物、以什么样的文化和美学观念写人物，尤其是在主人公形象塑造中能否或程度如何地体现出其观念意识、思维方式、行为方式中所蕴含的时代和地域文化内涵和依据。

主人公取名若荷，顾名思义，人如其名，显然寓有人若荷花之意，与作者的姓名梁凤莲更有明显关联，说其是作者理想和性格的投影未尝不可（当然不能说是作者自传体小说）。作者在小说后记中要读者从书中领悟"如何面对不可抗拒的力量，如何保持做人的优雅与从容，保护内心诚信的定力和尊严"，甚至说这"正是小说的价值所在"，是自己"调动起一切个人的可能性，偿还心债和夙愿"之所在。从这些话可见，说主人公若荷是作者以自身美学理想和文化意念去体验而塑造的人物，是有依有据的。

从小说塑造的形象上看，若荷的形象简直是荷花形象的活灵活现，她既有优雅从容的传统美和西关文化风韵，又有敢为天下先、与时俱进的现代美和珠江文化风格。她自小知书识礼，文质彬彬，娴静贤淑，好学上进。长大后有美好的爱情追求，又有跟随时代前进的热情。但她命运多舛，屡遭挫折：初恋失败，不仅不能与理想情人结合，连初生之子也被抢走；父母双逝，不得不承担裁缝店家业，又不得不与没有爱情基础的店中伙计均宏结婚；成家后本以为可安稳度日，重振家业，不料均宏却变成了吃喝嫖赌的浪子，致怀孕在身也无人照顾，更被败掉家产，被迫迁居，直到1949年后才恢复平静生活。在这一系列"不可抗拒的力量"面前，若荷始终是"保持做人的优雅与从容，保持内心诚信的定力和尊严"。可见小说的形象塑造和效果，同作者的意图完全一致，这也是作者以体验的方式塑造主人公形象的佐证。

值得探究的是，若荷的这些遭遇是否完全是"不可抗拒的力量"造成？她的浮沉命运与她的思想性格有无关联？这些力量和性格关联的内涵具有什么样的文化底蕴？我认为若荷的这些灾难，其中有不可抗拒的自然力因素，但更主要而深层次的是社会和地域的文化力。就拿若荷与刘可风初恋失败这灾难而言，刘家反对这对情人结婚，是出于家门不当对的封建文化观念；后同意若荷做妾，但李家不同意，则是出于自食其力小商人的自尊文化意识和性格；刘可风与李若荷在灾难面前不采取当时已有不少先例的逃婚方式反抗，而是忍气吞声，逆来顺受，原因也在于这两人的思想性格及其内在的文化力，即：他们既有自由恋爱的新文化观念，又有传统文化的孝顺观念，所以他们在经过一场痛苦挣扎之后，还得以服从而落败。可见在人物思想性格深处的文化力，才是不可抗拒的，因为这决定着人物的思想观念、思维方式和行为方式。

小说对这些文化力的体现，还具有时代性和地域性的内涵。例如，若荷在学生时代即以自己设计制作的新服装领导同学服装新潮流，提出做校服的建议和式样，甚至提出为革命军做军服，这些行动和建议，固然是出于她的家庭行业，但更重要的是体现了这个人物及其所处时代和地域的文化观念，因为这是变革时代及其中心地广州的特色文化之一，也是引领时代潮流、与时俱进的珠江文化特质的体现。由此可见，这部小说在主人公形象塑造上，是具有更深层次地体现西关世态风情的功力的。

三、体验式的人群环境

虽然小说以写及重大历史事件的方式而将时代背景拉得较大、较长，以抒情散文的方式写地域风情较多、较细，但由于主人公的社会地位和人生经历的接触面有限，又着意于以主人公的视点和体验去写其他人物，从而使得小说所展现的人群环境是较小的，而又是具有浓重的主人公的感情体验色彩的。这样，也就更直感而清楚地体现出作者和地域的文化意识和风情。

小说中所写人物数量不多、种类不多，写得稍多的是若荷父亲李和斌，母亲慰南，俄人传教士兼老师鲍斯基，英人传教士苏丝太太，情人刘可风，原是伙计后成为丈夫的均宏，管家梁瑞，姨姐善平，使妈秋姐，佛师静安，以及着墨不多的表兄姐妹周贻、倩瑶、倩蓓等等。这些人物形象虽有一定思想性格，但不是很鲜明和深刻，且都有心地善良的共性，都是好人，彼此之间都有良好关系，即使有矛盾冲突（如刘可风的爱情断裂）也不是本质性的，是被迫的，即使变坏（如均宏后来嫖赌）也是一时性的，会改正的。这些现象，说明作者是以若荷的思想感情去体验并描写这些人物，以若荷的文化意识去体验并描写切身的人群环境，从而起到更深切地写出若荷的思想感情和善良人品，从而体现出集传统与现代优秀文化于一身的作用。但却造成了所写人物性格不够突出，矛盾冲突未能深入展开，所写人物未能构成形象群体，从而未能较宏观、较全面地展示出一定社会结构及其人文环境的缺陷。由此看来，以体验方式写世态风情虽有鲜明的个性和现代色彩，但也难以达到巴尔扎克以传统现实主义方法所写《人间喜剧》那样"十八世纪法国世态风俗录"式的境界。

四、体验式的语言环境

从小说的整体结构上说，《西关小姐》可说是一部散文体小说，其语言方式是散文式的，语言格调是抒情式的，挥洒自如、自信、自在、流畅、活泼、境美情浓、情景交融，简直可以说整部小说是一部优美的散文诗。这个特点，也正是体验式写作的体现和实证。

这种语言方式和格调，也为这部小说造就了一种尤有文化氛围和韵味的文化环境，从语言上将主人公思想性格及其生长环境的文化特色体现出来。例如，小说写若荷童年时向女伶梅姐学唱粤剧一段：

> 或者教她几句小曲小调，或者教她运转关目，如何眉目传情七情上脸，如何甩水袖走台步，如何把那粤剧子喉的腔调唱得咿呀婉转，摇曳缠绵。聪明的若荷模仿得有板有眼，带着童趣的天真烂漫，煞有介事，一段《胡不归慰妻》的唱段，能似模似样地唱完。

这段体验式的语言文字，既有粤剧术语，又有粤语方言，但都能明白其义，且形象生动，如"眉目传情七情上脸""子喉的腔调唱得咿呀婉转""有板有眼""似模似样"等，既以学粤剧的情态写出若荷的性格和文化气质，又以粤剧的普及和句句到位的特点描写，体现了广州西关文化特色，活灵活现若荷的生长环境。可见这种体验式的语言是有助于体现人物及其环境的文化特质的，也是一项值得借鉴的体现世态风情的艺术方式和经验。

但这种方式也有明显的缺陷，这就是由于以主人公的体验式语言为主体，造成忽略或淡化了其他人物的语言作用，所写人物对话甚少，其他人物的性格语言较弱，造成所写其他人物性格不够鲜明，也削弱了对环境文化内涵多样性、丰富性的展现。

任何艺术方式都是有利有弊的。任何艺术的创新都是对旧形式局限或缺陷的突破或克服，同时也会出现新的局限或缺陷。这也是从《西关小姐》的创作中可见的艺术道理。但尽管有新的局限或缺陷，其创新的勇气和经验是值得赞赏和借鉴的，其成绩和成功之处是主要的，特别是从中可见作为文学博士的青年女作家梁凤莲，多年来在探索现代与传统、文化与文学、理论批评与各种文体创作实践等多层面的结合上，取得了新的进展，达到了新的水平。《西关小姐》这幅具有浓厚文化内蕴和较高文化价值的现代体验式西关风情图，就是她取得新进展、达到新水平的标志性作品。

2005年11月3日

珠江文化

珠江文化的形成、发展和总体形象

——在广东珠江文化研究会成立大会上的报告

一、珠江文化之界定和形成的依据

所谓珠江文化，是指五岭以南的珠江流域地区的文化，故又称岭南文化，主要包括广东、广西、海南以及香港、澳门。在这样广大的地域里的这些省市地区，由于历史发展的各种因素，造成了经济、政治、文化发展的不平衡，形成了现在人们所共见的各不相同的社会生活状态。但是，从大文化的视野，也即是从这地域的人们的观念意识、思维方式和行为方式的总体共性来说，却又是有着许多相同或相似的特征的。这些特征，从横向而言，有其在本地域的普遍性和与其他地域文化区别的独特性；有各自的特征性而又有内在的一致性。从纵向而言，有其源流的共同性，又在不同的发展阶段和内容中有其发展或表现形式的一致性。所以，这些特征所构成的总体，是有其相对的固定性、体系性、共同性的，是可以由这些总体特征及其内涵，对珠江文化作出界定的。

作为中国两大河流的黄河文化和长江文化，已得到举世公认，而作为第三大河流的珠江文化，迄今仍欠缺全面系统的探究和论证，有许多认识的空白点和分歧点，对其是否存在、特征如何以至其是否形成或何时形成等，都有待深入研究。我认为要探究或解决这些问题，首先得在文化的概念和内涵上取得共识，既不是将文字的诞生作为文化的起点，也不应当只是以现代意识或文明的发端作为文化形成的标志，而应当以是否形成共性的观念意识、思维方式和行为方式为标志。以此观点看来，我认为珠江文化形成于西汉初年之说是可以成立的。因为在此之前，珠江流域地区虽然早有人类生活的历史（据考古学家称，曲江马坝原始人化石距今12万年，封开黄岩洞发现的原始人牙化石距今14.8万年），早已是多民族聚居之地，百越、西瓯、壮、侗、瑶等土著林立，并各自形成其种族或部落文化，虽然百越、西瓯曾分别兴盛一时，但为时不长而只是局限于粤西一隅，始终未能构成体现整个岭南之态势。秦始皇统一岭南，可说是汉族（或中原）文化与岭南土著文化交融的开始；赵佗自立南越国近百年，始终在土著反抗中"与越杂处"，"和集百越"，初步做了民族之间的文化交融工作，虽未能形成完整格局，但应该说是为珠江文化的形成打下基础或作出了铺垫，是珠江文化的序幕或前奏曲。

明末著名岭南学者屈大均在《广东新语》中说："广东居天下之南……天下文明至斯而极，极故其发之也迟，始然于汉，炽于唐宋，至有明乃照于四方焉。故今天不言文者必称广东，盖其当日月之所交会……生其地者，其人类足智而多文，故日月之精华所吐噏而成者。"这些见解是颇精辟的。"始然于汉"，正是珠江文化发端或形成于汉的最早说法，是有依据有道理的。首先是在于从西汉开始有了统辖整个岭南的州治，即公元前111年，汉武帝在广信设交趾部纠劾岭南各郡（包括秦始皇时将岭南划分为南海郡、桂林郡、象郡所辖的全部地域），后又易名交州，设刺史进一步行使统辖职能，以行政管治的一统化促使了岭南的经济文化的一统化，从多民族的多地方而又是分裂的小型的分散型的经济文化，过渡为有相对较大地域性和自成格局的经济文化。这是珠江文化在西汉时形成的重要条件和依据。

据历史学家论证，从迄今在广东、广西出土的汉代100多件农具（锄、锸、镰）文物，证实了当时农业发展水平，同中原地区一样，已进入封建社会经济，少数自耕农上升为地主，完成了从奴隶主向封建地主的转化，标志着岭南地域的社会经济有了质的飞跃。湖南长沙马王堆出土的西汉文物中，有"广信令印"一枚，在一幅地图上有"封中"二字标于"封水"（即今贺江）流域，可见当时的"广信"及其相邻地区，经济是特别发达的。据史料记载，当时广信所在的苍梧郡，西汉时有24377户，146161人，东汉时即增加为111395户466975人（而此时的南海郡仅有94258人，相差7万多人），人口之多和增长速度之快，可见广信作为当时岭南首府具有经济中心的地位，而经济中心的确立，也意味着文化中心的确立，意味着珠江文化有了凝聚和辐射的中心，这也是珠江文化在西汉时形成的重要依据和标志。

更为重要而鲜明的依据和标志，是西汉时的岭南首府所在地——广信出现了影响全国的新经学学派，即以陈钦、陈元父子为代表的"古文经"学派，同以范升为代表的"今文经"学派进行了激烈的论争，后终于在汉光武帝时设立《左传》"博士"职位，使其从民间走向官府，使"古文经"学派可与"今文经"学派并驾齐驱。屈大均在《广东新语》中说二陈是"粤人文之大宗"，又说陈元之子坚卿"亦有文章名，能传祖父之业。噫嘻！陈氏盖三世为儒林之英也哉"。此外，尚有东汉时的交趾太守士燮，也是著名的经学家，在任40余年之久，"既学问优博，又达于从政"（东汉北国名儒袁徽的评语），其弟士壹、士䵋、士武都是从政学者，时人称为"四士"，其父和子均任太守，有"一门六太守"之称。尤为值得注意的是东汉时的牟子，在广信完成了《牟子理惑论》的著述，以重要的创新理论在中国佛教史上写下了新的一页。南汉名将苏章，以在封川用铁链沉于水中大败楚军的杰出战例，发展了孙子的军事学，以及葛洪以《抱朴子·内篇》发展了老子的道家玄学等。这些学派的出现、承袭和发展的现象，文化世家和世代的现象，自成一家之学并对中国儒学、佛学、道学、军事学有所发展的现象，是整个地域有较成熟的文化基础、有较深的文化内蕴、有较强的文化实力、有较浓的文化氛围和环境的体现。而这些居于当时时代前列的思想文化意识及其代表人物，正是珠江文化形成的主要标志。

二、珠江文化的发展时期

广信在西汉时成为岭南政治、经济、文化中心，能够产生居于时代前列的思想文化意识及其代表人物，并标志着珠江文化的形成，是与其历史交通条件优越密切相关的。由于五岭之隔，岭南与中原地区的交往甚为不便，秦始皇时在桂北开通灵渠，使长江水经过湘江、漓水，同珠江的封水（即贺江）相通，开辟了南北交通要道，使中原的经济、文化由此而进入岭南，由此而得风气之先，取得先一步的经济文化繁荣，并以其中心地位和西江向岭南各地的交通渠道转移，使整个岭南地域逐步发展繁荣起来。这说明交通条件对地域的经济文化发展起着重要作用。

汉代以后，穿越五岭的南北通道增多了，陆路交通发展了，北江、东江、韩江和其他江河的交通也进一步发展了；尤其是濒临南海的地理形势，随着海上运输的逐步兴起和发展，使得岭南不仅只靠南北通道引进中原经济文化，而且以海上通道引进了南洋和外国的经济文化，造成了岭南的经济文化重心逐步由西向东转移。三国时期，岭南隶属东吴，将统辖整个岭南的交州，以广信为界，分出东部（主要是南海郡部分）沿"广信"之名，称为广州；宋时又以广信为界，之西谓之"广南西路"，之东则称"广南东路"，元明之后的广东、广西之分，即沿此而来。这些行政府治的变革，既是岭南地域社会政治经济结构变化的要求，同时也对经济文化的发展起到促进作用。所以，可以说这些区域分治表明了经济文化的发展促使作为城市的中心增多，也意味着地域的封建经济增强；同时，对总的大的趋势而言，从西北向东南转移的，也即是从广信（封川一带）向肇庆、曲江、潮州、佛山、广州（古番禺）转移。或者说，由于这些城市的兴起，使岭南地域的经济形成了多元的格局和趋势，由此使得形成不久的珠江文化进入了新的发展阶段或更为成熟的时期。

屈大均说广东文明"始然于汉，炽于唐宋，至有明乃照于四方焉"，所言正是珠江文化在古代的三个发展阶段或时期，即：开始形成的第一时期，在于汉，以广信为中心地带；兴盛于第二时期，在于唐宋，以肇庆、曲江、广州为中心地带；也同样在这些地带发展为第三时期，在于明代；清以后的近代，即是清末民初时期，可称为第四时期；第五时期则是二十世纪八十年代改革开放年代。

作为在唐宋时代的第二时期的珠江文化的代表文化意识和人物，主要有唐代著名诗人和宰相张九龄，以及南来诗人和政治家韩愈、刘禹锡、苏轼、杨万里、文天祥和书画家米芾，唐代岭南第一状元莫宣卿，著名的宋代清官包拯等所代表的儒家思想和文化意识，六祖惠能的革新佛学思想，等等，都是这时期珠江文化兴盛（"炽"）的主要标志。第三时期的时代，除了著名的岭南学者陈白沙、屈大均等所代表的现代文化意识之外，值得特别注意的是意大利传教士利玛窦在这时期从澳门进入肇庆，在中国首次传入天主教，由此而影响全国；而在明末时候，随着南明皇朝的南迁，以顾炎武、黄宗羲为代表的启蒙文化思想也传入岭南，并与具有"海味"的珠江文化结合，使这时的珠江文化既有中原、本地、海外的综合因素和结构，又有明显的世界性和现代性的色彩（即"照于四方"）。第四时期是人们熟悉的，洪秀全的"太平天国"革命，康有为、梁启超的"戊戌变法"，孙中山领导的辛亥革命和北伐战争，黄埔军校、中山大学、粤剧、广东音乐、岭南画派等等，都是珠江文化在这时期的重要标志。这时期的主要中心地带广州的凝聚和辐射作用，是尤其突出的，这时期的珠江文化对全国的影响和领潮作用是巨大的，所以说这是珠江文化又一兴盛时期。作为珠江文化发展史上第五时期的八十年代，主要得益于在改革开放中"先走一步"，以办经济特区和实行特殊经济政策，使经济腾飞而促使文化发展，现代文化意识走在时代的前列，影响全国，举世瞩目。

三、珠江文化的总体形象

打开中国地图，即会看到：黄河、长江像是两条巨龙，自西而东地在神州大地蜿蜒，具有浩浩奔腾的气概；而处于南疆的珠江，其诸多支流（西江、北江、东江等等）像是条条小龙，向其汇合的珠江入海河段（从三水到虎门）奔来，既像是多龙争珠，又像是珍珠发射出的道道光芒，向四面八方放射，覆盖着整个岭南。这种自然地理的形象，似乎象征着中国这三条最大江河的文化特征的总体形象的不同。如果说，将中华民族视为"龙的传人"、中华文化称为"龙的文化"，与作为汉民族的始祖炎帝和黄帝的"龙"为图腾有关，同时也与作为汉民族文化发祥地的黄河的总体形象"龙"有关，而且，作为中华民族在近代经济发展的中心地带的长江，其总体形象也像是条巨龙的话，那么，珠江的总体形象，则像是多条小龙奔向宛若蜘蛛网的中心聚舞龙珠，又像是从龙母胎出来后奔向四面八方的诸多小龙，形成既是多元凝聚又是辐射开放的形象。这正是江河自然条件的各异而造成自然地理形象的不同。由此看来，如果以巨龙的形象喻为黄河和长江文化的总体特征的话，恐怕以诸多小龙汇聚而竞飞的形象比喻珠江文化的总体特征也是贴切的。因为珠江文化的实质和形态的总体特征正是如此。

从地理形势来说，岭南北部傍五岭（越城岭、萌渚岭、都庞岭、骑田岭、大庾岭）而地势高，自北而向南倾斜，直濒海滨，可谓"坐北向南"之好"风水"；地域内的珠江水系，诸多大小江河，宛若蜘蛛网，星棋密布，不是"大江东去"的气势，而是来自四面八方的微波细流，有东向之流（如西江），有西向之水（如东江），更多是自北向南而入海之走向，这也是"坐北向南"之势。另一方面，岭南海岸线长，同时又受南海自南而北的影响，海风海潮也经常直接地自南向北地影响着岭南气候和珠江的水位。如果将来自五岭以北的中原经济文化譬喻为"北风"，将来自海外的南洋和外国经济文化譬喻为"海浪"的话，那么，以岭南地理形势视之，则可谓正是"北风"与"海浪"会冲之地，是两者夹击而又是交汇的经济文化。这也是珠江文化的一个总体形象，也是其实质和形态的总体特征之一。

这些珠江文化的总体特征和形象，决定着并表现为一些比较明显的特点，主要是：多元性和兼容性，敏感性和争先性，实效性和适应性，民俗性和大众性，等等。这些特征，在当今的社会生活中的表现，可谓俯拾皆是，而其发端的渊源及其发展脉络，则是知者不多的，是有待了解的事；尤其是这些特征在文化学术上的体现，更是值得探究的课题，是对珠江文化进行深层次研究所必须探究的课题，有待我们进行深入的系统的研究。

2000年6月28日于广东大厦

现代珠江文化特征概论

——《珠江文化系论》之一章

　　1992年10月，来自广东各地和北方一些省市的文艺评论界部分人士汇集于风景秀丽的肇庆鼎湖山，在蓝带作家山庄举行了一次别开生面的"南北对话"。尽管这次对话并不怎么引人注目，人们对其结果也评价不一，但是，广东文化界人士能够堂堂正正地与北方同仁展开对话，本身就非同寻常。它至少透露出这样一个信息：失落了许多年的珠江文化，确实已经回归了。

　　过了不久，广东电视台举办了一次不同寻常的"南北歌手对抗赛"。至于谁胜谁负，并不重要，重要的是广东歌坛敢于向北方歌坛"打擂台"。这本身与其说是南北歌手的一次竞赛，倒不如说是广东歌坛代表珠江文化向当今颇为流行的"广东文化沙漠论"发起的一次挑战和冲击。

　　现代的广东，当然再也不是古代那种"南蛮之地"了，为什么会被一些人称为"文化沙漠"？此中原因，倒是值得深究一番的。

　　众所周知，广东的北面是"逶迤腾细浪"的五岭山脉，正是它，使得这片土地与作为中国历史上政治文化主体的中原地区相隔；南面则是南中国海，海上的"丝绸之路"连接东南亚以及五大洲各国；地域的主体水系——珠江，也是自成一统，与中华民族发祥象征的黄河及长江并不相连，只是秦始皇时代在广西兴安修建了灵渠，才使南北水通。也正是从那个时代开始，中原汉人不断进入岭南，将中原文化带入岭南。在漫漫的历史长河中，这种来自中原的文化与广东原有的土著文化互相融合，并通过"海上丝绸之路"不断吸收东南亚以及世界各地的文化，从而形成一种有着自己特色的珠江文化。

　　不过，珠江文化迅速崛起，是在鸦片战争打开国门之后。这场战争打破了中国人的"天朝梦"，造就了诸如林则徐、洪仁玕、康有为、梁启超、孙中山等一大批"睁开眼睛看世界"的有识之士，他们绝大多数是广东人或者在广东生活过的邻省人。正由于如此，广东成为首迎海风的窗口，外来文化尤其是西方文化首先从这一窗口源源不绝地吹进广东，使岭南文化在"海风"与"北风"的夹隙中迅速形成自己的格局，出现了一个颇为值得怀念的辉煌时期。正如散文大师秦牧在辞世前不久发表的《书坛怪杰李铁夫》一文中所指出：那时，"许多首先涌现的'第一个'的人物都生在广东。除孙中山、康有为等众所熟知的人物外，第一个留美学生容闳，第一个大工程师詹天佑，第一个机器纺织业创办者陈启沅，第一个飞行家冯如……都出生在广东。在许许多多的'第一个'当中，有一个名字也很值得大家铭记，这就是首先到欧美研习油画，并且以卓越的艺术造诣第一个蜚声海外的画师李铁夫"。此外，第一个倡导"新派诗"的黄遵宪，被誉为"痴绝、才绝、情绝"的苏曼殊，以谴责小说饮誉全国的吴趼人（我佛山人），以"两高一陈"即高奇峰、高剑父、陈树人为代表的岭南画派，独树一帜的广东音乐，等等，都出现于那个时代。

然而，正如广东画家林墉所指出的那样："已经不是数十年，不是数百年，而是一千多年来就已经存在文化上对南方吹来的风采取抵制的态度。以中原中土自居，一直抵御外来文化。这种政治上的封闭性导致了文化上往内反馈，已是根深蒂固。一直到今天，仍然有增无减。"（见《走向市场经济的中国——王志纲社会趋势对话集》）正是由于这样，岭南文化自其形成之时起，就从未获得公认。及至五十年代和六十年代前期，中国文化出现苏化的态势，四十年代在陕北开始形成而在华北丰富并奠定的北方文化，到此时取得了垄断的地位，不仅成了民族文化的正宗，而且成了"革命文化"的正宗，对包括岭南文化在内的各种地方文化造成了前所未有的冲击。在那个年代，虽然欧阳山、吴有恒等少数作家及关山月等少数画家仍然努力保持自己的特色，而更多的广东文化人则是向北方文坛看齐，以"过长江，跨黄河"为其奋斗目标，有些甚至自觉地跻身于北方某个流派，从1966年开始的"文化大革命"，将中国文化进一步推向异化、教化、法西斯化，欧阳山的《三家巷》等保持南国特色的文艺作品遭到了全国性的"口诛笔伐"，粤剧与广东音乐被斥为"靡靡之音"，岭南文化也就完全失落了。要说"文化沙漠"，那时才真的是"文化沙漠"呢。当然不止广东，全国都是如此，因为那时全国只有一本红宝书和几个

"样板戏"。

改革开放以来，广东在经济上先行一步；而在文化上，如果从打破封闭、吸收外来文化的角度看，也可以说是先行了一步。这两个"先行一步"，是互相联系的。开放型的经济，离不开开放型的文化观念。珠江文化本身就具有开放性的特征，在开放时代，它的回归也就顺理成章了。当然，这种回归，是在新的历史条件下以新的姿态和风貌出现的，换句话说，就是建立现代珠江文化。为此，广东老作家吴有恒在八十年代初就发出"应有个岭南文派"的呼吁，并提出："广东是较早地较多地吸收外来的新文化的，过去如此，现在也如此。用现在的话来说，那就是对外开放，是新潮。"同时他又说："康梁时代有康梁时代的开放和新潮，现在有现在的开放和新潮。梁启超中举人的八股文：'明莫明于千里镜，巧莫巧于火轮船。'当时很新，现在就只能是老古董了。而且，这种新潮，又应是广东的新潮，而不是别处的新潮。"接着，一批评论家以《当代文坛报》等刊物为阵地，展开了关于"珠江文化圈"的讨论；文坛、乐坛、画坛以及影视界大批人士，纷纷摆脱了"向北方看齐"的状态而致力于现代岭南文化的建设。《雅马哈鱼档》《商界》《公关小姐》《外来妹》《情满珠江》等一大批新潮作品相继问世；特区文学新秀刘西鸿等以其具有浓郁南方都市风味的小说，给岭南文坛带来一股清新气息，形成了一种体现珠江文化精神的"刘西鸿现象"；杨干华的长篇小说《天堂众生录》和《天堂挣扎录》则展示了南方农民的独特心态，为珠江文化开辟了一个新天地；曾经以《信天游》一类歌曲而著称的乐坛，也将视角从"山丹丹"转向南国风情，吹起一股带有浓郁海洋味的"南风"；至于广告文化、包装装潢、HI-FI欣赏、卡拉OK等等，广东更是走在全国之前列。

事实表明，乘改革开放春风而成长起来的现代珠江文化，比之传统的岭南文化更具开放性，它与北方中原文化的差异也比传统的珠江文化更为明显，正由于如此，它更易招致那些"以中原中土自居"而对珠江文化一直抱有偏见的人们的责难，轻者责之以"层次低"，重者斥之为"文化沙漠"。

称广东为"文化沙漠"固然近乎神话，而说广东文化"层次低"倒还有讨论一番的必要，因为这不仅关系到对现代珠江文化的评价，而且关系到这种文化的走向：究竟是回过头来向北方看齐，还是继续走自己的路，让人家说去？同时，现代岭南文化还处于"小荷才露尖尖角"的雏形阶段，确实还未出现令全国乃至全世界瞩目之巨匠，还未出现里程碑划时代的巨著，在其发展过程中难免出现这样或那样的偏差，因此，实事求是地分析一下现代珠江文化的主要特征，弄清其长处与短处、正面与负面、积极方面与消极方面，是很有必要的。

杨干华在《作品》1993年第十期的主编絮语《为富不文乎？》中说："眼下，广东正大步迈向新的世纪，经济要腾飞，精神要建设。要崛起高楼大厦埋荒瘠，要呼唤美人香草聚芳洁。诗风骨，文气节，不可灭。安能腼颜拜金拜物吹箫笛，屈膝街角地摊弄风月。老中青，齐超越，发不同青心同热。真勇士流尽最后一滴血，大家子写尽最后纸一页。把酒且凭栏，看珠江卷起文采风流浪千迭。缪斯啊，我们爱你没商量，铁。铁。铁！"从这段激动人心的豪语中，我们完全可以预见：珠江文化定会攀上新的高峰，正如一首流行歌曲所唱的那样："明天会更好。"

1994年12月

（收入本书时有删节）

珠江水系抚育的珠江文化

——《中国珠江文化史》概论第一节

何谓珠江文化？即：珠江水系及其毗邻江河流域和沿南海北岸地带所抚育的文化。珠江水系若何？迄今屹立于云南曲靖马雄山珠源洞的《珠江源碑记》云：

> 黄帝画野，始分都邑；大禹治水，初奠山川。珠流南国，得天独厚。沃水千里，源出马雄。古隶牂牁，今属曲靖。地当黔蜀之冲，山接乌蒙之险。三冬无冰雪，四季尽葱茏。滴水分三江，一脉隔双盘。主峰巍峨，老高峙立。溪流涌泉，若暗若明。汇涓蛰流，出洞成河。水流汩汩，终年不绝。是乃珠江正源，海拔二千一百余米。穿牛鼻，过花山，南盘九曲，清流激湍。红水千嶂，夹岸崇深。飞泻黔浔，直下西江。会北盘于蔗香，合融柳于石龙，迎邕郁于桂平，接漓桂于梧州，乃越三榕，出羚羊，更会北东二江，锦织三角河网，八口分流，竟入南洋。四十五万三千七百平方公里流域，二千一百一十四公里流长，年均水量三千四百亿立方米，蕴藏水能三千三百万千瓦。聚九州之英华，集五岭之灵秀。气候温和，风光奇美，河水充盈，物产丰饶，士工昌盛，旅贸繁荣，江水恒流，世民泽披。仰前朝之伟绩，秦渠宋堤；慕当代之风流，大化新丰。今政通人和，华夏复兴。乃重勘珠江，复探珠源，拓三江之水利，展四化之宏图。乙丑孟秋，立碑永志。

这座1985年8月由中华人民共和国水利部珠江水利委员会和云南省曲靖地

区行政公署所立、并由国家水利部和滇、黔、桂、粤四省区负责人在此举行隆重仪式而立起的石碑，可谓以永久定格的铭文方式，将珠江水系的构成、所含支流及其先后交汇程序、流域面积及流长、流量，以及"得天独厚""气候温和，风光奇美"等自然文化条件和特质，科学而权威地明确了。如果要作补充的话，那就是在其所称的"更会北东二江，锦织三角河网"句前，可点明北江和东江之发端湖南、江西，增加注明源自福建的韩江等毗邻江河流域，以及其"八口分流，竟入南洋"的南海北岸等地，那就更完整地描绘出珠江水系地域图、也即是珠江文化地域图了。

由此可见，珠江文化带、也即是珠江文化覆盖地域，包括：广东、广西、贵州、云南、湖南、江西、福建、海南，以及香港、澳门，相当于泛珠江三角洲经济合作区域（即"9+2"，四川属辐射地域）。所以，珠江文化是泛珠三角区域合作的文化基础和纽带。珠江作为南中国母亲河的文化，自然包含着：南粤（岭南）文化、八桂文化、黔贵文化、滇云文化、湖湘文化、赣文化、闽文化、琼州文化，以及香江文化、澳门文化等亚文化或子文化。珠江文化是中国南方纵横江河与南海贯通构成的多元一体文化带。

珠江是中国第三大河流，是"茫茫九派流中国"的主干大河流之一。珠江文化与黄河文化、长江文化、辽河文化、雅鲁藏布江文化等大江河水系文化，共同构成多元一体的中华民族文化体；每条水系文化，都是不可分割的有机组成部分；同时又是各有其自身历史、形态、特质和独特贡献的组成部分。

珠江文化的历史、形态、特质是什么呢？广东省珠江文化研究会的同仁们，从二十世纪九十年代初开始至今，凡20年的探索，又于近两年全力编著这部《中国珠江文化史》，都是为回答这些问题而作出的努力。

2009年6月

附注：《中国珠江文化史》由广东教育出版社2010年6月出版，全书上下册共300万字。中共中央政治局委员、时任广东省委书记汪洋同志（现任中共中央政治局委员、国务院副总理）2010年7月8日致信该书总主编黄伟宗表示祝贺鼓励。

多学科交叉的立体文化工程

——《珠江文化丛书》总序

一个国家、一个民族、一个地域的特点，从总体精神上说，实则是文化特点。其特点的形成，是由不同的地理条件（尤其是水的条件）和气候条件，使得人们有不同的生存方式、生产方式与生活方式，而长期造成的不同的精神意识、思维方式、人情风俗和道德观念等等。这些属于文化范畴的特征，既决定着每个国家、每个民族、每个地域的政治、经济与文化的实体、措施与形态，又体现于自然科学、人文科学的研究思想和文学艺术的创作与研究中。正如法国十九世纪著名理论家丹纳在《艺术哲学》中所说："要了解艺术家的趣味和才能，要了解为什么在绘画或戏剧中选择某部门，为什么特别喜爱某种典型，某种色彩，某种感情，就应当到群众中的思想感情和风俗习惯中去探求。由此我们可以定一条规则：要了解一件艺术品，一个艺术家，一群艺术家，就必须正确地设想他们所属的时代的精神和风俗概况。这是艺术最后的解释，也是决定一切的根本原因。"

当今世界已经进入了文化时代，也即是改变了过去只是以政治观点和政治利益去认识和把握一切，代之以文化意识与方式去认识和把握一切的时代。西方各国现代文化学的兴起，学派林立，形成热潮，蔚然成风；中国的"文化热"也从文艺创作而蔓延于各行各业、各种学科、各个地域、各个地方，以至人们日常生活的衣、食、住、行各个方面。其中，水流地域文化研究，如黄河文化、长江文化、黑龙江文化等的研究，正在悄悄兴起，这是一种很值得注意的动向，是一个很有意义、很有前途的文化与学术领域。因为这个领域的研究，将会给每个水流地域总体特征作出科学的解释，找出其历史与现实和将来的契合点，并以多学科的并行和交叉研究论证的方法，将这些契合点科学化、综合化、立体化、实用化，使其可作为决策的依据或出发点，作为具有实用价值的新产品或具有可操作性的方略，具有可转化为生产力的科学理论或文化精品。

广东珠江文化研究会，正是适应这样的文化时代潮流和需要，于2000年6月28日在广州正式成立的。宗旨是研究与弘扬珠江文化。因为珠江是中国的第三大河，其水流地域文化覆盖整个华南和南海诸多港湾和群岛，在中华民族历史和现代的文化上有重大贡献和重要地位。按照当今国内外公认的水流地域文化理论，当某种水流地域文化形成之后，除覆盖其本身水域之外，还覆盖其周边地区。由此，珠江文化的覆盖地域，不仅是作为中心的珠江三角洲地区，以及汇合为珠江的西江、东江、北江的各自流域地带，还包括韩江流域的潮汕地区、南渡河流域的雷州半岛，南海诸岛和北部湾、海南岛、香港和澳门；如从水流的源头而言，除西江流经的广西之外，尚有西江的源头云南、贵州，北江的源头湖南，东江的源头江西，韩江的源头福建等，可见地域之广，水量丰富，文化组成成分多样而复杂，历史的发展和演变过程又极其曲折坎坷，在新时期的改革开放中的发展又极其迅速。因而以珠江文化作为一个研究领域，不仅是应时之需，而且是天地广阔，前景无限的。

珠江文化有着明显的特点。首先是它的多元性和兼容性。这特点似乎与珠江是多条江河自西、北、东之流而交汇的水态有关，是多元交汇后汇聚兼容于一体之中：从历史上说，由土著的百越文化与来自五岭以北的华夏文化、荆楚文化、巴蜀文化、吴越文化，以及来自海外的印度文化、波斯文化、阿拉伯文化、西洋文化的先后结合与交融；从当今的珠江水流地域的文化类型而言，除较明显的粤文化地区有着广府文化、客家文化、福佬文化和新起的深圳及珠江三角洲地区的移民文化之外，尚有可称之为珠江亚文化的滇云文化、黔贵文化、八桂文化、海湾文化、琼州文化等等，都是多元而相容于珠江文化的范畴中。其二是海洋性和开放性。珠江的总体形象，既是交汇型的，又是放射型的，它既像是蜘蛛网似的覆盖于整个水流地域，像是多龙争珠似的争汇于交汇中心（广州），而其中心又像是一颗明珠，每条河流又像是道道明珠发射出的光芒那样，向四面八方喷射。特别是珠江有众多出海口，即许多所谓"门"，如虎门、崖门、磨刀门等等，仅珠江口就有八个门，可见珠江与南海是连成一体的；沿海港湾和港口甚多，也都同珠江水系密切连接，所以，从古至今是陆路、沿海与海外的交通与交流枢纽，"海上丝绸之路"最早在此进发，而且数千年一直不衰：大量移民由此散布海外，海外文化也由此最早涌入，所以，海洋文化与开放意识是特别强的。其三是前沿性和变通性。由于珠江文化水系与海洋密切连接，海港特多，与西方和海外文化接收特快特多，因而前沿性也特强；另一方面，相对而言作为中国文化中心的中原文化，地理距离较远，又有以五岭为代表的崇山峻岭之隔，交通不便，由此而受中原文化控制偏少，同时也由于中原文化在这一带与海洋文化及本土文化碰撞的缘故，也就造成了相接于前沿性的变通性。此外尚有其他特点，有待深入研究，在此不一一列举。仅由此即可见，对珠江文化特点的研究，以及将这样的研究成果转化为决策依据，地域建设的方案与行为，转化为科学规划的文化产业，都是大有作为、必有成效的。

本着研究与弘扬珠江文化的宗旨，广东省珠江文化研究会组织了著名的文化学家、文史学家、考古学家、人类学家、语言学家、民俗学家、地理学家、海洋学家、气象学家、建筑学家、生物学家等各领域的专家学者，以及著名的作家、编辑家、新闻出版家等，分别组成学术委员会、创作委员会、书画艺术委员会、地域企业文化委员会、影视出版委员会、规划策划委员会和理事会，既分工而又交叉地进行珠江文化的研究和宣传，将其作为一项长期的多学科交叉的立体工程去进行。为此目的，我们依靠和组织各种力量，撰写、编辑、出版《珠江文化丛书》。

2000年6月28日

附注：《珠江文化丛书》从2000年开始陆续出版，至2015年共出版了百种以上，实现了珠江文化研究会"走万里路，写千字文，著百种书"的目标。

建造珠江文明新高地的立体文化工程

——"珠江——南海文化书系"总序

2016年8月，应新上任佛山市南海区委书记黄志豪同志（他同时是佛山市委常委、常务副市长）的邀请，笔者偕同司徒尚纪和王元林教授，以广东省政府参事室特聘参事、省海上丝绸之路研究开发项目组和省珠江文化研究会负责人的身份，对南海的历史文化进行了新的考察，提交了省政府参事建议，题目是《竖起"珠江文明八代灯塔"，照亮南海千年海上丝路——关于佛山市南海区历史文化的调研报告》，受到了省领导徐少华和佛山市领导鲁毅、朱伟等同志的重视和批示。为践行这项建议和贯彻省市领导的批示，佛山市南海区委区政府与珠江文化研究会达成共识，并得到广东旅游出版社支持，将陆续出版"珠江——南海文化书系"项目，作为逐步建造珠江文明新高地的一项学术举措。本项目之所以冠上"珠江——南海文化书系"，是由于主办的是珠江文化研究会和南海区委区政府，还在于书系的学术范畴和视野，是覆盖南中国珠江水系的珠江文化和广义的南海文化（即古代涵盖广东全境的"南海郡"，以及与珠江"江海一体"的南中国海文化）。

这项工程，我们拟分列三个书链项目进行：

一、"珠江文明灯塔"书链：照亮南海千年海上丝绸之路

为南海西樵山做出"珠江文明的八代灯塔"定位的依据，是我们从最近的考察中发现，在珠江文明发展史上，从南海西樵山发端并影响珠江文明的重大文化现象，起码有八个。也即是说，南海西樵山文化，在珠江文明发展进程的八个历史节点上（也即是"八代"），起到导航或聚焦性作用，堪称"灯

塔"，应当从文化学术上将这"八大灯塔"竖立起来，并以切实的战略举措将其发扬光大。

这个定位用"灯塔"之比喻，是其地理历史实际的形象说法。因为西樵山位于珠江连接南海的前沿地带，是珠三角平原上矗立的一座高峰大山，其地理位置正如从南海进出珠江航船导航的"灯塔"。所称"八代"之"代"，既有"朝代"之意，但又不固定某个朝代的历史时限，而是以某种文化现象萌起和发展的时段为"一代"；所以，有些是跨两个朝代为"一代"，有些是同一朝代中有两个"一代"。本文所称的"西樵"，既是指地理之"山"，更多是指文化之"山"；所称之"灯塔"，实际是指在珠江文明史上具有领航聚焦一代文明作用和地位之里程碑式的明灯、高峰。

具体的"八代灯塔"是：

第一代：新石器时代初期的人类智人与江海文明之源

1958年在西樵山发现新石器时代的石斧、石核、尖状器等遗物遗址之后，至1986年冬天的30余年间，一批又一批的考古学者和考古部门的反复考察论证确定，西樵山出土的新石器时代石器及其遗址，真实存在年代距今八千年以上，是珠江三角洲以至华南地区年代最早的一个，所以称之为"珠江流域从野蛮到文明航程中的灯塔"。西樵山新石器时代初期的智人文明，不仅是新石器时代珠江文明的灯塔，而且是以后各代珠江文明的历史源头和奠基石，因为它奠定和揭示了珠江文化海洋性特强之特质，照亮了南海千年海上丝绸之路的航道。

第二代：秦汉时代南海郡县制开始的封建文明

据《南海县志》载：秦始皇帝三十三年（公元前214年），掠取陆梁地，设桂林、象郡、南海三郡。南海郡县制从此始建。同时在郡下设县，如龙川、四会等。这是在整个岭南地域实施郡县制的开始，标志着原称的"交趾"地带，正式被纳入秦代版图，意味着当时岭南土著百越族的部落时代结束，开始进入封建文明时代。其中西樵山在这进化中发挥了促进作用。这种进化，尤为突出地表现在：一是在秦始皇统一岭南之后不久，即在广西桂林兴安县建造灵渠；二是赵佗统治岭南近百年，既促进了百越族部落文化迈向封建文化，也促进了珠江文明的进化和发展；三是汉武帝统一岭南之时，即派黄门译长从广信（今封开、梧州）到徐闻、合浦出海，正式揭开了海上丝绸之路的历史篇章。从上可见，以首建南海郡县制为标志的封建文明，在珠江流域的岭南地区起到了从原始部落社会，进入封建社会的历史转型作用，又起到促进珠江文化更大的发展进化，所以具有领航聚焦珠江文明的"灯塔"意义。

第三代：东晋时代的道教、佛教与养生文明

最近对南海西樵山文化考察，最明显的收获，莫过于在南海发现的东晋时代著名道教理论家葛洪的遗迹。葛洪不仅在学术上是作出多方面贡献的医学和化学科学家，又是对儒、道、释三家兼容并包的思想家，是最早并典型体现珠江文化的领先、包容特质的大家，无论在科学上或思想上都堪称古代珠江文化泰斗，他的科学成就和文化精神，堪称珠江文化在东晋时代的顶峰，是领航一代的珠江文明灯塔。1998年3月17日，在南海西樵山七十二山峰的最高峰，竖起高大的观音塑像。观音文化是东晋时代从海外传入，有"南海观音"之称。所以这座观音塑像，是寓现千年南海佛教和海丝文化内蕴的现代形象，同时也是聚焦展现珠江文化与海洋文化特质的亮丽灯塔。葛洪文化与观音文化，都在南海千年史上具有灯塔般的导航意义。

第四代：唐宋时代的村落、移民与农耕文明

广东自古是移民的开发地，古村落大都是移民落地生根的群居。南海西樵从唐宋开始即有这种古村落，既标志珠江农耕文明的转型，又是岭南宗族化姓氏化村落的形成和发展之基础。明代以后，南海西樵农村出现了种茶、采石、桑基鱼塘等专业化和商业化现象，并有书院、族教、家教的兴起，又出现了仕宦、功名世家，以及大量海外移民世家等现象，典型地代表和体现了广东古村落从农耕文明到商业文明、书院文明、海洋文明的进程，也是南海千年海上丝绸之路发展进程的体现。所以，这也当是唐宋时代珠江文明的一座灯塔。

第五代：明代的理学、书院与学术文明

明代中叶，西樵山誉为"理学圣地""理学名山"，主要是因为湛若水、方献夫、霍韬等理学大家在出任朝廷高级官员前后，曾在西樵山寓居、著

述、办书院、讲理学多年，成就卓著，蜚声天下，充分体现了珠江文化江海一体特质和"照四方"的影响，从而使其成为"有明"一代的珠江文明灯塔。三位大家同时在西樵山办四大书院讲学，明代理学大儒陈白沙、王阳明也先后到访，天下名士云集，威震遐迩，从而使西樵山被誉为与湖南的岳麓山、江西白鹿洞齐名的"理学名山"；他们的理论与实践，都很有珠江文化开创性、实效性特点，在明代的珠江文明史上，起到开时代风气之先的领航作用。而且，三位理学大家掀起兴办书院之风，更是领先开创平等竞争和求真务实的学术风气。这些学术思想和风气，反映了商品经济在岭南萌起的现实，同时也体现了南海西樵的学术文明，在明代的珠江文明史上起到灯塔作用。

第六代：明清时代的桑基鱼塘与生态文明

桑基鱼塘是西樵山及珠江三角洲从明代开始首创的一种生产方式。所谓桑基鱼塘，简单地解释是：塘基种桑，塘中养鱼；桑叶养蚕，蚕屎养鱼。这种始创于围海造田的水利和土地的使用方式，即是南海西樵首创，对于珠江三角洲以至所有滨海地域都有普遍意义的创举，标志着珠江文明由此进入自觉的科学农耕时代。明清时代南海西樵从果基鱼塘到桑基鱼塘的转型，而且形成高潮，是由于丝绸旺销全国和海外所促使，同时也表明了南海西樵又在丝绸产销上起到一代领航作用。这就在更深的层面上，展现了珠江文化重商性的特点和海上丝路的光辉。另外，这种闻名世界的生产方式，被公认为是一种资源利用率极高的生态农业系统，也是一种自然资源循环利用的生态环境保护系统，是一种综合性的科学生态文明的开创。

第七代：清代的丝绸机器与工业文明

1873年，南海简村人陈启沅回到家乡，创办了国内第一家蒸汽缫丝厂——继昌隆缫丝厂，西樵纺织第一个采用机器缫丝新法，掀起了纺织业第一轮工业革命，使中国缫丝业以手工作坊式走向企业规模化管理、机械化生产和系统化经营，翻开了中国纺织业的新篇章，也可以说是揭开了珠江工业文明的新史页。由此新式缫丝业之风，从南海向珠江三角洲以至珠江流域各地吹去，又竖起了珠江文明的一代灯塔，发射出海上丝绸之路的新光辉。而且，陈启沅创办机器缫丝厂被称为"中国民族资本现代缫丝工业中最早的商办缫丝厂"，而且被认为是"最早的民族资本现代工业",是"珠江三角洲商品生产近代化的起点"。这些定位,是专业学者们基于多年研究的学术成果提出的。可见陈启沅继兴办昌隆缫丝厂的创举,还在中国民族资本现代工业和珠江三角洲商品生产近代化上都具有开创意义,所以,称之为珠江文明一代灯塔是当之无愧的。

第八代:晚清时代的"经世""维新"文明

南海的朱次琦和康有为两师徒,先后倡导的"经世""维新"文明,可谓珠江文明第八代灯塔,也是古代珠江文明最后一座灯塔。朱次琦主张"资治救世,经世致用""实学致用"。这种主张之所以影响深远,首先是在于针砭了当时流行空谈的学术空气,反映了务实救世的心声,尤其是在新旧转型最前沿的珠江三角洲地区,更具有黑暗中见到一盏明灯的意义。康有为在紧接着朱次琦从旧学寻求"经世致用"之学失败以后,提出"维新变法"之新学,并不失以生命去付诸实践,莫不令人敬仰。在当今南海九江的朱次琦纪念堂上,有副后人写的楹联:"千秋新学开南海,万世名儒仰九江。"可谓全面地表达了南海西樵人民对这两位大乡贤的高度评价和仰慕之情,也印证了笔者将朱、康两师徒并列为古代珠江文明最后一代"双星"灯塔的依据和人心所在。

如果说以上"珠江文明八代灯塔"是珠江文明发展史上八个节点,也即是八个历史高地的话,那么,我们现在将其发现和竖立起来,同时从南海千年海上丝绸之路的高度将其被淹没的光辉放射出来,并且将其作为当今二十一世纪海上丝绸之路建设的组成部分,纳入"一带一路"建设,不就是进行建造珠江文明新高地、以至为南海西樵再竖起新的一代"灯塔"吗?

这项书链,主要以举办论坛方式进行,以每次论坛均出版一册论文集的举措完成。大致在总体论坛进行之后,争取每代文明办一次论坛,亦可合并或抽出两三代文明举办论坛,以三至五册论文集构成书链出版。如:可合并明清桑基鱼塘与生态文明、清代丝绸机器与工业文明举办论坛,以建造海上丝路与丝绸文化高地;可抽取东晋葛洪和观音文化举办养生文明论坛,以竖起南道、南佛"灯塔";抽取明代的理学、书院与学术文明举办论坛,作为重振"理学名山"声威、建造"南学"圣地的一项举措。

以上三个书链，既是"珠江——南海文化书系"的三个系列，同时是建造珠江文明新高地的三项文化工程，是书系与论坛结合的双轨工程，是多学科交叉的立体文化工程。我们争取用三年时间逐步完成这项工程。谨向这项工程的大力支持者和同道者——佛山市南海区委区政府（尤其是黄志豪书记）、广东旅游出版社（尤其是刘志松社长和责任编辑官顺）、珠江文化研究会的同仁们（尤其是名誉会长司徒尚纪教授、现任会长王元林教授），致以衷心的感谢和崇高的敬意。

2016年11月15日于广州康乐园

（收入本书时，本文二、三部分已删去）

附注："珠江——南海文化书系"由黄伟宗任总主编，广东旅游出版社从2017年3月开始陆续出版。

文化发现

前后"珠玑巷"的发现及其文化意义
—— "珠玑巷文化"调研报告

一、南雄珠玑巷的发现及其文化研究的回顾

1993年夏天，我受聘为广东省人民政府参事不久，即偕同当时参事室文教组的参事到粤北南雄市考察，发现距离标志粤赣分界大庾岭上的梅关不远、与唐代张九龄开辟的贯通南北的梅关古道紧接相连的珠玑巷，是自古以来（尤其是唐、宋、元、明、清）中原人南迁的主要中转站，是中原文化南移岭南、并与本土百越文化及海外文化结合的桥头堡。据史料记载，自唐代后，从中原经南雄珠玑巷迁入至珠江三角洲的人群有156个姓氏之多；自北宋末期至元代初期的200年间，大规模的南迁有三次，每次有百万人以上，陆续个别南迁则有130多次。南迁人到珠玑巷后，居住一段时期，再迁往岭南（包括广东、广西、海南）各地定居；后又有相当多的后裔，继续向海外迁移发展。所以，岭南各地及海外（尤其是南洋和美洲）华人华侨，许多都称自己是珠玑巷人南移后裔，称南雄珠玑巷是自己的故乡，其中大多有族谱或家谱为据，实证凿凿。由此，我意识到这是中华传统本根文化和后裔文化的典型体现，当即向当地提出：应抓紧研究开发珠玑巷文化，尤其是开辟寻根旅游并进行珠玑巷人南迁后裔联谊活动的建议，受到当地领导重视。不久，香港著名人士霍英东先生和广州市市长黎子流同志，也到了珠玑巷。他们很重视这建议，当即带头捐款，筹办南雄珠玑巷人南迁后裔联谊会。1995年正式成立时，黎子流亲任会长，会址设在南雄市政协内。联谊会迅速而有效地在华南各地，新加坡、印尼、马来西亚、泰国，以及美国等国家中，联系上数以万计的珠玑巷南迁后裔人，在港澳和海外华人华侨中掀起了一股"珠玑巷寻根问祖"热，在短短一年时间里收到

来自世界各地多家姓氏后裔的捐款一亿多元。珠玑巷也以这些捐款，在珠玑巷旁建起了一排列多家姓氏宗祠，形成了一条新珠玑巷。在国内外产生了强烈影响。

2000年8月，我在韶关讲学期间，又抽空到该巷进行了第二次考察，发现从1993年到2000年的七年间，珠玑巷不仅在建设和旅游上有很大发展，而且在文化和学术上也有了扎实的、系统的研究成果，编辑出版了《珠玑巷丛书》十卷，包括著名历史地理学家曾昭璇教授等的专题研究成果，标志着珠玑巷文化的研究开发，已上升为较高的文化和学术档次，是很可喜的。鉴于当时有人对珠玑巷大办姓氏宗祠是否"封建迷信"提出质疑，我即有针对性地将考察结果，向广东省政府提交《关于开发南雄珠玑巷和中华姓氏文化的建议》，指出姓氏文化是中华悠久传统之一，在全国和海外华人华侨中都很普遍。这种文化观念，还衍化为门徒、师生、乡邻、校友、同学、武林、艺林等情结，如引导不好会产生宗派纠纷，引导得好则是推动社会和谐和向前发展的力量，能为各地的经济文化发展作出贡献。珠玑巷的姓氏文化是起到积极作用的，其研究开发姓氏文化的经验也是值得借鉴的。这个建议，对于珠玑巷文化的研究开发起到深入一步的作用。

2002年6月，我又到珠玑港进行第三次考察。这是在当时受命为广东省海上丝绸之路研究开发项目组组长，在完成西汉海上丝绸之路徐闻始发港的论证和定位，并对全省和广西沿海古港的考察之后，在对广东海上丝绸之路研究有了眉目的基础上进行的。因为当时我感到学术界对以西安为起点的陆上丝绸之路早已有成熟研究，近年对海上丝绸之路研究也方兴未艾、如火如荼，都各有成就，但两者都是孤立研究，未注意到两者之间的关联，并未对其进行有机联系的综合研究。从理论上说，这是不够全面的；从实际上说，海上与陆上丝绸之路之间也应当不是孤立的，而必然是相互对接、彼此贯通的。当然，这只是我从理论上的推测，必须要找到实证。何处有两者的对接点或通道呢？我很快想到熟悉的南雄梅关及其相连的珠玑巷。所以又前往考察。在历史文献中，唐代宰相张九龄在《开凿大庾岭路序》中说其目的，是有利于"海外诸国，日以通商，齿革羽毛之殷，鱼盐蜃蛤之利，上足以备府库之用，下足以赡江淮之求"。这几句话，将梅关古道的通商性质和连接海外与中原的目的讲清楚了。

在《南雄文物志》中详介了珠玑巷转接中原移民南迁的历史，明代诗人黄公辅所写《过沙水珠玑村》诗："长亭去路是珠玑，此日观风盛黍离，编户村中人集处，摩肩道上马交驰……"也体现了珠玑巷的移民和通商繁荣景象。这些史料，都证实梅关、珠玑巷是海上与陆上丝绸之路的对接点和通道。《广州日报》等多家媒体报道，称这是"填补学术空白"的理论，也是对珠玑巷文化内涵的更深挖掘和发现。

2005年底，在国家文物总局宣布计划将海上与陆上丝绸之路及相关文化遗存，打造为一个项目向联合国申报为世界文化遗产的背景下，为使我省的海陆丝绸之路对接通道能作为"相关文化遗存"而列入项目，我们一班学者冒雨到南雄考察。为此，又第四次考察梅关、珠玑巷。首先在梅关古道发现，整条路不少路段的路面石块和同段山壁的崖石是一致的，显然是从山壁凿出来的。由此我才领悟张九龄的《开凿大庾岭路序》所用"开凿"一词的真正含义，由此也证实这条古道符合联合国规定的"原汁原味"的文化遗产要求。在这次考察中，我们还新发现了比珠玑巷历史还早的两条古道，即南雄乌迳古道和乳源西京古道，可见珠玑巷古道不是偶然的、孤立的。据此，我提交了题为《应在韶关举办海陆丝绸之路论坛，着力打造韶关三个文化之都品牌》的省政府参事建议，其中首次提出了"古道文化"概念。由此又挖掘出珠玑巷文化的古道文化内涵，从而使其具有更深更广的意义。

2006年，我应原广州市市长、南雄珠玑巷人南迁后裔联谊会会长黎子流同志的邀请，为他担任总监制的六集电视片《千年珠玑》担任学术顾问；又为中央电视台四频道《走遍中国》专栏韶关专辑解说"珠玑巷"。这两项工作使我第五次走进珠玑巷文化，并且以更宏观的眼光去总览其文化内涵和多年来学术界对其研究成果，尽自己有限的能力，在文化学术与艺术形象的层面上提出建议。这两部电视片，尤其是《千年珠玑》，为珠玑巷文化作出了新升华：首次以影视艺术形象全面地、完整地、系统地、生动地再现了珠玑巷的千年历史，深刻地挖掘和概括出珠玑巷文化的传统人文精神，即"异性一家、同舟共济、爱国爱乡、勤劳勇敢、务实包容、开拓创新"。这部由中央电视台制作的电视片，在国内外播放时获得了很大成功，特别在珠江三角洲、港澳地区和海外华人华侨中深受欢迎，影响巨大，从而将珠玑巷文化及其研究开发，推上了新的高峰。

二、 提出江门良溪是"后珠玑巷"的依据

在上述五次（如连同"文革"被贬韶关时曾去一次，则共六次）走进南雄珠玑巷文化的历程中，我的脑海一直存着一个大疑问：许多海外华人华侨都称自己是南雄珠玑巷的后裔，而南雄珠玑巷的地理位置在粤北山区，离出海港口较远，这些海外华人华侨的祖先们是走怎样的路线出海外各地的呢？是从南雄珠玑巷南迁时直赴海外，还是在南迁珠江三角洲后，生活相当一段时期（两三代或十几代），经两度迁移才到海外？

2006年10月，我偕同省参事室（文史馆）和珠江文化研究会的几位专家教授，到江门考察侨乡文化。其间，在江门市蓬江区棠下镇良溪村（原属新会区）发现有一座罗氏大宗祠。该祠建于清康熙四十六年（1707）5月，清咸丰十年（1860）重修。这是该村罗姓村民为纪念南宋时到此定居的先祖罗贵而建的。祠堂内至今仍存一对长联，记述了罗贵从南雄珠玑巷迁此发祥的历史："发迹珠玑，首领冯、黄、陈、麦、陆诸姓九十七家，历险际间尝独任；开基朗底（即今良溪），分居广、肇、惠、韶、潮各郡万千百世，支流百派尽同源。"这副对联，与史料记载南宋时罗贵率领从中原进入南雄珠玑巷多家姓氏民众南下开发的历史相吻合，清楚地列举出这批移民到良溪（与古名朗底谐音）村后，又进一步扩展至广州、肇庆、惠州、韶州（即韶关）、潮州等地开发的走向和历史。这批以罗贵为首的移民，从南宋迁来，至建造或重修罗氏大宗祠的清康熙或咸丰年间（现难确定这对联的产生时间），约有四五百年，这么长时间扩展至这些地域是可信的。我曾在肇庆考察古村文化，有些古村迄今仍有从良溪迁去的记载。在这个村的一座小山岗上，至今仍存清乾隆年间修的罗贵墓，每年清明都有来自各地、包括港澳和海外人士专程前往祭拜，说明都承认罗贵是其先祖，也即是认同良溪是其祖地。由此可见，良溪村是南雄珠玑巷人南迁后的第一集散地和再迁海外各地的中转地，因而我们为其作出文化定位："后珠玑巷"。

从历史资料上看，在岭南学者黄佛颐《珠玑巷民族南迁记》一书中，引

有《东莞罗氏族谱》手抄本所记罗贵等人赴南雄府的告案给引词：

> 始兴县牛田坊十四图珠玑村岁贡生罗贵，居民麦秀、李福荣、黄复愈等连名团为逃难，俯乞文引蚤救生灵事。贵等历祖辟住珠玑村，各分户籍，有丁应差，有田赋税，则无亏缺，外无违法向恶背良。为因天灾地劫，民不堪命，十存四五，犹虑难周，及今奉旨颁行，凡民莫敢不尊。贵等团思近处无地堪迁，素闻南方烟瘴地面，田多山少，堪辟住址，未敢擅自迁移，今开居民九十七人，团情赴大人阶下，伏乞立案，批给文引，经渡关津岸陆，度众生早得路迁移，安生有址，沾恩上词。（宋）绍兴元年（1131）正月初十日，团词人罗贵等。

并有当时南雄知府钟达文批词全文。在这族谱中，还载有罗贵到达江门良溪村立足后的《单开供状》全文：

> 立供状系南雄府岁贡生罗贵，年方四十六岁，系南雄府始兴郡保昌县牛田坊十四图民籍，住沙水村珠玑里，奉例告案批引迁移，来到邑属冈州大良都古朗甲朗底（良溪）村，盘缠乏尽，难以通行，结草歇脚，备情赴州，蒙准批以增图立甲，以定户籍开辟新图，结草为屋，种蔬为日食，随时度活。今蒙上司明文行勘攒造黄册等事，罗贵户充新图第一甲里长，今将本家新收丁产，逐一开报，中间不敢隐瞒，如虚甘罪，所供是实。

这些史料清楚地证实：罗贵及其率领的97人（又称"九十七"家或"九十七"姓氏），从南雄珠玑巷南迁，是经官方批准的自觉移民；其中也记载了作为首领的罗贵，到良溪后的立足和生活状况，从开始"结草歇脚"到有了"新收丁产"，从"蒙准批以增图立甲"，到任"新图第一甲里长"。这些史料，都有力地证实：良溪是南雄珠玑巷人南迁后主要立足地和发展地。

从更多史料还发现：南雄珠玑巷南迁有多批，每批年代不同，路线各异，从而南移后的立足点也是分散的。遗憾的是这些分散移民，至今已无史料可考，唯罗贵所领一批移民南迁史料较多，影响较大，所以据此为主论析南雄珠玑巷人南迁状况。以罗贵为首的这批"九十七"姓氏移民，可能不是全都到良溪村后，才分散岭南各地的，因为在南下途中会因遇到风险而有人离散。但从史料看，这批移民大部分是先到良溪后才分散的。从研究角度而言，以其首领罗贵的行踪起止为主要线索和依据，去论定南雄珠玑巷人南迁的历史，也是科学的。所以，以上这些珍贵史料，也是为良溪定位为"后珠玑巷"的重要依据。

当代著名历史地理学家曾昭璇教授在《珠玑巷人迁移路线研究》（暨南大学出版社1995年10月出版）中，引有《开平乡志》的记载云："狮子罗村，其先世宝兆，随宋太祖渡江讨叛，至广东南雄始兴县，遂家居焉。七代贵翁（即罗贵），绍兴元年（1131），以南雄迁蓢底，即今新会良溪也。""贵次子利用分居开平狮子罗村，男女人数约七千余。"接着，曾教授论述云："按贵祖初迁新会蓢底村，即系海边地点。宋时此处长有蓢树，即今称'红树林'，为热带海滨盐生植物。随着海湾被沙泥淤填，红树林大片死去，成为冲积平原，可以开垦耕种。但是平原底部仍保留有红树林树头，故田称为'蓢底田'，表示昔日是海边泥湾地点。底部有红树树头田土不好，称'反酸田'，即因红树林本身含单宁酸，与盐水混合，易成有机酸，使田土成强酸性反应（pH值达4.5），不利水稻生长，农民多不垦耕，当日珠玑巷迁民到此，辟南方烟瘴，即此类土地也。洪武间（明）改称良溪。"曾教授所引史料及其论述，清楚说明了罗贵家族本是中原人，南迁南雄珠玑巷至罗贵已有七代；而罗贵南迁后，又在江门等地繁衍，发展为一代盛过一代的大家族；又科学地说明了罗贵在蓢底（良溪）立足、开发、发展的历史和地理原因。从这些史料和论述也可见，称良溪是继南雄珠玑巷之后，是中原移民南迁的第二中转站，即"后珠玑巷"，是名正言顺的。

曾教授在这部专著中，还在《罗贵同行人员的子孙分布考》等节指出：初期，在罗贵停居地点蓢底，集中各姓同行者较多；咸淳二年（1266）发展为附近开村，接着又有不少发展起来的各姓分居岭南各地。曾教授还引用了分别出自广州、佛山、江门、台山、东莞、宝安、惠州、中山、顺德、番禺、南海、开平、恩平、鹤山等地珠玑巷后裔的家谱族谱资料证之。曾教授还在《罗贵子孙向海外的发展》一节中指出：珠玑巷人在珠江三角洲开发一段时期后，还向海外新加坡、马来西亚和欧、美、澳等地发展。书中引用了1991年新加坡《南华早报》载欧如柏《我们是珠玑巷的后人》一文为证。该文称："据中街七家头的罗奇生、罗致生的创办人罗兆龄、罗兆贵兄弟的后人说，他们的祖籍南雄珠玑巷，后来移居新会县良溪乡。从他们的祖先罗贵祖开始定居新会，而成为新会人，他们这一代已经是第二十三代了。""罗氏……由于百余年前，他们的先辈在新加坡中街建立了罗致生酱园杂货王国，还在马来西亚从事园丘种植，于是大批罗氏族人从广东南来新、马。当中街七家头式微之后，又有许多罗氏族人移民到欧、美、澳、纽等地。"曾教授的论述和这篇文章很实在地说明和证实了：良溪是南雄珠玑巷人在珠江三角洲定居后，又进而向海外发展的中转站。这些资料，是称良溪为"后珠玑巷"的尤其直接而实的佐证。

我国在海外有三千多万华侨，其中百分之七十是广东籍，而广东最大的侨乡是属江门市的"五邑"，即：台山、新会、开平、恩平、鹤山。这些地方，都是以罗贵为首的南雄珠玑巷人在良溪立足和发展后，先后去分村开发的。这些地方的乡志和族谱史料都有不少记载。近年我们先后到过这些地方考察，侨属大都能说出自己祖先是南雄珠玑巷迁来的。我曾于2001年赴美国讲学，在旧金山与许多华人华侨学者交流，他们都称自己是珠玑巷后人。其中有位《美洲华工史》的作者称：最早来美国开金矿、修铁路的华工大多是台山人，又都是珠玑巷后人，所以，台山在美国的华人华侨特多。显然，这些侨民也都是经良溪分居台山后赴美的。

正是由于这次赴美讲学的直接感受和以后的多次考察，尤其是在去年亲到良溪考察之后，才逐步解开我长期难解之谜（即：南雄珠玑巷人南迁珠三角洲之后，是如何再迁海外的？）。这个谜终于从以上论证中得出答案：南雄珠玑巷人南迁，原来是经在良溪立足、发展一段时期（可能200余年）后，才再迁海外的。由此，为良溪作出"后珠玑巷"的定位，就是自然而然的了。这个定位，当然还值得进一步研究论证，但起码可以说，是为珠玑巷文化研究提出了新课题，开拓了新局面，更上一层楼。

三、 "珠玑巷文化" 的内涵和意义

为良溪冠以"后珠玑巷"的称谓，那么，南雄珠玑巷也即自然而可称为"前珠玑巷"了。如此称谓，简单明确，可免混淆。但更为重要的是：能确切表述两者的区别和有机联系。从历史上说，前珠玑巷人南迁的历史，可谓一部史诗的上卷，而后珠玑巷人再迁海外的篇章，当谓之下卷。从文化上说，如果说前珠玑巷人的南迁，意味着中原文化南移，而与岭南文化结合并融合；那么，后珠玑巷人再迁海外，则是将中原与岭南融合的文化，又与海外各国文化结合，既将中华文化输出，又将海外文化引入，从而在相关他国形成海外华人华侨文化，在国内又明显地形成侨乡文化。从水文化理论上说，前珠玑巷起到将黄河文化、长江文化与珠江文化对接的作用，后珠玑巷则有将中华江河文化、尤其是珠江文化与海洋文化（也是将内陆文化与海洋文化）交流融合的功绩，对珠江文化具有江海一体及海洋性特强的特性形成，起到重要作用。所以，从学术上说，前后珠玑巷是各有特色而又密切关联的整体，是一曲交响乐的两部乐章；两者同属并共同构成为一种文化现象，即"珠玑巷文化"。

这种文化现象，是经过长期的历史积淀和发展而形成的，并且是随历史的持续和影响的扩展，而不断增加其深广度的。如果从张九龄修梅关古道算起，从公元713年（唐先天二年）至今，前珠玑巷已有近两千年历史；如果从罗贵从南雄南迁至良溪算起，从公元1131年（宋绍兴元年正月初十日，另谢氏族谱作开禧元年正月十五日）至今，后珠玑巷也有近千年历史；其移民从中原至岭南，又转迁海外多国，相关姓氏达156姓，延续数十代人，莫不深有"珠玑巷"意识，代代承传着珠玑巷是"吾家故乡"的观念。所以，对这种文化现象，冠之曰"珠玑巷文化"是可以成立的。其内涵和意义主要有：

1. 在本文开篇所述六进南雄珠玑巷的历程中，几乎每次都发现和开掘出一种文化内涵，即：本根文化和后裔文化，姓氏文化和移民文化，海陆丝绸之路对接通道文化，古道文化，以及珠玑巷人精神等。应该说，这些文化内涵，不仅是前珠玑巷具有的，也是后珠玑巷具有的，两者的特点是：前者是内陆色彩较重，后者是海洋性特强特浓。可见珠玑巷文化是具有多元多层的丰富内蕴的，是具有可持续发展研究开发的深广空间的。

2. 江门良溪是后珠玑巷人迁移海外的主要中转地和始发地，也即是许多海外华人华侨的主要祖地，可谓海外华人华侨之根。所以，后珠玑巷文化，也即具有华人华侨文化本根的内涵和意义。

3. 明末著名岭南学者屈大均在《广东新语》中云："吾广故家望族，其先多从南雄珠玑巷而来。"清代著名学者、两广总督阮元在《广东通志》称："珠玑巷在沙水寺前，相传广州诸望族俱发源于此。"这些学者所言，进一步证实广东和珠江三角洲多是南雄珠玑巷南迁移民，同时也明示着：岭南的名门名人多源于此。屈大均本人及其家族即是珠玑巷后人，陈献章、康有为、梁启超、孙中山、李铁夫、司徒美堂等名人及其家族，也都是南雄珠玑巷或良溪后珠玑巷人后裔。所以，又可以说，珠玑巷是岭南名人文化之根，珠玑巷文化也内含着岭南名人文化。

4. 如果说，罗贵的七代前先祖从中原南迁至南雄珠玑巷，是因为避乱而来，到珠玑巷后又因沙水村是风水宝地、适宜生活而定居的话，那么，以罗贵为代表的一代移民再度南迁珠江三角洲，则是具有冒险性的创业行为。罗贵在《迁徙词》中云："近处无地堪迁，远闻南方烟瘴地面，土广人稀，田多山少，堪辟住址……"这段话说明他对要迁去的南方明知有"烟瘴地面"的困难和风险，但他还是勇敢地南迁了。罗贵的后代们，也是明知有风险（起码有漂洋过海的风险），但他们还是勇敢地出海了，而且一代一代地相传着。北方寓言"愚公移山"，倡导一代一代"挖山不止"，而南方珠玑巷人，则是代代迁移海外开拓不止。这两者"不止"的不同，典型地体现了南北文化的差异，也可见经过南北融合而产生的珠玑巷文化的内涵与特性，与其中原源流大不相同，甚至也显示了前后珠玑巷的不同：如果说，前珠玑巷人是敢于迁徙、善于择居的精神特强的话，那么，后珠玑巷人的敢冒风险、艰苦创业的精神是尤为突出的；而永不停步的开拓进取精神，则始终贯串着前后珠玑巷的两千年历史，是珠玑巷文化的主干动脉。

5. 因地制宜的创造精神，也是珠玑巷文化、尤其是后珠玑巷文化的特点之一。罗贵南迁定居的良溪村，是红树林带的"反酸田"，极难耕种，他将其改造为丰产的良田，显然是花了大气力，并用科学技术进行改土新耕才能实现的。史料载，这批珠玑巷人初到珠江三角洲时，大多数地方是海滩盐地。他们因地制宜地创造了"桑基鱼塘""蔗基鱼塘""果基鱼塘"等围海造田、造塘的方法，取得了显著效果，连年取得丰收。迁居海外的后珠玑巷人，有的到南洋各地后，开辟橡胶园、果酱园之类种植和生产，赴美华侨在旧金山开金矿、修铁路，都是因地制宜的开创作为。这些作为，为珠江三角洲和南洋以至美洲的开发，作出了不可磨灭的贡献，从中也鲜明地体现了珠玑巷文化开拓性、开创性、灵活性、适应性的特点。

6. 珠玑巷人的故乡观念很强，他们迁出之后，都不会重返故地定居，而是永不停步地向新的地方开拓进取，可见其开拓意识更强；珠玑巷人的宗族观念很重，无论迁到哪里都祭祖拜宗，但他们又不是只认本姓宗亲，而是提倡"异姓一家""世代相好，无伤害也"（罗贵等"九十七"姓氏南迁誓词），可见其"四海皆兄弟"的观念更强。这种既重乡土又重开拓进取、既重宗亲又倡导异性一家的对立统一思想，充分说明珠玑巷文化与封建保守文化不同，与某些叛乡离宗的现代文化更异，说明其既有优秀传统的内涵，又有现代文化的积极精神。可见珠玑巷文化，对于提高民族凝聚力、建设和谐社会具有重要现实意义。

2007年10月24日"嫦娥一号"升空时完稿于病中
（收入本书时有删节）

六祖惠能的"五说""五创""五地"

——《中国禅都文化丛书》引论

惠能不仅是佛教禅宗派的六祖，是佛教的一位大师和领袖，而且是中国禅学文化的创始人，是中国和世界思想史、哲学史上有重要地位的思想家、哲学家。特别是，他创始的禅学文化，典型地体现了珠江文化的传统特质，尤其是在中古兴旺时期的思想文化意识，体现了珠江文化在古代的思维方式和行为方式，标志着珠江文化与黄河文化、长江文化的明显区别，创造了与孔子的儒学、老子的道学并驾齐驱、广传天下的一套完整哲学——禅学。

毛泽东对惠能的评价很高。据曾在毛泽东身边的工作人员林克在《潇洒莫如毛泽东》（见《湖南党史月刊》1995年一、二期）一文记载，毛泽东曾说："惠能主张佛性人人皆有，创造悟性成佛说，一方面使繁琐的佛教简易化，一方面使印度传入的佛教中国化。"因此他被视为禅宗的真正创始人，亦是真正的中国佛教始祖。在他的影响下，印度佛教在中国至高无上的地位动摇了，甚至可以"呵祖骂佛"。他否定流传偶像和陈规，勇于创新，并把外来宗教中国化，使之符合中国国情。西方文化学术界，对惠能评价也是很高的。前些年西方的一些学术机构和媒体，评选惠能是"世界十大思想家"之一，中国只有孔子、老子、惠能入选，同时又将这三位哲圣尊称为"东方文化三大圣人"。这些评价，一方面说明了这三位哲圣在中国和世界思想文化界的影响和地位受到举世公认；另一方面，在这公认中，似乎也包含着对这三位哲圣所分别代表的学术体系和文化系统并列尊重的因素，从而也在中国和世界的文化学术层面上，印证出这三位哲圣分别创立的儒学、道学、禅学所涵的文化底蕴是并重的。据笔者有限见闻，对孔子儒学、老子道学的哲学思想和文化底蕴等命题，已有学者论证，而对惠能禅学的哲学思想和文化底蕴的论证似乎偏少或尚缺。故特在《中国禅都文化丛书》编撰之际，作为引论而探讨之。

一、惠能禅学理论的"五说"

"一说"是：以"人人心中有佛"说确立禅学的本性论。

人的本性论是哲学思想的基本命题之一。自古哲学界对人性有"本善""本恶"之争，现代"人性论"与"阶级论"之争延续百年，以此界分哲学体系，由此分列政治或文化营垒，持续论战不停。惠能可说是彻底的人性论者，亦人性"本善"（佛）论者。

惠能早在初到黄梅求佛时，对五祖弘忍诘问所作的回答："人虽有南北，佛性本无南北，猲獠身与和尚不同，佛性有何差别？"即体现了"人人心中有佛"，"佛性"不分地域、不分等级的思想，即认为"佛性"是人的本性，是普遍存在的，这个理念的内涵，即是确认佛性是人人具有的本性，也即是无论什么人都本身具有这本性，经过修行或"顿悟"，恢复这本性，或者说达到这本性所及的境界。这种理念，在封建社会中提出，即是对封建的皇权和神权专制的否定，又是对封建的等级制度、阶级分野、种族歧视以至宗教中的神人差别的对立和抗争，是平民（市民）思想文化意识和观念的又一种体现。

惠能在《坛经》中还提出："我心自有佛，自佛是真佛""三世诸佛，十二部经，在人性中本身自具有""见性是功，平等是德""但识众生，即能见佛，若不识众生，觅佛万世不可得也""世代后人，若欲见佛，但识众生，即能识佛。即缘有众生，离众生无佛心"，又说"迷即佛众生，悟即众生佛。愚痴佛众生，智慧众生佛。心崄佛众生，平等众生佛。一生心若崄，佛在众生中；一念悟若平，即众生自佛"。这些言说，充分表明惠能提倡佛性人人具有，佛性人人平等，也即是肯定佛性的大众性、民主性、平等性。在《坛经》还有一段耐人寻味的记述：

> 公（指韦刺史）曰："弟子闻达摩初会梁武帝，帝问云：'朕一生造寺度僧，布施设斋，有何功德？'达摩言：'实无功德。'弟子未达此理，愿和尚为说。"

> 师曰："实无功德，勿疑先圣之言。武帝心邪不知正法，造寺
> 度僧，布施设斋，名为求福，不可将福便为功德，功德在法身中，
> 不在修福。"

这段话道出了达摩与梁武帝"话不投机"的历史内幕，指出两人对佛教的认识分歧（实际在一定程度上代表了南北佛教的分歧），同时也说明了惠能的禅学思想，对阶级分野的贫富看法，也是平等的，惠能在接受五祖衣钵的时候，接受了"传法不传衣"的思想，不指定禅位之人，不传衣钵。弟子问他为何如此，他答道："有道者得，无心者通。"这即是说，得道者，自然就是继承了佛，人人心中有佛，得佛道者，也即是佛用，即人人都可以为佛祖。这些说法，充分表现了惠能禅学思想的大众意识和平等观念，这也即是珠江文化大众性、多元性、平等性特质的体现。

"二说"是：以"心动说"确立禅学的反映论。

对世界的看法持唯物论还是持唯心论，是哲学思想反映论的根本命题。毛泽东是彻底唯物论者。他在称赞六祖惠能是"圣人"时，也指出惠能是"彻底的主观唯心主义"。惠能的禅学思想确实如此。典型体现在他赢得六祖衣钵的偈语中："普提本无树，明镜亦非台，本来无一物，何处惹尘埃？"还体现在他经15年隐身复出时，在光孝寺对两和尚辩论"风动还是幡动"而提出的"心动"说中。

此外，惠能在提出"人人心中有佛"的同时，说："识心见性，自成佛道。"也就是说，识心见性，就是佛；之所以人人心中有佛，是在于人人都有心，都有性。心性，即佛教所称的"菩提般若"之"知"、之"智"。这是"世人本自有之"。只是"被妄念覆盖而未能显现而已，若断除妄念，即可识心见性"。《坛经》说："心量广大，犹如虚空……世人性空，亦复如是""人性本净，净无形相""妄念，本性净"。所以"无二性，即是佛性"，正如像《坛经》描写的那样：

> 自性常清净，日月常明，只为云覆盖，上明下暗，不能了见

日月星辰，忽遇惠风吹散卷尽云雾，万象森罗，一时皆现。世人性净，犹如青天，惠如日，智如月，日月常明，于外著境，妄念浮云覆盖，自性不能明。

由此可见佛性、佛道，就是断除一切妄念，认识和复归本性，即是识心见性，也即是超脱一切，保持清净。惠能的代表作被五祖赞扬为"得性"，并承袭禅宗六祖偈语："菩提本无树，明镜亦非台。本来无一物（此句在《六祖坛经》敦煌本为"佛性常清净"），何处惹尘埃？"其基本思想，也是阐明佛性即不受世间任何一粒（一物）尘埃所染的"常清净"境界。可见求佛，是求清净，是求对充斥"妄念"的"红尘"的解脱和超脱，是针对覆盖人的清净本性的妄念与红尘的对抗和斗争的思想行为。其解脱和超脱也不是逃避和怯弱的意味，而是一种以软藏刚、以曲裹直的一种人生斗争理念和方式。

惠能不仅认为佛在人人心中，而且求佛之道主要靠人的自身，要靠各人自身的"自性自度"。《坛经》云："何名自性自度？自色身中，邪见烦恼，愚痴迷妄，自有本觉性，将见正度。既悟正见般若之智，除却愚痴迷妄，众生各各自度。""般若观照，一刹那间，妄念俱灭，不著一切法，常净自性，即见诸佛境界，至佛地位。"可见惠能求佛的精神和途径，主要是强调主观能动性，靠自身的自觉性和自强力量去解脱和超脱。

更为重要的是，惠能禅学思想从自性为佛性、自觉为佛道相联系的另一方面，是对外在、对他性的淡化与排斥，强调自身的解脱超脱，也必然是对外在、他性的束缚和影响的解脱和超脱。《坛经》云："我心自有佛，自佛是真佛，自若无佛心，何处求真佛？""菩提只向心觅，何劳向外求玄？听说依此修行，西方只在目前。"从这些说法可见惠能的佛教是不信神的宗教，这是它与基督教、伊斯兰教根本不同之所在，而且它又反对追求所谓"西方净土"彼岸的"极乐世界"，不是像唐三藏到西方"修正果"那样，而是"见性成佛"，"唯论见性，不论禅定解脱"，也因此，它不崇拜偶像，反对权威，一派"上天下地，唯我独尊""负冲天意气""作无位真人"的自主而超脱的精神。这种意识和精神，是宗教上的革命精神，是一种创举。从文化底蕴来说，这就是在封建社会中新兴的资本生产力在社会思想意识上的体现，意味着海洋文化对中国内陆文化的渗入和影响的增强，也意味着西方的人性文化和自由文化在中国大陆文化范畴中作为一种新兴思想文化的意识和力量的崛起，成为中国社会、特别是最早接受海洋文化的前沿地域——珠江水系·（首先是沿海地域）文化结构中的重要因素之一，即在封建社会中滋长、又与封建思想文化分庭抗礼的平民文化（或市民文化）意识和力量。其主要表现之一，就是反对封建礼教对人的束缚，反迷信、反权威、反专制，倡导人性、人权、自由、平等（这些口号，虽然是十六世纪文艺复兴运动和十八世纪的法国启蒙运动才先后明确提出，但在此之前，随着资本主义及商品经济的萌芽，已经开始了这些思想文化的兴起）。惠能禅学思想的自主而超脱的精神，正就是这种新兴思想文化意识和力量的一种体现，也即是这种意识和力量而使得珠江文化具有创新性、开放性、灵活性特质的体现。

惠能禅学对理学的影响和在理学中的发展也是极其明显的。明代著名学者李贽创造的"童心说"，可以说是对惠能禅学的直接继承和发展，他说："童心者，真心也：若以童心为不可，是以真心为不可也。夫童心者，绝假纯真，最初一念之本心也。"这是针对宋代程朱理学和文学的虚假造作现象而提出的，与惠能的"心性"和"心动"之说无异。特别值得注意的是明代理学创始人之一、广东著名学者陈献章（白沙）创造以心学为核心的理学，建立真情至性，"主静无欲""以自然为宗""学贵自得"的思想体系，打破了程朱理学的框框，被康有为称赞曰"白沙之学能自悟"，是继广东的六祖之后的第二人（见康有为《万木草堂讲义》）。陈白沙的心学理论，在他的诗歌创作和理论中也有体现。陈白沙是王阳明理学的先声。这些心学理论及其对理学的影响，说明惠能禅学思想，既发展了孟子的"心说"，又开了明代"心学"之先河，其创新性、求实性也鲜明地标志着珠江文化的特性和发展。

"三说"是：以"顿悟"说确立禅学的认识论。

哲学思想的认识论，唯物论或难心论者，都不是井水不犯河水似的绝缘分道的，如唯物论者有机械认识论与能动认识论之别，唯心论者中有逐步感悟与顿时感悟之分，禅宗北南两派之别，正在于此。北派神秀主"渐修"，南派惠能主"顿悟"，也是基于这两种认识论。惠能正是以其首创之"顿悟"说而确立其禅学认识论的。

惠能云："顿悟"，即："一念觉，即佛；一念迷，即众生。""般若观照，一刹那间，妄念俱灭，不著一切法，常净自性，即见诸佛境界，至佛地位。"惠能在《坛经》中还追述了当年从五祖处"顿悟"的体会："善知识，不悟，即佛是众生，一念悟时，众生是佛。""善知识，我于忍和尚处，一闻言下便悟，顿见真如本性。是以将此教法流行，令学道者顿悟菩提。"

其实，顿悟即顿然领悟之意，即通常所说的"灵机一动"或"突有灵感"。究竟有没有灵感呢？当代中国著名科学家钱学森说："灵感，灵感，不是什么神灵的感受，而是人灵的感受，还是人，所以并不是很神秘的事。不过在人的中枢神经系统里是有层次的，而灵感可能是多个自我，是脑子里的不同部分在起作用，忽然接通，问题就解决了。那么，这样一个说法，实际上就是形象思维的扩大，从显意识扩大到潜意识，是从更广泛的范围或是三维的范围，来进行形象思维。"他还说："科学技术工作决不能限于抽象思维的归纳推理法，即所谓科学方法，而必须兼用形象或直觉思维，甚至要得助于灵感或顿悟思维，爱因斯坦就倡导过这种观点。"可见，惠能所说的"顿悟"法是科学的。惠能在1300年前已发现这种思维，实在令人敬佩！

惠能这种以"顿悟"灵感为核心的禅学，对中国诗学影响很大。据中山大学邱世友教授在《惠能南禅与中国诗学》一文（见《六祖惠能思想研究》466—488页）中介绍，清末大学者康有为称诗坛的"唐宋两代皆六祖派"。王维、孟浩然、韦应物、柳宗元一派多有追求禅境禅悦之作，特别是王维的五言诗，往往造诣禅境，如《鸟鸣涧》《鹿柴》等诗，有诗评家胡应麟所称："读之身世两忘，万念皆寂。"王维亲自撰写《六祖能禅师碑铭》，称六祖为师，极其赞赏"无有可舍，是达有源，无空可住，是知空本"。王维是从对北禅而转向崇尚南禅的，其因是他为惠能的"众生本自心净"之说所感，使其在诗歌创作中通过山水之美，寻求表现"禅寂静"之境，如《鹿柴》："空山不见人，但闻人语响，返景入深林，复照青苔上。"柳宗元也是如此，他的名诗《江雪》《渔翁》，也是追求禅境禅悦。宋代苏东坡不仅诗有佛神之风，而且本身信佛，号称"居士"，曾多次到韶关南华寺祷告，并且写下"不向南华结香火，此身何处是真依"的诗句。耐人寻味的是：柳宗元、苏东坡都是先后被贬到岭南的诗人，他们受禅受佛的影响，显然是与岭南盛行禅学有密切关系的，而他们所尊崇的禅寂神境，恰恰正是珠江文化自主性和超脱性的艺术和美学体现。所以诗作中的禅风，是打上明显的珠江文化烙印的。

诗学理论也是如此。著名唐代诗论著作《诗式》的作者释皎然，本身是佛教徒，论诗崇尚自然，"真于情性，尚于作用，不顾词彩，而风流自然"。稍后的《二十四诗品》作者司空图，主张"高古""闲逸""冲淡""自然""气高而不怒，力劲而力不露""意中之静"为诗的最高"品"，赞赏"超以象外，得其环中""不着一字，尽得风流"之诗境。明代胡应麟在《诗薮》中称："严氏以禅喻诗，旨哉！禅则一悟之后，百法皆空，棒喝怒呵，无非至理。诗则一悟之后，万象冥会，呻吟咳唾，动触天真。"这些著名的诗学论者，所推崇的诗品、诗境，都是超脱性的禅境。

惠能与神秀分别代表的南北佛教的分歧，主要是在于主张"顿悟"与"渐修"的不同，但在惠能来说，他虽力主"顿悟"，而对"渐修"也不是排斥的。《坛经》有言："法即一种，见有迟疾，见迟即渐，见疾即顿。法无顿渐，人有利钝"，"本来正教无有顿渐，人性自有利钝。迷人渐修，悟人顿契"。由此，他对迟悟者，也是耐心的，宽容的。

"四说"是：以"三无"说确立禅学的方法论。

哲学思想的方法论，基于形而上学与辩证法之分野。过去流行说法是：唯心论者多形而上学，主流的思想方法论是辩证唯物主义。其实，历史事实多是唯心论者尤重辩证法，老子、庄子是这样，六祖惠能也是如此。他在禅学的修养和修行上，创造了"三无""三十六对法门"之法，可谓以"三无"说而确立禅学思想的方法论。

惠能云："三无"，即："无念""无相""无住"。他解释说："善知识，我此法门，从上以来，先立无念为宗，无相为体，无住为本。无相者，于相而离相；无念者，于念而无念；无住者，人之本性。于世间善恶好丑，乃至冤之与亲，言语触刺欺争之时，并将为空，不思酬害。念念之中，不思前境。若前念、今念、后念，念念相续不断，名为系缚。于诸法上念念不住，即无缚也。此是以无住为本。善知识，外离一切相，名为无相。能离于相，即法体清净，此是以无相为体。善知识，于诸境上心不染，曰无念。于自念上常离诸境，不于境上生心。若只百物不思，念尽除却，一念绝即死，别处受生，是为大错。……善知识，无者，无何事？念者，念何物？无者，无二相，无诸尘劳之心；念者，念真如本性。真如即是念之体，念即是真如之用。真如自性起念，非眼耳鼻舌能念。真如有性，所以起念。真如若无，眼耳色声当时即坏。"

以笔者看来，惠能所指的"无念"，即排除一切私心杂念；"无相"即不受某一具体事物所束缚；"无住"即是脱离一切人际关系或恩怨关系，这即是追求清净超脱，天马行空，无牵无挂，自由自在的境界。

"三十六对法门"即："对法，外境无情五对：天与地对，日与月对，明与暗对，阴与阳对，水与火对。此是五对也。法相语言十二对，语与法对，有与无对，有色与无色对，有相与无相对，有漏与无漏对，色与空对，动与静对，清与浊对，凡与圣对，僧与俗对，老与少对，大与小对。此是十二对也。自性起用十九对：长与短对，邪与正对，痴与慧对，愚与智对，乱与定对，慈与毒对，戒与非对，直与曲对，实与虚对，险与平对，烦恼与菩提对，常与无常对，悲与害对，喜与嗔对，舍与悭对，进与退对，生与灭对，法身与色身对，化身与报身对。此是十九对也。"并且指出："此三十六法，若解用，即道贯一切经法。"

这段精辟理论，是充满辩证法的，它不仅是贯通禅学的辩证法，也是认识宇宙和人生万象的辩证法。它将修行佛性的实践归纳为三个方面："外境无情"，即对外界事物的认识；"法相语言"，即对法门修行的认识；"自性起用"，即对自身本性的认识：三类所分别包含的三十六对法，即是要在这三个方面的认识过程中，把握其相关事物内部或相关事物之间的对立统一关系，以主观能动性和灵活多变的方法促使事物的转化，即化解或超脱一切事物对"佛性"的困扰和束缚，真正进入"菩提"（虚净）的境界。

惠能这种辩证思想，与老庄哲学是相通的。《老子》第十四章云："复归于无物，是谓无状之状，无物之象，是谓惚恍。"庄子《知北游》中云："尝相与游乎无何有之宫。"这些说法同惠能的"无念""无相""无住"是相通的。《老子》第一章云："天下皆知美之为美，斯恶已，皆知善之为善，斯不善已，故有无相生，难易相成，长短相形，高下相倾，音声相和，前后相随。"庄子《齐物》篇云"彼出于是，是亦因彼""是亦彼也，彼亦是也；彼亦一是非，此亦一是非……是亦一无穷，非亦一无穷"等辩证法思想，同惠能的"三十六对法"的对立统一规律的内容，也是相通的。

惠能提出的"三无""三十六法门"修行方法，从其文化底蕴来说，实际上是珠江文化浮动性、变通性、敏感性的体现。因为这些修行方法及其所体现的文化意识和思维方式，正就是这些文化特质；而这些特质，同珠江文化所最早具有的海洋文化与来自北方的中原文化，以及本地百越文化的交叉地带的独特地理条件是密切关联的，也是由这些因素和条件所决定的最早具有平民（市民）文化意识的一种反映。

"五说"是：以"农禅合一"说确立禅学的实践论。

中国哲学思想史数千年，一直贯串着知与行的命题论争。知行合一的实践论思想，始终占着主流地位。惠能实则是知行合一论者，但其具体内涵则是在佛道修行上的"农禅并修"或"农禅合一"，以此说而确立禅学的实践论。这个学说特别鲜明突出地表现出珠江文化的实用性、兼容性，这也是平民（市民）文化意识的体现。

惠能从求佛开始，一直坚持"农禅合一"的主张和实践。他是樵夫出身，到黄梅五祖处求佛，也是做舂米为主的杂役，得道之后，为避风险，为期15年都一直在猎人队伍中劳作和生活；正式继承禅六祖之位后，他重建被毁的韶关南华禅寺，得"一袈裟宝地"，也坚持全体僧员农禅并做。他这种主张和实践使得南方的禅宗派在唐武宗"灭佛"（即会昌之难）大难中得以幸存，后来"东山再起"，真正挽救了佛教，也使得神宗教派不仅幸存，而且向北方发展，成为中国佛教的主流。这种"农禅并修"的做法，正就是注重实用性、实际性、实效性的文化意识的体现。

"农禅并修"的思想和方式，出于禅宗的佛教意识，是一种无神论的世俗性的思想。由此，禅宗主张修佛的方式和地方可以多样化，以真心为基本目的，重实践、重效果，不必拘泥于具体的形式和方式。惠能云："心平何劳持戒，行直何用修禅。""若欲修禅，在家亦得，不由在寺。""迷人口说，智者心行。"他还说：修行"以行为主，以解为辅。行进一步，解亦进一步。行愈深，解愈精"；"一行三昧者，于一切时中行住坐卧，常行直心是"，并说

"但行直心，于一切法上无有执著"，才能"名一行三昧"。惠能还特别对佛家以坐禅为主的传统现象提出"道由心悟，岂在坐也"，并且批评那种长坐不卧的禅法是"住心观静，是病非禅；常坐拘身，于理何益"，他还说"何名坐禅？此法门中，无障无碍，外于一切善恶境界，心念不起，名为坐；内见自性不动，名为禅。善知识，何名禅定？外离相为禅，内不乱为定"。这些观点和方式，表明修禅同平常人的生活方式没有什么区别，修禅可以在日常生活中的任何地方、任何时间，这不是世俗么？正因为这种世俗化使得禅宗派为中国百姓能够理解和接受，也因此而使佛教成为中国化的非宗教性的宗教，而这世俗性又是与实用性相通的。

从以上"五说"所确立的哲学基本理论可见，惠能所创的禅学思想，是有基本理论的，是自成体系并构或一家之说的。所以，不应当认为惠能只是佛教领袖、禅宗六祖，而应当充分认识到惠能是一位伟大思想家、哲学家，是古代珠江文化的哲圣，他的代表作《坛经》不仅是一部佛典，而且是一部代表禅学思想的权威哲学经典。

二、六祖惠能的"五创"

六祖惠能既是中国佛教禅宗的"真正创始人"，又是哲学思想史上创造禅学理论的"圣人"（哲圣），综合而言，他的成就主要有"五创"，即有五大开创性的作用和意义：

"一创"是：开创中国禅宗教派。

广东许多人都知道，毛泽东二十世纪六十年代来广州视察时，询问当时广东省委书记陶铸可知广东曾出两位圣人，并告知除孙中山外，尚有六祖惠能。毛泽东称赞惠能是"中国禅宗的真正创始人"。大家知道，佛教禅宗由达摩从印度传入中国，从此被尊为禅宗始祖，随后二祖慧可、三祖僧灿、四祖道信、五祖弘忍，传至六祖后，"不立文字，不传衣钵"。但禅宗教派也由此"花开五叶"，即"五派"，包括：沩仰、临济、曹洞、云门、法眼。后来临济派又分出杨岐、黄龙两派，合称"五派七宗"，流传至今。六祖后禅宗分五派，也是一种开创。

2002年出版的《新编曹溪通志》中，有已故的著名佛学大师赵朴初居士写的序言，开篇即谓：

> 曹溪始以溪闻于世，继以寺名于世，终以六祖惠能及南宗祖庭而流传于世。六祖以一介樵夫而悟道，下下人有上上智，穷道源，游性海，承心印，开法流。其《施法坛经》即为钝根利器，指自身解脱之道，示一超直入之法，亦复为钝根浅机广开方便参学之门，引明心见性之路。惠能南宗与神秀北宗同为神宗二大巨流，如黄河、长江之纵横大地而汇入大海。北持渐修，南主顿悟。前者筑基以向上，后者登峰而造极，相互依存，圆融无碍，故中国佛教之特质在于禅教，而其道则在圆融也。从此，印度尼连禅河通过曹溪融入黄河、长江巨流，使中华文化拓展崭新境域，法乳滋润华复、扶桑，波及全球，有禅有文化，无禅不文化，中华禅文化已成为人类文明的宝贵财富，造福兆民，光辉千秋。溯其源头，端在曹溪。伟哉惠能，大哉曹溪。

这是对南华禅寺、惠能禅学禅教的最全面最科学的评价。从这评价中也可看到，赵朴初是有鲜明的水文化观念的，他将惠能禅学的发端称为"曹溪"，这是流经韶关南华神寺的一条河流，也是珠江水系的一条支流。将惠能禅学的"源头"发"端"称为曹溪，也即是指珠江，称印度的尼连禅河经曹溪而融入黄河、长江巨流，是以江河比喻印度的佛教文化源流，经过珠江文化的转折过滤，而改造和创造禅学文化的。惠能的禅学文化使中华文化波及全球，已成为人类文明的宝贵财富，同时也代表和体现着珠江文化同黄河、长江等巨流的文化一样并且一道，多元一体地滋润华夏，灿烂世界。

"二创"是：开创禅学思想哲学。

"禅学"一词，原是指佛教的禅观之学。此学在魏晋时期与般若学并行为佛学两派，分行南方、北方。隋唐时两者统一，此词即多与禅宗一词混用。现在看来，六祖惠能开创的禅宗，不仅是一个佛教教派，而且是一种思想哲学，是有其自身理论和体系的，并有其理论经典的，这就是《六祖坛经》（又称《六祖大师法宝坛经》）。这是中国人写的唯一佛教经典，是禅宗教派理论纲领，由六祖门人法海根据惠能讲经笔录集汇而成，分成：行由、般若、疑问、定慧、坐禅、忏悔、机缘、顿渐、宣诏、咐嘱等"十品"，系统完整地陈述了六祖惠能的禅宗理论，包括"人人心中有佛"，"佛性"是人的"本性"，人人皆有，只是"被妄念覆盖而未能显现而已，若断除妄念"，即可"识心见性，自成佛道"；并主张修行要着力心灵的"顿悟"而识性、得道。这些说法，实质上是一套完整的思想哲学，包括对人的本性论、反映论、认识论、实践论、方法论，突出地体现了以心为中心的心学思想。鉴于其是出自禅宗教义，而禅学之古义已失，故以禅学之词，作为这套哲学思想之称谓，以区别其原属宗教之义，想是应当而可以的。显然，六祖惠能是这种哲学思想的开创者。正因为如此，开创禅学的惠能，才与开创儒学的孔子、开创道学的老子，在"千年世界十大思想家"荣称中并列。

惠能禅学的开创性，还突出地体现在对同代和后代思想家和文化人的影响中，尤其是在对人的思想和社会风气的影响上。这种影响对一些南来文人特别明显。其中尤为明显的是唐代多次被贬广东的大文学家韩愈，他本是以倡导"原道"著称的儒家学者，被贬南来后，在潮州与佛门关系密切，常向该地灵山禅院名僧大颠请教，过从甚密，情同手足，离任时还亲赠衣服与大颠和尚。柳宗元、王维、刘禹锡、苏东坡、杨万里，也都因南来而接受惠能禅学。更有意思的是，柳宗元、王维不仅自己转变观念，而且亲自写碑文记下岭南百姓因受惠能禅学影响而造成社会风气转变的历史现象。柳宗元在《大鉴禅师碑铭》中记载说惠能"乃居曹溪（即韶关南华寺所在地）为人师，会学去来尝数千人。其道以无为为有，以空洞为实，以广大不荡为归。其教人始以性善，终以性善。不假耘锄，本其静矣"（见《全唐文》卷587页）。王维在《六祖能禅师碑铭》中记载："故能五天重迹，百越稽首。修蛇雄虺，毒螫之气销；跳梁弯弓，猜悍之风变。畋渔悉罢，蛊鸩知非。多绝膻腥，效桑门之食；悉弃罘纲，袭稻田之衣，永惟浮屠之法，实助皇王之化。"（见《全唐文》卷327页）这些记载说明惠能禅学影响的盛况和重要作用，而且是南来文人之所见，似乎更有客观性、说服力。

"三创"是：开创中国哲学史上的重要哲学流派——心学。

惠能所著"普提本无树，明镜亦非台。本来无一物，何处惹尘埃"的名偈，关于"动"的名言"非风动，亦非幡动，乃汝之心动"等，以及"识心见性"和"顿悟"说的真谛，都是立论一切在"心"、以"心"为本的哲理。这个哲理，虽无心学之名，却有心学之实，实乃中国哲学史上重要哲学流派的开创者。

受惠能影响，南宋著名江西哲学家陆九渊（号象山先生，1139—1193）倡导心学，提出"心即理"说，认为天理、人理、物理只在"吾心之中"，"宇宙即是吾心，吾心即宇宙"。明代著名广东学者陈献章（号白沙先生，1428—1500），继承其"心即理"说，认为心是宇宙唯一之理，"此理干涉至大，无内外，无终始，无一处不到，无一息不运。会此则天地我立，万化我出，而宇宙在我矣"。康有为曾称"白沙之学能自悟"，是广东继六祖之后"第二人"。

陈献章弟子湛若水（广东增城人，号甘泉先生，1466—1560），也相承心学，倡"心性图"说，认为"心也者，包乎天地万物之外，而贯乎天地万物之中者也，中外非二也"。与其齐名的王守仁（号阳明先生，1472—1529）也承心学，提倡"致良知"说，认为"夫万事万物之理不外于吾心"，"心明便是天理"；并认为学"唯求得其心"，"譬之植焉，心其根也"。明末著名福建思想家、戏曲理论家李贽（号卓吾，1527—1602），也属心学派，提倡"童心说"，提出"童心者，真心也。若以童心为不可，是以真心为不可也。夫童心者，绝假纯真，最初一念之本心也"。从上可见，这些代代相传的心学者，都是受六祖影响而承传心学的。

"四创"是：开创珠江文化的哲学思想理论与南学诗风。

六祖惠能是中国哲学史上首创禅学思想的第一人，又是首创心学思想的第一人。应当特别指出的是：惠能哲学思想是最能体现珠江文化的精神和特质的。如他的心学思想，实际上是南粤人"敢为天下先"精神和领潮性、开放性、敏感性、变通性等特质的哲学基础；他的禅学思想，实际上是珠江人具有特强的海洋性、多元性、包容性的哲学渊源；他坚持"农禅合一""农禅并重"的思想和修行方式等，都是珠江文化重实践、讲实在、求实效等务实性特质的内在哲理。惠能还提出与孔子相似的主张："恩则孝养父母，义则上下相怜。让则尊卑和睦，忍则众恶无喧……苦口的是良药，忠言必是逆耳，改过必生智慧，护短心内非贤"，与儒学一致，说明其佛中有儒，体现了珠江文化的情理性、兼容性。他提出"下下人有上上智"的名言，更突出体现了珠江文化的平民性和平等思想。这些说法虽然有宗教色彩，显得零碎，但其理论实质是全面而系统的，可以说是体现珠江文化精神和特质的哲学理论。这些理论是惠能最早提出的，是他开创的。所以，应尊他为古代珠江文化哲圣。

另一方面，从对岭南文人和文化学术的影响来看，惠能禅学也起到明显的南学诗风的先导作用。如与惠能将近同代的著名岭南诗人张九龄，虽是儒家宰相，但他崇尚"清淡""风神"诗风，与惠能禅学之风是呼应相通的。宋代的岭南诗人余靖，有过做外交官和武将的显赫经历，到晚年则游历于山幽水秀之自然风光，写出大量诗作，也是幽深清劲、静雅简朴之风，与惠能禅风有异曲同工之妙。明代岭南著名学者陈白沙，前文已述及他师承惠能禅学而创心学，对理学发展作出贡献。"粤学"先驱屈大均也在其代表作《广东新语》中充分肯定惠能。清代的岭南大学者康有为称惠能和陈白沙是广东"能自悟""二人"。梁启超对惠能的禅学及其对岭南诗人的影响，更是评价甚多、甚高，他先后称道："唐宋两代皆六祖派""宋儒皆从佛书来""宋士大夫晚节皆依佛"。并说："自唐人喜以佛语入诗，至于苏（轼）王（安石）其高雅之什，大半为禅悦语。"梁启超还称道同代的岭南诗人黄遵宪的《以莲菊桃杂供一瓶作歌》一诗，是"半取佛理，又参以西人植物学、化学、生理学诸说，实足为诗界开一新壁垒"。对黄遵宪的《三哀诗》，梁启超称其为"精佛理，内通一切法"。这些评述，既表明梁启超对惠能禅学的精通，又说明了黄遵宪诗中的禅理、禅味。此后的岭南文人、诗人受惠能禅学影响者，难以一一列举。其中著名的岭南诗人苏曼殊，既是革命家，又是佛教徒，既是诗人，又是情僧，真是潇洒风流，禅味十足。这些岭南文人学者之泰斗，受惠能禅学影响如此明显重大，而又对其如此推崇，而南来的北方文人学者也对其如此称道。这不是从更高的文化学术层面上证实，惠能是珠江文化在古代最杰出的代表人物（也即是哲圣）么？而惠能对后来的岭南文人泰斗的影响，又主要是"心性"论所显出的自主超脱意识和精神，是创新、多元、平等、实际等文化特质的体现。这样，不也是在文化的继承发展的历史层面上证实，珠江文化的形态和特质是客观存在的，是不断发展的么？

"五创"是：开创将外来文化中国化后，又转化为中国出口文化而向海外传播的先河。

六祖惠能为印度传入的佛教中国化作出了贡献。现在看来，这个贡献又跨进了一步，就是：经过中国化的佛教又以六祖惠能的影响传出国外了。用俗话说，就是：从"进口内销"，又转化为"出口外销"了。据六祖道场广东南华禅寺当今住持释传正大师介绍：自改革开放以来，全国各地都有禅宗教门派人来此认归"祖庭"，海外各地各国也有许多自认为"分庭"的禅宗支脉前来接根认祖，其中来自香港、澳门、台湾尤多，还有韩国、泰国、日本、菲律宾、马来西亚、新加坡、缅甸、柬埔寨、澳大利亚、俄罗斯、法国、德国、英国、美国等国家。特别值得注意的是：佛教创始国印度，不仅派和尚前来参拜，而且在印度本土建有南华禅寺，尊奉六祖惠能禅宗禅学。可见六祖惠能禅宗禅学，已成一种外来文化中国化、又转化为出口海外的一种文化，这是前所未有的，是值得中国人自豪的。显然，这种文化是六祖惠能首创的。这是惠能禅学思想威力的重要体现，也是中华民族文化具有巨大的消化力、改造力的重要体现。著名学者陈寅恪有言："天竺佛教传入中国时，而吾国文化史已达甚高之程度，故必须改造，以蕲适合吾民族、政治、社会传统之特性。"（见陈寅恪《金明馆从稿初编·论韩愈》）

综合以上"五个"首创，完全应当尊称惠能为中国文化和珠江文化最杰出的"首创大师"。

三、六祖惠能的"五地"

广东省云浮市新兴县被确认为"中国禅都"，主要根由在于这个地方，是六祖惠能的"五地"，即：出生圆寂地、顿悟开承地、《坛经》形成地、农禅丛林地、报恩般若地。

从以上"五地"可见，称新兴为"中国禅都"是名正言顺的。正因为如此，现在出版的这套《中国禅都文化丛书》，即以这"五地"为框架，由《出生圆寂地》《顿悟开承地》《〈坛经〉形成地》《农禅丛林地》《报恩般若地》，另加《禅意当下地》等六册组成，旨在确立中国禅都文化理论。

2011年8月1日

（收入本书时有删节）

附注：《中国禅都文化丛书》由汕头大学出版社2012年12月出版。共6册，60万字。

南江文化的发现及其重要意义

——南江文化调研报告

一、发现和考察的过程及其依据

自从二十世纪八十年代末开始研究珠江文化以来，有个谜团一直困扰着我：众所周知，珠江水系由西江、北江、东江组成，为何独缺南江？曾有书称：珠江三角洲水网又称南江，其实非也。事实上也确有南江存在。原来建国前的广东地图，都清楚标出南江之水路和名称，不知是何缘故，建国后的地图却全都易名为罗定江了。由此，南江的名称也即被历史抹去，渐渐被人们遗忘。

为此，2003年7月上旬，我们省政府参事室（文史馆）广东文化研究组和珠江文化研究会的十多位专家、教授，专程到云浮市及其所属的罗定、云城、新兴、郁南等县进行了实地考察，发现这条江河，并非因被改了名称而从地球上消失，它依然是流淌于广东西南部的一条主干河流。它发源于信宜县鸡笼山，流经信宜、罗定、云浮、郁南等县市，在郁南县南江口镇流入西江。现在的郁南县南江口镇，自古至今从未易名，即是南江自古存在的实证。

我们还在有关史料中，发现许多关于南江的重要史料。其中尤其值得注意的是，著名人文地理学家曾昭璇教授，在2002年《罗定史志》第二期发表《西江流域南江水系的人文地理概述》一文的附函中，感慨地说：在被视为经典的《广东百科全书》中，"缺'南水'一条这么重要的河川，竟没有一字记述，可叹也"。仅此即可见，南江名之消失，并非偶然的事，而是人文地理学上严重失误之事。曾教授在文中明确指出："南江即罗定江。汉时在交州治所（今封开）西江德庆附近南岸流入得名……古代以其水多急滩，称为泷水……

最早也不叫南江，称端溪。因汉灭南越设端溪县于南江口北，南者端也，故当时称端溪。"可见南江之名源远流长，因易名而忽视其存在及其在珠江水系中的重要地位，是不当的。清代多位学者均称南江为广东境内珠江水系的四江（即：西江、北江、东江、南江）之一。清代学者范端昂《粤中见闻录》曰："西江水源最长，北江次之，东江之水又次之，南江独短。"清代著名学者屈大均在其名著《广东新语·水语》中说："西江一道吞南北，南北双江总作西。"这两句话，既指明了南江与北江都汇流于西江之事实，同时也指明了南江与北江虽然都汇合于西江，但南江也与北江一样，仍可与西江在四江中并列，并不将其只作为西江的一条支流看待。可见忽视或取消南江的存在及其称谓，是有背历史地理实际的；建国后将其易名为罗定江，也是名不副实的，因为其流域远远超出罗定县境，它首先是贯通粤西南数县市的重要主干流之一。

更为重要的是，南江名称的改变和消失，还造成了一条重要的文化带被忽视、甚至被淹没。这次考察我们还发现：在南江流域的粤西各县市（主要是从信宜到云浮市）实际上是一条自古形成的文化带，有它自身的特点、特质和历史，在珠江水系及其水域的文化（即珠江文化）中有它不可或缺的独特地位和贡献。所以，在我们考察期间，《南方日报》（2004年7月18日06版）以《广东不止有东江西江北江 粤西发现南江文化走廊》为题，发表记者的长篇报道，记述了我们发现和论证的事实，即：南江称谓古已有之，百越文化保存完整，海陆丝路对接通道，文化遗存丰富多样。这篇报道，在海内外产生了强烈反响。随后（2004年9月6日），我向省政府提交了题为《为南江正名，挖掘整合南江文化》的参事建议。云浮市领导郑利平、欧真志，先后在《南方日报》的"广东历史文化行"系列报道的《为南江文化正名》专版（2005年4月11日）等报道中，明确表示云浮市要着力打造南江文化。郁南县从2006年元宵节开始，每年举办南江文化艺术节。这些报道与活动，都表明领导和群众都认同南江文化是本地文化，也即是云浮地区南江流域文化的概念的。

我们再经过一段时间深入研究之后，觉得南江文化的概念和内涵，直接地、具体地是指云浮地区南江流域的文化，固然实在而准确，但又有偏于狭隘之嫌，这显然是受到每条江河有其本身流域文化的观念束缚，忽视了在相邻江河之间也会形成某种共同性文化、并可以用其中某条江河作为这种文化代称的事实，像北京的永定河本不属黄河水系，但地理上邻近黄河，历史上经济文化密不可分，所以其流域（包括北京）也属黄河文化水域。由此，2005年4月25日至29日，我们又组织专家考察团，与云浮市委副书记赖斌和相关文化界人士一道，先后到阳江、湛江、茂名、云浮等市进行了考察，发现这个相邻河流的共同文化理论，完全符合这四个粤西市的人文地理与经济文化之实际，可以用南江文化的称谓和概念作为其代称。

理由是，从地理上说，南江发源于茂名市的信宜，流经云浮市的罗定、云城、郁南而入西江；鉴江也发源于茂名市的信宜，流经信宜大部、湛江市及其吴川县入海；漠阳江则发源于云浮市的新兴，流经阳江市大部出海；雷州半岛的南渡河，以邻近海岸而与上述江河相通。可见粤西四市的四条主干江河，从发源地到流经地，都是交叉、相邻或相通的。从历史上说，自秦汉设郡县制以来，粤西四市虽有分有合，归属多变，但基本上都同属一个行政建制，历来统称"下四府"，建国初期统称粤西区（还包括现划归广西的北海、合浦、钦州地区），二十世纪六十年代还统属湛江地区。由此，也造成经济和文化上许多共同点和相通点。在历史文化民俗风情上，也有许多相通或相似之崇拜或习俗，如洗夫人文化、石狗文化、铜鼓文化、妈祖崇拜等等。尤其是在民间艺术中，尚有禾楼舞等极其珍贵的百越文化遗存；在方言和地名上，也有许多百越语的"活化石"，如"那峒""那阳"等以"那"为头的词语。所以，可以将粤西四市（尚可包括广西北海等地区）统称为一种文化，其称谓以南江为其代表，可取名为南江文化或泛南江文化。

在考察过程中，四市领导和有关专家，虽有一些质疑和异议，但大都在总体上肯定或支持这称谓和构想，认为应继续深入研究，分别从各市不同实际和优势出发，去打造南江文化。随后（2005年5月19日）我们向省政府提交了《粤西四市南江文化带考察报告》，《南方日报》于同月作了报道。

从上述两次考察结果可见，我们对南江文化概念的理解是有两层含义的：一是指云浮市南江流域区的文化带，二是指粤西四市文化带；两层含义，只有范围大小之分，彼此并不矛盾，而是有着共存共容的有机关系。为更清晰表述各地的特色和优势，只在南江文化之前或之后，标注地名或水名即可，如去年茂名市举办南江文化论坛，我提交的论文题目是《南江——鉴江文化是茂名地域的母文化》，即将在郁南举办论坛的题目是《郁南：南江文化论坛》，也可仿效"泛珠三角"的做法和说法，称"泛南江文化"。

为使南江文化的立论更扎实、更充分，我们珠江文化研究会的岭南考古专业委员会六位专家，在主任张镇洪教授率领下，于2007年10月23日至28日，到信宜、罗定、云城、郁南等县市，又进行了一次南江文化专题考察，从历史学、考古学、建筑学、生态学、民俗学、文化学等多学科交叉地进行论证，提出许多创见和研究开发建议，更有力地支持了南江文化的立论，更充实了我们这立论的学术依据，使对南江文化的研究开发更有科学性和前瞻性。

二、 提出南江文化的理论和现实意义

1. 当今世界是文化时代，以挖掘和整合本国、本民族、本地域的文化传统、特质和优质，是提高文化软实力和综合竞争力的重要途径。从世界眼光看来，水文化理论正在主导着现代西方国家对自身文化的挖掘与整合，以自身的母亲河为标志而弘扬本国文化，以海洋文化大国自居而与世界接轨，如：美国的密西西比河文化、英国的泰晤士河文化、法国的易北河文化、德国的莱茵河文化、印度的恒河文化、埃及的尼罗河文化等等，即是如此。这些国家又都是以海洋文化而与世界沟通的。我国是"茫茫九派流中国"的多江河国家，黄河、长江是公认的中华民族母亲河。此外，还应当有标志多元文化之源的其他母亲河文化，如：标志东北文化的辽河文化、标志南方文化的珠江文化等等。我想，自改革开放以来，党中央正是吸取了西方现代文化观念而采取英明决策而取得步步成功的，从在沿海边境办经济特区、开放沿海城市，到发展环渤海经济区、长江三角洲和珠江三角洲经济区，广东从建设珠江三角洲到粤港澳大珠三角、再发展为泛珠三角（"9+2"），都取得了举世瞩目的成果，从而也证实了这种现代文化观念是可取的、正确的、科学的。我们倡导珠江文化，以丰富并弘扬中华民族多元一体文化，正是吸取这种观念而在学术层面上进行的开拓创新。

2. 我们发现和提出研究开发南江文化，正是进行这种开拓创新的有机组

成部分和重要步骤。因为我们在研究珠江的时候，发现它的结构与黄河、长江不同：如果说，黄河像条龙、长江像只凤，都是从头至尾的一条巨流，那么，珠江则像是多龙争珠或珠光四射的多条江河聚汇的龙珠。因为珠江水系乃由西江、北江、东江，在广州和珠江三角洲汇合构成；西江、北江、东江像多条小龙，从四面八方奔流而来，汇于广州和珠江三角洲后，由虎门等八个门流出南海；由此可见，广州和珠江三角洲不就是这些小龙所争之"珠"吗？如果将这"珠"比作光芒四射的珍珠，那么，西江、北江、东江不就是其所放射的光芒吗？显然，这三条江的取名，是以广州和珠江三角洲为中轴，根据中国传统方位学的原理，依其不同流向而定名的，即：水从西来则西江，北来则北江，东来则东江。由此说来，则出现一个空白：为何独缺南江？难道无南来之水么？显然不是。如果说，珠江是四龙争珠、珠光四射的形象，如缺南江，不就是成了"三龙"争珠、珠光"三射"了吗？所以，我们现在发现南江和南江文化带，就具有填补这个空白的意义。这对于珠江文化和中华民族多元一体文化的研究来说，都是不可或缺、并具有开拓新领域意义的。

3. 从广东的民系、文化构成和分布情况上看，主要的民系及其文化，大都根系于一定的主干河，如：广府民系及广府文化主要在西江流域及珠江三角洲，北江流域主要有广府和客家两大民系及其文化，东江流域则主要是客家民系及客家文化，韩江流域包括客家和潮汕民系及其文化。由于粤西欠缺一条代表性的主干河流，包含的民系和文化成分较多，由于至今尚无一个公认的代表性河流称谓，又欠缺对这一地域的民系及其文化结构的相通性的深入研究，所以，这也是学术上的一个空白。我们经过多次考察，不仅发现南江及其可以作为西江以南粤西地区主干流的代表性作用，而且，发现岭南文化之祖的百越文化在这地区有较丰富的历史遗存，并可作为这地区的民系及其文化的主要代表，这对于粤西地区的文化研究也具有开拓意义。

4. 从对寻找广东和珠江文化祖根的意义上来说，发现和提出南江文化，是更深层次上的开拓创新。认真说来，广府文化、客家文化、潮汕（福佬）文化，都不是岭南本土文化，都是外来文化或外来文化与本土文化结合后产生的文化。岭南的真正本土文化是百越族（主要是南越）文化。因秦始皇统一岭南后，百越族逐渐汉化或迁移，加之封建时代对少数民族的专制统治，以"南蛮"之称而种族歧视，致使其历史被淹没，其文化遗存也越来越少，从而也就使人们几乎不知它就是岭南本土文化之祖根。根据曾昭璇教授考证：南江流域古已为骆越开发地区，并已有邦土建立，即先秦汉人未入侵前已由越人建立了土邦，进入奴隶制国家。《山海经·海内经》云："伯虑国、离耳固、雕题国、北朐国、皆在郁水南。"郁水即西江，这些土邦分布在西江南岸，海南岛以北地区。这地区以越人为主，在先秦受中原楚国之数度入侵，故受其文化影响特深。南江流域四周高山包绕，中为盆地，不同民系侵入，多种民族（越、瑶、壮等）杂居，多种语言杂烩，土语（能古话）和白话共存，并可相互通话。可见在古代，南江流域已自成一个有其地理和经济基础的文化区域，一直是保存岭南本土文化历史和遗存较完整、较丰富的地方，也即是广东和珠江文化的祖根之地。

5. 南江流域及其相连的交通线，自古是中原直入岭南而又连接南海的经济文化走廊，是具有交叉性和中转性的文化带。曾昭璇教授在关于南江的文章中指出：南江在汉代是"向为汉人南下徐闻要道"。曾教授为何特别指出"徐闻"呢？因为这是汉武帝平定岭南后，派其黄门驿长从广信（今封开、梧州）到徐闻，而开始海上丝绸之路历史的始发港。这是我们珠江文化研究会在2000年发现和论证并受到举世公认的学术成果。在这个论证中，我们还发现：汉武帝派张骞通西域开始了陆上丝绸之路，是以长安出发；海上丝绸之路则从徐闻出发，而从广信到徐闻的南江通道，则显然是连接陆上与海上丝绸之路的一条要道。这就意味着：南江既是中原进入岭南的要道之一，又是岭南通往海外的通道之一。所以，南江流域既有古道文化意义，又有海陆丝绸之路对接通道的文化意义；既有山、河、海多元文化交融的课题，又有海洋文化如何进入内陆的课题，这些都是学术上的空白领域，亟须进行开拓性的研究。

6. 南江文化名称和概念如能受到认同和接受，必将有力地推进粤西四市、两广交界地区、乃至泛珠三角（"9+2"）区域合作。前些年，交通部珠江江航运管理局制定了《珠江水路航运规划》（见2003年11月21日《羊城晚报》），要以25亿的投资，在八年内打通由西江连接珠三角西部地区的黄金水道，统一打通珠江航道，并开辟赣粤、湘桂两条运河沟通珠江和长江。这宏伟规划也自然包括南江流域在内。所以打造南江文化，是很有现实意义的。

三、 打造南江文化的若干具体建议

1. 在最近召开的广东省第十一届人民代表大会上，黄华华省长在《政府工作报告》所作2008年工作安排中提出：要"推进文化体制创新，增强文化事业和文化产业发展活力，提升广东文化软实力"，又提出"全面完成东西两翼文化建设工程"。应当将打造南江文化提高到"提升广东文化软实力"的高度上来，同时将南江文化（或泛南江文化）工程作为"西翼文化工程"的名称和品牌而立项和开展，具体方案可由粤西四市派出专家共同筹划，省参事室（文史馆）和珠江文化研究会乐意提供支持协助。

2. 应为南江正名。建议省民政部门与云浮市和茂名市政府商议，将信宜市、罗定市、云城区、郁南县境内的泷江、罗定江等名称，统一为南江之名，举行隆重的正名庆典，并周知各有关方面统一正名。

3. 云浮市及其所属各县，可以轮流举办南江文化论坛；粤西各市，可以称"泛南江文化"而共同或轮流举办论坛，或者依据自身的特点和优势而作自身的文化定位，如：茂名市可以鉴江流域面广而称为鉴江文化，湛江市可以广州湾和湛江港的优势而打造海湾或海岛文化，阳江市可以海陵岛和"南海 I 号"的辉煌为中心而打造海洋文化，这样，既有共通性，又有多样性，会使粤西文化更丰畜多彩。

4. 建议粤西四市仿效粤东四市的做法，建立密切合作关系，尤其是加强文化上的交流与合作，以切实措施，共同打造广东"西翼文化建设工程"。

2008年2月28日

莞香的文化意义与开发前景

—— 在莞香文化发展论坛的发言

首先，我谨代表广东省珠江文化研究会、广东省海上丝绸之路研究开发项目组，对东莞市莞香采香日文化活动隆重举行表示热烈祝贺！这是一个具有历史和现实意义的活动和盛会，因为莞香本身有深厚丰富的文化意义和开发前景。其文化意义主要有六大点：

一、既有独特性又有广泛性的物产

莞香树，中国树木中唯一以东莞地方命名的树木，是东莞特有的原生种，学名沉香树［Aquilaria sinensis（Lour.）Gilg.］，属瑞香科（Thymelaeaceae）双子叶植物，归类为乡土常绿乔木或小乔木，是莞香产生的主要载体。

莞香，即莞产沉香，沉香以产自东莞品质最良，故又称莞香。莞香品质上乘，得益于东莞得天独厚的地理环境。清代屈大均《广东新语》之《莞香》篇记载："香在地而不在种，非其地则香种变。"土壤是决定莞香品质的关键因素。自古以来，莞香贡品的生产区域主要集中在东莞大岭山镇，清末史学家陈伯陶编《东莞县志》记载："莞香，先辨土宜，土宜正者。白石岭、鸡翅岭、百花洞、牛眠石诸处不失为正。"上述四地自唐代起就是历代皇宫莞香用品的原产地，是谓四大皇家香林。莞香非物质文化遗产保护园也正是坐落于具有历史价值的百花洞。

莞香在东莞历史悠久，早在东汉时期已有种植，据东汉杨孚《交州异物志》中记载："蜜香，欲取先断其根，经年，外皮烂，中心及节坚黑者，置水中则沉，是谓沉香，次有置水中不沉与水面平者，名栈香，其最小粗者，名曰榘香。"由此可见，东汉时期，莞人已掌握了莞香独特的种植方法，并经过一代又一代香农的传承与改良，逐渐形成了完整且独特的天然结香的生产及制作技艺，产出优质莞香。莞香历来是东莞地方特产，清代雍正八年周天成修撰的《东莞县志·周志》中记载："莞诸物俱不异他邑，惟香奇特。"早在唐代起，莞香已成为东莞最负盛名的皇家贡品，被列入制度。明代嘉靖年间，莞香即名扬四海，自莞香名世以后，其他地方的香料从此一并没落。《莞香》篇中有所记载："……又朱崖有香洲，洲中出诸异香，往往无名，而并未言及东莞。盖自有东莞所植之香，而诸州县之香山皆废矣。"

莞香泽世，主要有赖于莞人的勤劳和智慧。《广东新语》记载："昔之香生于天者已尽，幸而东莞以人力补之。"正是莞人在长期劳动实践中摸索、掌握了莞香传统生产与制作技艺，并世代相传，才创造了莞香的千年辉煌。莞香制作技艺是莞人对自然界和宇宙知识的认识付诸实践的突出表现，带有东莞本土文化烙印，是东莞特有的非物质文化遗产。

莞香，为东莞所独有，有着自身的独特性，然而其用途却体现出广泛性。莞香乃沉香中的珍品，其聚集天地五行之气，天然形成，天赋香气淡雅宜人，尊为香类极品，居众香之首，素有"香中阁老"的美誉，是历代皇室贵族、文人雅士培养文化气质的重要媒介。此外，莞香亦是一味传统名贵中药材，临床使用广泛，乃十大广药之一，莞香片、莞香粉冲泡饮用皆为传统养生妙方。相传广东先民到海外谋生，必定随身携带以莞香雕刻的神像，既能缓解水土不服的肌肤之痛，又解思乡之苦。除了用作香料、入药外，莞香还可用作工艺品制作及收藏，更可进行深加工综合利用，例如树皮可用于造纸，种子可榨取油脂用于工业用油，莞香原材料可提炼精油和分子提取物等等，可以说，莞香全身都是宝，用途相当广泛。

二、既是物质文化又是精神文化的载体

据东莞市委党校教授林举英在《东莞历史文化刍论》中《莞香文化探析》称：中国有悠久的使用香料的历史。香料对于古人主要有三个用途：一是用于祭祀，包括祭祖、拜神、敬佛，都要焚香，期望通过香气达于神灵，人也

在香烟缥缈中仿佛能感受到神灵的庇佑。二是用于日常生活，在居室里焚香，能净化居室，使人获得舒适的享受；或在庄重的场合焚香，营造出肃穆庄严的气氛。三是用于制药，各种香料都有不同的药用价值，是中药的重要材料，至今仍然如此。这三种用途说明莞香既是一种物质文化，又是人的精神的一种寄托和文化的载体。

莞香是一种奇特的植物，其特性和生长历程，本身就有一种丰沛昂扬的文化精神和独特个性。"莞香树，是一种贱生树，如同一个宿命般苦难的孩子，生长在硗确（即瘦瘠）的土壤。然而，贫瘠的土地却成就了她生命的价值，塑造了她那极品好香的特质。……大多数莞香是香农将莞香树种成四五年后，人为砍伐或采用掰断干枝的办法使香树受伤后形成的。这种受伤过程就叫'开香门'。香树在受伤后，再经蚊虫蚁蝼萦绕吐涎，伤口受真菌感染后，产生化学作用，最后形成香脂，再经多年沉积而成固态结晶体才有莞香。可以说，一棵香树只有数年风华正茂的葱绿，余下数十年，甚至上百年便要不断遭受刀刃砍伐的结香之苦。有些香树甚至历经数百年后，木本已腐朽如烂泥，而土中却有光黑如漆、质地坚硬的熟结香。那些残肢断臂、伤痕累累的莞香树，在经历了一次次'苦其心智，劳其筋骨、饿其体肤'的折磨摧残，才最后置之死地而后生，完成她生命的涅槃，成为植物中的钻石——莞香。"这是刘丹散文《女儿香》中的一段描写，可谓将莞香的文化精神和独特个性写得惟妙惟肖。

三、既是高雅文化又是大众文化

香文化是中华民族传统文化中的一块瑰宝。中国香文化源远流长，上自宫廷、庙宇，下至普通百姓家，都以熏香、品香为赏心乐事，甚至成为日常所需。宗教节庆有"香"，历代帝王喜"香"，闺中妙龄爱"香"，古典名著生"香"，文人墨客颂"香"，中药百草发"香"，养生保健缘"香"……由此形成的香道和香文化，也流传至今。早在先秦时期，香料就被广泛应用于生活。从士大夫到普通百姓，都有随身佩戴香囊和插戴香草的习惯。隋唐五代不仅用香风气大盛，又因为东西文明的融合，更丰富了各种形式的行香诸法。盛唐时期，文人墨客闻香颂香，甚至经常举行"熏香鉴赏会"，争奇斗"香"，形成一种独特的"闻香"风格。宋元时，品香与斗茶、插花、挂画并称，为上流社会优雅生活中怡情养性的"四般闲事"。熏香至此也成了一门艺术，达官贵人和文人墨客经常相聚品香，并制定了最初的仪式。专门研究香的来源、载体、工具，制香法的各式香书、香谱也在此时出现。特别是在香道发展鼎盛时期的宋代，用香成为普通百姓追求美好生活不可或缺的一部分，生活中随处可见香的身影。至明代，香学又与理学、佛学结合为"坐香"与"课香"，成为丛林禅修与勘验学问的一门功课。佛门与文人营建香斋、静室、收藏宣德炉成为时尚。清三代盛世，行香更加深入日常生活，炉、瓶、盒三件一组的书斋案供以及香案、香几成为文房清玩的典型陈设。在古典诗词中对香的描写更是琳琅满目、美不胜收。如：

望庐山瀑布

李 白

日照香炉生紫烟，遥看瀑布挂前川。

飞流直下三千尺，疑是银河落九天。

更漏子

温庭筠

……

玉炉香，红蜡泪，偏照画堂秋思。眉翠薄，鬓云残，夜长衾枕寒。

梧桐树，三更雨，不道离情正苦！一叶叶，一声声，空阶滴到明。

一斛珠

李 煜

晓妆初过，沉檀轻注些儿个。向人微露丁香颗，一曲清歌，暂引樱桃破。 罗袖裛残殷色可，杯深旋被香醪涴。绣床斜凭娇无那！烂嚼红茸，笑向檀郎唾。

醉花阴

李清照

薄雾浓云愁永昼，瑞脑销金兽。佳节又重阳，玉枕纱厨，半夜凉初透。东篱把酒黄昏后，有暗香盈袖。莫道不销魂，帘卷西风，人比黄花瘦。

女儿香

张萼桦

兽炉烟袅净无尘，焚到牙香气自春。红袖添来宜伴读，绿窗绕处最怡神。谈心喜共同盟友，炙手偏怜困热人。万种情丝萦缕缕，好教香火证前因。

古诗词中写及炉香的篇什不胜枚举，这种诗词，既是体现文人雅士的高雅情调，也是表现一种高雅的环境氛围，亦是莞香文化高雅的一种体现。

传闻皇宫里所收的莞香，除用作祭神外，还点燃莞香驱蚊去虫，溢香皇室。而《广东新语》中亦描写了古代苏松一带（现在苏州、上海一带）"熏月"的盛况："以黄熟彻旦焚烧""莞香之积阊门者，一夕而尽"。苏松一带自古以来就是人文渊薮之地，其中秋之夜的"熏月"民俗活动真是隆重之至、优雅之至，而所焚烧的都是莞香。想象几百年前那种香动苏松、万民陶醉的情景，至今仍让世人追慕不已。"爇香"文化达于极致，莞香也达到了一个顶峰，形成了一种雅俗共赏的文化。

四、既是中国特产文化，又是中外交流的海上丝绸之路文化

古人的生活与香的关系非常密切，因此自古以来香料的进口就成为对外交流的重要一项。通过"海上丝绸之路"运往中国的物品中，香料占有很大的比重，因而又被称为"香料之路"。据《广东新语》记载："洪武初朝贡，其物有金银器皿、薰衣草、降真香、沉香、木香、黑线香、白绢、犀角、象牙、纸扇。"当时对外贸易的主要形式是朝贡，这里记载的是明朝初

年对安南（今越南）的贸易，所列十种商品，香料占了五种，可见香料贸易所占的比重较大。香料的进口比例大，说明香料的社会需求大，这在一定程度上也刺激了国内的香料生产。

明朝嘉靖年间，莞香逐渐放开使用和贸易，一经面世，即享誉于世，形成的"香市"更是"海上香料之路"的代表集市。广东古代有"四市"的说法，《广东新语》记载："东粤有四市。……一曰香市，在东莞之廖步，凡莞香生熟诸品皆聚焉。""廖步"今作"寮步"，是东莞中部的一个镇。"步"者，埠也，也写作"埗"，多数用以指称水边有码头的地方。因此，在古代它是一个码头或市集的名称。寮步，这片不产香的土地，凭借一条寒溪河，促进了莞香的繁荣贸易。莞香在寮步牙香街集中销售后，经寒溪河、东江而转运到内河及沿海各个港口，远销江浙、京城及东南亚等地。莞香因而得以和茶叶、陶瓷等成为同期出口海外的名贵产品，成为东莞古代的名产而享誉中外。当年各路香商、药商、香客、文人雅士、才子佳人慕香而来，云集连接寒溪河香市码头的牙香街，整条街终日人声鼎沸，香气缭绕。而邻近运香经过的地方也因受莞香熏染而得名，如寒溪河又名香溪、中山古称香山，据说香港也因莞香交易繁盛而得名，这种因特产而得名的现象正是中国特产文化的一种体现，也是一种海上丝绸之路、香料之路文化的实证。

五、既是世界性的物质文化，又是世界性的非物质文化

从香树的种植，到以香薰治瘴气，以燃香祈神拜佛将香尊为灵通三界之神物，再到将香引入香道以此寻求身心享受，形成以香养生养心的科学理念，经历了一个漫长的过程，由此形成了独特的莞香文化。莞香本是一种难得的香料，亦是一味珍贵的药材，是天然养生的保健圣品。燃起莞香，梵烟缥缈，馨香典雅，不仅能平复心境，达到调息、濡养身心之养生功能，更能撩动心智的灵性。这也是历代文人雅士喜爱闻香的缘故。莞香神秘而奇异的香味，集结了千百年天地之灵气，有的馥郁，有的幽婉，有的温醇，有的清扬，自明代中叶起，不单列为内廷贡品、香飘中国，更远播东南亚等国数百年。莞香不仅是一种世界性的物质文化，也是一种世界性的非物质文化。

据《广东科技报》资深记者冯海波在《香茶陶珠》一书中称：莞香的珍贵，在于它来之不易。莞香从凝结到形成，往往需要数十年乃至上百年的时间，所以属短期内不可再生的资源。根据《濒危野生动植物种国际贸易公约》《野生动植物保护法》等的规定，沉香及其制品属于国家濒危野生动植物保护品种，被列入国家二级濒危珍稀植物。

莞香种植地少，取香不易，上品莞香价值千金且不易觅购。晚清以来，莞香由于人们竭泽而渔的采集而急速衰落。《东莞县志》有记载："闻前令时，承旨购异香，大索不获，至杖杀里役数人，一时艺香家，尽髡其树以去，尤物为祸亦不细矣，然则莞香至雍正初，一跌不振也，此酷令不知何名，深可痛疾。"

直到近年，东莞一些有识之士重新挖掘莞香、研究莞香制作技艺，传承千百年"香火"。东莞市尚正堂沉香研究院院长黄欧，就是其中的代表。作为广东省非物质文化遗产"莞香制作技艺"传承人，黄欧自幼耳濡目染，学会了种香、采香、结香的传统技艺，并将祖辈遗留及多年民间搜集的共300余株百年莞香母树重新迁地保护于莞香非物质文化遗产保护园内。

过去莞香的种植都是靠天吃饭。如果没有掌握技艺，莞香树有的十年、数十年甚至上百年都不结香。黄欧深知，传统技艺的复苏加上现代科技的借鉴，才能为莞香的发扬光大插上翅膀。他潜心钻研《香乘》《陈氏香谱》《广东新语》《粤东笔记》《东莞县志》等有关莞香的古籍，使断层了100多年的莞香制作技艺得以传承。同时，他还请来中国科学院华南植物园等高校院所的专家教授，综合运用现代科学技术，对传统的莞香制作技艺进行科学归纳研究，在莞香优化品种、结香机理、医学应用等方面实现了新跨越。他所创办的尚正堂莞香发展有限公司，成为广东省第一批非物质文化遗产保护示范基地，而他也荣获由广东省文化厅等单位颁发的"活力非遗2013年度致敬人物"荣誉称号。所以，从莞香的传统种植技艺上看，莞香还是一种非物质文化，应当列入世界非物质文化遗产记忆名录。

六、既是源远流长的传统文化，又是前景无限的文化事业和产业

从上述引证资料可见，莞香从生产、技艺、应用、流通、享受，到受文人雅士、平民百姓的认同和歌颂，都具有千百年悠久历史，是中国特有的源远流长的传统文化，蕴含着深厚丰富的文化储存和积累，我们应当以同样的持久的韧性和耐力，去持续研究开发这个宝藏。要进行和完成这项使命，前先要从世界和历史的高度认识莞香的文化价值和意义，并且以世界和未来的眼光和策略进行莞香的研究开发。由此，建议从"三个结合"着手，力争实现三个"世界第一"：

1. 莞香与社会生活结合。自古以来，莞香一直是进入社会生活中，成为人的日常生活的伴侣（薰香）或精神寄托物（祭祀），但实际上结合面还不够深广，应当可以向人的生活文化（衣、食、住、行、玩）和生命文化（生、老、病、性、死）各领域延伸扩大其结合空间，尤其是进入家庭和个人的生活空间，制造能使身体、服饰、居室、环境生香的产品，如香水、香丸、香衣服、香戒指、香皂、香液、香食品等，使莞香"无孔不入"地飞进"平常百姓家"，以致融入老百姓的日常生活中。另一方面也要充分发挥莞香文化的高雅性能，制造高雅礼品、有收藏价值的经典藏品、具有诗情画意的高雅景点。由此，建议东莞市打出"中国香都"的文化定位和称号，在适当地点建造一所"莞香文化宫"，以悠久的文化内涵和现代高科技手段，建造世界"第一"或"唯一"的莞香文化宫殿。

2. 莞香与科学技术相结合。主要在两个方面：一是在种植和生产上，要借助科技力量提高莞香的产量和质量；二是在功能和用途上，要借助科技力量增多和扩大莞香的功能和用途，尤其是药用功能和日常生活用途。由此，建议东莞设立"莞香文化与科技研究开发院"，在研究力量、投资、设备、规格、目标上，都要力争达到世界"第一"流的水平，使其建成当今世界上"唯一"或"第一"的莞香研究院。

3. 莞香的生产、销售、展览、投资、旅游、文化与海上丝绸之路结合。莞香既是一种植物、一种文化，又是一种产品、一种商品；莞香文化事业和企

业，就是要将植物、文化变成产品、商品，以文化引领经济、将文化化为经济。这就必须与企业的生产、销售结合。东莞现在已有"世界工厂"的美誉，而且也由此在本月初得到了举办广东省首届二十一世纪海上丝绸之路博览会的殊荣，获得了170多亿订单效益。应该在这基础上，再发挥莞香之路历来是海上丝绸之路的线路之一的优势，再续其历史的前缘，并借"世界工厂"的海外线路，将莞香外销市场拓宽加大，是很有必要而前景无限的。为此，建议对古今海上丝绸之路和香料之路的海外节点进行一次认真疏理，将原有和现有的海外节点串联起来，按其销路重建一条或多条莞香外销之路；同时将现在东莞寮步每年一度"香博会"和香圩村扩大至大岭山产地，将生产与销售结合起来，将海外及全国香料生产和销售企业吸收进来，投资或设置展位，既展销其香料产品，又展现其香料科研成果与文化风情，建成当今世界"第一"大而且是永不落幕的香博会和香博园。

如能切实做好这"三个结合"、实现三个"世界第一"，东莞则是名副其实的"中国香都"。

2014年11月22日

挖掘岭南古道文化，与绿道交相辉映，纳入"一带一路"建设

——关于广东古道文化的调研报告

中外文明相互吸引，相互影响。为了沟通文明之间的交流，道路便孕育而生。古代中国与域外文明各国交流，形成了驰名中外的"陆上丝绸之路""海上丝绸之路"。可以说，古道承载了人类文明发展的史迹，传承了许多可歌可泣的精神与文化。今天建设"一带一路"，古道历史文化仍然有着重要的作用与意义。

一、广东具有丰富的古道文化资源

从新世纪到现在的15年间，我们结合海上丝绸之路研究，以及启动《中国珠江文化史》的著述需要，对我省和珠江流域地区的古道进行了多次实地考察，发现其资源是极其丰富的，而且其分布颇有规律，甚有特点，总结广东古道的特征如下：

1. 水决定人的生命、生活、生产，决定人的观念、思维方式和行为方式，决定地域的政治、经济、文化。在古代，地域与地域之间的人们，主要靠水陆之间的沟通而相互往来。由此，有历史文化价值的古道，往往在国家或省区交界的河流或人造河流地带。如广东深圳与香港交界的深圳河（沙头角），两广交界的贺江，粤湘交界的武水，粤赣交界的浈江和定南水，闽粤交界的韩江上游的汀江，等等。

2. 古道以陆路为多，通常穿山越岭，经悬崖绝壁，过原始森林。古代交

通多靠马和马车，故古道又称马路或马道；又由于古代开辟陆路交通的能力有限，古道往往沿绕河岸开凿，或者水陆联运，船车换行。如广东南雄的乌径古道，云浮罗定的南江古道，怀集的绥江古道，封开的贺江古道，乳源的西京古道，鹤山的彩虹古道，连州的星子古道，等等。

3. 古道历史悠久，与关隘密切相关。岭南古道历史久远，诸如阳山秤架古道，早在秦汉已经闻名。因封建割据，战争频繁，常在地域交界或军事要地，设置水陆关卡，也即随之修建古道，如广东南雄的梅关古道，乐昌的金鸡岭古道，英德的贞阳峡古道，连州的南天门古道，等等。这些古道与重要军事设施一起，成为广东重要的防御设施，成为转输军用物资、传递军令军情以及军事防御的重要屏障。

4. 广东古代通道不仅是交通要道，而且是对外与中央、周边地区联系的通道，也是对内缩短省内地区地域间路程的便道。不仅是商贸物流通道，包括省内粤南北地区物资运输、文化传递，以及国内与中原地区经济贸易、文化交流，还是海外贸易的重要通道与出海口。如广州的黄埔港、澄海的樟林港、吴川的梅菉、陆丰的甲子港、新安的南山港等，都是与内外贸易密切相关。

5. 岭南古道还是人口迁徙的路径。不管是历史上汉人随军南下，还是躲避战乱迁徙，他们不断地与岭南民众融合，形成岭南文明的主体。而更有一些古代的广东人，"下南洋"，赴东南亚以及欧美。梅县的松口镇以及附近的南洋古道，就是客家人开拓"印度洋之路"的始发港；台山的广海湾即是"广府人出洋第一港"。

以上这些仅是我们在我省和珠江流域地带初步查到的古道，尚未查到的古道估计还有不少，其他地方以及其他国家可能会更多，所以古道文化资源是极其丰富的，是有普遍意义的。

二、古道文化内涵深厚

从迄今所见的古道情况上看，每条古道都是有其特定的地理和历史条件，使其文化负载和性质与其他古道不同。但又由于所有古道都在根本上属交通性质，所以其文化内涵元素往往是综合性的，而且是普遍性的，只不过其在不同历史阶段的主要作用有所不同，从而使其特点与其他古道有别而已。因此，我们要对古道文化进行具体分析，首先要弄清楚古道文化中有哪些带普遍性的文化元素或文化内涵。从迄今调研情况看，其文化内涵是很丰富的，其内容大致有：

1. 丝绸之路和海陆丝绸之路对接通道文化内涵。丝绸之路即海外交通线，是中国与世界通商和交往之路，也包括国内的商贾之路。丝绸之路实质上也是古道，其文化也即是古道文化。前些年，联合国教科文组织和中国国家文物局先后宣布：拟将全世界丝绸之路（包括海上、陆上丝绸之路及相关文化遗存）统一申报世界文化遗产。在泛珠三角合作区的古道中，有两条属于陆上丝绸之路，即：云南贵州的边境丝绸之路，以及四川经贵州到广西梧州的西南丝绸之路。海上与陆上丝绸之路对接点或通道，理当属于丝绸之路文化遗产的"相关文化遗存"。我们查有实据、保存较好而有条件列入申遗的古道有南雄梅关古道、乳源西京古道、封开贺江古道、云浮罗定南江古道、广西潇贺古道等。

2. 政治军事文化内涵。秦始皇统一中国时，规定全国"车同轨"，并且在云南曲靖修建"五尺道"，在广西修建连接长江与珠江两大水系的桂林灵渠。这两项工程，与在北方建的万里长城并列为秦始皇的"三大贡献"。三国时代，诸葛亮在四川"明修栈道，暗度陈仓"，又"六出祁山""七擒孟获"，关羽"过五关斩六将"和败走"华容道"，张飞大闹长坂坡和快捷方式入蜀等等，都是发生在古道上的政治军事文化故事。

3. 文人文化内涵。古代文人进京做官或应试，被贬文人南下任职或流放，都要走过古道，从而使古道留下古代文人的印痕，使古道文化更有文化内涵和沧桑感。如南雄梅关古道，载有岭南第一宰相、第一诗人张九龄的开路史绩、开明政绩和开一代诗风、开一方文气的辉煌文化内涵；连州古道和武水古道，留有唐宋名家韩愈、刘禹锡、王勃、苏轼、苏辙、杨万里、周敦颐、米芾、包拯等文人的文气；汤显祖携他的杰作《牡丹亭》，过梅关古道，直下徐闻办书院，康有为、梁启超经梅关古道，赴京呈"公车上书"，揭开中国近代史的序幕……

4. 思想学术与宗教文化内涵。汉代陈钦、陈元父子和士燮四兄弟从古道承受和传播经学；葛洪经古道到罗浮山修道；南北朝时印度和尚达摩经海路进广州，又经古道到开封启传佛教禅宗；唐代六祖惠能经梅关北上黄梅受经，又南下开创中国禅宗；意大利传教士利玛窦从海路进大陆，又经古道到内地传天主教，并引进西方文明。

5. 移民文化内涵。中国数千年历史，近半是移民史。每次改朝换代、外族入侵所引起的动乱，每次瘟疫流行、虫旱、洪水所造成的灾难，都造成一批批的移民潮，而移民的足迹又都深印于条条古道之中，造成古道莫不具有移民文化。在南雄梅关珠玑巷古道、江门蓬江"后珠玑巷"古道、乳源西京古道等的移民足迹至今仍历历可见。

6. 文学文化内涵。中国许多古代诗词和文学名著，大都与古道密切相关。从屈原的"路漫漫其修远兮，吾将上下而求索"，到李白的"噫吁嚱！危乎高哉！蜀道难难于上青天"；从王昌龄的"秦时明月汉时关，万里长征人未还"，到马致远的"古道西风瘦马，断肠人在天涯"；从《西厢记》的"碧云天，黄花地，西风起北雁南飞"，到《城南旧事》的"长亭外，古道边，芳草碧连天"，都有不可胜数的著名古道诗词。著名的文学散文集《史记》《老残游记》，不乏脍炙人口的古道散文名篇。著名戏曲也多有古道折子，如《梁山伯与祝英台》的"十八相送"，《天仙配》的"狭路相逢"。著名小说也与古道缘中有缘：《聊斋志异》是蒲松龄在古道搜集材料写成，而所写的鬼怪故事大都发生于古道；《西游记》写的是唐僧经历九九八十一苦难的古道取经史；《水浒传》写宋江等108条好汉被逼从不同的古道上梁山；《三国演义》写魏、蜀、吴三国从不同的古道走过"天下事合久必分、分久必合"的百年历程。如此等等，不胜枚举。

7. 人生文化内涵。悲欢离合、生离死别是人类社会的常有现象，是人生文化的普遍内容和表现形式。这些人生文化内涵，也常常发生和体现于古道，其文字的记载则见诸古代史书、地方志、族谱、家谱、传记中，尤其生动地表现于古代文学作品（包括诗词、戏曲、散文、小说）中。"诗圣"杜甫是写古道人生文化的能手。他的《兵车行》"车辚辚，马萧萧，行人弓箭各在腰。耶娘妻子走相送，尘埃不见咸阳桥。牵衣顿足拦道哭，哭声直上干云霄"，写的是生离；他的《梦李白》"死别已吞声，生别常恻恻。江南瘴疠地，逐客无消息。故人入我梦，明我长相忆……恐非平生魂，路远不可测"，写的是死别；而《闻官军收河南河北》"剑外忽传收蓟北，初闻涕泪满衣裳。却看妻子愁何在，漫卷诗书喜欲狂。白日放歌须纵酒，青春做伴好还乡。即从巴峡穿巫峡，便下襄阳向洛阳"，则可谓一诗写全了悲欢离合。尤其是文天祥的《过零丁洋》"辛苦遭逢始一经，干戈寥落四周星。山河破碎风飘絮，身世浮沉雨打萍。惶恐滩头说惶恐，零丁洋里叹零丁。人生自古谁无死？留取丹心照汗青"，更是将个人和民族的浮沉和陆海古道寓于一诗之中，使诗与古道名垂千古。

8. 革命文化内涵。中国革命之路，是坎坷崎岖之路。从农村到城市、从山区到海边的奋斗历程，大都在古道中跋涉。所以在古道文化中也有辉煌的革命文化内涵。著名的陈毅《梅岭三章》"此去泉台招旧部，旌旗十万斩阎罗"，是于梅关古道抒发的英雄篇章。著名的毛泽东《七律·长征》"红军不怕远征难，万水千山只等闲。五岭逶迤腾细浪，乌蒙磅礴走泥丸。金沙水拍云崖暖，大渡桥横铁索寒。更喜岷山千里雪，三军过后尽开颜"，为珠江流域的古道注入了光辉的革命文化内涵。大革命时代江西苏区的民歌《十送红军》、萧华创作的《长征组歌》，也都是中国古道文化的不朽诗章。

9. 旅游文化内涵。古道既是古人的旅游途经地和圣地，又是古人考察人文地理资源的科学基地，郦道元的《水经注》以及《徐霞客游记》，既是经典的地理学术著作，又是千古传诵的古道旅游散文。古道更是今日的重要旅游资源和宝库，是爱国主义、传统教育、乡土文化教育的重要基地和圣地。当今研究开发古道文化的旅游资源，很大程度上是开发其圣地资源和基地资源，使其古为今用、旧物新用，使代代青少年都能有似当年"诗仙"李白那样，高歌"古人秉烛夜游，良有以也"；学革命领袖毛泽东同学时代那样"携来百侣曾游，忆往昔峥嵘岁月稠"；寻找陈子昂《登幽州台歌》的足迹，发思古之幽情，"前不见古人，后不见来者。念天地之悠悠，独怆然而涕下"；沿杜牧《山行》的诗路，去寻觅古道的意境，"远上寒山石径斜，白云生处有人家。停车坐爱枫林晚，霜叶红于二月花"。

三、打造广东古道文化的具体建议

1. 建议举办古道文化论坛。由于韶关市、清远市、梅州市、肇庆市、云浮市、罗定市等古道文化资源特别丰富，保存较好，条件比较成熟，希望由省"一带一路"办、省住房城乡建设厅、省文物局协调，在以上六市择一举办古道文化论坛。广西贺州和湖南江华已经开始打造"潇贺古道"，梧州打造"最早陆海丝绸之路对接点"，广东不应把古道历史文化资源浪费，而应更加发扬光大，结合绿道，树立历史文化品牌，凸显岭南地域特色，并借"精准扶贫"之势，确实把古道文化与新农村文化建设结合起来。古道文化论坛开会费用及出版论文集费用，由当地人民政府、省住房城乡建设厅与省文化厅协商解决，或者由省政府统筹解决。

2. 建议以主办论坛所在市的名义，发表《古道文化宣言》。在地方上举办古道文化论坛的主要目的，是在学术上肯定海陆丝绸之路对接通道的古道是丝绸之路文化的组成部分，应当作为其"相关文化遗存"而列入世界文化遗产之中。如果因范围过大或其他原因而为难，也应当而完全有条件将古道文化作为单独项目申请列入世界文化遗产。由于这是全国性乃至世界性的、具有填补学术空白意义的重大命题，须要有力的学术和舆论支持。所以，应仿效前些年在西安举行的全国性丝绸之路学术研讨会，为丝绸之路申报世界文化遗产而发表《西安宣言》的做法，也发表《古道文化宣言》，为古道文化申遗呼吁。

3. 建议将古道文化论坛与阳江举办的"南海I号"海上丝绸之路文化论坛联合举办。即在相同月份先后连续举办，这样做意味着我省陆上和海上两项高峰文化遗产学术论坛，有似双子星座那样并行崛起，在文化战略上"双拳出击"，举世瞩目，影响更大，是增强文化软实力的有效举措。同时，也可并请联合国教科文组织官员和专家、中国国家文物局领导和专家，以及世界著名考古学家、海洋学家、历史学家、文化学家等等，能连续参加两会，效果会更好，也可节省一些财力、人力。由于这两个国际性论坛关系重大，最好由省政府统筹举办。

4. 建议编撰出版《广东与珠江流域古道地图与研究》和《岭南古道文化丛书》。省委、省政府领导高度重视广东古道文化的保护与研究，希望能进一步加大工作力度。如批准设立广东古道文化研究项目，划拨专项经费作为考察广东古道文化和编撰出版《广东与珠江流域古道地图与研究》之用。在此基础上，条件成熟，再继续出版一套《岭南古道文化丛书》，持续发挥建设二十一世纪海上丝绸之路的文化影响力。

5. 建议组织作家、记者采写古道文化散文或报告文学，拍摄古道文化系列电视片。这样既可作为史料文献，又可作为旅游读物，记住乡愁，留住"古道"。建议省旅游局和省新闻出版广电局划拨专项资金，请有关社会团体和机构策划组织并提供学术指导与支持。

6. 建议积极展开古道保护与宣传。结合第三次文物普查，为全省古道做好登记，摸清家底，分类分层规划管理，设计好线路，逐步良性开发。同时，结合目前全省已建成超过一万公里绿道，展开"绿道"加"古道"自由行，休闲健身，建设"公共文化休闲目的地"，充分挖掘古道沿线历史文化，架通不同地方文化联系的桥梁，结合山区扶贫，弘扬社会主义核心价值观，把中国传统文化的"古道"（古代道行、道德、道理等，引申为精神）发扬光大。

2016年4月

附注：本文与王元林合作，在《省政府参事建议》（增刊）2016第8期发表。

海洋文化与
"一带一路"

海洋文化在广东的"前世今生"及如何再创新的辉煌

提要：本文将海洋文化在广东的古今历史，分为海生明月、海上敦煌、海洋文明、现代海洋文化等四个时期；前三时期为"前世"，第四时期为"今生"，即改革开放新时期。在这时期的30年中，有三次现代海洋文化浪潮，就是：二十世纪八十年代初开始的特区浪潮，二十一世纪开始的珠三角与泛珠三角浪潮，以及当今刚拉开序幕的以世界眼光实践科学发展观的海洋大省浪潮。文中提出：以建设世界海洋文化大省、大力发展海洋文化博览业旅游业、确立中国海洋文化理论体系、申办2012年世界海洋博览会等战略，再创广东海洋文化的新辉煌。

当今，我省正在掀起的新一轮思想大解放带动新一轮大发展、以世界眼光落实科学发展观和珠三角生产"双转移"热潮。我认为这热潮，实质上是世界海洋文化在中国社会主义新时期刚刚掀起的第三次浪潮的序幕；它既是海洋文化在广东改革开放30年的一个界碑和新的起步，又是海洋文化在广东数千年历史的承传和再度辉煌。观今宜鉴古，温故而知新。在拉开新序幕的时候，查看一下当今热潮的来龙去脉，认清其"前世今生"的源远流长，从根本上认识其精神实质和发展走向，是有助于当今热潮的深化和持续发展的，故作调研报告如下。

一、"今生"——新时期30年的三次海洋文化浪潮

称新时期为"今生"，是因为从1978年三中全会开始改革开放，在邓小平

理论的指引下，一切都有了新的发端。而且，这发端一直持续发展，迄今仅30年，即持续不断地取得举世公认的成就，并呈现出方兴未艾、前景无限的发展势头。

从现代文化学的眼光看来，广东改革开放30年的历程，实质上是世界海洋文化浪潮接连掀起的历程。在这期间，可以说一直风生水起，波澜不断，而具有跨越龙门性质的大浪潮，则只有三次：

第一次，是从二十世纪八十年代开始至九十年代中期的浪潮。这次大浪潮的主要标志，是创办经济特区和开放沿海城市。选择深圳、珠海、汕头和海南等沿海城市为对外开放经济特区，这策略本身即具有世界海洋文化的意识和内涵。因为这些城市在南海之滨，自古是广东以至中国对外交往的桥头堡，且毗邻港澳，与海外交往便捷。这浪潮启端是从"三来一补""借鸡下蛋"，到承包或独资经营等方式，大量引进港澳和海外投资，引进外资的经营和管理模式，尤其是在体制上肯定和采取了市场经济为导向的观念和做法，对于原有的计划经济观念和制度，产生了巨大的冲击波。这些观念和做法，就是引入海洋经济而发生的，同时也即是海洋文化所产生的成果。

何以这样说呢？因为海洋文化，是指人类从受海洋影响而形成的受制于海洋而又利用海洋的观念意识，及其相应的思维方式和行为方式。具体地说，就是沿海的人群由于受海洋的广阔、宽宏、运动、潮汐、风暴、狂飙、风险、深厚、神秘、丰富、灵变、流通等特性的影响，而衍生的人文特性与精神，以及由此而体现在人的思维活动和在经济、政治、文化、生活而产生的行为准则及方式。从改革开放初期所采取的措施及其所取得的效果上来看，"敢为天下先"，"杀出一条血路来"和"摸着石头过河"的思想，正就是海洋文化意识和精神的典型体现；引入外资和市场经济，则可谓在思维方式和行为方式上，接受了海洋经济同时也即是海洋文化的实质与行为。而在文化上提出"排污不排外"的口号，以及直接从西方搬入"时间就是金钱，效率就是生命"的名言作为"特区精神"，更是海洋文化在广东的原质原版。

第二次，是本世纪初开始的浪潮。这次浪潮的主要标志，是珠江三角洲（包括广州）的崛起和泛珠三角合作区域的形成。这次浪潮，意味着世界海洋经济与文化在特区登陆之后，从珠江口进一步扩展，在珠三角形成了新的海洋经济城市群，同时也即是海洋文化城市群。接着又在中央提出建设三个沿海经济圈（即：黄河三角洲即环渤海湾经济圈、长江三角洲经济圈、珠江三角洲经济圈）的背景下，从珠三角发展为粤港澳构建的"大珠三角"，进而扩展为"泛珠三角"（包括珠江流域及周边地区，即：广东、广西、贵州、云南、湖南、江西、福建、海南、四川，以及香港、澳门，即"9+2"）。这次浪潮，显然标志着海洋经济和海洋文化，以更大的规模和声势延伸内陆以至全国，同时又标志着海洋文化与中国传统的江河文化、山地文化，开始了从对撞到结合之势。因为泛珠三角合作区域的构成，本身就体现了从江海一体到山海相通的结合，而以中国三条主干大河的出海口三角洲而建设经济圈的战略举措，显然是既有这种文化结合的内涵，又具有以出海口引入海洋文化，润化三江流域，并向全国辐射的意义。

从现代文化学的意义上说，这次浪潮的特点在于：以当今世界的大文化理念和自觉的文化意识，冲击和取代沉积多年的狭隘地域观念和浅小的文化观念；并以水域文化为纽带，引入并扩展海洋经济与文化的综合力和自主创新力，强化区域的交流与合作；自觉的文化意识指导决策，提出建设文化大省、教育强省、科技强省、和谐广东等口号，也都是世界海洋文化理念的新体现和再创造。

第三次，是于今年刚掀起的浪潮。这次浪潮的主要标志是：用新一轮思想大解放带动新一轮大发展，以世界眼光实践科学发展观。这个浪潮，当今正处在拉开序幕的阶段，但其具有世界海洋文化性质也初见端倪了。今年三月，在京举行全国人民代表大会期间，汪洋书记到国家海洋局考察，即表示："广东是海洋大省，海岸线比较长，经济相对比较发达。广东一定认真落实好国家海洋局对广东海洋工作的要求，努力争当全国海洋工作和海洋经济工作的'排头兵'，在全国带个好头。"（见2008年3月14日《中国海洋报》）这个表态，显然是出自世界海洋文化意识的真知灼见，尤其重要的是：首次为"广东是海洋大省"作出了明确的定位。在经济战略上，最典型的是现在刚开始进行的珠江三角洲生产（产业和劳动力）"双转移"的重大举措。其具体做法是：让珠三角地区的工业生产企业向广东内地和山区转移。这样做，一方面是使珠三角发达地区腾出空间，以便引进当今世界最先进的高科技企业，另一方面是使欠发达地区有了新的企业引进，使全省形成梯度的发展格局和生产转型。这举措的核心，是以世界高科技企业的引进和更新为红线，串联珠三角与内地的互动关系，使经济既突出重点而又带动弱点的梯形增长。从文化眼光看来，这举措是要使最得益于海洋文化的珠三角，在向内地转移虽然稍旧但未过时的企业之后，既以此而将海洋文化延伸内陆，同时又及时地引入世界最新海洋经济、科技、文化，这就使得我省能在战略和实体上，始终保持着世界的领先和领潮地位。显然，这举措是世界海洋文化在我省层层深化的杰作。同时，在经济建设指导思想上，强调以人为本和文化决策意识，引进西方最新的"文化软实力"理念，结合科技是"第一生产力"的思想，推动全局；在文化上，着力倡导当今世界最先进的创意产业和企业，也都是世界海洋文化最新成果和新潮的引进与同步。

总体而言，新时期这三次浪潮的发展态势，是层层推进、一浪高过一浪的，是世界海洋文化步步深入、而又是我省对其步步消化并步步再生创造的过程。如果要为这三次浪潮取名的话，我看可以依次称之为：特区浪潮、泛珠三角浪潮，以及现在正值的海洋大省浪潮。

二、"前世"——海洋文化在广东数千年历史的三个时期

汪洋书记为广东定位为"海洋大省"，既有地理和自然资源的依据，还有历史文化的依据。从我们珠江文化研究会自二十世纪九十年代初以来，由多学科（包括：文化学、人类学、考古学、地理学、历史学、民俗学、语言学、文学等）的专家团队近20年的研究，依据历史文献和文化遗存的考察，以及在编写《中国珠江文化史》过程中的核理，可以将海洋文化在广东数千年的历史，划分为三个时期：

第一，百越族时期，或称自然生态时期，亦称"海上明月"时期。

在秦始皇统一南粤之前，广东是百越族生息之地。《汉书·地理志》称："自交趾至会稽七八千里，百越杂处，多有种姓。"现已证实，百越族是在中国南方沿海一带栖居的海上民族。在广东的称南越。有史料称：越人"水行而山处，以船为车，以楫为马，往若飘风，去则难从"。又称：越人"识

水，善舟"，"食海中鱼"，"不畏风雨禽兽"。人多纹身，刺龙图样，以求在水中得其护佑。居住的是杆栏式屋，离地有空层，以防蛇虫袭蚀。前些年在珠海市沙丘先秦时代遗址，发现有房址、墓葬、制造石器陶器的遗存，尤其是古越人捕鱼的石锚、宝镜湾上的岩画，以及在香港、深圳等地的考古发现等等，均说明珠江三角洲在新石器时代有一个自成系统的文化区，并可能是连通东南亚和太平洋的南岛语系族群。此外，在西江河畔高要市金利镇茅岗村，尚存有水上结构建筑遗址，在发现的文物中，除陶、木、竹器和人兽遗骸之外，还发现一批渔猎工具和一条由贝、蚌、蚝壳堆积的层墙，现已证实是三千年前先秦时期水上居民遗址，是广东近江河最大一处水上木结构建筑遗址。由此可见，从南海边到内江河都是古越人的栖生地，百越族时期的广东先民尚处在以海为生的状态中，海是他们生存的条件和希望，所以，是自然生态时期，是海洋文化在广东的萌生期，亦可称之为"海生明月"时期。

第二，古代时期，是海上丝绸之路时期，亦称"海上敦煌"时期。

秦始皇一统南粤后，广东进入了古代时期。在广州南越王墓出土文物中，有玛瑙、翡翠等海外珍宝，说明在秦代的广东已有与海外国家的贸易和交往。而我们从《汉书·地理志》中，查找到汉武帝于元鼎六年（公元前111年），派黄门驿长由徐闻、合浦从海上赴日南（今越南）等地的记载，并多次到现场考察，并经学术论证，确定徐闻是西汉时期海上丝绸之路始发港，比联合国教科文组织所认定的中国海上丝绸之路史提前1300多年。从而确定海上丝绸之路与以西安为标志的陆上丝绸之路的始发时间大致相同，并且由此找到了海洋文化在广东最早的史书记载和历史遗址，因为海上丝绸之路是中国从海上交通与海外各国的通商和文化交流之路，也即是海洋文化的重要体现和标志，中国古代的"四大发明"（包括历来所指的指南针、火药、造纸、印刷术，以及最近新增加的丝绸、青铜、瓷器）都是由此途径传播世界的。我们还在南海从东到西的重要港口（包括：饶平、潮州、澄海、汕头、汕尾、惠州、深圳、广州、香港、澳门、珠海、台山、阳江、电白、湛江、遂溪、雷州、徐闻、北海、合浦、钦州、防城等），查到从汉代至清代的历代海上丝绸之路古港，而且发现这些古港在历史上往往是此盛彼衰的，又因此而构成了一部较完整的近三千年的广东海上丝绸之路史，从而证实广东是海上丝绸之路的历史最早、年代最齐、港口最多、线络最长的古代海洋文化大省。尤其是在阳江发现的"南海 I 号"宋代沉船，经国家文物局专家确定，是迄今海上考古发现文物中，年代最早、保持最完整、数量最多、价值最高的文物，初步估计船上拥有文物五至八万件，比拥有五万件文物的、作为陆上丝绸之路标志的甘肃敦煌还多，由此我们于2003年前往考察时，为其作出"海上敦煌"的文化定位。从上可见，广东自秦汉以降的海洋文化遗存是极其悠久、丰富、全面、珍贵的，所体现的广东古代海洋文化是极其辉煌的。海上丝绸之路文化在这时尤为辉煌，所以称这时期为海上丝绸之路时期；"南海 I 号"更是其辉煌之最，所以，也可以其文化定位为这时期的广东海洋文化的代号，称为"海上敦煌"时期。

第三，近代时期，是东西学互渐时期，亦称"海洋文明"时期。

中国著名文化大师季羡林教授说："在中国五千年历史上，文化交流有过几次高潮，最后一次也是最重要的一次是西方文化的传入，这一次传入的起点在时间上是明末清初，在地域上就是澳门。"季教授所指的"最后一次也是最重要的一次"，即是以意大利人利玛窦为代表的西方传教士从澳门进入广东，并逐步在全中国传播基督教和西方文化，从而掀起了后来被中国首位留美博士容闳（珠海人）称之为"西学东渐"文化热潮；又由于这些传教士同时也向西方传播中国和东方文化，也在西方世界掀起了"东学（或中学）西渐"热潮，从而对应地并称为"东西学互渐"文化热潮。这个热潮，从十六世纪至十九世纪，持续了300多年之久。这时期，西方海洋文化从澳门进入肇庆，沿西江传遍广东，再北上内地、遍及大陆，而中国文化也从广东传入西方，是中西方文化大交流时期。在这个时期，利玛窦等传教士在广东传进了第一张世界地图、第一座自鸣钟、第一部汉法词典，引进了西方数学、天文学、历学、医药学、物理学、水利学等等，从而在广东涌现了许多在全国领先的文化，如教堂、西医院、图书馆、报纸等的"第一"家都是在广东出现的。尤其是以容闳为代表的清末"放眼看世界"的有识之士，倡导并督办向西方派儿童留学生等活动，更使西方海洋文明大量传入，使广东成为东西方文化交流的桥头堡。所以，这个近代时期，是东西学互渐时期，亦可称"海洋文明"时期。

从上可见，海洋文化在广东的"前世"是源远流长、持续不断、步步辉煌的。我们既然将"前世"的数千年历史分为三个时期，那么，"今生"的新时期，也即可顺序列之，称其为第四时期，即现代时期，亦可称为"现代海洋文化"时期。"前世"三个时期与"今生"现代海洋文化时期的最大区别，就是：对于海洋文化，前者是自发性的，后者则是逐步自觉的；新时期三个浪潮的推进，则是从自发逐步转化为自觉的过程。我们当今正处在第四个浪潮的启端，应当更自觉地去完成这个过程，在过去自发辉煌的基础上，再创造自觉性的新辉煌。

三、 如何再创新的辉煌？

二十一世纪是世界海洋世纪。广东在地理上是海洋大省，在历史上又具有如此辉煌的海洋文化"前世今生"，完全有条件而有必要在这个世纪的若干年（近期目标可定五年），更创造出世界海洋文化的新辉煌。由此，我提出下列建议供参考。

1. 按汪洋书记作出的"广东是海洋文化大省"定位，提出"建设世界海洋文化大省"的口号，以世界海洋文化的理念，对各行各业的发展，作出战略性的部署，大力发展海洋经济、海洋科技、海洋工业、海洋交通、海洋勘探、海洋开发、海洋渔业、海洋造船等等，使全省各项工作都有海洋文化意识和色彩，都有"海涵"和"海味"；在文化教育事业中，更应重点发展直接体现海洋文化的事业和教育，倡导"世界海洋精神"，打响"世界海洋文化"品牌，实现全省现代海洋文化。

2. 利用历史和现实海洋文化遗存和条件，大力发展海洋博览业和旅游业。如：在阳江市，可利用"南海Ⅰ号"、广东海上丝绸之路博物馆和海陵岛资源，建设世界性的海上丝绸之路文化博览中心和海上童趣乐园；在珠海市，可利用其原始海洋文化遗存丰富，和作为"中国近代海洋文化第一港"的文化品牌（包括许多"第一"），以及现代海洋科技与教育优势，建设为世界性的、没有围墙的古今海洋文化博览园；在深圳市，利用现有的高科技博览会和文化博览会，使全市发展为世界性的最新海洋科技和文化成就的博览中心和信息中心；在广州市，利用其是世界唯一的三千年不冻港、中国海上丝绸之路发祥地和南方文化中心的优势，建设为世界性的海洋文化博览中心、并是世界海洋文化学术研究和交流中心。

3. 大力扶持和开展海洋文化研究，尤其是着力研究中西方海洋文化的异同，建立中国海洋文化的理论和学术体系。因为自十九世纪以来，以黑格尔为代表的西方学者，总认为海洋文化是西方的专利，说中国虽有海洋，但海洋"没有影响于他们的文化"，中国"没有分享到海洋所赋予的文明"（见黑格尔著《历史哲学》）。显然，这说法既有对中国文化欠缺了解的因素，更重要的是海洋文化的观念不同和性质不同（如哥伦布海洋冒险发现新大陆是侵占，郑和下西洋则是与友邦和善；帝国主义从海上交通向中国输入鸦片毒害人民，中国人则是以海上丝绸之路向西方运去丝绸、陶瓷、茶叶等特产与文明）。所以，必须以深入的研究，拿出有说服力的科学成果，分清不同文化观的性质，廓清不当理论的消极影响，并在世界上确立中国海洋文化应有的学术地位和影响力。我省作为海洋大省，应当为此作出贡献。由此，我省应当设立海洋文化的学术研究机构，组织学术力量进行研究，将海洋文化研究列入重点项目，拨出专项经费，出版系列著作，包括组织编写广东以至全国的海洋文化史。还应当在适当的时候，举办全国性或世界性的海洋文化学术论坛。

4. 争取申办2012年世界海洋（经济、科技、文化）博览会。现在北京举办的二十九届奥运会，举世欢腾，影响极大；将于2010年在上海举办的世界博览会，也已举世瞩目，届时必将取得重大世界影响。显然，举办世界性的活动，对于提高我国人民和海外华人华侨的民族自尊心和凝聚力，提高我国的生产力和文化软实力，以及加强我国与世界各国的文化交流，都是很有积极意义的。作为当今中国经济"排头兵"的广东，也当在北京、上海先后举办两次世界盛典之后，以海洋博览会为目标，争办第三次世界盛典，是有理由、有条件、有必要的。因为以海洋为主题办盛典，既是我省的优势，对于我省建设海洋大省和世界海洋文化大省，也是很有号召力和凝聚力的具体目标，势必会起到巨大的促进作用和检验作用。

2008年8月8日北京奥运会开幕日完稿

附注：本文发表于《省政府参事建议》2008年8月18日第69期。中共中央政治局委员、时任广东省委书记汪洋同志（现任中共中央政治局委员、国务院副总理）2008年12月6日对此件作了重要批示。

中国特色的世界海洋文化观初探

——《中国南海文化研究丛书》引论之一节

　　世界各海洋或海域文化的不同，最直接而明显的是体现在世界海洋文化观的差异上。中西方海洋文化的差异，在海洋文化观上，尤其明显。自十九世纪以来，以黑格尔为代表的西方学者，即逐步确立了西方的海洋文化观及其理论体系，代表作是黑格尔的名著《历史哲学》。黑格尔在这名著中，充分论述了西方国家由于工业发达，开辟了海上交通，发展了海上贸易，繁荣了经济，吸取了海洋文化，征服了海洋，成为世界的先进国家，并且说具有海洋文明的国家才是先进国家。值得注意的是，他在这书中同时又说：中国虽有海洋，但海洋"没有影响于他们的文化"，中国"没有分享到海洋所赋予的文明"。显然，这说法既有对中国文化欠缺了解的因素，更重要的是其世界海洋文化观的差异，或者说世界海洋观的性质不同。例如：哥伦布探险而发现新大陆，同中国明代郑和下西洋，就是西方和中国海洋文化观不同的典型范例。显然，黑格尔的世界海洋文化观是代表和体现哥伦布探险而发现新大陆，以至发展为侵占弱国为殖民地的世界海洋文化观，是帝国主义、霸权主义从海上交通向中国输入鸦片毒害人民、在海上称霸的世界海洋文化观。而中国式的或中国特色的世界海洋文化观是怎样的呢？迄今似乎尚未完全确立或明朗地概括出来，在学术上很有进行研究确立的必要。

　　从历史事实上看，中国自有史以来即有开发海洋、征服海洋的光辉业绩，先秦时代百越族在南海"善水、作舟"的历史；秦始皇派徐福带500童男童女东渡东瀛的传说；汉武帝派黄门译长从徐闻、合浦出发至印度洋，从此正式开辟了海上丝绸之路，源源不断地向西方运去丝绸、陶瓷、茶叶等特产与东方文明；唐代的"广州通海夷道"，全程达1.4万公里，沿途经过30多个国家和地区，远至东非和欧洲；在宋代与广州通商的国家和地区达50多个；到元代又增至140多个，明清时代的广州通商航线，已通全球。其中尤其是郑和七下西洋，几乎走遍世界，虽然在当时年代，明朝已是世界头等强国，但郑和的航海行动，对他国不诉诸武力，不强行霸占，重于"显国威""纳进贡"，行贸易，促交流，完全是亲善的、和平的、友好的、商贸的、文明的航海行之举。从数千年的历史事实可见，中国传统的世界海洋文化观，是和善、交流、文明而又有"国威"的。

中国自古以来都有许多关于海洋的科学文化著作。例如，最早的著作《山海经》《庄子》，神话故事传说"精卫填海""哪吒闹海""八仙过海""张羽煮海"等，以及对海神妈祖（天后、天妃）的崇拜习俗，尤其是宋代著名学者余靖所著的《海潮图序》，是中国首部海洋科学著作，充分显示了中国人对海洋潮汐规律的科学把握和探索精神。特别值得注意的是，被西方称中国千年封闭国家的统治者们，都是以"山"为崇拜偶像的"山文化"观念为主的，但历代也不乏关注海洋的"名君"。如中国第一个封建君主秦始皇，统一中国后，即到山东海边"祭海"，并派童男童女渡海；汉武帝统一岭南，即派黄门译长出海，开辟海上丝绸之路；明成祖朱棣坐稳江山后，即派贴身三保太监郑和下西洋，几乎发现美洲新大陆。三国时"挟天子以令诸侯"的曹操，在力求统一中国的征战中，偶经河北省北戴河海边碣石一行，写下著名诗篇"东临碣石，以观沧海"，并认为此行"幸甚至哉，歌以咏志"。从古代文化著作与"名君"行为可见，中国统治者对海洋是陌生而充满神秘感的，是希求了解、征服、利用而探索的，所以可以说是一种希求探秘而力求征服、以显"国威"的世界文化观。

从以上历史事实和文化著作及"名君"行为可见，中国并非如黑格尔所说海洋"没有影响"其文化，更不是中国文化中"没有海洋文化因素"，而是他不了解、不理解中国的世界海洋文化观的存在和特质、特色。

应该看到，中国特色的世界海洋文化观是有其逐步形成和发展过程的，同时又是有其突出的典型代表的。笔者认为，由于南海是中国最大海域，是中国最早、最直接、最广泛通向世界的海域，所以，中国南海文化是中国海洋文化的突出典型代表，而江海一体的珠江文化，则是更具体的中国特色海洋文观的体现。正如珠江文化海洋性的发展有几个历史时期一样，中国特色海洋文化观也有其形成和发展的历史时期。

大致而言，在鸦片战争前，中国的世界海洋文化观尚属自在的范畴，是一种自发的文化意识，但却有着明确的探究、征服、利用的观念和显"国威"思想。上述中国古代关于海洋的历史事实和著作等即是例证。

十八世纪鸦片战争前后，直至二十世纪中国"文化大革命"结束的200年间，可说是被迫地接受西方海洋文化、而力求确立中国特色的世界海洋文化观时期，可谓文化观的半自在、半自觉时期。在这个时期，由于先后受到日本帝国主义、美帝国主义、苏联社会帝国主义的侵略、包围、孤立或"援助"，同时又受其世界海洋文化的强制和影响，造成了被日化、美化、苏化的轮番侵蚀的历史，从而使得中国人对其海洋文化观既被迫接受而又有所保留、既有所吸取而又有所对立以至对抗的状态。从"第一个睁眼看世界的人"林则徐，对西方海洋文化是"以夷制夷"，张之洞是"中学为体，西学为用"，容闳是"西学东渐"，康有为以鼓吹"君主立宪"和吸取"民主维新"，梁启超更加以"新民说"变通，孙中山以"三民主义"、"五权宪法"、《建国方略》而用，蒋介石则以"立宪"和倡导"新生活运动"，等等，都是中国式的半自在、半自觉的世界文化观的实例和体现。

中华人民共和国成立后，中国人民真正站起来了，但在世界上还是处于孤立状态的，对海洋和海洋文化，尚是陌生的，由于政治意识形态的对立，对西方海洋文化更是对立，甚至有以革命的文化观取代海洋文化观的现象。耐心寻味的是毛泽东在曹操游碣石千多年后，到了北戴河，也写下了名诗："大雨落幽燕，白浪滔天。秦皇岛外打鱼船，一片汪洋都不见，知向谁边？往事越千年，魏武挥鞭，东临碣石有遗篇。萧瑟秋风今又是，换了人间。"此诗所见的是"一片汪洋都不见，知向谁边"的海洋，明显有一种陌生、渺茫感。此外，毛泽东还在其他写及海洋的诗中，也明显表现一种以山为海、以海喻怒（革命）、以海泄愤，以及"冷眼向洋看世界"的对立情绪，如："山。倒海翻江卷巨澜。奔腾急，万马战犹酣""四海翻腾云水怒，五洲震荡风雷激"，"冷眼向洋看世界，热风吹雨洒江天"等，都正如郭沫若在诗《满江红》开头所写"沧海横流，方显出英雄本色"，毛泽东是抱着革命英雄的海洋观，去"冷眼"对视、"横流"对抗西方的海洋文化的。其实，这是一种以"国威"英雄观取代海洋文化观的体现。毛泽东这种"英雄本色"，与曹操在"东临碣石，以观沧海"中抒写的情怀，显然是有一脉相承的"国威"观念。所以，这种以"国威"为主导的世界海洋文化观，既是中国传统，又是在受外国势力欺凌条件下，半自在、半自觉的中国特色世界文化观的体现。

二十世纪八十年代开始的改革开放，是中国特色的世界文化观自觉确立的时期。这个时期主要特征，是全方位地向海洋文化开放，主动地吸取西方海洋文化营养，科学地总结中国历代海洋文化传统及其精华，积极地推动中华文化走向世界，步步深入地在改革开放进程中确立中国特色的世界海洋观体系。邓小平理论、"三个代表"重要思想、科学发展观，是确立中国特色的世界海洋文化观的指针，都有明确的英明的世界海洋文化的重大决策和举措，鲜明地体现了中国特色的世界文化观进入了自觉、自主、自立的时期。

特别明显的是：中共中央于2011年10月举行十七届六中全会，通过了《中共中央关于深化文化体制改革推动社会主义文化大发展大繁荣若干重大问题的决定》。中共中央总书记、国家主席胡锦涛同志在全会所作的《坚定不移走中国特色社会主义文化发展道路努力建设社会主义文化强国》报告中指出："当今世界正处在大发展大变革大调整时期，当代中国正在新的历史起点上向新的奋斗目标迈进，文化的作用更加广泛而深刻。从国际看，综合国力竞争的一个显著特点就是文化的地位和作用更加凸显，许多国家特别是主要大国都把提高文化软实力作为增强国家核心竞争力的重要战略。在世界范围内各国思想文化交流交融交锋更加频繁的背景下，谁占领了文化发展制高点，谁拥有了强大文化软实力，谁就能够在激烈的国际竞争中赢得主动。同时，我们必须清醒地看到，国际敌对势力正在对我国实施西化、分化战略图谋，思想文化领域是他们长期渗透的重点领域。我们要深刻认识意识形态领域斗争的严重性复杂性，警钟长鸣，警惕长存，采取有力措施加以防范和应付。"

胡锦涛还指出："坚持中国特色社会主义文化发展道路，必须继承和发扬中华优秀文化传统，大力弘扬中华文化，建设中华民族共有精神家园。""推进社会主义文化大发展大繁荣，必须大力弘扬中华优秀文化传统，大力弘扬五四运动以来形成的革命文化传统，大力弘扬改革开放以来文化领域形成的一系列新思想新观念新风尚，立足中国特色社会主义伟大实践，发展社会主义先进文化；必须以更加开阔的视野，更加博大的胸怀对待外来文化，积极参与国际文化交流合作，学习借鉴一切有利于我国文化改革发展的有益经验和优秀成果。"

这些重大决定和重要论述，是全局性的、纲领性的、方针性的文化战略，其总体思想是具有明显的世界海洋观意识的，是中国特色的世界海洋观及其体系的思想基础和特质所在，标志着中国特色的世界海洋观的正式确立和自觉时期的实现，从此必会迈开更大而健康成熟的步伐，向建设社会主义文化强国的伟大目标奋进！

2012年1月15日写于广州康乐园

附注：《中国南海文化研究丛书》由黄伟宗任主编，共约200万字，包括6部专著：《中国南海海洋文化论》（谭元亨等著）、《中国南海海洋文化史》（司徒尚纪著）、《中国南海海洋文化传》（戴胜德著）、《中国南海古人类文化考》（张镇洪、邱立诚著）、《中国南海商贸文化志》（潘义勇著）、《中国南海民俗风情文化辨》（蒋明智著），由广东经济出版社2013年6月起陆续出版。

开拓研究海上丝绸之路进程的步步成果

——"海上丝绸之路研究书系"第一辑《开拓篇》前言

在中央的号召和部署下，广东省委、省政府最近批准了广东省政府参事室（文史馆）提交的《广东省建设二十一世纪海上丝绸之路研究系列项目》的立项报告。作为实施这项报告的"海上丝绸之路研究书系"也随即启动，现在编印出版这书系的第一辑《开拓篇》，包含四部书：《海上丝绸之路的研究开发》（周义主编）、《海上丝绸之路与海洋文化纵横论》（黄伟宗著）、《广东海上丝绸之路史》（黄启臣主编）、《中国古代海上丝绸之路诗选》（陈永正编注）。

这四部书是广东省海上丝绸之路研究开发项目组、广东省珠江文化研究会（下称"我组我会"）同仁，从1992年8月至今，在开拓珠江文化、广府文化研究的同时，研究海上丝绸之路与海洋文化的大批学术成果的浓缩和代表。为其冠以"开拓篇"，意味着以此承前启后，揭开建设二十一世纪海上丝路新里程之序幕。在此意义上，将这四部书作为研究的足迹和成果进行回顾和梳理，对于增进读者的理解和今后开发之进程，都是很有必要的。

我组我会研究开发广东海上丝绸之路和海洋文化的20余年进程，大致可分为六个阶段：

第一阶段：1992—2001年，从在封开、梧州发现广府（广信）文化和《汉书·地理志》有关记载，到对徐闻、合浦西汉海上丝绸之路古港的实证，再到湛江举办"海上丝绸之路与中国南方港"研讨会的确认。

第二阶段：2002—2004年，从南海沿岸古港的普查，到《海上丝路文化新里程——珠江文化工程十年巡礼》《广东海上丝绸之路史》等重要专著的出版。

第三阶段：2002—2006年，发现海陆丝绸之路对接通道，到《珠江文化丛书·十家文谭》出版。

第四阶段：2003—2011年，从"海上敦煌在阳江"的题词，到举办首届"'南海Ⅰ号'与海上丝绸之路"论坛。

第五阶段：2002—2012年，从广州发掘"西来初地""十三行"，到在台山发现"广侨文化""侨墟楼"，再到广州中国商品出口交易会。

第六阶段：2009—2014年，从《中国珠江文化史》完成，到《中国南海海洋文化研究丛书》出版，及至"海上丝绸之路研究书系"的启动。

2013年11月，我应广东省委办公厅约稿，写出《持续发掘海上丝绸之路文化，全方位发挥海洋文化软实力》一文，在《广东参事馆员建议》2013年第50期上发表，受到广东省委、省政府高度重视，多位省领导作出重要批示，随即批准了广东省政府参事室（文史研究馆）提交的《广东省二十一世纪海上丝绸之路建设工程研究系列项目》的立项报告，并确定以"海上丝绸之路研究书系"的启动和进行，全方位地逐步完成这项工程。由此，我组我会早在二十世纪开拓的珠江文化、海上丝绸之路和海洋文化工程，揭开新篇章，更上一层楼，跨上二十一世纪海上丝绸之路建设工程台阶，努力为增强我省文化软实力和建设海洋文化强省作贡献。

2014年3月5日

（收入本书时有删节）

附注："海上丝绸之路研究书系"第一辑《开拓篇》由广东经济出版社2014年3月出版。

广东海上丝绸之路十大文化"星座"的发现和实证过程

——"海上丝绸之路研究书系"第二辑《星座篇》前言

现在出版的"海上丝绸之路研究书系"第二辑《星座篇》，是广东省建设二十一世纪海上丝绸之路研究系列项目的组成部分，包括十部分册，即：《徐闻古港——海上丝绸之路第一港》《南海港群——广东海上丝绸之路古港》《海陆古道——海陆丝绸之路对接通道》《海上敦煌——"南海Ⅰ号"及其他海上文物》《沧海航灯——岭南宗教信仰文化传播之路》《广州十三行——明清300年的曲折外贸之路》《侨乡三楼——华人华侨之路的丰碑》《古锦今丝——广东丝绸业的"前世今生"》《香茶陶珠——特产及其文化交流之路》《广交会——海上丝绸之路的新生和发展》。每部分册都是某个时期或某个种类的海上丝绸之路文化的主要标志或群体的研究介绍著作，因这些主要标志或某类群体，集中鲜明地体现了某时期或某门类海上丝绸之路文化的光辉，故称之为"星座"（或称"星群"，下同。因为一个"星座"中有其包含的"星群"，而同类的"星群"亦可共称为一个"星座"）。所以，《星座篇》所含的十个分册，是广东海上丝绸之路十大文化"星座"的研究和介绍专著。

这十大文化"星座"，是广东省海上丝绸之路研究开发项目组和珠江文化研究会（下称"我组我会"）的多学科专家教授，从二十世纪九十年代初开始，在广东省政府参事室党组领导和大力支持下，在进行珠江文化研究的同时，研究开发海上丝绸之路文化，迄今达20余年的进程中，逐步发现和实证出来的。这本专辑向读者介绍了这些"星座"的发现和实证过程，对于增进对其历史文化内涵的理解，是有所裨益的事。

一、 徐闻古港——海上丝绸之路第一港

早在1993年夏天，我偕同省参事室文化组参事，到封开和梧州考察，发现这个地方原是西汉时的"广信"县，是公元前111年（西汉元鼎六年）以汉武帝平定南越的圣谕"初开粤地，广布恩信"而取名，并在此设置统辖岭南九郡的"交趾部"首府（此后简称"广信首府"，并由此界分广东、广西），并由此发祥广府文化、岭南文化和珠江文化；同时，又从《汉书·地理志》一段记载得知：汉武帝也在这个时候，派黄门译长从广信到徐闻、合浦赴日南（今越南）出海至多国。这是中国最早的海上丝绸之路文字记载。但是从未有学者到徐闻实证这个记载。

2000年6月上旬，正当珠江文化研究会成立之际，我等一行冒着酷暑，到达徐闻县西南沿海土旺村（与徐闻古县治"讨网"音近），在二桥、仕尾一带，发现汉代板瓦、筒瓦、戳印纹陶片，以及汉墓、枯井口、烽火台等遗存，综合之前考古学者在此发现的汉代"万岁"瓦当、水晶珠、银饰、陶罐等文物，以及《汉书·地理志》中的"自日南障塞，徐闻合浦开航""徐闻南入海，得大州东南西北方千里"等记载，将田野考察实证与史料记载结合判断，这即是西汉海上丝绸之路始发港旧址。我随即写出省政府参事建议《应当重视海上丝绸之路的开发》，受到省领导高度重视，即批准成立以黄伟宗参事为首的广东省海上丝绸之路研究开发项目组，负责进一步开展这项工作。这项发现和实证成果，意味着将联合国教科文组织专家考察团在泉州确定的中国海上丝绸之路在南宋始发时间，推前到西汉，从而具有将中国海上丝绸之路史推前1300年的意义。

2001年11月下旬，项目组在湛江市举办"海上丝绸之路与中国南方港学术研讨会"。来自北京、上海、广西、海南、厦门、泉州、香港、澳门等地百余名专家们，再次证实和认同了我们的发现和实证，从而确认西汉徐闻古港是史上最早有文字记载的海上丝绸之路第一港，是广东海上丝绸之路的第一"星座"，同时发现和实证的合浦、雷州、遂溪等古港同是这"星座"的星群。

二、 南海港群——广东海上丝绸之路古港

从2001年至2003年期间，项目组同仁先后到南海沿岸的南岸、柘林、凤

岭、樟林、白沙、大星尖、南澳、广州、香港、澳门、台山、阳江、电白、遂溪、雷州、徐闻、合浦、北海、钦州、防城等古港，以及西江、北江、东江、南江、漠阳江、鉴江、南流江、北流江等的出海港口，进行实地考察，发现每个古港都有一段海上丝绸之路的辉煌历史，而且在历史上呈现此盛彼衰现象，但又在总体上形成了从汉代至清代都不间断地有繁荣古港的形势和格局。由此说明，广东自古以来都有不间断的海上丝绸之路历史，在每个历史年代都有兴旺的古港和历史，是广东海上丝路史最完整的实地见证和体现，从而可见广东是海上丝绸之路历史最长而完整、港口最多而辉煌的海洋大省。所以，这一系列南海港群，是广东海上丝路由一批星群共现的文化"星座"。

三、海陆古道——海陆丝绸之路对接通道

早在二十世纪九十年代上半期，我在先后考察贯通湘桂至古广信（封开）的潇贺古道，以及南雄梅关、珠玑巷时，已对海上与陆上丝路之间对接现象有所觉察，但真正意识其重大意义的是二十一世纪初对这两条古道的再次考察。这两条古道的遗址和史料，都证实其本身从来就具有对接海陆丝绸之路的功能和意义。前者在《汉书·地理志》已写明，汉武帝派黄门译长开创海上丝绸之路，就是从水陆联运的潇水至贺江古道到广信，然后又沿南江、北流江、南流江到达徐闻而出海的，这不就是名正言顺的海陆丝绸之路对接通道么？南雄梅关古道是唐代贤相张九龄主持开通。他在《开凿大庾岭路序》中写明其目的，是为沟通中原与海外的贸易和往来。与梅关相连的珠玑古巷，是唐宋以来中原南下移民岭南以至海外的中转站，以致世界广府人皆认其为"吾家故乡"，可见梅关、珠玑巷在历史上起到对接海陆丝绸之路的重大作用。此外，我们还发现了南雄乌迳古道、乳源西京古道、连州南天门古道，以及西江、北江、东江、南江等水道及其相应的水陆通道，遍布全省，可见水陆古道是广东一道独特的亮丽风景线，具有对接海陆丝绸之路的重大作用，所以也是由诸多海陆丝路古道星群共现的一大文化"星座"。特别值得高兴的是，最近我们到梅州市考察，在大埔发现晋代开拓连接闽粤的梅碣古道的同时，在梅县松口发现了"南洋古道"。因为这里建有中国大陆唯一的"世界移民广场"，是联合

国教科文组织于2004年发起旨在纪念海外华人的"印度洋之路"项目，并先后在马达加斯加的多菲内、留尼汪的圣保罗、莫桑比克、毛里求斯岛、科摩罗的马约特、印度的本地治里等地建设了同样的移民广场；在梅县松口建"广场"，是为了纪念十九、二十世纪离开中国前往印度洋群岛的中国人，同时，松口也是客家人"扬帆出海，开拓进取"的始发地，客家华侨的回归地，又是海内外华人华侨和印度洋国家人民之间经济文化友好往来的中枢地，所以，堪称为海上丝绸之路的"印度洋之路第一港"，既是海陆丝绸之路对接点，又是江海对接的通道。

四、"海上敦煌"——"南海 I 号"及"南澳 I 号"

阳江"南海 I 号"宋代沉船，从发现、出水、进入海上丝绸之路博物馆安放，历时十年有余，从始至终都是世界性的新闻大事，因为这条沉船，是迄今世界海上出水历史文物中，历史最早、体积最大、文物最多、保存最好、价值最高的文化遗存。由于其是用于中外贸易的商运货船，具有海上丝绸之路文化性质；而且其文物以瓷器为主，代表了海上丝绸之路主要是"陶瓷之路"的特点；尤其是以往发现的海上丝路文化遗存多是海岸文物，海中实物甚少。所以，项目组2003年9月对其考察时，我为其作了"海上敦煌在阳江"的题词。从此，"南海 I 号"有了"海上敦煌"的文化定位和代号。我作此定位的根据是：陆上丝绸之路文化遗存最多的是甘肃敦煌，约有六万余件，故为陆上丝绸之路的文物中心和文化标志；而阳江"南海 I 号"沉物中的文物，估计有六到八万件之多，又是具有海上出水文物的"五最"优势，堪为海上丝绸之路的文物中心和文化标志，故称"海上敦煌"。由于当时《阳江日报》报道"南海 I 号"是"海上敦煌"的文化定位，并在网上传播，被正在中山大学举办世界文化遗产申请培训班的联合国教科文组织的专家知道了，便托人找我引领，于2004年元旦前往阳江考察。当他们认真观看"南海 I 号"少量出水文物和听取介绍之后，当即作出"世界少有"的表示，并认同"海上敦煌"的定位。2004年5月，居住美国的著名海洋学家、美国科学院院士、台湾"中央研究院"院士、原台湾"教育部"部长兼成功大学校长吴京教授知悉，打电话到中大，请我邀请他来考察"南海Ⅰ号",经上级部门批准后,我陪他到阳江考察。结果他对"南海Ⅰ号"评价更高,认为"世界海洋史要由此改写";接着他在中山大学对研究生作报告时又讲到,"南海Ⅰ号"与郑和下西洋是中国海上丝绸之路文化的高峰。所以这无疑是广东海丝文化的一大"星座"。稍后发现和出水的南澳县"南澳Ⅰ号"明代沉船,也有相近的文化遗存和影响,也当属这一同类"星座"。

五、沧海扬帆——岭南宗教信仰文化传播之路

2000年6月,项目组到韶关曲江南华禅寺考察,知道该寺是东晋时期印度和尚智药三藏兴建的,而且知道当时在世界20多个国家、地区公认南华寺为"祖庭",并自建"分庭",尤其是禅宗六祖惠能在南华寺弘扬禅宗文化,将外来的佛教"中国化""平民化",被毛泽东称为中国禅宗佛教"真正创始人",被世界媒体称之为"东方三圣人""世界千年十大思想家"之一。南华禅寺的创建及其世界各地"分庭",以及六祖惠能的世界影响,都经海上丝绸之路。广州的"西来初地",是东晋时印度佛教禅宗和尚达摩,从海上丝绸之路到达广州的登岸地,达摩是中国禅宗教派始祖,由此其登岸地也标志着海上丝绸之路也是"佛教传播之路"。稍后在肇庆考察时,发现明代著名传教士利玛窦在此传入天主教的同时传入西方现代文明,并将中国传统文化传进西方,成为"沟通中西文化第一人",接着又在广州的石室教堂见到基督教从西方传入的史迹,从而感悟到海上丝绸之路也是基督教天主教文化传播之路。同时,在广州的怀圣寺见到伊斯兰教文化传入中国的史迹,认识到海上丝路也是伊斯兰教传播之路。在广州的光孝寺、六榕寺和新兴的国恩寺,还看到佛教传入并传出国外的记载,以及在广州参加过出海祭神的南海神庙庙会、在各地见到拜祭"海神"的妈祖庙、天后庙和"江神"龙母庙等,使我更深地感悟到海上丝绸之路也即是宗教信仰文化传播之路,进而感到这些从海上传遍岭南各地的宗教信仰文化有似"沧海航灯"般的文化星群,自然也当是广东海上丝绸之路的一大文化"星座"。

六、十三行——明清300年的曲折外贸之路

广州"十三行"是清代最大的商帮——粤帮的统称，又近似明清时代"海关"，是清乾隆至同治年间全国唯一对外通商并具海关职能的口岸，历时300余年，直至鸦片战争后"五口通商"才结束。在其兴旺时期，全世界50多个国家和地区都有其分号或代办机构，与其有贸易关系的更多。所以，"十三行"实则是清代中国海上丝绸之路的中心和标志，是海上丝路即外贸之路的典型，很有历史文化意义。近十年来我和项目组多位同仁，都为发掘其文化遗存写过多次调研报告和参事建议，以及历史报告文学、电视剧本等作品。所以这也是广东海上丝路文化一大"星座"，其星群遍布世界五大洲。

七、开平碉楼、侨墟楼、排屋楼——华人华侨之路的丰碑

海外华人华侨和侨乡文化，实质上也是海上丝绸之路文化的一种产物和体现，因为出海或回归、联络、交流，都必经海上丝路，所以也即是华人华侨之路项目组自2006年以来，一直关注华侨和侨乡文化现象，多次到江门、开平、台山、恩平、鹤山、新会、篷江、东莞，以及潮州、汕头、汕尾等地考察，先后发现和提出"广侨文化""客侨文化""潮侨文化"等文化现象和文化定位，受到海内外媒体的普遍关注。尤其是从2006年至2011年，项目组先后到开平考察发现已被列为世界文化遗产的"开平碉楼"，在台山发现的"侨墟楼"，在东莞凤岗发现的"排屋楼"，都具有见证海上丝路文化即华人华侨文化的典型代表意义。因为这三种文化，都是华人华侨文化与广东三大民系（广府、客家、潮汕）文化交叉融合的文化形态；而这三种"楼"，则是这三种文化形态的实体体系，并且是海上丝绸之路的产物和载体。特别"侨墟楼"，是侨乡中墟集商市总称，因其既是传统农村墟集，又因是华侨投资所建而有"楼"，并有与海外通商的码头和商行，具有自"十三行"统管海外通商结束后，所出现的中国海外通商在侨乡遍地开花的转型意义，也是海上丝绸之路文化在侨乡泛化之体现。此外，潮汕地区的"红头船"和"侨批"等现象，以及在近代珠海出现的容闳所开拓的"西学东渐"和中国留学生之路，也都是华人华侨文化即海上丝路文化的实证，是华人华侨之路的丰碑和星群。所以，这也

是广东海上丝绸之路的一大文化"星座"。

八、古锦今丝——广东丝绸业的"前世今生"

位于广州西关的锦纶会馆旧址，是清代建筑，是广东最早成立的丝绸行会成立地，是广东丝绸行业的历史变迁和海外丝绸贸易兴衰发展状况的见证。如果说，这座历史文物，是广东丝绸业的"前世"文化载体的话，那么广东丝绸业"今生"的文化载体则非广东丝绸集团莫属。所以，可以"古锦"和"今丝"四字而喻广东丝绸业的"前世今生"。广东丝绸集团总公司及其所代表的南方丝绸行业，是项目组自成立以来一直合作的伙伴，既共同研究开发海上丝绸之路文化，又考究南方古今丝绸生产和贸易发展之路，从中发现广东的丝绸生产与贸易早在清代已位于全国前列，珠三角以桑基鱼塘围海造田繁殖丝绸生产，陈启源最早创办现代机械缫丝厂，"广丝"（尤其是香云纱）、"广绣"风靡海内外，可谓"今丝"品牌，一直古今不衰，改革开放后更是蓬勃发展，据该公司统计，迄今已行销海外181个国家和地区，可见丝绸贸易是广东海上丝绸之路经济带的主干之一。所以，这也当是广东海上丝路又一大文化"星座"，其星群遍布海内外。

九、莞香、茶叶、陶瓷、南珠——特产及其文化交流之路

东莞是自古著名的香料生产贸易之乡，所产香料多为沉香，因其质特优，被誉名"莞香"。"女儿香"是其中最名贵的品种和代表。据刘丹《女儿香》描写："女儿香"乃东莞地道著名土特产，亦为东莞最负盛名之皇家贡品，又是畅销海内外的特产商品。史载：明末清初盛景年间，"岁售逾数万金……故莞人多以香起家"；常常一艘艘载满莞香的货船从东莞运至香港，使莞香成为和茶叶、陶瓷同期成为出口海外的名贵货物，也使得转销莞香至海外的港口冠名"香港"。近年我们先后到东莞寮步、大岭山考察，仍可见到售香赏香如潮的"香市"景象，此可谓海上丝绸路又名香料之路的根由。

其实，海上丝路主要是运销土特产至海外，同时又运海外各国的土特产到中国，互通有无，古今如此。广东的出口特产或高新尖产品很多，如佛山

陶瓷、潮汕茶叶、英德红茶、肇庆端砚、湛江南珠、怀集金燕，以及当今东莞云浮石材产品等，都是行销世界的商品。所以，海上丝路即是茶叶、陶瓷，珍珠、燕窝等特产及其文化交流之路，尤其是最新的制造业、物流业、运输业、科技业等进出口经济文化交流之路。这在广东来说是特别兴旺发达的，是星群特多特大的海上丝绸之路文化"星座"。

十、广交会——海上丝绸之路的新生和发展

二十世纪五十年代中期，在广州创办的"中国出口商品交易会"（简称"广交会"），是中华人民共和国建国后重开海上丝绸之路的新起点，可谓海上丝绸之路之新生和发展。"广交会"改革开放前是中国对外贸易最重要的渠道，又有"中国第一展"之称，二十世纪八十年代后取得巨大发展。迄今"广交会"已举办115届，而且从开始只是"出口商品交易"，发展为"进出口商品交易"，交易面和交易额均与时俱增，带动了会展业在广东飞速发展，如影响世界的深圳"高交会""文博会"等，都是广东海上丝绸之路和海洋文化持续发展的重要标志。所以这也是广东海上丝绸之路一大文化"星座"和不断持续发展的星群。

以上是迄今我组我会发现和实证出的广东海上丝绸之路十大文化"星座"。正如宇宙太空的星座星群尚需不断发现那样，我们将再接再厉，持续努力发现和实证出更多更大的海上丝绸之路、尤其是二十一世纪海上丝绸之路的新文化"星座"星群。

应当特别郑重地指出的是：我们所称之"发现"，是因为这些"星座"的文化景点或旧址虽然早已存在，人们也很熟悉它，但尚未有人从海上丝绸之路文化的价值和意义上，去认识和发掘它的文化内涵和作出文化定位，而我们则是首先这样做，故以"发现"谓之。所谓"实证"，是实地考察证实之意。这是学术研究重要途径之一，是与文案研究相辅相成的。这十大"星座"都是我组我会与多位学科专家教授20余年来，结合文案研究、进行实地考察而逐步发现和实证出来的。显然，这样做虽然实实在在，并不断有新的发现，但毕竟学术提炼的火候不足，匆促、感性、粗糙的缺陷难免。正因为如此，在制定

《广东二十一世纪海上丝绸之路建设工程项目规划》中，我们特地以"海上丝绸之研究书系"项目，弥补以往的不足，尤其是特地组织《星座篇》的写作，将以往发现、实证的成果进行学术深化。

《星座篇》十部分册的作者，多数是从当年起步时即参加考察过程的专家教授，部分后起之秀，也是对其所写专题比较熟悉的学者或记者。从总体上说，它们都是从我组我会学术团队20余年考察发现实证成果的深化，是体现当今各个相关领域最新的研究成果，所以是海上丝绸之路理论建设的学术系列专著。另一方面，我们还考虑到在二十一世纪海上丝绸之路建设中，还应当向广大群众和外国朋友做宣传普及工作，使他们对于广东海上丝绸之路文化的特色和优势有所了解，所以，我们也力求每部书都图文并茂，尽量选用原始照片和引用原始资料，尽力写得通俗易懂，有学术性、资料性、可读性；也为此之故，每部分册篇幅均控制在十万字左右，使读者方便易带、易翻易读。

最后，我想借《星座篇》出版的机会向相关部门提些建议供参考：

1. 建议省有关部门和上述"星座"所在地区或单位，以建设二十一世纪海上丝绸之路的高度和需要出发，以古为今用、中洋并用的方针，继续深入研究、深入开发、深入宣传，尽力争取其列入世界物质或非物质、生态文化遗存或遗产，千方百计地使这些"星座"永远持续地发出更大的光芒。

2. 继续扩大发掘更新更大的"星座"及星群，如科技、海洋、渔业、水利、水运、农业、林业、工业、文化、文艺、教育等领域，都有从古至今与海外诸国交往的历史和实绩，都有海上丝绸之路的线路、遗存和实绩，这些都是海丝文化的"星座"或星群，应当"八仙过海，各显神通"地发掘光大。

3. 加大力度全方位地研究宣传海丝"星座"及星群，可以将现已发现的十大"星座"，编列出版研究书系，制作电视系列片，创作美术、摄影、散文、诗歌、音乐等门类的作品系列，以及邮票、明信片等。各行业、各领域新发现的"星座"及星群也可以这样做。而且，都可以将这些系列著作或作品，制成外售商品或对外交往的信物或礼品，作为我省的"名片""品牌"打造，既是文化创造，又是扩大宣传，也即是持续开拓海上丝绸之路。

2014年8月8日

附注："海上丝绸之路研究书系"第二辑《星座篇》由广东经济出版社2015年7月出版。

持续深化扩大战果

——"海上丝绸之路研究书系"第三辑《要览篇》
（《"一带一路"广东要览》）前言

为响应习近平总书记于2013年夏秋发出的建设"一带一路"号召，笔者应中共中央办公厅约稿，于2013年12月4日，将广东省海上丝绸之路研究开发项目组（下称"项目组"）和广东省珠江文化研究会同仁组成的学术团队，在广东省人民政府参事室党组领导下，从二十世纪九十年代初起步以来，一直进行海上丝绸之路和珠江文化研究开发工作的情况和体会，写成关于研究开发广东海上丝绸之路的调研报告提交，题目是《持续发掘海上丝绸之路文化，全方位发挥海洋文化软实力》（下称《持续》），受到中共中央政治局委员、广东省委书记胡春华同志高度重视，于12月16日作出重要批示，使我们这个以项目组为核心的学术团队，受到极大鼓舞和鞭策，更是马不停蹄、快马加鞭地进行研究开发工作，迄今不觉两年半有余了。在这短短的时间里，我们"持续"做了些什么呢？概括地说，是持续深化扩大战果，具体是：

一、认识和献策的深化扩大

首先，在撰写调研报告的时候，我们反复学习了习总书记的号召和中央有关文件，深刻认识到这是一个很有文化内涵和战略意义的伟大号召。这个号召，既指明了丝绸之路是最有中国传统文化内涵的一种世界文化，又指明了建设"一带一路"是最有中国特色的世界和平发展之路，是中国今后最重要的世界和平发展战略。我们还从中国传统的纽带理论、现代文化学和文化软实力等三个理论的层面上，认识习总书记这个号召，从而在认识和献策上都有持续的深入扩大。

2014年2月初，我们从战略高度提交参事建议《建设二十一世纪海上丝绸之路战略刍议——并论全方位发挥文化软实力之"五力"》；同年3月初，又提交《广东海上丝路文化的十大"星座"及"星群"——对广东海上丝路的研究开发进程及今后工作建议》，受到广东省委常委、常务副省长徐少华同志高度重视，特地在《南方日报》作出批示。尤为重要的是，在2014年"广东省参事决策咨询会"上，我们作了重点发言，题目是《全方位强化理论、优势、模式和实力建设——关于广东二十一世纪海上丝绸之路建设的调研报告》，受到亲自主持会议的省委省政府主要领导的重视。

值得特别报告的是：当《持续》一文提交之后不久，徐少华常委接见了参事室和项目组领导，郑重指出要以更高的眼光进行海上丝路研究开发工作，要持续进行实地考察，要持续有新发现，要持续提出新献策，还特别批拨专款，支持项目组编写"海上丝绸之路研究书系"，并亲任书系的组委会主任。2014年3月，项目组完成了书系的第一辑《开拓篇》（共四册，200万字），立即受到胡春华书记的重视，将其作为出访东盟三国（越南、马来西亚、新加坡）的礼品，为广东开拓二十一世纪海上丝绸之路的出访，起到"名片"作用。2015年11月，书系的第二辑《星座篇》（共十册，200万字）出版。此篇以重点评介十大文化"星座"的方式，深入全面地展现了广东两千年海上丝绸之路的文化资源和优势，对于推进"一带一路"建设，起到积极作用，被列为广东省出版计划的重点课题。

二、考察和发现的深化扩大

我们的方针，是坚持"五个结合"（即：参事文史工作与学术研究结合、理论与实践结合、田野考察与文案研究结合、历史文化与现代文化结合、文化研究与多学科交叉研究结合）。这个方针，使我们在20多年的学术道路上，持续不断地有新的学术发现。如：1995年夏天，我们在南雄发现并提出珠玑巷及其寻根后裔文化，为后来成立珠玑巷后裔联谊会和世界广府人联谊会开路；接着又在封开发现广信文化、广府文化和粤语发祥地，为岭南文化找到源流；2000年6月，我们在徐闻重新发现和肯定中国最早的海上丝绸之路始发港，将中国海上丝绸之路史推前了1300多年； 2005年在粤西四市考察，发现"南江文化"，并先后发表有关西江、北江、东江文化的专论著作系列，确立了珠江水系文化系统； 此后接连于2007年在粤北梅关、珠玑巷等地发现并提出海上与陆上丝绸之路对接通道， 2009年在东莞凤岗提出客侨文化概念，在江门发现"后珠玑巷"、在台山提出广侨文化概念等，均被称为"填补学术空白"的新发现。

从表面看来，我们在田野考察中所得的新发现，是浅尝辄止、不系统、不深刻的，但其实是有系统、有层次地层层深入的。例如对南雄珠玑巷的考察，二十世纪九十年代初，我们在这里发现珠玑巷是中原移民岭南的重要中转站，广东各地、尤其是珠江三角洲的居民，以至海外许多华人华侨，都承认自己是珠玑巷后裔，珠玑巷是自己家族的"祖根"。于是我们倡议建立珠玑巷后裔联谊会，并倡导"寻根问祖"旅游，受到了著名人士霍英东和时任广州市市长黎子流的赞许，带头成立了南雄珠玑巷后裔联谊会，受到了海内外人士的热烈响应。2000年8月，我们再次到珠玑巷考察，发现珠玑巷在七年时间内有很大发展，尤其是新建姓氏宗祠增多，但受到了个别领导认为是"封建迷信"的非议。据此我们又提交了《关于开发南雄珠玑巷和中华姓氏文化的建议》，起到廓清非议、深化珠玑巷文化内蕴作用。2006年6月，我们第三次到珠玑巷考察，依据张九龄《开凿大庾岭路序》和实地勘测，确定梅关、珠玑巷是对接海陆丝绸之路的重要通道，填补了学术空白，又深化并拓展了其文化内涵与性能。更可喜的是，2006年10月，我们到江门考察，在蓬江区良溪村发现南雄珠玑巷领头人罗贵南迁开发遗址，从而确定其为"后珠玑巷"；2014年8月，我们又在江门潮连岛，发现大量珠玑巷南下而至海外移民文化遗存，又确定其为"后珠玑岛"，均受到海内外人士的重视与欢迎。2013年11月，在广州举办了首届世界广府人恳亲大会，来自全球的三千多广府华人华侨与会，产生了世界影响。由此，珠玑巷文化的内蕴与性能得到纵横深化和拓展。

近两年来，我们的考察和发现工作，进入了更自觉的有系统有层次的持续深化扩大的境界，主要表现在我们以艰辛的实地考察和翔实论证，将海外华人华侨的移民文化融入海上丝绸之路文化研究开发，使其纳入国家"一带一路"的建设。2014年秋，我们应梅州市委邀请为其中心组作报告并进行文化考察，在梅县松口镇发现有座联合国教科文组织竖立的"印度洋之路移民广场"纪念碑。经深入了解，才知道这是为纪念开发印度洋的移民功绩而竖的七个纪念碑之一，六个岛国各有一座，松口是唯一在中国的一座。因为参与开发印度洋的客家人多是从松口出发海外的，而印度洋六个国家都有客家人参与开发的功绩，所以特竖此碑纪念。这些客家人出海外后仍经常与家乡来往，支持国内建设，可见他们无论出外开发或者是在外与家乡联系，都要经海上交通线，所以，华人华侨之路也即是海上丝绸之路，梅县的松口港也当是客家人出洋始发港，是海上丝路之印度洋之路第一港。2015年8月，在梅州举行了国际性的学术研讨会，包括当年主持竖碑仪式的联合国代表和多国专家与会，一致肯定了这个发现和定位。接着在梅州举行的第四届世界客商大会，来自世界的三千名代表也都对这个发现和定位表示赞赏。

另一例是2015年8月，我们从网上发现一则信息，说在澳大利亚亚拉腊市淘金地有座铜像，其碑文中有这样的一段话："我们向阿拉雷特市（今亚拉腊市）的创建者致以崇高的敬意。1857年，一支700人的中国淘金队伍，从中国珠江流域南部的广东四邑地区出发，4月抵达澳大利亚国。他们用扁担挑着全部财产，头戴苦力帽，辫子盘在头顶……"碑文上还记载着：这段时间出国的契约华工约有300万人，占广东各口岸出去的华工七成以上。我们以这信息为指引，冒着酷暑前往江门考察，果然在台山广海湾海口埠港口尚有遗迹和遗址，于是可以确定是这班淘金队伍从"广东四邑地区出发"的港口，即"广府人出洋第一港"。这个发现经台山宣传部门通过澳大利亚侨民团体证实，海内外多家媒体作了报道。我们在2015年12月于广州举行的广东省广府人世界联谊会理事会上，公布了这一发现，使来自海内外的侨乡代表莫不为之振奋。

三、定位和开发的深化扩大

我们在考察进程中持续的新发现，大都从珠江文化或丝绸之路文化的高度上为其作出文化定位，并为其作出开发策划，以促使其建设发展。例如，2002年，在南华禅寺1500周年庆典提出并参与主持六祖禅宗文化国际论坛，提出"禅宗与禅学的概念有别"的观点（前者为宗教，后者是思想哲学），并为六祖惠能作出"珠江文化古代哲圣"的文化定位；2003年在阳江为"南海Ⅰ号"宋代沉船定位为"海上敦煌"，受到联合国教科文组织和世界著名海洋学家吴京院士的赞许，为"南海Ⅰ号"开发项目进入建设文化大省和国家规划提供了有力的文化支撑。

从领域文化而言，我们最早发现并提出"科技文化""丝绸文化""校园文化""园林文化""现代商居文化""客侨文化""广侨文化"等概念；为拟定广东改革开放文化精神，提出以"开拓进取，领潮争先"为精髓。从水域文化而言，在西江流域，为封开定位为广府文化发祥地和海陆丝绸之路最早对接点，肇庆是西方海洋文明在中国最早传播地和中国砚都，怀集是中国燕都和中国禅道；在南江流域，称郁南是南江文化咽喉，罗定是南江文化集萃地，新兴是中国禅都，云浮是中国石都；在北江流域，称清远是"海陆通津，南北天桥"，称韶关是"韶阳文化之都"，称丹霞山是"丹霞世界，世界丹霞"，并是"珠江文化三祖（始祖舜帝、哲圣六祖惠能、诗祖张九龄）圣地"；在东江流域，称东莞文化是"龙口文化"，称惠州是"东江明珠""养生文化之都"等。这些定位和开发策划，对各领域或水域和全省的文化建设都起到积极的实际作用。

近年来，我们更自觉地持续深化扩大定位和开发策划的力度和广度，尤其着重从纳入"一带一路"发展规划的高度，为一些尚未受到注视的地域或领域，提出新的文化定位和开发策划。如2014年初，我们在广州南沙港考察时，为其作出"二十一世纪海上丝绸之路第一港"的文化定位，并提出具体开发建议；2015年夏，先后提交《擦亮西来初地品牌，将广州建设成为"一带一路"的禅学文化交流中心》，以及在乳源瑶族自治县提出建设"世界瑶族'一带一路'交流中心"的建议；2016年，接连为佛山提出"弘扬千年海上丝绸之路丝绸产销大港，创建世界'一带一路'丝绸文化立体博览园"，以及"以新定位、新理念、新举措，将佛山建设为世界'一带一路'陶瓷丝绸'大港''名城''自贸区'"等定位和开发建议，都受到省市领导高度重视，并连续举办了两次学术论坛，受到与会专家和企业家的一致认同。

四、范围和方式的深化扩大

从研究开发的范围和方式上说，20余年来，我们的学术活动范围，主要是着重以广东境内为范围进行海上丝路和珠江文化的研究开发；在研究开发的视野范围上，我们多从广东或各地市的实际出发，偏重个体或局部微观的实际开发；在进行研究开发的方式上，主要是以考察发现、提交参事建议和举办论坛等方式。这些偏重的范围和方式，作为我们属于广东省的一个学术团体，又是负有参政议政职责的一个学术团队，当是职责所在，理当如此。但是，从负有研究开发具有全国性和世界性的珠江文化和丝绸之路面言，则活动与视野范围和方式应当是更广更多的，而且应当是不断持续深入扩大的。

总体来说，我们对此还是有所认识并逐步有所增强改进的。2002年春，广东省委先后发出建设文化大省和泛珠三角（"9+2"）经济合作区的时候，我们既提出了《充分发挥珠江文化优势，建设文化大省》的参事建议，又以对媒体记者发表《泛珠三角不仅是经济概念，也是个文化概念》谈话的方式，为泛珠三角提供文化支撑，并且以确立珠江文化与黄河文化、长江文化并列的学术文化体系（即：黄河文化始祖是黄帝，哲圣是孔子，形象似"龙"，风格是李白诗所写的"黄河之水天上来，奔流到海不复回"；长江文化始祖是炎帝，哲圣是老子，形象似"凤"，风格是苏轼所写的"大江东去，浪淘尽，千古风流人物"；珠江文化始祖是舜帝，哲圣是六祖惠能，形象似"多龙争珠"，风格是岭南第一诗人张九龄所写的"海上生明月，天涯共此时"）。以宏观、比较的文化体系理念对这跨界性的建设号召，予以深层次的理论支持，产生了良好效果。这事例典型地体现了我们对海上丝路和珠江文化的研究开发，既有着重范围又有宏观突破，既以提交参事建议方式为主，又以深层次的理论研究和通过媒体宣传的方式，而深化扩大研究开发的范围和方式。2009年和2013年，我们先后完成的《中国珠江文化史》和《中国南海文化丛书》课题，更是范围和方式持续深化扩大的成果和体现。

自从学习习总书记号召后，我们则是更自觉地这样做了。2014年冬，我们先后应邀与广西梧州学院共同主办牟子文化学术研讨会，共同提出挂靠"珠江—西江经济带"而共建"两广禅学文化带"的建议；2015年春至2016年春，我们应广西贺州市邀请，先后为该市中心组作"一带一路"专题报告，并在"记住乡愁、潇贺古道"研讨会上作主旨发言，还为贺州市作出"千年文化古邑，海陆丝路通衢"的文化定位，为该市八步区的"贺街故城"，提出"观古寻根之都"的文化定位和复建规划。2015年冬至2016年秋，我们先后三次到广西梧州市，与其共办"岭南文化古都"论坛，作出"海陆丝绸之路最早对接点"的定位并竖立碑记，为其纳入"一带一路"建设鼓与呼，对两广合作起到积极作用。

从宏观理论建树和宣传方式上说，也有更多的深入扩大战果。2015年冬，我们应《中国水利报》邀请，在杭州举行的全国江河文化研讨会上提交专题报告《从珠江文化看江河文明摇篮史道》，提出"人类正在从数千年的江河'摇篮文明'时代，迈向'航空母舰'的海洋文明时代"的观点，受到与会专家瞩目。2016年5月，我们提交的参事建议《挖掘岭南古道交化，与绿道交相辉映，纳入"一带一路"建设并申报"世遗"》：从广东到整个珠江水系以至全国古道的文化内涵，提出古道既是海陆丝绸之路文化遗产，又是一种有独特性并自成体系的文化遗产；既可以申报列入世界文化遗产名录，又可自成一条亮丽风景线，并可与前些年全省建造的绿道共进开发，受到省领导的高度重视和批示。

从开发和宣传方式上说，近年的深化扩大战果特别明显，除持续运用发新闻、提建议、办论坛等方式外，增多了作报告、搞合作、立项目、做课题、办展览等。从2013年冬至2016年春，我们的主要成员先后应邀到多个厅局和地市作"一带一路"专题报告，包括省文化厅、交通厅、水利厅、海洋局、航运局、地税局、参事室（文史馆），以及东莞市、梅州市、江门市、广州市荔湾区，还有广西的贺州市、梧州市等，并共商合作"一带一路"的建设大计，举办论坛，做课题，立项目。与海内外媒体的合作，更是有明显的深化扩大，我们的主要成员都以专家或顾问的身份，先后参与了中央电视台、中国新闻纪录制片厂、凤凰卫视中文台、香港电视台、广东电视台、广西电视台、南方电视台、广州电视台等有关珠江文化和"一带一路"专题片的制作；作为项目组和珠江文化研究会合作课题或项目的单位，还新增加了南方日报、羊城晚报、广州日报、广东省旅游局、广东省科协、广东省民间文艺家协会、广东科学馆、广东经济出版社、广东旅游出版社、广东科技报社、中国西樵艺术院，尤其是广东各市和佛山南海区与罗定市，以及属于西江流域和"珠江—西江经济带"的广西贺州市、梧州市等、可见我们的"朋友圈"越来越大。

五、著述和致用的深化扩大

2015年11月15日，为庆祝广东省珠江文化研究会和项目组成立15周年，我们在广东科学馆举办了学术成果汇报展。展览以300余幅学术活动照片、300余件参事建议和报刊文章、百余种学术著作，展现我们自二十世纪九十年代初以来走过的学术道路和取得的成果。广东省委常委徐少华、林雄同志先后参观了展览，均予高度评价和热情鼓励；来自省内外的专家学者和各地市县领导及各界人士百余人参展，也都表示赞许。

这次展览，既是我们20年成果的汇报，也是我们响应习总书记"一带一路"号召后，"持续"深化扩大战果的初步展示。因为我们还同时举办了一批新著的赠书仪式。这批新著包括：属于《珠江文化丛书》体系的《中国珠江文化简史》《珠江文行》《珠江文珠》《珠江文化之旅》《珠江粤语与文化探索》《梧州：岭南文化古都》等，还有"海上丝绸之路研究书系"第一辑《开拓篇》（包括：《海上丝绸之路的研究开发》《海上丝绸之路与海洋文化纵横论》《广东海上丝绸之路史》《中国古代海上丝绸之路诗选》）、第二辑《星座篇》（包括：《徐闻古港》《海陆古道》《广州十三行》《侨乡三楼》《古锦今丝》《南海港群》《海上敦煌》《沧海航灯》《香茶陶珠》《广交会》），以及《梅州："一带一路"世界客都》《海上丝绸之路画集》等。

确切地说，这些新著虽是新编出版，实际上主要是我们20多年来坚持走研究与开发并进的学术道路、持续著述和致用的深化扩大战果的结晶。我们的行动口号是："走万里路，写千字文，著百种书。"所谓"走万里路"，是指坚持考察、发现、定位、开发之路，即侧重于致用，并为著述之基础；所谓"写千字文"，是指写参事建议和报刊文章；所谓"著百种书"，是指每项考察发现的结果，都要编撰成一种书，力争达到百种以上。这两项要求和目标，是侧重著述，但也是以理论的高度将成果致用。所以，我们的每项成果都是著述与致用深化扩大的产物，都是理论与实践统一的著作；我们的学术道路，也是著述与致用不断持续深化扩大的道路，甚至可以说，是一直以螺旋形的势态深化扩大的道路。

二十世纪九十年代初，当我们先后在封开、南雄珠玑巷考察，发现广信文化、广府文化时，当即提出开发岭南古都文化和珠玑巷后裔文化建议，与当地或相关部门举办学术研讨会论证，会后出版《珠江文化论》等论文集。2000年6月，我们在徐闻发现中国丝绸之路西汉始发港，即提出全面研究开发海上丝路文化建议，并即编著《珠江文化丛书·海上丝路专辑》系列（包括《开海》《千年国门》《广府海韵》等），为2002年11月在湛江召开的国际学术研讨会和当地开发，提供了坚实的理论基础和指引；2003年12月，为支持文化大省和泛珠三角（"9+2"）区域合作，我们用体系化升华考察发现的做法，编著了《珠江文化丛书·十家文谭》系列（包括《珠江文化系论》《泛珠三角与珠江文化》《海上丝路与广东古港》等）；2009年7月，300万字的大型史著《中国珠江文化史》出版，既填补了中国江河史的"空白"，又对国务院规划建设的珠三角经济圈起到学术支撑作用，从而受到时任广东省委书记的中共中央政治局委员汪洋同志致信表扬；2013年7月，为支持国家和广东开发海洋战略，编著了《中国南海文化丛书》（含《中国南海海洋文化论》《中国南海海洋文化史》《中国南海海洋文化传》《中国南海古人类文化考》《中国南海商贸文化志》《中国南海民俗风情文化辨》），获得了国家出版基金资助；2013年8月，为纪念禅宗六祖惠能圆寂130周年，我们除提交参事建议《应当大力促进六祖惠能文化"中国化""平民化""世界化"》外，还献上《中国禅都文化丛书》（含《出生圆寂地》《顿悟开承地》《坛经形成地》《报恩般若地》《农禅丛林地》《禅意当下地》等六册）；2013年11月，我们参与主办在广州召开的"首届世界广府人恳亲大会"和"广府文化论坛"，出版了《广府大典》《广府寻根，祖地珠玑》《广府人——广府文化论坛专刊》等大型论著。可见我们的学术道路和每个项目，都是著述与致用深化扩大的进程和结晶。

从前是这样，现在还是这样，甚至更是这样。现在出版的这部《"一带一路"广东要览》（下称《要览》），是我们近年出版的"海上丝绸之路研究书系""开拓篇"和"星座篇"的续篇，也是我们坚持著述和致用深化扩大道路的新战果。全书分两部分，上半部分是我们学术团队几位主要专家（司徒尚纪、王元林、谭元亨、郑佩瑗）分别执笔撰写的绪论、历史纵览、亮点举隅、大事记等章节，分别以宏观的视野详析了广东丝绸之路文化形成发展的自然人文环境、格局特色、历史地位和影响，纵览了从秦汉、魏晋南北朝、隋唐五代、宋元到明清，历代的广东两千年海丝文化进程和节点，列举了广东海丝文化的各种有代表性的亮点，包括：名人、名篇、名胜、名物、名（宗）教，以及外来的语言、艺术。下半部分，主要是全省各市（即：广州、佛山、东莞、深圳、珠海、中山、江门、惠州、汕尾、揭阳、汕头、潮州、梅州、河源、清远、韶关、云浮、肇庆、阳江、茂名、湛江等市）提供的当地"一带一路"文化览胜，以及省统计局提供的《广东2015年重要经济数据》和田秋生写的《广东2015年对外贸易状况分析》，并附录有广东"一带一路"大事记、广东海上丝路地图和广东海上丝绸文化遗迹遗址分布图。全书由项目组副组长王培楠主编统稿。可以说，全书概述了广东"一带一路"古今经济文化的方方面面，纵横捭阖，脉络清晰，亮点突出，称得上是"穿越古今，画龙点睛"之作，是名副其实的"要览"广东"一带一路"前世今生的简明大著。

其实，这部书既是广东海丝文化和建设的"要览"，也可以说是我们学术成果的"要览"，是我们20余年来持续认识和献策，考察和发现，定位和开发，尤其是著述和致用持续深化扩大战果的缩影和集萃。书的上半部分内容，是我们过去和现在所取得"穿越古今"战果的"画龙点睛"；下半部分内容，则是全省各市及有关部门对本地（本业）"一带一路"历史遗存和当今研究开发成果的概观和览胜。可以说，全书既是"要览"学术成果的著述，又是"要览"致用功能的工具书，因为本书对于了解广东古今"一带一路"的主要亮点，具有"一览无遗"的功能和作用，既可以作为各级政府部门和企业事业单位进行研究开发"一带一路"的指引或参考书，又可以作为开展外事和旅游活动的"名片"和导游"手册"，更可以作为中外爱好古今文化的各界人士"读懂"或"走进"广东的"通书"。所以，这部《要览》，既是我们坚持"走万里路，写千字文，著百种书"奋斗目标的新成果，又是我们一直走持续深化扩大战果之路的一个阶段性里程碑，今后我们还要继续走持续深化扩大战果之路。

2016年7月25日脱稿于广州康乐园寓居

附注："海上丝绸之路研究书系"第三辑《要览篇》（《"一带一路"广东要览》）由广东经济出版社2016年12月出版。

珠江文派
与千年南学

时代中的山水乡愁，文学中的珠江文化

——《珠江文典》序

前些年，当全国城镇化刚掀起高潮的时候，中共中央总书记习近平同志即提出：必须注意在全国城镇化过程要"望得见山，看得见水，记得住乡愁"。全国各地热烈响应这个号召，纷纷调整了城镇建设规划，以实际行动贯彻落实这个具有长远文化意义的战略举措。值得注意的是，有些中央和省市媒体，同步地发表了不少以"记住乡愁"为主题的文艺作品，诗歌、散文、小说、歌曲、绘画，各种艺术形式都有，新人迭出，新作连连，构成了新的亮丽文艺风景线，这是很值得重视的一种文化新现象。

其实，这种文化现象，在过去的文艺作品中是早有体现的，甚至可以说这是中国文学艺术的一种优良传统，是一个永恒的主题和用之不竭的创作源泉。大凡是具有深广文化内蕴的"记住乡愁"作品，都是能使人们永久"看得见山，望得见水，记得住乡愁"的文化宝库。像《红楼梦》《红与黑》等中外古今经典名著是这样，像《三字经》《千字文》等幼年普及读物也是这样。这些文化瑰宝，虽然写的都是山水乡愁，但却没有一个雷同，即使是写同一具体的山水乡愁，不同的作家写法也不同；但有些作家，又因为时代和地域的条件所致，往往也会不约而同地形成某种思想艺术风格上的相近或相通的特点，尤其是在写作作风或气派上。这些特点，也即是一定时代和地域文化在文艺创作中体现的标志，也即是一个地域的文艺创作特色或形成一种文艺流派（文派）的标志。所以，可以说，具体的山水乡愁是写出某个时代和地域之深厚文化内蕴的文艺作品的重要途径，是既服务当代又造福万代之文艺精品的温床，是造就文学流派并使其充分发挥创作竞争力的疆场。

为继承弘扬前人抒写山水乡愁的传统和经验，编者从二十世纪四十年代末（建国前夕）至八十年代初（改革开放初期）活跃于广东文坛的老一代作家，也即是《文艺报》以《经典作家》专版所称的"经典作家"的代表作品（主要是散文、小说，长篇小说以节选方式）中，选编其"记住乡愁"代表作品，为当今倡导珠江文化和创作山水乡愁作品提供借鉴。取书名为《珠江文典》固然是因为这批老作家称得上是"经典作家"，也是鉴于所选作品在某些方面具有典范、经典、典藏之意。当然，所选作品并非每篇都是十全十美之作。其实，从古至今每个作家的成就，都是其生长时代的赋予，时代赋予作家的生活、文化和艺术才华，也局限其思想、视野和写作能力。所以特以选萃简析的方式，予以品赏和推广之。

这批老一代作家给我们提供了哪些经验和方式方法呢？

一、广东文学中的山水记忆与文化

山水画是中国画的突出代表。中国山水画的最大特色是在"似与不似之间"，即在写实与写意之间，但写意重于写实，故有"意在笔先"之说。清末民初兴起的岭南画派，吸收东洋技法，融合传统元素，独创南国画风，更显写意优势。在山水记忆的艺术体现上，岭南文学亦然，即重记忆而轻写实，但并非不写实，而是在以记忆而写实，从写实显记忆。值得注意的是，与绘画不同，文学上所写的山水之实，着意于写地方特色之实；所写之意，着意于写时代精神之意。

这批老一代作家写的散文、小说，正是如此，并大都具有这个特点。

他们大都是写自己同时代的本地生活题材，即使写历史或异地海外题材，也都是以所处时代和地域为视点或起点。从而在其作品中，都离不开其自然环境，也即是本地的山水记忆，更主要是从中体现同时代的风貌和时代精神。所以称之为时代中的山水记忆。

首先从长篇小说来看。这是一种全景式再现生活的体裁，可以有足够的篇幅再现时代和地方生活的纵横面，包括宽广无垠的山水自然环境描写，或者是无边无际的心灵境界，均可任作家肆意驰骋纵横。但这批作家的长篇巨作所写的山水记忆，却有似岭南画派那样是"轻描淡写"的，其浓笔重墨之处，则是写时代之神、时代之意。这个特点，尤其体现在多卷长篇小说系列中。如最著名的欧阳山《一代风流》系列，一卷、二卷先后以广州和市郊农村为背景，都写及广东独有的珠江、白云山等山水自然环境，但只稍作点睛则轻轻带过，而着墨于以"三家巷"再现大革命年代的社会结构和在第二次革命战争时期的"苦斗"时代精神；三、四、五卷所写上海、重庆、延安、华北解放区，也都是着墨于"柳暗花明""圣地"和"大地回春"的写意。老作家陈残云在其活跃年代，重力创作的长篇小说《香飘四季》，写了"大跃进"时代的广东水乡风情；随后出版的《山谷风烟》，是写土改时期的广东山区风情；最后的长篇小说《热带惊涛录》，写了二十世纪四十年代广东人在海外生活情景，可谓以三部长篇全景式地分别展现了广东人在水乡、山区、海外生活的地理环境和社会风情，但其笔墨也都主要是以其故事情节，分别体现二十世纪五十年代的岭南和海外华侨的时代风貌与精神。吴有恒的系列长篇小说《山乡风云录》《北山记》《滨海传》，可说是展现广东山乡、山区、海湾的山水记忆的地方风情画，但更主要的是粤西人民在解放战争时期的三部英雄史诗。

从文化学的角度上看，这些全景式长篇小说所写的山水记忆，虽然笔墨不重，但却在总体上体现了岭南文化或珠江文化的地域特色，即山、江、海一脉相连的文化环境，尤其是具有江海一体的文化特质。这个特质，典型地体现在黄谷柳的长篇小说《虾球传》中。小说以主人公于二十世纪四十年代在广东与香港之间的苦难经历，既写出了水乡"疍民"穿梭于江海之间的山水记忆，又写出了广东和香港自古同脉同体的血肉关系，以及同斗争共命运的历史风云，以活生生的时代投影，证实和显现了珠江文化是江海一体的特质文化，正如最早发现并扶持这部作品发表的文艺老前辈夏衍所说："这是一部很有特色的作品，写广东下层市民生活，既有时代特征又有鲜明的地方色彩。"茅盾对这部小说评价更高，称其能"从城市市民生活的表现中激发了读者的不满、反抗与追求新的前途的情绪"，而在风格上"打破了五四传统形式的限制而力求向民族形式大众化的方向发展"。

这批老一代作家的创作，还有一种很独特的现象，就是除欧阳山外（只有短篇小说《金牛和笑女》写了一点华侨），其他主要作家大都写有华侨题材的长篇小说，如陈残云的《热带惊涛录》、秦牧的《黄金海岸》《愤怒的海》，杜埃的《风雨太平洋》，都是颇有影响的鸿篇巨制。这种现象，固然与这三位作家都是华侨，都有海外漂泊的生活经历密切相关。但另一方面，从文化的深层次来看，应就是珠江文化有特强特重的海洋文化因素的体现。无怪乎，早在二十世纪八十年代中，老作家吴有恒就以此为据，提出"应当有个岭南文派"。不管怎样，这是珠江文化特质在广东文学中的重要体现之一，是无可置疑的。

从其他作家同时代的散文作品，也可更清楚地看到并证实这些特质和特点。例如，紫风的散文《海恋》和林遐的散文《大海》，都以亲临其境而正面描写大海的波澜壮阔的气势和胸怀；华嘉的散文《海的遥望》抒写海的温柔、奔放、狂暴，又以散文《渔村琐记》描写了渔民靠在海上生存的艰辛；曾炜的散文《在湛江港口》，则通过湛江港的变化写出海洋文化的发展盛况；秦牧的散文《海滩拾贝》，以写海滩而显示海洋文化的无限丰富性和多彩性。

再就是一些描写濒海地区的散文，更显现出珠江文化的江海一体特质。如陈残云的著名散文《珠江岸边》《沙田水秀》，是写珠江出海口附近江海相连的东莞沙田地区的散文，虽受当时"大跃进"时期的"左"的影响，但其所写江海一体的山水风情，却是有持久艺术魅力的。林遐的散文《撑渡阿婷》，以一位撑渡少女的经历，描写了珠江三角洲河汊如网的独特盛景，又留下了时代与环境的变迁印记。韦丘的龙舟歌《沙田夜话》，以珠三角的民间艺术形式抒写了珠江三角洲在"大跃进"年代在田头夜战的情景；老诗人芦获则以豪放的渔歌唱出了南海"渔村潮汐"的渔海风情。

主要描写广东母亲河——珠江的散文，更是佳作代出，各领风骚。如曾炜的散文《海珠桥抒怀》，以广州海珠桥在新旧社会的变化写出了珠江的时代风雨；易巩的散文《珠江河上》，则写的是珠江在旧社会的沧桑；杜埃的散文《花尾渡》，以乘坐这种西江河上特有的客船（迄今已绝迹）航行的诗意，写出了珠江在新社会的风情；华嘉的散文《荔枝湾的夏夜》，以位于珠江河畔的广州荔枝湾小艇如云的盛景，显现了新时代的传统水上风光；关振东的散文《夜游珠江》，则是以亲身旅游而写出了1949年后"珠江夜月"在新时代的英姿。每篇佳作都是各自时代的珠江山水记忆，又都是珠江文化的文学写照。

山水记忆自然不可缺少对山的描写，珠江文化中也包含有山文化因素。

老一代作家中有不少从山区出来，对山的深情厚谊是始终不会忘怀的。杜埃的散文《乡情曲》，将客家山区的景色和人情写得淋漓尽致；杨应彬既以散文《山颂》，写出了山与时代雄伟精神融于一体的气势，又以散文《水的赞歌》，写出了水与人的生命密切相连的本质；同时以山水并颂的方式显出了珠江文化的兼容性；易巩的中篇小说《杉寮村》，体现了山区独特的客家和潮汕移民文化；陶铸的散文《松树的风格》，则以在粤北山区所见的松树描写，进而歌颂共产党人的高风亮节和"我为人人"的"大跃进"时代精神。这些名篇也都是时代的岭南山水记忆，文学中的珠江文化。

广东位于五岭之南，濒临南海，属海洋性气候，是多雨潮湿之地。这种独特的天气，对广东的生产、建筑、衣食住行，以至人的心态和社会氛围，都有重要影响。这种关系和影响也反映到作家心态和文学创作中。例如，写雨和雨天的作品甚多，如郁茹的散文《落雨大，水浸街》，用广州的童谣写出了广东独特的气候；黄秋耘的著名散文《雾失楼台》，则是以"雾"寓现"文化大革命"中的社会灾难和社会心态；岑桑的短篇小说《如果雨下个不停》，以两夫妻在雨中患难相会变成死别的灾难，深刻地控诉了"雨下个不停"的黑暗年代。

广东的气候，几乎没有春、夏、秋、冬的四季界限，可谓四季如春。气候宜人，山川秀美，自然景观甚多，人文景观不仅有种种文化内涵，也大都有诗情画意之境；值得捧读的美文，也代有佳作层出，也都是不可或缺的山水记忆文化，如陶萍的散文《葵颂》《梅花村散记》，以葵树的顽强生长和梅花的盛衰枯荣，寓现了时代变迁和人生沧桑。

二、广东文学中的风情记忆与文化

风情，即风土人情，包括社会风貌、本土人情、风俗节庆、民间信仰、传统习俗等的记忆与文化。这些描写在散文小说中是常有的。广东老一代作家的创作，尤其是长篇小说，几乎无不写到所写地方的风土人情。简直可以说，这是岭南文学最显著的特点和优势之一。这种风情描写，既是一种风情记忆，又与山水记忆和乡愁记忆有密切关系；既是一种传统的地方风景和文化，又是一定时代的一种文学投影。

老一代作家笔下的风土人情描写，大致上有四种文化记忆：

一是通过描绘风情写地方特色。如秦牧的著名散文《花城》，通过对广州每年除夕花市习俗的描写，将广东历来种花、尝花、爱花的传统写得美不胜收，热烈歌颂了广州人民的美好生活与爱美情怀，受到普遍赞誉，使广州有了另一个美称——"花城"，开创了一篇散文使一个城市有一个别名的历史文坛记录。欧阳山的《三家巷》初问世时，是在创办不久的《羊城晚报》连载，由于开卷即是写广州的地方风情，大受广州市民欢迎。尤其是书中的《从乞巧到端午节》《幸福的除夕》等章，将广州几个节庆的独特风情写至迷人的境界，将广州的地方特色与文化写得活灵活现，繁花似锦。

二是通过描绘风情写历史风貌。如秦牧的长篇小说《愤怒的海》首章《省城风光》，透过广州在鸦片战争后，"西风东渐"日兴，街上的洋货一天天多起来了，英国的呢绒布匹，日本的眼药仁丹，法国的香水，德国的眼镜，瑞士的钟表，美国的香烟面粉，到处涌现的种种市面风情，反映了半封建半殖民地开始时期的历史风貌。书中《珠江水长》一章，则以广州码头的繁忙景象，透现了资本主义经济文化在这个商业城市初兴的历史风云。

三是通过描绘风情写时代风貌。如陈残云的长篇小说《香飘四季》，是写"大跃进"时代珠江三角洲水乡风情的长篇小说，其中《水乡下棋》一章，通过主人公在水乡下象棋的情景，描写了当时干劲十足而又在下棋的风情中劳逸结合的时代风貌。书中另一章《陶陶居茶楼》，既写出了广州和水乡人饮早茶的风情，又在相亲（相睇）的习俗中显现了时代的变化。此外，老作家于逢的长篇小说《金沙洲》，在《龙舟节日》一章中，以珠江三角洲划龙舟的习俗，展现了二十世纪五十年代的时代风情。

四是通过风情描写反映时代矛盾和斗争。如欧阳山在《三家巷》的《人日皇后》一章中，以三家巷一班青年男女到白云山人日郊游时，对"工农兵学商"排行次序的争论，反映了当时社会的阶级结构和矛盾；吴有恒在长篇小说《山乡风云录》《北山记》中，都先后在山乡和山区的风情描写中，反映了粤西人民的抗敌斗争；长篇小说《滨海传》的《端阳节》一章，描写海湾人民用节日送粽子的习俗打败旧军队的斗争，十分精彩。

三、广东文学中的乡愁记忆与文化

乡愁者，乡恋也。乡愁的概念不仅是对故乡的怀念之情，而且是对故地、故时、故人、故亲（包括亲属、乡邻、母校等）的感恩和思念之情。这些都是中国人、尤其是岭南人特有的感情和观念。这些感情和观念，在散文创作中，通常以某种景物的触发而回忆往事的方式表达，小说创作中则往往是主人公对故国家园的思念，而所回忆的往事和思念的实体，都是故地"留得住乡愁"、也即是具有记忆价值的人、物、事。而这些人、物、事，大都是故乡或故地的山水文化记忆和风情文化记忆。值得注意的是，这些记忆，都是当事者以经历时代沧桑的思维过滤而保留和触发出来的感慨；如在文学作品中体现，则又是经过作者艺术思维的过滤才产生的形象。因此，在文学作品中这些乡愁记忆，就具有两个时代和两个地方的文化内涵，即作者所记忆人、物、事的时代和地方，以及作者写此记忆时的时代和地方；这样，所写出的作品就内含着两个时代和地方的文化记忆，并有相互对比和显示差距的作用，从而更深刻地写出乡愁记忆的文化内涵；但从根本上说，主要仍是从作者写此记忆的时代和地方为视野的，所以仍是时代中的乡愁记忆。

例如，贺青的散文《故乡的榕树》，就是从写作时代而写过去时代的故乡的榕树，是从现在而抒发过去的乡愁记忆；他另一篇散文《杜鹃的叫声》，则是受杜鹃的叫声触发，而思及乡村城镇化后的居住布局问题。老作家曾敏之本是岭南作家，二十世纪八十年代后到香港定居，所写的散文《鸟声》，则是写在高度现代化的城市生活中的香港人和华人华侨，因听到久违的鸟声而触发乡愁的思念；他另一篇散文《桥》，则是以遍布香港的"天桥"而思及故乡的农村小桥。这两篇都是以异曲同工的手法体现了时代的差距，显现了不同时代和不同地域的乡愁记忆文化。

在散文创作中，对乡愁记忆文化的内涵和表达方式是无限丰富的，较普遍的是对故地或往事的回忆性散文，尤其是历史斗争或重大事件的回忆录，是特别珍贵的乡愁记忆。例如，岑桑的回忆性散文《填方格》，记述以写稿纸（"填方格"）为生的编辑作家，一夜之间被无罪流放"五七"干校打泥砖（也是"填方格"）的辛酸讽刺，记下了时代灾难；华嘉的回忆录《怀念粤剧薛马流派》，以深切感情缅怀"南国红豆"的名人、名派、名剧的珍贵记忆和光辉成就；黄谷柳是岭南文派最早耕耘者之一，张绰的《从文化学视角论黄谷柳》，是最早从文化学视角发现和肯定黄谷柳及其耕耘岭南文派的人物评传；著名评论家萧殷的回忆录《桃子又熟了……——忆仓夷》，以记述归国华侨记者仓夷，在抗战胜利后参加美国主持的"国共调停"执行部采访中受害的过程，揭露了这个重大历史转折中的历史真相；著名老报人杨奇，以当事者身份写的回忆录《风雨同舟——接送民主群英秘密离港北上参加政协始末》，曲折传奇，引人入胜，事件重大，情真意切，是重要历史文献，又是动人的乡愁记忆文典。

长篇小说创作的乡愁记忆，在华侨题材作品中尤为鲜明突出。例如，杜埃的《风雨太平洋》，所写菲律宾华人华侨在抗日战争时期的斗争生活，从中也都以主人公霍斯特·李的记忆乡愁，浓重地体现了对故国家园的关怀和思念；而且，主人公因受当局规定而不得不用姓名"霍斯特"，但他也定要加上本有姓"李"的中国姓氏，从而更加重其心中所牢记的乡愁。秦牧写华侨题材的长篇小说《黄金海岸》，二十世纪七十年代被香港改编成电视连续剧《大地恩情》，由于主人公在海外数十年漂泊中始终保持乡愁情怀而深深打动观众，使"大地倚在河畔，水声轻说变幻"的影片主题歌传唱海内外。

四、广东文学中的本根文化观念

乡愁记忆，是一种时代的沧桑感慨，又是一种本根文化观念。因为对祖国故乡的感恩和思念，实质上是一种饮水思源、不忘本根的文化观念意识。这是中国传统的、也即中国人特有的文化观念意识。这种意识，突出地体现在海外华人华侨和出国多年的海外赤子的思想感情中。这是乡愁记忆的本根观念，也是一种体现方式。其文化内涵和体现方式也是多种多样的。

其一是"归根"观念。通常离开故乡到外地谋生，或者是华人华侨从离开故乡到海外漂泊，经历多年的时代风雨，最后回归"原点"故乡，可谓"归根"文化观念体现。这在老一代作家的长篇小说创作中的表现特别明显。欧阳山的系列长篇小说《一代风流》，首卷写主人公周炳从"三家巷"走出广州，经到市郊震南村"苦斗",随即先到上海后到重庆"柳暗花明",再到延安"圣地",最末是经华北解放区土改"万年春"后回归"原点"广州。秦牧写的两部华侨题材长篇小说——《黄金海岸》和《愤怒的海》,开始都是写主人公在清朝末年从故乡出发海外,分别在美国和古巴受苦受难多年,最后都是以回归故乡结局。这种现象,并非艺术构思上的重复,而是实际生活大多如此,还在于小说的主人公和作者都同样具有这种"归根"的文化观念意识。

其二是"原根"观念。包括民族、民系、氏族、家族等的渊源。这在长篇小说中是常见的,如欧阳山《三家巷》介绍周、陈、何三家的来历,以及所写三家之间的纠葛,即是这种"原根"观念体现。关振东的散文《马坝人的故乡》,可谓岭南人"原根"观念的畅想曲。

其三是社会之根观念。家庭是社会的细胞,是每个人的生活与思想的支点。许多优秀长篇小说大都写家庭,如巴金的《家·春·秋》。俄国阿.托尔斯泰的世界名著《安娜·卡列尼娜》,开篇即写:"幸福的家庭是相似的,不幸的家庭各有各的不幸。"欧阳山的《三家巷》,可谓广东文学中写这社会之根观念的大著;黄庆云的《一个传统的理想》,可说是体现这观念的优秀散文。楼栖的回忆录《周年祭》,父爱之情溢于言表。家庭这个支点,不仅是社会之根,也是人的生命之根。

其四是人的本土本性之根。土地观念是中华民族最原始、最根本、最传统、最牢固的文化意识,人的本性观念也是如此。秦牧的著名散文《土地》,从千年前帝王的土地所有制观念,到离乡背井的游子和海外华人华侨的故土感情,再到新社会人们成为土地主人后对土地的爱护、保卫、改造和充分利用的动人事迹,纵横捭阖、深刻阐述了这种神圣崇高的观念。

其五是行业之根观念。这是中国独特的一种传统文化,几乎每种行业都有开山祖、祖师爷,如木行鲁班,医行华佗,石行五丁等;而且,每个行业都有其祖传地或发祥地,如现在所称的传承地、传承人,有的还发展为传统文化节日。这些都是各个地方引以为荣的文化品牌,是人们念念不忘的山水记忆、风情记忆和乡愁记忆。这些行业之根观念,在岭南文学作品中是有甚多描写的。紫风的散文《阿螺姨母》,以对"第一位老师"和"姨母"的思念,而畅抒了对"师恩""亲恩"的本根文化之情。

其六是革命之根观念。中国共产党领导的社会主义革命和建设，是当今中国社会成就和幸福之根，也是山水记忆、风情记忆、乡愁记忆的时代精神之根。文学创作必须从这个根本观念去艺术地记忆山水乡愁，才能创造出无愧于当今盛世的时代中的山水乡愁形象。黄庆云的儿童文学作品《英雄树唱歌儿》、欧阳山的散文《红陵旭日赞》，当是广东文学中体现革命之根观念的名篇。

五、广东文学的时代性、地方性、民族性

从上述广东文学在山水记忆、风情记忆、乡愁记忆、本根文化观念的体现上看，其时代性、地方性、民族性是很浓厚而突出的，这也是珠江文化特质的体现和实证所在。

笔者曾以岭南第一诗人张九龄的名诗"海上生明月，天涯其此时"，概括珠江文化的特质和风挌，前句是指珠江文化的海洋性、宽宏性、开放性、包容性，即地方性；后句则是指珠江文化的共时性、时机性、敏感性，即时代性。

在老一代作家的作品中，尤其是在体现山水记忆、风情记忆、乡愁记忆、本根文化观念的表述和形象创造中，无不有着鲜明的时代印记，所以可称之时代中的山水乡愁之作，也即是珠江文化时代性的艺术体现。值得注意的是：在山水乡愁记忆作品中，往往写及过去时代的生活，尤其是历史题材的长篇小说、一些着重写回忆的散文或回忆录，就必须在体现出所写题材的历史时代性的同时，注重当今时代性的体现，也即是在以当今的眼光透视历史的真实，并在这基础上体现当今的时代精神。这是珠江文化中尤为重要的共时性、时代性。

地方的地理环境，是地方文化的基础。一方水土养一方人，一方地理环境决定一方地方文化，也决定一个地方的山水乡愁记忆文学。广东的山河海相连、江海一体、海岸线特长的自然环境，也决定其是山河海文化皆有、江河文化为主、海洋文化特强的地方文化特质，也即是"海上生明月"的珠江文化特质和风格。上述山水乡愁记忆名作，即是文学中的珠江文化的实证和写照。

鲁迅说，文学越是民族的，就越是世界的。因为世界文学之林，是由世界各国民族的文学构成的；各国民族文学越有自身特色和成就，世界文学之林就越丰富，从而其文学就越有世界意义。同样的道理，中国的文学之林，是由全国各民族、各地方的文学构成的，各民族、各地方的文学越有其特色和成就，就越有民族性全国性的意义。当然，全国性、民族性的主要体现，是在于是否把握住全国性民族性的文化主脉或根基。但文学上对此的把握和体现，也同样是不能离开地方和时代的特定的自然环境和社会环境的。老一代作家创作中写广东的山水记忆、风情记忆、乡愁记忆，既是地方性的体现，也是民族性的充分体现；尤其是在长篇小说中的"归根"，在许多写山水乡愁记忆作品中的"原根""社会之根""行业之根""革命之根"等现象，正就是中华民族传统的本根文化观念的体现，也即是广东文学民族性的体现，而这些体现，又都是有着鲜明的地方和时代文化印痕的。

六、一个有实无名的文派——珠江文派

习近平总书记要求在全国城镇化过程中要"望得见山，看得见水，记得住乡愁"。为响应这号召，广东旅游出版社出版《记忆乡愁》系列丛书，组织作家写留得住山水乡愁记忆作品。笔者认为，也应当将老一代作家所写的留得住乡愁的作品作为典籍留存下来，既可作为当今写作借鉴，又是对老一代作家写作风范的传承与弘扬。

以总体上看，广东老一代作家是有许多共性的写作作风的，他们的年龄虽有参差，但都是生活在大致相同的时代，活跃于大致相同的文坛，致力于大致相同的地方（广东）。这三个"大致相同"，都不是他们自己选择或互相约定的，是各自的命运所使然的。从他们的创作实际而言，他们的作品，也有颇多的"大致相同"现象，如：写广东的山水乡愁记忆，不约而同地体现本根文化观念，不约而同地还用同时代的眼光和精神、不约而同地运用现实主义创作方法，去写这些山水乡愁记忆和本根文化观念；尤其是秦牧、陈残云、杜埃等代表性作家，在没有任何人指定或相互约定的情况下，都在大致相同的时间和地方写出华侨题材长篇小说。这些事实，不就说明了他们都是不约而同地受

其自身经历和地方与时代环境所驱使，而造成这些有许多"大致相同"的文学现象的么？当然，他们这些"大致相同"并非完全雷同，而是在"大致相同"中各有风格、千姿百态。这种"同中有异，异中有同"的文学现象，正就是文学流派的最大特点和优势，即：既是群体力量的凝聚，又是个性风格的充分发挥，大有群星汇银河、众星聚月辉之势。这种文学流派式的文学格局和精神气势，与他们所留下的山水乡愁记忆的作品一样，是值得定格下来并永远保留和承传的。

从中外古今的文学史上看，文学流派有三种类型：一是在于政治、哲学及美学、文学倾向的一致，二是艺术风格相仿，三是地域性的相似。这三种类型常是交叉的，而且每个类型中还会包含多种多样风格流派的。如果说，依据上述许多"大致相同"现象，可以将这批老一辈作家列为一个文学流派的话，大致可以属于第三种即地域性相似类型，而且又是与唐代"边塞诗派"那样以地域题材相似为主要特征的文学流派。从创作实际看来，广东文学这个流派是早已存在着的事实，只不过是有实无名而已。至于要不要为事实存在的这个流派作出文化定位，应以什么样的名义定位，则是应当深入研究讨论的。

1986年3月，老作家吴有恒发表《应当有个岭南文派》一文，就当时秦牧的《愤怒的海》、陈残云的《热带惊涛录》、杜埃的《风雨太平洋》等华侨题材的长篇小说连续问世的广东文学现象，提出了这个文学流派主张。

1991年1月，笔者在《开发时代》杂志发表《论珠江文化及其典型代表陈残云》一文，首倡珠江文化概念和理论，并首次从文学流派中探究水域和地方文化课题。

1992年1月，笔者在《广州日报》发表《已经有个岭南文派》一文，就余松岩新作长篇小说《地火侠魂》的出版，及其所代表的中年一代作家已经成长起来的新现象，而作出这个文学流派的理论判断。

1992年2月，张绰在发表的《从文化学视角论黄谷柳》一文中指出："如果有岭南文派的话，黄谷柳应当是岭南文派最早的耕耘者之一。"

有趣的是，这些对广东文学进行文学流派探讨的理论文章，是断续发表的，连续时间有数十年之久，至今仍未能取得共识，以至造成这班老一代作家的群体现象成了一个有实无名的文派！如果是因为取名岭南文派不妥，谓珠江文派如何？理由是：这文派的文学创作与精神，尤其是在其山水乡愁记忆的作品中，文化底蕴与核心都是珠江文化。

有俗语戏称："广东人只会生孩子，不会起名字。"这是缺点，也是特点。恐怕广东早有个文派事实存在、却几十年未起名字也是这个特点所致。这也不奇怪，因为务实性也是珠江文化重要特质之一。但毕竟是有实也有名才好，无论是将这文派作为历史现象而定格留存记忆，或者将其作为典范而予以借鉴承传，也当名副其实。这样做，对于山水乡愁记忆文学和文化的倡导，对于城镇化中山水乡愁记忆的保留，以至对山水乡愁文学精品和精神的保留与弘扬，都有莫大好处。

2015年9月3日抗战胜利70周年纪念日脱稿于广州康乐园

附注：《珠江文典》是"珠江——南海文化书系"中"珠江文派与记住乡愁"书链的首部，已由广东旅游出版社2017年3月出版。

珠江文派者，写作气派相通之广东作家群是也

——跋《珠江文典》并从粤派批评论珠江文派

《珠江文典》（下称《文典》）于去年夏天编就，本是为倡导珠江文派而投石问路之举，因故未能付梓。今逢《羊城晚报》热议粤派批评之风正旺，承广东旅游出版社盛情邀请，现趁热将其抛出，使多年有实无名的珠江文派，也能像粤派批评那样名正言顺地浮出水面，不亦乐乎？

文学创作与文学批评，是文学事业之两翼；前者是土壤，后者是庄稼，两者有似皮与毛的关系，"皮之不存，毛将焉附？"所以，探讨粤派批评，理当深入探讨珠江文派。

珠江文派是广东文艺领域与"岭南画派""广东音乐"并列的作家文派，曾有人称之"岭南文派"。这是就地域而言的文派称谓。笔者认为，这个作家文派，应当有个既标志地域又表明文化特质的派名，应称之"珠江文派"为宜。因为珠江水系流域覆盖广东及岭南地域（所以珠江文化包括广东及岭南文化）；当今泛珠三角（"9+2"）地域合作，即是以珠江水系流域及其文化为支撑；珠江水系文化即珠江文化。这是一种具有水系文化形态及系统的水域文化，是我国与黄河文化、长江文化并列于世界水系文化之林的一种大江大河文化。

从文派的特质上说，珠江文派者，写作气派相通之广东作家群是也。何谓之"气"？曹丕《典论·论文》云："文以气为主，气之清浊有体，不可力强而致。"浅白言之，"气"即精神、气质。何谓"气派"，即写作的作风和气度。毛泽东在延安号召文化界，要有革命的学风和文风，要有"中国作风"和"中国气派"；并且当读到从国统区到解放区的著名作家丁玲、欧阳山的新作后，在"天快亮了"的子夜，挥笔写信为他们的"新写作作风"庆祝。

由此可见当时解放区的人民文艺，在黑暗中国，堪称代表光明的一种"新写作作风"文派，是最能体现"中国作风""中国气派"的文派。这种文派，随着解放战争的胜利步伐传遍全国，自建国后，逐步泛化并衍化为许多各有自身民族、民系、水系、地域文化特质和写作气派的作家群，也即是文派。珠江文派是其中最有特色的中国文派中的一个。它在中国新文学史上的实际成就和影响，与早已知名的山西"山药蛋派"、河北的"荷花淀派"、湖南的"湘军"相比并不逊色，只不过其有实无名而已。

这部《文典》所选的26位作家及其代表作，是珠江文派存在并长期发展的一个实证，也是珠江文派作家群以其"写作气派"相通而凝聚为"群"、为"派"的实证。这批作家，是1949年前后至二十世纪八十年代活跃于中国文坛的广东作家，他们的活跃年代，与《文艺报》开辟《经典作家》专版所介绍的作家大致相同，所以我们也称他们为广东新文学经典作家。他们的活跃年代及其成就，是珠江文派走向成熟的标志。

本书着重对这批经典作家"记住乡愁"的作品进行选析，并以《文典》为名，既是以其为"记住乡愁"作品之典范，又有以其珠江文派代表作之意。众所周知，"望得见山，看得见水，记得住乡愁"，是习近平总书记在全国城镇化进程中提出的号召。如果说这个号召，是要求在农村现代化进程中保持原有山青水秀的自然环境和传统文化风情的话，那么，对于文学创作来说，则是要求作家创造出能够使人"记得住"山水乡情的艺术作品。所以，在当今全国农村城镇化和世界经济一体化高速发展的情况下，这个号召对于地域文化和文学创作而言，是尤其具有现实意义的，因为一体化排斥多样化，如果文化和文学失去多样化，就等于没有文学、没有文化。鼓励各地开展"记住乡愁"创作，正是实现全国地域文化与文学创作多样化的重要途径，也是鼓励或发现文学流派的重要途径。所以，我们着重从这途径选析这批作家的代表作，并以此透析广东作家群以"写作气派"相通的"气"之所在。

一是"天气"，包括自然气候环境和时代精神之"气"。珠江文派作家的作品，大都很注重以独特的南方气候与自然山水风物的景象，再现所写时代的风云变幻和时代精神，往往天时之"气"与时代之"气"，融汇于浑然一体的艺术形象之中，形成一种独特的粤派风韵。最突出的代表是欧阳山的《三家巷》《苦斗》，两书所写二十世纪二十年代的广州，大革命的时代风云和时代精神，都投影于一幅幅浓郁的岭南风情画中，甚至一年四季的节气变化和社会斗争的风云变幻，都细致入微地融现于"乞巧""人日"之类时令节日活动的描写上；吴有恒的《山乡风云录》《北山记》《滨海传》，分别以"乡""山""海"的岭南地理风貌，展现了华南抗日战争和解放战争的时代画卷；萧殷的《桃子又熟了……——忆仓夷》和杨奇的《风雨同舟》，以亲临其境的时令与时代气候为一体的现场实景，分别记录了抗战胜利后和平谈判时期与建国前夕护送民主人士北上等历史转折的重大事件；黄秋耘的《雾失楼台》和岑桑的《如果雨下个不停》，将"文革"年代的社会心态和灾难寓于岭南多雾多雨的自然景象之中；杨应彬的《山颂》和《水的赞歌》，以岭南的山水风貌寓现了昂扬时代的凌云壮志；郁茹的《落雨大，水浸街》，以广东特有的天气民谣，特有粤味地体现了深圳特区新办时的改革开放精神。

二是"地气"，即广东独特的风土习俗之"气"。"山水"即地方风土，"乡愁"即乡恋，主要体现于地方风情习俗。广东作家个个都是写风土人情的高手，本土创作几乎篇篇都有习俗。中国当代散文三大家之一秦牧，以长篇散文《土地》抒写了传统的土地崇拜习俗，并在著名散文《花城》中，以对传统花市习俗的精美描写，热烈地歌颂了广东人种花、爱花、赏花的崇高美德和奋力创造美好生活的时代精神，使千年古城广州增加了一个美好的名字——"花城"；黄谷柳的长篇小说《虾球传》，以珠江河上变幻的水声，诉说了疍家人的水上风情和在黑暗年代中的秋风秋雨；于逢在《金沙洲》中通过龙舟节日习俗描写，体现了广东人"敢为天下先"的特质；黄庆云在《一个传统的理想》，以阿婆崇拜的习俗赞颂了广东人传统的寻根问祖观念。

三是"人气"，包括在千姿百态的作家风格、人物典型、乡里亲情之间相通之"人气"。入选《文典》作品的作者，都是各有艺术风格的作家：欧阳山的执着，陈残云的洒脱，秦牧的广博，杜埃的宽厚，吴有恒的豁达，黄谷柳的平真，黄秋耘的淡远，萧殷的求实，杨奇的精细……但他们又都共有相通之"人气"，即：珠江恋、岭南情、粤海风；他们笔下的人物，如周炳、区桃、许火照、许凤英、虾球、阿娣、刘琴……个个都是栩栩如生的典型，又都是一派别有"广式"风姿的俊男靓女；他们所写的乡土作品，如杜埃《乡情曲》、楼栖《周年祭》、易巩《杉寮村》、韦丘《沙田夜话》，芦获《渔村潮汐》、紫风《阿螺姨母》、贺青《杜鹃的叫声》、曾敏之《鸟声》和陶萍《梅花村散记》，都分别在各有特色的客家、潮汕、广府、渔村、山区、城中小区的民系乡里描写中，贯串着"人气"相通的乡里亲情。

四是"珠气"，即珠江文化气质、特质、内涵之相通。早在二十世纪八十年代，笔者提出珠江文化概念并开创珠江文化领域，就是从陈残云的《香飘四季》《珠江岸边》等作品中发现并开始以多学科交叉系统工作进行研究的，故称陈残云是"珠江文化的典型代表"。总体上可以说，广东作家群的作品都不约而同地写到珠江水、珠江史、珠江情，都以不同年代的题材、故事、文体展现珠江文化的特质和内涵，所以说是"珠气"相通。除陈残云外，《文典》所选秦牧《愤怒的海》中的《珠江水长》、易巩《珠江河上》、杜埃《花尾渡》、华嘉《荔枝湾夜》、曾炜《海珠桥抒怀》、林遏《撑渡阿婷》、关振东《夜游珠江》等珠江题材作品，既在总体上系列地反映了珠江在各个历史时代的文化风貌和发展，又分别在个体上展现了珠江文化开放性、包容性、领潮性、重商性、实效性的特质；由此亦可看到，珠江文化特质正是广东作家群相通之"珠气"。

五是"海气"，即海洋文化及宽宏如海纳百川之大"气"。中国三大江河文化各有独特风格：黄河文化如李白诗"黄河之水天上来，奔流到海不复回"；长江文化如苏轼词"大江东去，浪淘尽千古风流人物"；珠江文化如张九龄诗"海上生明月，天涯共此时"。可见珠江文化与黄河文化、长江文化的最大区别，是海洋性特强。因为珠江流域海岸线最长，江海一体，海上丝绸之路最早从此起航，分布世界华人华侨最多，海洋和华侨题材作品也最多。二十世纪八十年代，秦牧的《愤怒的海》、杜埃的《风雨太平洋》、陈残云的《热带惊涛录》等华侨题材长篇小说接连问世，轰动一时。由此，吴有恒提出"应该有个岭南文派"。显然，这是从这批作品看到广东作家群具有相通并特强之"海气"而提出的主张。堪称珠江文派泰斗的欧阳山有言："古今中外法，东南西北调"，前句指创作方法，后者指文学语言。这是他数十年创作实践总结出的理论，也是珠江文派作家群相通的宽宏"海气"在创作风格上的精辟概括，可谓画龙点睛之语。还值得注意的是，这批经典作家成员，部分是走南闯北的岭南人，部分是多年前来自五湖四海的"老广"，这也当是珠江文派特有"海气"的一个重要标志。

以上五"气"，是广东作家相通为"派"的血脉，是珠江文派的风骨和特质。欧阳山、陈残云、秦牧等经典作家，以"记住乡愁"的经典作品，留下以广东本土为主的山水乡愁记忆，又从中创造并留下以"五气"相通而聚为文派的历史经验，是很有现实意义的。因为当今广东作家队伍，大多从外省入粤不久，对广东本土生活体验尚不深，写作气派的相通和凝聚力有待加强，如能像这批前辈作家那样，以"记住乡愁"而坚持深入广东本土生活与创作，以"五气"相通而承传并发展珠江文派，使广东文学更持久地繁荣和发展。

2016年9月22日脱稿于广州康乐园寓居

百年珠江文流的三段历史波澜

——《珠江文流》概论

前些时候，广东省珠江文化研究会在"珠江——南海文化书系"的"珠江文派与记住乡愁书"链中，首先出版了《珠江文典》，旨在以建国前后（二十世纪五十年代前后）广东新文学经典作家"记住乡愁"的优秀创作成果，证实和体现珠江文派的存在与成熟，并展现其特质与风采；也在于以"记住乡愁"而凝现珠江文派，并以珠江文派探求"记住乡愁"的经验和途径。现在出版的《珠江文流》，则是以鸦片战争后十九世纪四十年代至二十世纪四十年代的百年珠江文流，探讨珠江文派从萌起到成熟的全过程；同时，也在于从文学上探索记住乡愁的历史经验。

鸟瞰百年珠江文化之源流（简称"珠江文流"），虽然不似"黄河之水天上来，奔流到海不复回"那样神圣，也不似"大江东去，浪淘尽千古风流人物"的长江文流那样气派，但却以"海上生明月，天涯共此时"的海洋性、共时性特质，在百年历史长河中，以开创或掀起三大叱咤时代风云的历史波澜，推动了历史和文化的进程，同时为珠江文派的萌起与形成起到领潮争先、推波助澜的作用，也为从文学上记住乡愁提供了历史的依据与源泉。

这三大历史波澜是：

一、由梁启超在维新运动前后开创的"新民说""文界革命"和"学术新论"掀起的历史波澜

鸦片战争后的维新变法运动，是由广东人康有为、梁启超发起的，虽然

只有百余天的成功寿命，而且后期陷入保皇党的失误和倒退，但却起到揭开中国近代史首页的光辉作用。尤其是梁启超在这场运动前后创立的新学，不仅是当时的旗帜和号角，而且对于接踵而至的五四运动具有直接的重大影响，甚至可以说是先期提出了五四运动的方向和口号。五四运动的风云人物胡适、陈独秀、鲁迅、郭沫若都曾说受过梁启超的重大影响。郭沫若在《少年时代》中回忆："平心而论，梁任公地位在当时确实不失为一个革命家的代表。他是生活在中国的封建制度被资本主义冲破了的时候，他负载着时代的使命，标榜自由思想而与封建的残垒作战。在他那些新兴气锐的言论之前，差不多所有的旧思想、旧风习都好像狂风中的败叶，完全失掉了它的精彩。20年前的青少年——换句话说，就是当时有产阶级的兄弟——无论是赞成或反对，可以说没有一个没有受过他的思想或文字洗礼的。他是资产阶级革命时代的有力代言者。"

梁启超（1873—1929），广东新会人，字卓如、任甫，号任公、饮冰室主人。他一生数十年，一直奔忙于维新运动，他主要以办报刊和写文章的方式进行活动，并在其中进行广泛深入的文化学术研究，从而使其不仅是开创时代、叱咤风云的政治家、宣传家，而且是一位创新立说、博大精深的大学者、大作家。他留下著作千余万字，触及政治、经济、军事、哲学、社会、历史、宗教、文化、文艺、语言、翻译等多学科领域，而且对每个领域都有创新之说，故统称其创立的新学说为新学。总体看来他创立的新学繁花满眼，林林总总，其中对于文流、尤其是对于珠江文流影响最大以至直接掀起历史波澜的是三个新学，即：新民说、文界新说、学术新论。这三说新学，是既有创新理论又有创新实践成果的学说。新民说是他的主导思想与政治纲领，文界新说是他对改革文化领域的理论与实践，学术新论是他的学术思想与理论创造。梁启超主要是以这三个新说，掀起了举世知名的维新运动、铺垫了划时代的五四运动，发起了现代中国的文界革命和学术革命，同时也作为百年珠江文流的发端而为创立珠江文派和珠江学派掀起第一段历史波澜。

（一）新民说

梁启超1902年写有一首《自励》诗："献身甘作万矢的，著论求为百世师。誓起民权移旧俗，更研哲理牖新知。十年以后当思我，举世犹狂欲语谁。

世事无穷愿无尽，海天寥廓立多时。"全诗抒发了他的献身精神和远大抱负，体现了他的人生目标和事业走向，充满着坚定的自信，敞开着宽大的胸怀。诗中所称的"哲起民权移旧俗"，就是他创立新民说的目标和学说。他为倡导新民说，专门于1922年2月创办了《新民丛报》，称其宗旨是："取大学新民之义，以为维新吾国，当先维新吾民。中国所以不振，由于国民公德缺乏，智慧不开，故本报专对此病而药治之。采合中西道德为德育之方针，广罗政学理论以智育之本原。"由此，他撰写的长达11万字的系列长篇论文《新民说》在该报连载，并从此署名"中国之新民"发表文章，影响甚大。毛泽东在1936年对斯诺谈话中说，青年时十分佩服梁启超，对他主编的《新民丛报》爱不释手，对他的文章读了又读，读到常常可以背出来。甚至在1918年组织的学生社团也取名"新民学会"。胡适在《四十自述》中说："《新民说》诸篇给我开辟了一个新世界，使我彻底相信中国之外还有很高等的民族，很高等的文化。"鲁迅说他写小说是为了"拯救国民的灵魂""改造国民劣根性"的思想，实则与梁启超的新民说相通。新民说的思想观点与辛亥革命的"三民主义"和五四运动的"民主和科学"（德先生、赛先生）口号是一致的。所以，可以论梁启超不仅发起和领导了维新运动，而且具有铺垫辛亥革命和五四运动的贡献。

（二）以文界新说发起的文界革命

尽管梁启超与领导辛亥革命的孙中山有过分歧，并随康有为陷入了保皇党的失误（但他在袁世凯称帝时坚决不同流合污，而是亲自策动了讨袁战争，支持孙中山第二次革命，这即是他改正错误的最大行动），而且在这两场运动发生时，他都在海外，但他均以其创立的新学说和革命行动影响着运动的进程，尤其是他以创立的"文界新说"而发起的"文界革命"。主要是：

1. 以"新史学"发起的史学界革命。梁启超是新史学最早倡导者。他创办的《新民丛报》创刊号，开卷即发表他的史学革命代表作《新史学》。该文指出：史学是"国民之镜""爱国心之源泉"，是学问中最博大、最切要者，与国家民族发达密切相关。但以往史学是"帝王中心论"，"皆为朝廷上之君臣而作，无有一书为国民而作"，将数千年历史写成帝王"二十四姓之家谱"，无休止地进行所谓"正统"与"国统"之争，所谓"春秋笔法"，同样是谄媚王者而无关于人群之进化。他提倡的新史学，是以"叙述人群进化之现象，而求其公理公例"（即法则、规律）为宗旨，"使后人循其理、率其例，以增幸福无疆"。这种史学观，几乎与毛泽东完全一致。他还很重视历史研究方向和方法的改进，写有《中国历史研究法》等多篇论文，提出"工欲善其事，必先利其器"；无方法整理之史料如"一堆瓦砾"，有法整理则"如在矿之金，采之不竭"。梁启超不仅提出新史学的理论，而且身体力行新史学之实践，亲笔撰写了多种专题史著和人物传记，如：《先秦政治思想史》《中国近三百年学术史》《中国专制政治进化史论》《中国法理学发达史论》《中国国债史》，以及《郑和传》《管子传》等。直到他重病期间，仍在编写《辛稼轩年谱》至辞世。梁启超还尽力于外国史编写，出版有《雅典小史》《斯巴达小志》《波兰灭亡记》《朝鲜亡国史略》《越南亡国史略》，使国人大开眼界，都是很有现实意义的史著。

2. 以"新文体"发起的文学界革命。梁启超是办报行家，又是文章圣手。他从23岁开始办报，直到41岁，近20年之久，被誉为"舆论界之骄子"。他最早提出报刊文字要"言文合一"的主张，他发表的文章都写得挥洒自如，感情充沛，雄辩充实，通俗流畅，自成一体，被公认为开创了一种"新文体"（又被称为报章体、新民体）。他主张文章要"适用于今，通行于俗"。与他同代的著名诗人黄遵宪，称梁启超的文章，使人"惊心动魄，一字千金，人人笔下所无，却为人人意中所有，虽铁石人亦应感动。从古至今，文字之力大，无过于此者矣"。另一方面，从文章的语言上说，梁启超的"新文体"，可以说是白话文与文言文结合的文体，是从文言文向白话文过渡时代的文体。他曾说："我不敢说白话永远不能应用最精良的技术，恐怕要等国语经几番改良蜕变以后，若专从现行通俗底下讨生活，其实有点不够"，可见他不是反对白话文，而是有提倡全用白话文的时机尚未成熟之虞，所以他倡导的新文体似有"白话不够文言补"之意。这在当时是不得已的过渡性的开创行为。被称为白话文开创人的胡适曾说："严复用文言译书，当时自然不能用白话，若用白话，当时自然没有人读了，八股文章更不适用。所以严复译书的文体，是当时不得已的办法。"梁启超的"半文半白"文体正是由此。比较而言，梁启超的新文体不是比严复前进了一步，从而是向白话文的转折性过渡么？

3. 以"新派诗"发起的诗歌界革命。最早提出并创作"我手写我口"之"新派诗"的诗人是黄遵宪（字公度，广东梅县人）。梁启超则是最早支持并使"新派诗"形成理论的诗论家。他积极支持黄遵宪的实践，称其为"诗界革命霸主"；同时通过在《新民丛报》连载他的诗论著作《饮冰室诗话》，从理论上予以新派诗大力支持，并使其完善。他在诗话中指出："欲为诗界的哥伦布、玛赛郎，不可不备三长：第一要新意境，第二要新语句，而又须以古人之风格入之，然后成其为诗。"他认为："近世诗人，能熔铸新思想以入旧风格者，当推黄公度（黄遵宪）。"可见他是树黄遵宪为新派诗典范的。他还极力倡导军歌，特在《新民丛报》辟专栏发表黄遵宪的《军歌二十四章》，并指出："吾中国向无军歌，其有一二，若杜工部之前后《出塞》，盖不多见，然于发扬蹈厉之气尤缺。此非徒祖国文学之缺点，抑亦国远升沉所关也。"他还对黄遵宪试作的军歌拍案叫绝，称其创作的《出军歌》《幼儿园上学歌》《学校歌》为"中国文学复兴之先河"。现在普遍流行之校歌皆缘如此。可见梁启超和黄遵宪不仅是倡导新派诗，而是一场"诗界革命"。朱自清在《现代诗歌导论》中说："这回革命虽然失败了，但对于新诗运动，在观念上，不在方法上，却给很大的影响。"

4. 以"新小说"发起的小说界革命。在中国旧文坛，尽管有《红楼梦》等"四大名著"，但历来小说的地位是低下的。梁启超是新小说的最早倡导者。1902年，他在《论小说与群治之关系》一文中指出："欲新一国之民，不可不新一国之小说；欲新道德，必新小说；欲新宗教，必新小说；欲新政治，必新小说；欲新风俗，必新小说；欲新学艺，必新小说；乃至欲新人心，欲新人格，必新小说。何以故？小说有不可思议之力支配人道故。"他认为小说有四种"力"，即："薰、浸、刺、提"之力，"文学家得其一，即为文豪；能兼其四，则为文圣。有此四力而用于善，则可以福亿兆人；有此四力而用于恶，则可以毒万千载"。他还指出："美德英法奥意日本各国政界之日进，则政治小说为功最高"，"日本之变法，赖俚歌与小说之力"。正因为如此，1902年，他在刚创办的《新民丛报》第二号特辟小说专栏，长年连载新小说作品；同年又创办了中国第一家《新小说》杂志，连篇推出大量小说作品。由于梁启超在理论上的大力鼓吹，实践上又大力扶持小说创作和小说翻译，使得当时文坛形成了写小说、译小说、读小说、办小说报刊的热潮，涌现了一大批小说作品和小说作家，形成了一代小说之风。

5. 以"新曲艺"发起的民间文艺革命。梁启超在《小说丛话》中指出："文学之进化有一大关键，即由古语之文学变为通俗之文学是也。各国文学史之开展，靡不循此轨道。"由此，他批驳了宋元以来通俗文学流行是中国文学倒退的说法，反认为这"实为祖国文学之大进化"。通俗文学除小说外，还包括地方戏曲、杂剧、传奇、话本、演唱等民间艺术，故称曲艺。梁启超以新观点评价和倡导新曲艺，认为曲本有"四长"："唱歌与科白相间，甲不能尽者以乙补之，乙不能传者以甲描之，可以淋漓尽致，此长一也。寻常之诗，只能写一人之意境……曲本内容主伴可多至十数人或数十人，各尽其情，其长二也。每诗自数折乃至数十折……为作者所欲，极自由之乐，其长三也。……曲本则稍解音律者可任意缀合诸调，别为新调，其长四也。"他亲自撰写曲本多部，如《班定远传奇》《木兰从军传奇》等。可见他以"新曲艺"发起的民间文艺和俗文学革命也是身体力行的。他还在《新小说》特辟专栏推介用广东民间艺术粤讴的形式填写新词的作品，作者是署名"外江佬"的珠海人梦余生，由此，梁启超称其"实文界革命一骁将也"。

（三）学术新论

梁启超写《自励》的时间，是1902年，五四运动是1919年，相距时间十余年；梁启超称"十年以后当思我"，正如他之预见。这场运动，在很大程度上承传他创立的"新民说"和"文界新说"，尤其是文学革命。茅盾曾在《读〈倪焕之〉》一文中说："新文学的提倡差不多成为五四的主要口号。"可见梁启超发起并进行的"文界革命"对五四运动的重要影响。同时还应当注意到，梁启超对学术革命还起到更为重大而深远的影响。这就是他以"更挐哲理牖新知"而创立的系列"学术新论"。这些新论，也正如他所说是"著论求为百世师"而创立的，不仅在当时产生了极其重大的影响，是应时而超前的新论，而且是持续百年至今仍有师法价值之学说。这些具有"百世师"的学术新论，主要有：

1. 学术大势论。梁启超1902年写的长达八万字的论文《论中国学术思想变迁之大势》，是他创立的学术新说的代表作。文中最引人注目的是，创立了"学术大势"之名称和概念，实则是现在通行的社会文化形态和主导思想的意思，实则是现在引为时尚的社会文化学之开端说法。这篇文章开篇，他概述中国学术思想在世界史上的地位后指出："凡一国之立于天地，必有其所以立之特质。欲自善其国者，不可不于此特质焉。"可见他所言之大势，即一国之特质，也即是一国社会文化形态之特质。接着他在文中，将中国数千年的学术思想变迁分为七个时代，即："一胚胎时代，春秋以前是也；二全盛时代，春秋末及战国是也；三儒学统一时代，两汉是也；四老学时代，魏晋是也；五佛学时代，南北朝、唐是也；六儒佛混合时代，宋、元、明是也；七衰落时代，近二百五十年是也。八复兴时代，今日是也。"在对胚胎时代的论述中，他还特别指出："综观此时代之学术思想，实为我民族一切道德、法律、制度、学艺之源泉"。另一方面，他又指出：这些划分不完全是以朝代时限而言，也不"非特学术思想有然，政治史亦莫不然也"，可见其"学术大势"之概念，不仅指学术思想，而是一个时代的社会文化形态概念。其次，特别值得注意的是，他在文中指出：中国与其他国最大不同之处是"无宗教"，对此他说"浅识者或以为是国之耻，而不知是荣也"，因为"宗教者于人群幼稚时代虽颇有效，及其成长之后，则害多而利少焉。何也？以其阻学术思想之自由也"。由此可见，他在划分如前七个时代的"学术大势"中，只称佛学而不称佛教，对孔子、老子思想也只称儒学、老学，而不称孔教、道教。这意味着梁启超对宗教是学、教有别的，也即是说，无论佛学或道学，都是与佛教或道教有联系而有区别的概念，是文化的学术的思想概念，因为每种宗教都是一种意识形态。可见梁启超最早作出这种区别，并且以"学术大势"说开创社会和时代文化形态及其发展变迁的理论，是很有历史和现实意义的。

2. 学术势力论。他在1902年发表的《论学术之势力左右世界》，提出了"学术势力"概念。这个概念，与现在我国倡导的"科技是第一生产力"的口号是实质相通的。梁启超在该文中说："亘万古，袤九垓，自天地初辟以迄今日，凡我人类所栖息之世界，于其中而求一势力之最广被而最经久者，何物乎？……曰智慧而已矣，学术而已矣。"他认为近代史文明之进化开始，在于十字军东征和希腊古学复兴，使"欧人与他种民族得以相近，传习其学艺，增长其智识，盖数学、天文学、理化学、动物学、医学、地理学等，皆至是而始成立焉"。同时又由于希腊语言文字之学相通，不受宗教迷信束缚，思想大开，全欧精神为之一变。由此，他列举了哥白尼的天文学、培根和笛卡儿的哲学、孟德斯鸠的《万法精理》、卢梭的"天赋人权"、富兰克林之电学、亚当·斯密之理财学等各种学科的创造所形成的学术势力，是今日"所衣所食所用所乘所闻所见的根本创造力"，是推进世界文明之最大势力所在。这说法，与最新倡导的文化软实力理论也有精神上的一致。

3. 地理文明论。梁启超1902年发表《地理与文明之关系》一文，堪称中国地理文化学、尤其是今日风行的地域文化学之发端著作。他在文中指出："世界文明之原因，其所由来甚复杂，固非可仅一学科之理论而证明之者也。虽然，以地理学者之眼观之，亦有可见其一斑者。"由此，他以世界五大洲文明程度不同之实例，论证地理条件的差异与文明程度不同的关系：一是气候不同，二是地理环境不同，三是地理条件、特点不同，四是地理环境造成精神生活的不同，五是社会制度的不同。这些不同的根本，在于任何事物有因果关系，地理条件与文明程度也是如此。梁启超认为探讨地理与文明的因果关系，就是"知其果之所从来，则常能以善因补助之"，意思就是发挥地理条件的优势（善），以弥补地理条件之弱势，以促进文明的发展。此后，梁启超还接连发表了《亚洲地理大势》《欧洲地理大势》等同类论文，1922年发表的《地理特点对中国历史的影响》一文，对全国20个省或地方的文化特点和学术成就都作了论述，可见他开创地域文化学的广阔视野。

4. 江河文化与学派差异论。与地理文明论相联系，梁启超还在《论中国学术思想变迁之大势》一文中，首创了当今世界学界风行的江河文化与学派差异论，尤其是中国南北学派及其差异论。他指出："欲知先秦学派之真相，则南、北分两潮，最当注意也。凡人群第一期之进化，必依河流而起，此万国之所同也。我中国有黄河、扬子江（长江）两大流，其位置、性质各殊，故各自有其本来之文明，为独立发达之观。虽屡相调和混合，而其差别相自有不可掩者。凡百皆然，而学术思想其一端也。"他从黄河、长江两大流域的地理和生存条件的差异，分析了两河民风与学风的差异。认为"北学"之精神是因为"北地苦寒跷瘠，谋生不易……无余裕以驰骛于玄妙之哲理，故其学术思想，常务实际，切人事，贵力行，重经验，而修身齐家治国利群之道术最发达焉"。由此，"重家族""尊先祖""崇古之念重，保守之情深，排外之力强""守法律，畏天命"。而"南学"之精神，则由于南地"气候和""土地饶""谋生易"，"故常达观于世界以外"，故"不重礼法""不拘经验""不重先王"，"探玄理，出世界；齐物我，平阶级；轻私爱，厌繁文；明自然，顺本性"。梁启超还指出：在学术思想全盛的春秋时代，实以南、北两派中分天下，"北派之魁，厥惟孔子；南派之魁，厥惟老子。孔学之见排于南，犹老学之见排于北也"。这些理论，不仅直接光照百年珠江文流，对于当今探求珠江学派和珠江文派的来龙去脉，都具有指引意义。

5. 水文化与海洋文化论。这是现在世界最崇尚的一种文化学理论。梁启超早在1902年发表的《地理与文明之关系》中已提出："土地高低，亦与文明之发达有比例。区而分之，可为三种：一曰高原，二曰平原，三曰海滨。"他认为以平原、海滨最发达。进而他提出江河、尤其是海洋文化理论。他说："人类交通往来之便，全恃河海……水性使人通，山性使人塞；水势使人合，山势使人离。""有河流则土地丰饶，中国之有黄河、扬子江……在数千年奇以首庞然成一大国，文明灿然。""海也者，能发人进取之雄心也。陆居者以怀土之故，而种种之系累生焉。试一观海，忽觉超然万累之表，而行为思想，皆得无限自由。……久于海上者，能使其精神日以勇猛，日以高尚。此古来濒海之民，所以比于陆居者活气较胜，进取较锐。"这些关于水文化、江河文化、尤其是海洋文化的论述，是极其精辟、光照日月的。

6. 中西海陆孔道论。梁启超以海洋文化论指引，早在100多年前，就发现和提出了海陆丝绸之路论。早在1905年，梁启超就在《世界史上广东之位置》一文中提出："古代东西交通之孔道有二：其一曰北方陆路，由小亚细亚经帕米尔高原下塔木里河从新疆甘肃诸地入中国者；其二曰南方海路，由波斯湾亚剌伯海经印度洋从广东以入中国者。此两道迭为盛衰，而汉唐以还，海道日占优势。"他指出："北方陆路，其起源自当甚古，盖我族迁徙，本自西徂东。炎黄以前，其往还或极盛未可知，自有成文史以后（春秋以前，吾假名之为不文史，以后则成文史也）。则西汉张博望（即张骞）通西域一役，实为东亚两文明接触之导线，博望之迹虽未越地中海，然中亚诸国，间接以为之媒介，其影响所被盖甚广。如葡萄、苜蓿、胡桃、安石榴等诸植物，皆由希腊传来，其名称皆译希腊音，班班可证。当时我国输出品之大宗曰丝绢，其销场广及于罗马，罗马国中，至金绢同重同价……"而南路海道之初开通，首次是"后汉桓帝延熹九年，大秦（罗马）王安敦遣使自日南徼外献象牙、犀角、玳瑁"。公元166年（吴黄武五年），有罗马人宗秦论来至交趾，太守送谐孙权，为第二次。227年，东吴交趾太守治署在番禺，领地包括两广安南，这个罗马人是到越南还是到广州不可知。当时广州已有商船遗址无疑。可见东西交通开始从陆路移至海道。梁启超发现这些史料，陆路孔道的发端时间与当今学界所见相同，海道发端时间则被后人推前了（广东省珠江文化研究会学者于2000年6月到徐闻、合浦已实地考察证实）。虽然如此，梁启超在100多年前即有这些发现，提出东西交通海陆二孔道的理论，而且这些发现和理论的首创性持续"百世"之久，其学术造诣之高超怎能不令人折服呢？

7. 文化杂交论。毋庸讳言，梁启超创立的学说和新论，好些是从外国引入的，但却不是外来的"原装货"，而是经改造过的、结合中国实际的中国说、中国论。最典型的实例是《世界史上广东之位置》一文，开篇他即说明："其参考书类，除中国古籍外，取资最多者"有德国、美国、日本等国著名学者的史著和论文，特"谨弁数言，以表谢意"。在《中国学术思想变迁之势》中，他义正词严地告青年同胞："自今以往二十年中，吾不患外国思想之不输入，吾唯患本国学术思想之不发明。"可是他的输入是为了发明创造。他甚至引用"生理学之公例（法则、规律），凡两异性相结合者，其所得结果必加良"。生物如此，文化学术也如此。值得注意的是，梁启超对古代学派的发展变化，也发现有这种杂交现象。他指出："诸派之初起，皆各树一帜，不相杂厕；及其末流，则互相辩论，互相熏染，往往与其初祖之学相出入，而旁采他派之所长以修补之"，以及"往往兼学他派之言，以光大本宗"等现象。他还认为"学派之为物，与国家不同，国家纷争而遂亡，学派纷争而益盛"，这就是因为学派之间是在纷争中熏染、旁采、兼学、杂交他派之所长。可见梁启超的"文化杂交论"，与现在"在对撞中交融，在交融中对撞"的文化交融论同宗同理。这个新论，正是珠江文化有"海上生明月，天涯共此时"之开放性、包容性的典型体现，这也是梁启超开创珠江文流的一个重要佐证。

（四）萌起珠江文派"五气"特质

梁启超以新民说、文界新说、学术新论于维新运动前后，在全国掀起了新民说、文界革命、学术革命的浪潮，同时，他也以这些新说作为百年珠江文流的发端，在十九世纪中叶至二十世纪初叶的清末民初，掀起了珠江文流首段的巨大历史波澜，为珠江文流和珠江学派的创立作出了理论和实践的奠基，尤其是他身体力行的大块文章，对于珠江文派的"五气"特质起到萌起作用，同时也在无意中为文学的"记住乡愁"提供了先驱性的范例。

笔者在本书系的《珠江文典》跋中，从广东新文学经典作家的"记住乡愁"代表作品的相通"气派"，概括出珠江文派有"五气"特质。其实，这些特质，都是从梁启超的理论与实践萌起的，具体是：

1. 天时之气，即自然与时代之气。梁启超说文化学术思想有三个发端："天道""人伦""天人相与"（和谐）。又说："天然者，盖其地理之现象，空界之状态……而生出种种观念也"。可见梁启超很重视自然天气对于文化和文学的影响。但他更重于时代之气，包括时代精神、时代风云、时代气息等等。他的人生历程，可谓与时俱进的历程；他的每篇文章都是合时而著、针砭时弊、为时所需、尤其是发时代强音之作。例如，他写于1900年的著名政论散文《少年中国说》，开头即针锋相对地指出："日本人之称我中国也，一则曰老大帝国，再则曰老大帝国，是语也，盖袭译欧西人之言也。呜呼！我中国其果老大矣乎？梁启超曰：恶，是何言！是何言！吾心目中有一少年中国在。"文章既是驳斥日本和西方帝国主义对中国的歧视与爪分野心，又是对国内悲观、消沉、顽固、保守、享乐、颓废等"老大"现象的批评，同时将中国在历史上的优势如数家珍地数出，以增强国人奋发图强的信心，认为中国仍是少年，并认为"今日之责任，不在他人，而全在我少年。少年智则国智，少年富则国富，少年强则国强"。仅此例可见，梁启超之文，都是反映时代之作、是时代强音之作。这正是天时之气的强烈体现，也可谓文学上以写出时代之气而得以永远记住乡愁的作品范例。

2. 地水之气，即地方水土和人文环境之气。"地理文明论"是梁启超创立的重要学术新论之一，也是他创立的重要文论之一。《论中国学术思想变迁之大势》一文中，梁启超在指出南北学派的差异的同时，进而论述南北文风的差异："燕赵多慷慨悲歌之士，吴楚多放诞纤丽之文，自古然矣。自唐以前，于诗于文于赋，皆南北各为家数。长城饮马，河梁携手，北人之气概也；江南草长，洞庭始波，南人之情怀也。散文之长江大河，一泻千里者，北人为优；骈文之镂云刻月，善移我情者，南人为优。盖文章根于性灵，其受四围社会之影响特甚焉。"这段文字，既提出了"四围社会之影响"之理论，又在文风上体现了珠江文派萌起时所洋溢的"江南草长，洞庭始波"的"南人之情怀"，以及"骈文之镂云刻月，善移我情者"之优势。梁启超的大块文章，大都是既有这种情怀和这种优势。这种文气，也是珠江文派萌起时的文章态势。

3. 世情风格之气，即对人生世态的爱憎与抒发风格之气。梁启超的文章，无论散文、游记、书信、政论、学术著作，除在文化学术上均具有创论立说之特点外，还在文体上具有情热如火、气势如风的风格。其情热和气势，都是对国家、民族、人民、事业、故乡、亲人、师友之高度热爱和高度信念。正如他自己所说那样："我中华者，屹然独立，继继绳绳，增长光大，以迄今日；此后且将汇万流而剂之，合一炉而冶之。於戏，美哉我国！於戏，伟大哉我国民！吾当草此论之始，吾不得不三熏三沐，仰天百拜，谢其生我于此至美之国，而为此伟大国民之一分子也。"这是他在长篇学术论文《论中国学术思想变迁之大势》总论中的一段话。仅以此为例，可见他的文章所洋溢着炽热深情和如海如风之大气风格，是多么感人肺腑，是多么发人奋进！他往往在翔实的论述中，以"梁启超曰"的方式大发议论，直抒胸臆地表达强烈的爱与憎，如当袁世凯企图称帝时，他气愤地一夜通宵写出万字文《异哉！所谓国体问题者》，强烈声言："就令全国四万万人中，三万万九千九百九十九万九千九百九十九人赞成，而梁某一人断不能赞成也。"真是"嬉笑怒骂皆成文章"，强烈的爱憎跃于气势如风的个人风格之中，无愧是萌起的珠江文派之大气之作。

4. 珠江文化之气，即"记住乡愁"之气。梁启超创立水文化和江河文化论，多次谈到代表中国南北之长江、黄河，为何在他的著作中却找不到中国第三大水系——"珠江"一词？笔者认为，并非他忽视或忘本，而是在他的年代尚未发现珠江是个几乎覆盖整个南中国的庞大水系，当时珠江只是广州一个河段的名称。其实，梁启超对故乡、亲人、师友的深情和信念，也突出地体现在他的学术著作和散文作品中。最典型的是他久负盛名之后，在京城写的回忆散文《三十自述》，将他念念不忘的祖根、历程、乡情、亲情写得扣人心弦、余味无穷，依依感恩情、拳拳报国心跃然纸上；同时也从中以一个侧面反映了中国30年的重大历史事件、时代风云、学风文风之迭变，树立了"记住乡愁"与国情文情融于一体的文章范例。尤其是《我之为童子时》，短短千余言，将童稚时偶犯说谎话之错而受母惩罚之往事，铭记"人若明知罪过而故犯，且欺人而以为得计，则与窃盗之性质何异？天下万恶，皆起于是矣"之母训，将传统诚信文化之根寓于母爱之中，更是"记住乡愁"之精品。可见梁启超为珠江文派萌起之作，都是高度凝现文化本根与乡情亲情之气的。

5. 海洋文化之气，即海天寥廓之气。梁启超出生海边，思想意识和观世眼光，都是海洋文化。他的《自励》末句："世事无穷愿无尽，海天寥廓立多时"，充分体现了他所说的"海也者，能发人进取之雄心也"，观海则使人"超然万累之表，而行为思想，皆得无限自由"之大海气魄，同时也体现了他身上的珠江文化"海上生明月，天涯共此时"之特质。他的长篇论文《世界史上广东之位置》，从题目即可见其视野是以"海天寥廓"的世界眼光看广东的位置，并从世界交通的视野在百年前开创了"中西海陆通道论"。这篇文章，是学术界首篇以世界眼光看广东之作，也是最能体现梁启超寓"记住乡愁"之深情于海洋文化大气之中的光辉作品。文章开篇即指出："就国史上观察广东，则鸡肋而已"，但从世界史和交通史上看，广东则是十个"全地球最重要之地点"之一，认为"广东之在中国，其地位恰如欧洲古代之腓尼基，中世纪之意大利市府也"，"实为传播思想之一枢要"，并认为"今日之广东，依然为世界交通第一等孔道"。可见他对故乡之见之情，是从海洋文化出发的，是从广东在世界海洋文化和交通的实际位置和发展前景出发的，视野之大如海，胸襟之大如海，文章之气也如海，可谓珠江文派萌起时期的"记住乡愁"的作品体现"海天寥廓"之气的范例。

梁启超不仅在学术上文化上为开创百年珠江文流作出重大贡献，而且在扶持人才和影响群体上也发挥了重大作用。他创立的"文界新说"及其开创的"文界革命"，不仅在广东、也同时在全国掀起了巨大的文化波澜，今天所称之为"粉丝"的梁启超崇拜者和响应者，如雨后春笋、风起云涌。正如现代著名作家兼学者郑振铎说：梁启超"在文艺上，鼓荡了一支生力军似的散文作家，将所谓恹恹无生气的桐城派文坛打得个粉碎。他在政治上，也造就了一种风气，引导了一大群人同走。他在学问上，也有了很大的劳绩；他的劳绩未必由于深湛的研究，却是因为他将学问通俗化了，普遍化了。"也正如与梁启超同代的广东佛山人、著名小说《二十年目睹的怪现状》作者吴趼人（笔名我佛山人），当时在《月月小说发刊词》中所言："吾感于饮冰子（即梁启超）《小说与群治之关系》之说出，提倡改良小说，不数年而吾国之新著新译之小说，几于汗万牛、充万栋，犹复日出不已，而未有穷期也。"可见梁启超培养人才之多、影响群体之众、掀起历史波澜之大。

从上可见，梁启超以他创立的新学和开创的维新运动、文界革命、学术革命，在近现代中华历史长河中全方位地发挥了领潮争先、推波助澜的重大作用；同时，他又以创立的理论和身体力行的实践，尤其是情热如火、气势如风的大块文章，为萌起珠江文派作出了奠基和表率，为百年珠江文流掀起了首段历史波澜，并以他的光辉成就照耀着珠江文流之百年流向。所以，梁启超无愧是近百年中华文明史的揭幕者之一，同时，也是百年珠江文流的开创者和"百世师"。

二、由朱执信、杨匏安、洪灵菲等革命者和作家分别在五四运动前后掀起的"土话文""美学"与"革命文学"波澜

1919年在北京爆发的五四运动，揭开了中国现代史的光辉首页，也将百年珠江文流推向新的历史阶段，并在这历史阶段中，明显突出了领潮争先、推波助澜的珠江文化特质，尤其明显的是，运动爆发的始点，是1919年5月4日北京学生在天安门举行大会。仅过七天时间，即5月11日，广州东堤举行几万人国民大会，呼出"反二十一条""收回青岛""严惩卖国贼"等口号，可谓及时而最早地响应这场伟大运动。特别值得注意的是，五四运动从反对卖国条约的爱国运动，发展为以欢迎"德先生""赛先生"为口号、以倡导民主和科学为核心的思想解放运动，同时又发展为新文学运动。这对于珠江文流而言，尤其

是直接而有重要意义的。因为有三位广东代表人物在五四运动前后，以自己首创的理论与实践，既体现珠江文流在全国性的时代潮流中领潮争先，同时又独辟蹊径将梁启超在维新运动中开创的珠江文流向前推进，掀起了第二个历史阶段的历史波澜。这三位代表人物及其理论实践是：

（一）朱执信倡导的"本土白话文"及其创作的现代广东第一篇白话小说《超儿》

朱执信（1885—1920），原名朱大符，广东番禺（现广州）人。1904年留学日本，并结识了孙中山，从此参加革命活动，是孙中山得力的政治和军事助手，从1908年至1911年辛亥革命爆发，几乎所有革命起义都有他的参与；他发表许多阐述孙中山三民主义的重要文章，参加孙中山《建国方略》的制定，是国民党初期主办刊物的主笔和主要理论家，是民主革命杰出的代表人物与社会活动家。1920年9月21日在虎门战役中遇难逝世。

朱执信曾亲身参加北京天安门广场开幕的1919年五四运动大会，运动后期多次参加文学改良和关于白话文的论争，显示出他既是时代的"弄潮儿"，又是很有独特性的理论家和开创性的作家。最突出的事例是：被称为倡导白话文先驱的胡适，在五四运动后期发表了《多研究些问题，少谈些主义》一文，朱执信当即发表《新文化的危机》一文，直面批评胡适的观点错误，认为"谈主义，谈问题，是一样的"，如果"只谈问题，不谈主义，危险最大"。同时，发表《广东土话文》一文，提出："白话是活的，文话是比不上的"，白话文表达上"自然"，应用上"明白"，对胡适倡导的白话文既表赞成又作了重要补充。更为重要的是，朱执信在这篇文章中，还提出："我想各省各县，除是没有土语，或是土语太不完全、不堪用的以外，都可各自用土语来做文章。广东人、琼州人、客人、潮州人、福建的漳泉人、福州人、浙江温台人、宁波人、江苏的苏州人、上海人，都可以用各地的话来写文章。"这是因为"做的也是嘴里的活土语，变做纸上的麻痹国语。看的也是把眼睛里的麻痹国语，翻做心里的活土语。而在做的人，总有许多表达不出的意思；在看的人，也总有许多囫囵吞下去，解释不清的地方。"所以，他主张"广州人对广州人讲广州土话，并不主张广州人对中国人、对世界人，都讲广州话。更不能要求中国人、世界人，都对广州人讲广州话。而现在广州人，除自己谈话以外，还有对中国人讲话的必要。所以没有地方性质的出版，应该用国语"。这个观点，是从谈话与写作对象不同出发而分别使用国语或本土语，并以"自然""明白"为宗旨的，不是一概将国语与本土语对立起来，较能使人接受，对于广东文学来说尤有重要意义。尤其是对文学语言来说，适当使用方言土语是体现地方色彩的重要手段，是"记住乡愁"的文学途径之一。所以朱执信关于"土话文"的主张不仅对珠江文流有重大影响，对全国各地都有普遍意义。

值得特别注意的是：被称为中国新文学第一篇白话小说的鲁迅的《狂人日记》，发表在1918年《新青年》杂志上，而朱执信则于1919年《新建设》杂志第一卷第二号上发表了被称是广东新文学第一篇白话文小说《超儿》，时间差距不足一年，典型地体现了珠江文流领潮争先的特点。这篇小说全文五千多字，以两个青年女子柳意和小鞶的对话展开故事情节，从凤生追求小鞶到结婚生出超儿不断吵架的故事，探索人生谁支配谁的社会问题，旨在对"支配人"封建思想的批判，这是五四对人生的热门"问题小说"，与当时叶绍钧、冰心同类作品异曲同工，体现了珠江文流与全国文流同步。

（二）杨匏安开辟中国美学领域及其创作的广东首篇"狂人日记"式小说《王呆子》

杨匏安（1896—1931），广东香山（今珠海）县南屏乡人。自幼受家庭古典文学熏陶，进读广州广雅书院。毕业后回乡任小学教师，因揭露校长贪污，反被以"图谋不轨"罪名被捕入狱，保释出狱后赴日本拟留学，却因狱案被人误解，致失学失业，便自编油印刊物《如此》出售谋生，同时自学日文翻译作品，任小学代课教师。1916年回国返乡结婚后，到广州任中学教师，并为报刊投稿和翻译作品。1919年五四运动爆发，他带领学生参加广州的游行活动，同时在进步报刊《广东中华新报》发表大量宣传马克思主义和西方哲学、美学著作的文章。1921年春，广东正式成立共产党组织，杨匏安即被吸收正式入党，投入革命青年工作，当选为广东社会主义青年团执委会文书部负责人，后任粤汉铁路局广州分局编辑主任，投身工人运动。1923年国共合作，被任命为共产党在国民党中的党团书记、组织部秘书。1924年住广东区委监察委员。1930年参加组织省港大罢工被香港政府逮捕，关押50天被驱逐出境。1925年被国民党广东省党部选为常委兼组织部长。后又被选为国民党中央九个常委之一。1927年在中国共产党第五次代表大会上被选为中央委员。广州起义失败后，被派到南洋各地活动，1929年回到上海，在党中央机关参与报刊编辑工作，编译出20余万字的《西洋史要》，并兼任中共农民部副部长。1931年7月25日被捕，宋庆龄等呼吁释放，周恩来设法营救，无果，不久即被秘密处决。

杨匏安是无产阶级革命家，他的一生始终站在时代洪流的风口浪尖上；他又是著名的革命理论家、翻译家、作家，他的著作更是引领时代风骚的不朽名篇，鲜明突出珠江文流领潮争先、推波助澜的独特风采。例如，1919年11月《新青年》第六卷第五号发表李大钊的《我的马克思主义观》。同年11月11日至12月4日，杨匏安在《广东中华新报》副刊《通俗大学校》上，连载他的长篇论文《马克思主义》，只有不到半年的时间差，而且，这是广东最早系统宣传马克思主义之文章，可谓最早与李大钊南北呼应之作。尤其是在1919年6月至8月，也即是五四运动方兴未艾的时候，杨匏安在《通俗大学校》上连载以《美学拾零》为总标题的三万余字的美学文章，系统介绍西方美学大家柏拉图、康德、费希特、黑格尔、哈特曼等的美学理论。在此之前，我国学者仅王国维、蔡元培在文章中谈到过叔本华、康德的美学思想，但系统的美学论著还是个学术空白，所以杨匏安自谕是"历时数载"写出的这篇专著，可谓开辟中国现代美学理论和领域的开山之作。已故的中山大学著名哲学家马采教授称：这篇文章在当时"使人们大开眼界，开始了解到西方各种美学思想的来龙去脉和基本内容，进而比较、分析，作出选择。尤其是该人以三分之一的篇幅着重介绍了近代美学大家哈特曼的美学思想，反映了当时国际学术界掀起的一股哈特曼热的美学动向，也填补了我国迄今为止的西方美学史研究中的空白"（转引自中央文献出版社1996年10月出版的《杨匏安文集》，678页）。可见杨匏安开创的中国现代美学的重要领潮意义。杨匏安后来发表的介绍西方哲学的《世界学说》《马克思主义浅说》《西洋史要》等，也都是有同样意义的著作。令人惊讶的是，杨匏安还创作小说作品，他写的短篇小说《王呆子》，写的是主人公王呆子以假装痴呆取得恶霸郑某信任，在翌年杀其全家，而为被其迫害死去的父母和姐姐复仇的故事，深刻地反映了社会的阶级矛盾，揭示了阶级斗争的重大课题。这篇小说与被誉为中国新文学首篇小说——鲁迅的《狂人日记》，主题相近，文体相近（即有文言又有白话的小说），而且发表时间也相近：鲁迅的《狂人日记》在1918年《新青年》发表，杨匏安的《王呆子》则于同年在《广东中华新报》3月14日至22日连载，所以《王呆子》被称为广东新文学首篇"狂人日记"式小说。这也是杨匏安的理论与实践具有掀起珠江文流第二阶段历史波澜意义的典型事例。

（三）洪灵菲倡导的革命文学及其代表作《流亡三部曲》

洪灵菲（1902—1934），广东潮安人。1922年在金山中学毕业，考上中山大学前身广东高师，深受当时在该校任教的著名作家郁达夫的赏识和影响。在校期间，他积极投入革命洪流，参加过五卅、"六二三"、北伐、省港大罢工的宣传工作，并参加了中国共产党，曾任国共合作时国民党中央海外部秘书。1927年广州"四·一五"大屠杀后，他逃亡香港、新加坡、曼谷等地，数月后回到上海，担任闸北区地下党委书记，并积极投入革命文学活动，组织文学社团，出版刊物，并进行革命文学创作，出版了大量小说作品，成为颇有影响的革命文学理论家和作家。1930年春，中国左翼作家联盟在上海成立时，他被选为七常委之一；1932年夏，中国左翼文化总同盟成立时，他也被选为七常委之一。1933年7月26日，他在北京李大钊侄女家被捕，当时宋庆龄和许多爱国人士均先后发表声明抗议，但随后1934年敌人仍将他在南京雨花台秘密处死，年仅32岁。

从百年珠江文流的发展进程看来，洪灵菲可说是继朱执信、杨匏安之后，在二十世纪三十年代，既是作为珠江文流的代表而在中国现代文学革命洪流中发挥重大作用的领潮者，又是将珠江文流第二段历史波澜推向高峰的卓越代表人物。洪灵菲最大特点是：将全国革命文学潮流与珠江文流结合得很密切，使珠江文流既在全国大潮中推波助澜，又使珠江文流独辟蹊径地汹涌前进。例如，他在上海加入了蒋光慈、阿英、孟超等人创办的领军当时全国革命文学潮流的"太阳社"，同时，又与广东同乡人林伯修、杜国庠、戴平万组成"我们社"，出版《我们》月刊，与"太阳社"异曲同工地倡导并创作大量的"革命文学"作品；他在"左联"工作期间，既在理论与组织上着力倡导革命文学，同时又在创作上写出了大量具有浓郁珠江文化色彩的革命文学小说。最典型的是他的长篇小说《流亡三部曲》。这是他以亲身经历的在上海、广州的地下斗争生活而写成的自传体小说。小说主人公沈之菲、黄曼曼，实际是他与妻子秦静（原名秦孟芳）的化身。这是一部正面描写二十世纪大革命时代地下斗争、尤其是"四一五"事变后地下革命斗争的史诗性作品，又是当时文坛的"革命加恋爱"的浪漫革命文学的领潮之作，与郁达夫的《沉沦》、蒋光慈的《少年漂泊者》和《短裤党》等著名小说是同类作品，但正如著名评论家孟超（是洪灵菲同代人）在1951年《洪灵菲选集》初版序言中所说：这是洪灵菲"最初的作品，自然这里边所表现的，只是一般小资产阶级的思想感情，如果我们拿20年后现在的尺度去衡量它，也许会感到不够完整，不够精练，或者与今天的要求不能完全契合。然而追溯起来，从革命文学的发展阶段上看，那是正在开创的初期，这作品却已经能够表现那一时代，并且代表了当时的情调风格等等，是值得我们重视的。正因为这个原因，贯串在整个《流亡》中的，一方面是以感情去接触革命，另一方面又不免是抽象地表现了革命的概念。他以浪漫主义的表现方法，在革命的故事中糅杂了不少的恋爱场面，我们也不能否认在风格上是受了郁达夫的影响（自然也没有郁达夫颓废的一面）。可是，我们更应该着重地指出：他不但是忠实地反映出在革命低潮中革命青年由各种苦闷而转到反抗的历史事实；同时，并以愤慨的热情，恣肆的笔力，对于那黑暗的政治，黑暗的社会，以及屠夫刽子手的疯狂的压迫与屠杀，加以无情的暴露，进一步地指出革命才是唯一出路，这样鼓舞了广大青年，教育了广大青年。因此，他对青年起了一定的影响，对革命运动起了一定的积极作用"（引自人民文学出版社1982年1月出版的《洪灵菲选集》，27页）。可见洪灵菲创作在当时的领潮作用和意义。同时，还值得注意的是，洪灵菲在《流亡三部曲》中，记叙主人公在广东和海外的苦难历史时，有不少海内外风土人情的描写，人物的对话大都用粤语或潮汕话，在革命风云中表现了地方色彩。这也是洪灵菲创作具有掀起珠江文流第二阶段历史波澜意义的一个重要原因。

其实，在五四运动前后，除朱执信、杨匏安、洪灵菲之外，对于掀起珠江文流第二阶段的历史波澜作出贡献的革命者和作家，还有孙中山、廖仲恺、何香凝、彭湃、谭平山、阮啸先、冯铿、冯宪章、戴平万等卓越人物，限于篇幅就不一一列论了。这种政治与文学合流、革命家与文学家合流的现象，是梁启超开创的百年珠江文流一大传统，也是其第二段历史波澜的最大特色和优势。

三、以欧阳山从"粤语文学""大众小说"到"新写作作风"之路，蒲风、温流与"中国诗坛"，以及黄谷柳的《虾球传》和粤港"方言文艺运动"，在抗日战争和解放战时期掀起的第三段历史波澜

在抗日战争和解放战争的历史背景下，在决定民族存亡和国家前途的重大关头，珠江文流更是汹涌澎湃、勇往直前。这段历史波澜的最大特点是：文艺家积极主动地投身到火热斗争中去，到工农群众中去，以文艺为武器参加战斗，以文艺为纽带与群众相结合，并在融入全国斗争洪流的同时，特别注重发挥地域特色和优势，倡导新的理论并大力进行新的创作，从而继续并更大地发挥领潮争先、推波助澜的传统，掀起了百年珠江文流第三段历史波澜。突出的事例是：

（一）欧阳山从"粤语文学""大众小说"到"新写作作风"之路

1932年"九一八"事变爆发，开始了伟大的抗日战争。当时在上海成立不久的中国左翼作家联盟及其"文艺大众化"的号召下，欧阳山（1908—2000，笔名罗西）在广州创办"广州文艺社"和成立"普罗作家同盟"（后改为中国左翼作家联盟广州分盟）的同时，提出"粤语文学"口号，在《广州文艺》杂志发表大量粤语文学作品进行倡导。欧阳山在《生底烦扰》序中称：粤语文学运动的目的，是"企图使文艺在最可能的最短期间内和人民大众，尤其是工农大众结合起来，必须有着使他们了解和爱好的充分的作品"；另一方面，在于中国语言比较复杂，"大众语存在于每一个地方的大众底口头里。它底顽强程度使得'一元国语'及其相类似的运动者们底笔尖成为腐朽的灰泥。我们所要做的事情就在于怎样把大众口头所说的话经过适当的记录而发挥它们底最精彩、最美妙的特长。在文学方面，我们要求建立中国的多元性的方言土语文

学"，"运用现有的白话人来从事创作是必要的，运用各地原有的方言土语来从事创作更是必要的"。欧阳山的这些观点与朱执信《广东土话文》的看法何其一致。欧阳山亲自创作短篇小说《跛老鼠》《懒理》、粤语诗《唔算出奇》，以及中篇小说《单眼虎》等粤语文学作品，还将当时女作家草明用普通话创作的《缫丝女失身记》改成粤语作品《苏妹点样杀死佢大佬》，在《广州文艺》连载，引起强烈反响，既有争议，也有不少人热心支持。同时也由此形成了一个壮大的粤语文学的左翼作家群。值得赞许的是：广州"左联"的作家们还积极支持工人运动，支持石井兵工厂工人和太古码头工人罢工，散发为工人鼓气的作品和传单，真正投身到火热斗争和工农群众运动中去。可惜不久因欧阳山受到通缉，被迫解散。

1941年，欧阳山到当时抗战的"陪都"重庆，仍坚持文艺大众化方向，提出创作"大众小说"的口号，并身体力行，创作出不少反映抗战的大众小说作品。值得注意的是，此时他虽不在广东，但仍主要写广东题材的作品。代表作是中篇小说《流血纪念章》。小说序言的题目是《我写大众小说的经过》，详述了他从三十年代倡导粤语文学以来坚持文艺大众化的历程，说明写大众小说也仍是继续走这条路。小说《一个农民口述的广东故事》的主人公是名叫梁龙的打石匠，性格耿直而又有点古怪，被人称为傻子。他在哥哥开的刻石店里干活，做事认真，但有健忘的毛病，常常忘记顾客交代的交货日期，顾客责备他，他又常常与人争吵，甚至打架，弄得他哥哥也无可奈何。不久他参加了军队，到抗战前线打仗，在一次激烈战斗中，一位同班战士为救他而牺牲了，他也受了伤，因此获奖一枚纪念章，并获准长假回乡。乡亲们欢迎他回来，以为他有纪念章会有许多钱，一段时间后，知其底细是个穷光蛋，人们渐渐冷淡了他，又逐步知道他的纪念章不是纯金物，是别人牺牲换来的，更看不起他。于是他重返前线，勇敢战斗，取得了真正属于自己的纪念章。此外，欧阳山还发表了《三水两农夫》《好邻居》《扬旗手》《英烈传》《世代冤仇》《爸爸打仗去了》等作品，都是广东题材的抗战大众小说，又都是写社会下层群众的大众化作品，使读者感到新鲜，深受欢迎，推动了抗战，同时也向全国推进了珠江文流的文化波澜。

1942年，欧阳山在延安参加了延安文艺座谈会，积极响应毛泽东号召，深入工农群众的生活，创作了《活在新社会里》等作品，尤其是长篇小说《高干大》，这是一部以描写农民高生亮创办合作社为边区群众办实事、做好事，歌颂新社会、新人物、新事物的新小说。欧阳山写这个人物，虽然与他过去创作中主要描写的社会下层群众人物相同，但已不是旧社会受压迫、渴求解救的苦难者，而是新社会为群众办事的主人；虽然这小说也仍是大众化作品，但却是具有新风格的人民文艺创作。所以，毛泽东在"快要天亮"的时候，挥笔写信，"替中国人民"为他的"新写作作风庆祝"，这是对欧阳山数十年来坚持从"粤语文学""大众小说"到"新写作作风"之路的最高评价和肯定。欧阳山这条创作道路，实际上也代表和标志着珠江文流投入全国人民解放文艺大潮的走向，并且由此而连续掀起了百年珠江文流第三段历史波澜。

（二）蒲风、温流与《中国诗坛》

抗日战争时期的中国诗坛，涌现了两位著名诗人，就是被著名学者闻一多称为"火把诗人"的艾青和"擂鼓诗人"田间。如果说，艾青和田间这两位齐名诗人是当时北方诗坛先锋的话，那么，当时广东的蒲风、温流两位齐名诗人，则是可称为当时南方诗坛新星的。再就是，在同个历史时期，如果说当时胡风主办的《七月》杂志所团结的诗群是北方"七月诗派"的话，那么，当时蒲风、温流在广州主办的《中国诗坛》杂志所团结的诗群，则可以说是南方《中国诗坛》诗派。

蒲风（1911—1942），原名黄日华，广东梅县人，家境贫寒，在家乡读小学时即倾向革命，1927年大革命失败之后，因参加进步学生运动，被迫逃亡印尼。1930年回国进入上海中国公学，专攻诗歌理论并进行诗歌创作，1934年留学日本，两年后回国先后在青岛、福州、梅县、汕头、厦门开展诗歌创作活动。1938年投身新四军，奔赴抗日前线，1942年在苏皖边区不幸病逝，享年仅31岁。

蒲风在抗日战争中是赴汤蹈火的革命战士，又是革命的诗歌活动家和创作丰富的诗人。早在1931年"九一八"事变后，他即在上海与穆木天、任钧、杨骚等组织"中国诗歌会"，提出新的诗歌主张：要有"歌唱新世纪的意识"，用"俗言俚语"入诗，使诗歌"成为大众歌调"，"我们自己也成为大众的一个"。显然，他的人生道路、创作道路和诗歌创作，都是投入火热斗争、与群众相结合的。他的代表作《六月流火》，是1935年发表的长诗，是蒲风在家乡梅县采集到的素材写成的。长诗正面表现了在"围剿"红军时期，国民党强迫王家庄的农民毁田筑路，农民奋起反抗，形成了一股势不可挡的铁流，最后在红军支援下取得胜利的过程。全诗以高昂的格调热烈歌颂了在革命低潮时的艰苦斗争，发出了革命的强音："铁流哟，如今，翻过高山，流过大地的胸脯，铁的旋风卷起了塞北沙土！铁流哟，逆暑披风，无限的艰难，无限的险阻！咽下更多数量的苦楚里的愤怒，铁流的到处哟，建造起铁的基础！"这是较早歌颂红军长征的作品之一。他写抗战题材的作品更多，发出的时代强音更激烈，诗集《钢铁的歌唱》是代表作，发出的都是愤怒的心声："怒吼吧，中国！我们要做炮手哟！""迎着敌人的炮弹，光速般地，我们杀上前！"蒲风的诗在抗战中影响很大，正如诗人江岳浪在当时所说：蒲风是"在中国诗坛上沉闷的氛围里投进一枝火箭，披着雪亮臬流的棱角，在动乱时代下燃起了巨大的火把"（转引自张振金《岭南现代文学史》，152页）。据此，蒲风可誉为"火箭诗人"。

温流（1912—1937），原名梁惜芳，广东梅县人，是蒲风同乡，也是齐名诗友，在广州读中学时开始诗歌创作，与当时在上海主持中国诗歌会活动的蒲风有直接联系，1933年夏成立中国诗歌会广州分会，并负责分会工作；1936年冬，在广州艺术工作者协会，主编《今日诗歌》。1937年1月13日，因鱼骨哽喉去世，享年25岁。温流先后出版了《我们的堡》与《最后的吼声》两部诗集。前者主要是描写农村生活、表现下层群众苦、反映现实斗争的抒情诗；后者主要是抗战题材的作品，其中《田地，咱们守护你》一诗使人印象尤深："田地，咱们守护你！你为我们长过大豆，你为我们长过高粱、小麦，你养活了咱们的牛羊，你养活了咱们自己，你给咱们快乐，你让咱们过好的日子。自从来了鬼子，咱们就活不下去；在你身上：咱们的房子给烧去了，咱们的高粱给斩下来，咱们的大豆给抢去，咱们的小麦给踏死了。战壕在麦田上爬了开去，里面全躲着鬼子，大豆田给填成平地，上面全停着鬼子的飞机。……咱们不能再呆下去，咱们握起枪来，咱们握起刀来，田地，用血，用肉，咱们培养你！田地，用血，用肉，咱们守护你！"蒲风说："温流的伟大贡献是描写现实，表现现实，歌唱现实，而且尤其重要的是针对现实而愤怒，而诋毁，而诅咒，而鼓励歌唱。温流是一个已有相当造就的新现实主义者。"郭沫若在温流逝世一周年《中国诗坛》出版纪念特刊的题词说："你的早逝，不仅是中国诗坛的损失，同时是中国抗敌战线上的损失。抗敌的军号，缺少了你这位俊秀的吹手，使我们几觉寂寞。"（转引自陈颂声、邓国伟编《南国诗潮》，893页）据此，温流可誉为"俊秀诗人"。

蒲风、温流的贡献，还在于将原有的"广州诗坛"，升格为全国性的"中国诗坛"。原广州诗坛是1937年2月成立的，主要成员有黄宁婴、陈残云、陈芦荻等。同年11月，蒲风回到广州，提议要面向全国，壮大组织，易名"中国诗坛"，于7月1日创办同名期刊《中国诗坛》，由温流、雷石榆任主编，增加林林、童晴岚、林焕平、李育中、洁泯等100多位成员，还设立出版社，先后出版诗集百余种。《中国诗坛》杂志一直到1949年5月终刊，历时12年之久，共出版25期，贯串了抗日战争和解放战争全过程，是历时最长、出版期数较多的诗歌期刊，与茅盾主编的《文艺阵地》、胡风主编的《七月》等，是同时期全国性的重要刊物。该期刊除主要发表新诗作外，尚发表许多有影响的理论文章和诗作评论，尤其是郭沫若《开拓新诗歌之路》、茅盾《为诗人们打气》等指导全局文流的文章，好评如潮。期刊除发表臧克家、冯至、袁水拍、吕剑、王亚平等许多名家诗作外，还发表了大量青年诗人作品。由此，这个具有全国影响的诗歌期刊及其凝聚的诗群，被誉为"中国诗坛"派。其主要成员有蒲风、温流、雷石榆、黄宁婴、陈残云、黄药眠、欧外鸥、李育中、楼栖、任钧等。

所以，称蒲风、温流和《中国诗坛》是百年珠江文流在抗日战争和解放战争时期，在全国时代洪流中领潮争先、并在其第三发展阶段掀起历史波澜的拨浪者，并且可与同时著名的诗坛先锋艾青、田间和"七月诗派"相比肩，是有充分事实依据的。

（三）黄谷柳的《虾球传》和粤港"方言文艺运动"

在解放战争逐步取得节节胜利，人民解放力量日益强大的历史背景下，解放战争后期的珠江文流还有一个很大的特色，就是：粤港同体、南北相通、红白相连、国统区与解放区交叉共进的现象。这种独特现象，典型地体现在两大事例中：一是以黄谷柳《虾球传》为代表的南方新的人民文艺创作的出现，二是粤港"方言文艺运动"的讨论。

黄谷柳（1908—1977），出生于越南海防，童年在云南昆明读书，师范学校毕业后，到香港谋生，白天做零工，晚上读新闻夜校，毕业后任《循环日报》校对并学习写作。1931年在广州参加国民党军队，七七事变后随军上前线，是南京大屠杀中的幸存者。1946年3月至香港，1947年创作出长篇小说《虾球传》。1949年后任《南方日报》记者，1953年成为专业作家。1958年被错划为"右派"，"文革"中受迫害，1977年因脑出血去世。他是在极其贫困的条件下写《虾球传》的。小说写一个名叫虾球的儿童，从粤港社会下层的流浪儿，经过种种苦难折磨，最后成为解放区游击队"小鬼"（小战士）的坎坷历程。小说通过这历程的描写，深刻精辟地揭露了旧社会光怪陆离的千姿百态，同时又淋漓尽致地展现了粤港地区的风土人情，尤其是疍家民俗。1947年在香港《华商报》连载，一开始即受到热烈欢迎，不久出版单行本，很快销售一空。后来，日本人翻译为日文《虾球物语》，风行日本；其翻译为英语的首部《秋风秋雨》和第二部《白云珠海》也畅销海外。中国文坛对《虾球传》评价很高，茅盾认为：这部小说"从城市市民生活的表现中激发了读者的不满，反抗与追求新的前途的情绪"，而在风格上"打破了五四传统形式的限制而力求向民族形式与大众化的方向发展"。夏衍赞扬"这是一部很有特色的作品，写广东下层市民生活，既有时代特征又有鲜明的地方色彩"。这些中肯评价表明：《虾球传》无愧是解放战争后期在南方最早出现的南方人民文艺之作。因为它在引人入胜的故事情节和浓郁地方色彩的画面中，既揭露了旧社会的罪恶和苦难，又通过对国统区中的游击区的描写，反映和歌颂了新社会的光明前景。在它的影响下，随后出现的长篇小说《马骝精》（郑江萍作）等许多作品，尤其是较多吸取方言土语使民俗风情特浓的作品，如在本书系《珠江文典》中已选评的《杉寮村》、《珠江河上》（易巩作）等，形成了一道新的创作风景线。所以，黄谷柳《虾球传》对于珠江文流的发展，具有掀起第三阶段历史波澜的拨浪者和标志性意义，而且可以说是在南方开拓与较早时在陕甘宁边区兴起的北方新的人民文艺同类相通、异曲同工的南方新的人民文艺的前奏曲，是珠江文流以自身特色而在全国文艺大潮中领潮争先、推波助澜的又一典型代表。

1949年春天，在粤港两地共同开展的"方言文艺运动"讨论，实质上是从这道风景线的创作实践基础上，开展的理论批评活动，也是一场很有时代和地域特色的文艺活动。当时正值人民解放战争即将取得全面胜利，筹备建立中华人民共和国的前夜，在当时尚是国统区的广东和相连的殖民地香港，进步的作家和理论家为贯彻毛泽东《在延安文艺座谈会上的讲话》精神，根据本地文化实际，从方言文艺讨论如何坚持工农兵方向、建设南方新的人民文艺问题。郭沫若、茅盾、叶圣陶都撰文参加讨论，黄安思、林林、金帆、楼栖、符公望、黄宁婴、静闻、姚理、林洛、孺子牛等粤港文化人，都在《华商报》《正报》《大众文艺》等报刊发表文章，热烈讨论。正如当时黄绳发表总结性的报道所说：经过这场讨论，"在文艺工作者中再没人怀疑方言文艺的意义及其发展前途，在创作上也已经有了坚实的开端，许多作家坚决地在运用人民口语和民间文艺形式上，表示了甘愿向人民俯首，今之珠江流域，将涌现出一个太阳，时代命令着南方的文艺工作者作进一步的战斗，方言文艺运动必须大力发展，必须集结起庞大的队伍，配合着人民的排山倒海的英勇进军的步伐，为中国历史上未有之局建立多少功劳"。他还认为这次讨论明确"为了普及和提高""方言文艺与国语文艺""内容和形式""语言和技巧"等问题的论点"开辟了通向前方的一段路"。1949年5月香港出版的《方言文学》一书，除了汇编论文，尚收集有黄谷柳、楼栖、华嘉、芦荻、李门、梁枫、黄雨、陈残云等写的多种方言文艺作品。由此可以说，这场讨论，是继黄谷柳《虾球传》问世而在创作实践上划出一道亮丽风景线之后，从理论上对以方言民俗为基础的南方新的人民文艺进行探讨建设的重大活动，同样具有体现珠江文流在全国领潮争先、并掀起其第三段历史波澜的作用和意义。

纵观珠江文流第三阶段的突出事例，除前已列出的特点之外，尚有一个明显特点，就是作家群逐步形成并日趋壮大，从欧阳山的"粤语文学"和"广州文艺社"，到蒲风、温流的"中国诗坛"诗派，到黄谷柳等的粤港风情文学风景线，就是这个特点的实证。由此，进而追溯珠江文流从梁启超开创的首段和朱执信、杨匏安、洪灵菲所代表的第二段，至欧阳山、蒲风、黄谷柳所代表的第三段的历史波澜，我们可以清晰地看到：百年珠江文流是全国文流大潮中领潮争先、推波助澜的一支主力军，在中国近现代文化文学史上作出了不可磨灭的贡献；同时有其光辉的发展历程和道路，在每个历史阶段都有领潮的理论和代表作家与代表作品，都有领潮的文艺活动和群体活动，都有新的创作现象和文艺浪潮，都有相应的作家群体和基本群众并步步发展壮大。这些现象说明，经过百年文流发展而孕育的珠江文派，在其第三发展阶段结束后的二十世纪五六十年代，也即在人民当家作主之时，正式成为《珠江文典》所体现和标志的中国重要文派之一，是水到渠成、瓜熟蒂落的文坛盛事。

2017年五一劳动节完稿于广州江南新苑病休中

附注：本文是在参考或参照《梁启超全集》（张品行编）、《朱执信集》、《杨匏安文集》、《洪灵菲选集》、《岭南现代文学史》（张振金著）、《南国诗潮——中国诗坛诗选》（陈颂声、邓国伟编）等著作，并由中山大学中文系博士生包莹从中山大学图书馆借阅而提供资料的基础上写成的。特此鸣谢！

以"珠江恋"凝现珠江文派并构建粤人心灵世界的"互联网"

——"珠江文派与记住乡愁"书链序

南海西樵，文才辈出，文章誉世。据《南海县志》载，明清时代曾登此山的大名人陈白沙、湛若水、戚继光、屈大均、袁枚、李调元、丘逢甲，以及南海乡贤方献夫、霍韬、朱次琦、康有为、詹天佑等，都是流传千古的文章大家。现当代的文化名人郭沫若、董必武、赵朴初、何香凝、马万祺、贺敬之等，也都在西樵山留下足迹和诗文，欧阳山、草明、陈残云、秦牧、华嘉、冯乃超、冼玉清、曾昭旋、陈芦荻、易巩、黄施民、何求等著名广东作家，还有许多默默上山未列入志册的著名文人，或者在此地出生，或者在此地留下足迹文踪。尤其是珠江文派泰斗欧阳山，童年时代从湖北荆州入籍广东南海，并且自青年时代到老年时代都多次到过南海，整个人生历程与南海有千丝万缕的联系，他的代表作品《三家巷》《苦斗》中，大量篇幅写到"南海震南村"，以及在此出生的"生观音"般的美女胡柳、胡杏姐妹；二十世纪五十年代他写的中篇小说《前途似锦》，就是在南海体验生活之作，写的也是南海的故事。因此可以说，南海西樵是岭南（珠江）文化和文学的名家圣地与活动中心之一，是岭南（珠江）文化之海、文学之山，是"珠江文派"发祥地之一。所以在这里举办珠江文派论坛，编辑出版珠江文派书链，以倡导珠江文派，作为建造珠江文明新高地工程的重要组成部分，是最适合的。

珠江文派书链何以要冠上"记住乡愁"之语？众所周知，"望得见山，看得见水，记得住乡愁"，是习近平总书记在全国城镇化进程中提出的号召。如果说这个号召，是要求在农村现代化进程中保持原有山青水秀的自然环境和传统文化风情的话，那么，对于文学创作来说，则是要求作家创造出能够使人"记得住"山水乡情的艺术作品。鼓励各地开展"记住乡愁"创作，正是实现全国地域文化与文学创作多样化的重要途径，也是鼓励或发现文学流派的重要途径。所以，从"记住乡愁"创作入手，正是发现和倡导珠江文派的重要途径。

乡愁，即乡情、乡恋。每个人都有生长或久居的故乡，都有思恋或憧憬的心灵故乡。正如中央电视台曾播出的专题片《记住乡愁》主题歌词所言：乡愁是"记得土地芳香"之故乡儿女"追寻"的"一生情"，又是"年深外境犹吾境，日久他乡即故乡"之游子，多少次"叩问"的"一朵云"。乡愁是一种中国传统文化，是中国人普遍具有的民族情、故土恋。乡愁所念之故乡，既是哺育乡人生长之母亲河的"一碗水"，又是乡人心灵世界中共饮共醉的"一杯酒"；既是分布世界各地华人华侨心灵世界的凝聚点、互联网，又是聚居各地异乡人之间心灵世界的交叉点、相通语。乡愁，尤其对于"文章本是有情物"的文学作品而言，简直是不可欠缺的文化与情感元素；对于每个地域的文化和文学，更是对其进行挖掘或体现本土特质的文化艺术要津，是造成和体现地域之间在文化与文学上差异和特色之重要所在，也即是发现和造就地域性文学流派的重要途径。

这对于广东文学创作来说，是具有特重特强指导意义的。因为广东有史以来一直是移民大省，本土先民是从南海海岛移居上岸的百越（南越）族，现有广府、客家、福佬（潮汕）三大民系，都是秦汉以后逐步从中原南下入粤的移民，大多数港澳同胞的祖籍是广东，遍布世界的华人华侨百分之七十是广东人，现居广东的过亿人口也有十分之三来自全国各地。无论是历代祖居、移居定居、新入定居的广东人，都有各自"记住乡愁"之情，但这种乡情尽管千差万别、人人有异，但都凝聚在"珠江情"的基本点上。因为珠江是广东的母亲河，是广东古今山水风情与"记住乡愁"的凝聚点，是东南西北中先后入粤民系的生活交叉点、相通语，是历代迁入或移外的粤人心灵世界之凝聚点、互联网。所以，这是探究广东地域文化特质的关键，是造就广东文学创作特色以至文学流派的关键。因此，我们以"珠江文派与记住乡愁"书链，既展现和证实珠江文派的存在及其来龙去脉，又进而探求和展现珠江文化在广东文学中的内蕴、根基及其向海外的扩散和影响，也即是：以"珠江情"凝聚珠江文派，并构建境内或境外所有新老粤人心灵世界的"互联网"。

这套书链的首部《珠江文典》，以选析二十世纪二十至八十年代欧阳山、陈残云、秦牧等28位广东新文学经典作家"记住乡愁"代表作品（侧重散文、短篇小说和节选中长篇小说，下同），证实珠江文派的存在，并从这批典范作品中分析出这批经典作家成员，部分是走南闯北的岭南人，部分是多年前来自五湖四海的"老广"的作家群，在创作上大都是以"珠江情"为"记住乡愁"的聚焦点、互联网，凝聚在创作中的都有写作气派相通之"五气"，即："天气"，包括自然气候环境和时代精神之"气"；"地气"，即广东独特的风土习俗之"气"；"人气"，包括在千姿百态的作家风格、人物典型、乡里亲情之间相通之"人气"；"珠气"，即珠江文化气质、特质、内涵相通之"气"；"海气"，即海洋文化及宽宏如海纳百川之大"气"（详见《珠江文典》跋）。这"五气"是这批广东作家群相通为"派"的血脉，是珠江文派的风骨和特质。故曰：珠江文派者，写作气派相通之广东作家群是也。

《珠江文典》所展示和证实的是珠江文派成熟的一代。为了更深层次地证实和展示其来龙去脉，我们进而分别从纵向、横向和根向组编这个书链系列。

从纵向上，一是以《珠江文流》探索和展现珠江文派的源起发祥之流，选析二十世纪初至四十年代的近现代广东先锋作家的代表作品，从梁启超首倡"文学界革命""小说界革命"，到欧阳山首倡的"粤语文学""大众小说"，追溯珠江文派之"来龙"。二是以《珠江文粹》，选析二十世纪七十至九十年代陈国凯、杨干华、吕雷等新时期广东精英作家们的代表作品；以及以《珠江文潮》选析二十世纪九十年代至二十一世纪初的开放时代崛起的广东作家代表作品，以探析和展现珠江文派的发展轨迹之"去脉"，同时也揭示"记住乡愁"文化的心灵世界"互联网"的上下纵深开拓之走向。

从横向上，一方面是以《珠江诗派》选析现当代广东著名诗人"记住乡愁"代表作品，并以《珠江文评》选析现当代文学评论家有关珠江文派和"记住乡愁"的重要著述，以扩大珠江文派的艺术空间和领域，并提供理论支撑；另一方面，以《珠江文港》选析香港、澳门两特区作家"记住乡愁"代表作品，包括在两特区的粤籍作家作品，并以《珠江文海》选析海外粤籍华人华侨作家"记住乡愁"的代表作品，从而探索和展现珠江文派在地域上的扩展和影响，也显示出"记住乡愁"是遍布港澳和海外华人华侨心灵世界的凝聚点、互联网。

从根向上，即是寻找珠江文派和"记住乡愁"文化之根。十九世纪法国著名理论家丹纳在《艺术哲学》中指出："要了解艺术家的趣味和才能，要了解为什么在绘画或戏剧中选择某部门，为什么特别喜爱某种典型，某种色彩，某种感情，就应当到群众中的思想感情和风俗习惯中去探求。由此我们可以定一条规则：要了解一件艺术品，一个艺术家，一群艺术家，就必须正确地设想他们所属的时代的精神和风俗概况。这是艺术最后的解释，也是决定一切的根本原因。"由此，在书链系列中特地编入《珠江民俗》《珠江民艺》《珠江民歌》三部著作，找出珠江文派和"记住乡愁"文化在时代精神、群众思想感情和风俗习惯中之"文根"，也可以说是建造珠江文明高地的一项根基建设。

2016年11月15日

以"粤海风"梳理"南学"文化学术体系和源脉

——"历代珠江文派——千年南学"书链序

"南学"之词，最早作为实指广东及珠江流域之文化学术概念而提出的，是二十世纪四十年代在北京任教的著名学者陈寅恪提出的。据司徒尚纪教授在《泛珠三角与珠江文化》一书中所披露，1933年12月，陈寅恪在读了岑仲勉著作后致同是岭南学者陈垣教授的一封信中指出："此君想是粤人，中国将来恐只有南学，江淮已无足言，更不论黄河流域矣。"从这史料可见：陈寅恪之意是"肯定南学，并预见它会超过黄河流域之北学"。这是最明确提出并高度评价"南学"之论。从全信可以看出，陈寅恪是指"粤人"的著作，而且是从"黄河流域之北学"对应提出"南学"概念的，所以其内涵实指"粤人"学者，并有对应"黄河流域之北学"而提出珠江流域之"南学"之意；所言之"学"，亦应包含学术风气、成就、风格、传统、系统的南方（岭南）特色，也即将会成为与"北学"比肩的"南学"学派之意。可惜陈寅恪这高瞻远瞩之见和殷切期待，一直未受重视。奇怪的是，陈寅恪于二十世纪四十年代末南来中山大学20余年之久，一直未能再言此见，不知何故？

笔者以为，对"派"的概念，词典虽有明确词义，但也不必拘于一格。因为其词本有多义，且对其理解、运用均有广阔天地；以"派"之名进行梳理的文化学术群体，其组合的凝聚点和相通点，也千差万别，大大可不必强求"派"的概念与组合方式千篇一律。毛泽东诗词"茫茫九派流中国"的"派"是指江河，他提倡的"百花齐放，百家争鸣"，每一"花"、每一"家"，都是大小不同的文派或学派。唐诗的"边塞诗"是以题材相同而成派，宋词"豪放派""婉约派"是以风格有异而分派，贯串明清两代300年的"桐城派"，既是以萌生地域为起点、又是以"义法"之文风、学风的相通相承为一体的文派和学派，这都是实证。

其实，广东自古以来，虽无"南学"之名，却一直有"南学"之实。明末清初著名学者屈大均，在《广东新语·文语》中云："广东居天下之南……天下之文明至斯而极。极故其发之也迟，始然于汉，炽于唐于宋，至有明乃照于四方焉。""始然"即开创之意。从汉代至今每代都有著名的学派，"珠江文明八代灯塔"就是明证。屈大均所言"有明乃照四方焉"，是赞扬明代广东的文化学术辉煌影响世界，具体所指是明代中叶湛若水、方献夫、霍韬等大家在南海办四家书院弘扬理学，使西樵山成为当时与湖南岳麓山、江西太和洞齐名的"理学圣地""理学名山"。因此，以此为基地建造珠江文明新高地之"南学"高地，组编"历代珠江学派——千年南学"书链，是实至名归的。

历代珠江学派，源远流长，林林总总，杂花生树，群莺乱飞，但在总体上既有相辅相成之源，又有许多共识相通之脉。这些源与脉，就是历代珠江学派相近相通之学风——"粤海风"（即广东特色并海洋性特强之学风），具体表现在下面"六重"特点上。这些特点是每个珠江学派都程度不同地具有的，但就具体学派而言，有些是某个特点突出，有些是两三个特点兼有；有些在纵向上有承传关系，有些在横向上有相互影响关系；这些关系，使这些学派的个体，往往是这些特点在学术上的交叉点，在总体则是"六重"特点构成的文化学术上的粤海风"互联网"。这"六重"特点是：

一是"重实"，即真实、实际、实践、实用、实效、实惠之"实"。这是历代珠江学派大都具有的特点。如被尊为"粤人文之大宗"的陈钦开创的"古文经学派"。他是西汉广信人，曾向王莽传授《左氏春秋》，自著《陈氏春秋》。在西汉哀帝年间，他认为当时规范的官学是沿用孔子70子弟"信口说而背传记"之作《公羊》《谷梁》，不是孔子原本，有"失圣意"，应用新发现的古籍《左传》为官学，理由是作者左丘明与孔子同道，曾亲见孔子，是正本的古文经，才是真实的孔子学说，故称"古文经"学派。其子陈元发、其孙坚卿承传。这是最早的珠江学派，也是开"重实"重本之源的学派。随后的东汉交趾太守士燮，在任40多年，在三国动乱年代保住岭南避过战祸，自身是著名经学家，著有《春秋经注》；其弟士壹、士黄、士武，分别曾任合浦太守、九真太守、南海太守，又都是经学家，故有一门四太守、一门四士之称；他们又都在任内招贤纳士，传注真经，使中原动乱南下之士有避难所，并施展才华，使岭南成为全国战乱中的一方学术圣地，获得了承传并捍卫学术的实效。

晋代葛洪是一位有多方面卓越贡献的道教理论家和实践家，在代表作《抱朴子·外篇》和《抱朴子·内篇》中，他融汇了儒道释三教理论，全面总结了晋代以前的神仙理论，并长期亲自进行炼丹实践。他在炼丹过程中，发现了一些物质变化的规律，这就成了现代化学的前驱。还提出了不少治疗疾病的简单药物和方剂，其中有些已被证实是特效药，如松节油治疗关节炎，铜青（碳酸铜）治疗皮肤病，雄黄、艾叶可以清毒，密陀僧可以防腐等等。葛洪早在1500多年前就发现了这些药物的效用，在世界上都是领先的。所以，葛洪不仅在学术上是做出多方面具有实际贡献的医学和化学科学家，而且是珠江学派在人文科学和自然科都承传"重实"之风，并"六重"特点俱全的代表。

历代珠江学派尽管"重实"的具体内容和方式各有不同，但求真务实的实质是一致的。可以说，"重实"是历代珠江学派源脉的主干，是每代以至每个学派都承传和拥有的特质。特别值得一提的是，清末以倡导"经世致用""实学致用"的著名大儒朱次琦。他广东南海九江人，人称"九江先生"。他所说的"实学"，是指直接从孔子著述中找到的可以"致用"之学。他认为汉代和宋代的理学，是离开孔子原道的不可致用之学。这种主张，是朱次琦在国家内忧外患日益严重、社会正在发生新旧转型的晚清年代里，为寻求"经世"之法而提出的主张。这种主张之所以影响深远，首先是在于针砭了当时流行空谈的学术空气，反映了务实救世的心声。 由于他欠缺海外现代文明的素养和视野，尽管有"实学济世"之情，也只能从自己饱学孔子原道中找"经世致用"之方了。所以梁启超说朱次琦是中国旧学救世之终结，也可以说是中国旧学"重实"之风的总结。

二是"重心"，即思想、意识、观念、情感、情绪、情境、心理之"心"。最有代表性的"重心"的学术特点的开创者和杰出代表，是唐代著名的佛教禅宗六祖惠能，著有《六祖坛经》，这是唯一中国人著的佛经。他以著名的偈语"菩提本无树，明镜亦非台。本来无一物，何处惹尘埃"，而承受佛教衣钵的禅宗领袖。毛泽东称赞他为佛教中国化、平民化作出了杰出贡献，是中国禅宗的"真正创始人"。在二十世纪中期西方媒体评选世界千年思想家活动中，中国仅孔子、老子、惠能入选，而且他们同时被誉为"东方三圣人"。原因是：孔子首创了儒学、老子首创了道学，惠能则首创了禅学。所以，惠能既是佛教禅宗领袖，又是作为一种思想哲学——禅学的首创哲圣。惠能禅学思想的核心是"顿悟"，即一切全在于人的心灵感悟和领悟；他在接任六祖禅位时发表的"风幡论"（即：非风动，亦非幡动，实乃君之"心动"说），画龙点睛地体现了他的禅学，不仅是禅宗教派的教旨，而且是一种有其思想体系的彻底唯心主义哲学。惠能禅学影响很大，著名大学者梁启超曾言："唐宋后皆六祖派。"文学上的感悟说、心灵说、境界说，皆出于此；哲学上的心学，尤其是宋元理学，在南方兴起的陆（陆九渊）王（王阳明）学派、陈白沙江门学派、湛若水甘泉学派等崇尚的"心学"，皆出自六祖惠能禅学。值得注意的是，惠能虽是中国心学的始祖，但却是个很重实际、实践、实效、实惠的实践家。他主张修佛要"农禅并重""农禅合一"，修禅可以"在寺，在家亦得"，要"以行为上，以解为辅，行进一步，解亦进一步，行愈深"，要"于一切时中行住坐卧，常行直心"，"但行直心，于一切法上无有执著"。这些说法，说明他不拘形式、反对做作，重真心、重实践、重实效、重实惠。正因为如此，南方禅宗在唐武宗灭佛的会昌之难时得以幸存，日益发展，并向北方和海外传播。这就是他将外来的佛教"中国化、平民化"的思想根由。正因为如此，他被尊为珠江文化古代哲圣，是珠江学派"重实"之源和脉的承传和发展之里程碑式人物。

明代以"江门之学"开创"白沙学派"的陈献章，号白沙先生，著《陈献章集》。近代学者称他"上承宋儒理学的影响，下开明儒心学的先河，在中国哲学思想史的发展上，具有承先启后的地位和作用"。陈献章认为世界万物的"本体"是"道"，"天得之为天，地得之为地，人得知为人"。若求"道"，"求之吾心可也"。可见其"道"是其想象的超越宇宙的某种冥冥灵念，而他主张从自己的"心"去求这种灵念，其实也即是自身的灵念，所以，才会得之，"则天地我立，万化我出，而宇宙在我矣"。他还主张"学贵乎自得"，要静中求"自得"，要"以自然为宗"而又要"万化自然"，并强调"自得"就是要使自己的心灵"不累于外，不累于耳目，不累于一切，鸢飞鱼跃在我"。可见他的"道"已不同于程朱理学的道，而是心学之道。这才是陈献章哲学思想的核心。而这心学之道，显然有着承传惠能禅学和陆九渊心学的印迹，又是对程朱理学将心学传统教条化偏向的回归，并直接传予他的学生湛若水为代表的"甘泉之学"，以及王阳明的心学。

开创"甘泉学派"的湛若水，字民泽，广东增城县甘泉都人，故又称甘泉先生。湛若水与王阳明在政坛上合作，在学坛上互敬互磋，共同倡导心学，但各有不同立论、不同从学之群，但也相互应和，故实际上是一个大学派，是继陈献章江门学派之后，南方又一影响全国的学术流派。

湛若水在晚年，曾与方献夫、霍韬两位理学大师在西樵山分办四家书院，各自弘扬理学。方献夫是南海丹灶人，在朝中任职时拜当时自己部下的理学大师王阳明为师，是王阳明首位广东弟子，归隐后在西樵山建石泉书院，讲学十年，弘扬阳明理学。霍韬是南海石头乡人，曾任礼部尚书，辞官后在西樵山开设四峰书院。他的书院是为宗族子弟办学，主要讲授他的代表作《家训》，这在当时具有开创和普遍意义，尤其对于宗族文化建设起到历史性作用。值得注意的是，方献夫在西樵办学的同时，还大力倡导民俗，留下不少传说佳话，如首创"西樵大饼""龙船爬上西樵山""方阁老大塘"等传说。霍韬不仅办书院讲学，还同时经营铁器、木炭和食盐，是佛山一带著名士人兼商人，他倡导的"家训学"，不仅以传统的伦理作为"保家"的核心，还以"货殖"作为保家要素，提出"居家生理，食货为急"等务实的重商理念。这些理论和实践，反映了商品经济在岭南萌起的现实，同时也体现了珠江学派的"重心"与"重实"的特点总是一脉相承并双轨同行的。

三是"重新"，即纳新、创新、新潮以及清新之"新"。珠江学派最早的"重新"人物，是东汉的牟子。牟子以诘问方式写的《理惑篇》37篇，是印度佛教传入中国后，中国人写的最早的宣传佛教著作，是最早从海上丝绸之路引入佛教的纳新者。牟子是广信人，原是儒家学者，又通道家学说，在广信研究自海外新传入的佛教，又成了精通佛教的学者。他以"佛"字翻译佛教"般若"之音义，首创佛教之名，纳新佛教理论，又是"三教合流"的首创者。牟子及其论著，证实了佛教最早由海上传入岭南（另一路为从陆上传入长安），同时也显示了珠江学派以融合多元文化而创新的特点，开创了"重新"源脉的先河。

如果说东汉牟子以纳新外来佛教文化，并融合儒道文化而开创珠江文派的新理论和"重新"源脉，那么，唐代大儒张九龄，则是岭南儒家全面"重新"的杰出代表。张九龄字子寿，号曲江，韶州（今韶关）曲江人，是唐代著名贤相，著有《曲江集》。他一生的行为和政绩，都完整地体现了儒家的思想和风范。他早在"安史之乱"前，已发现安禄山手握重兵，心怀异志，即向唐玄宗呈上《请诛安禄山疏》，指出对安"稍纵不诛，终生大乱"。可惜唐玄宗未能接受，以至日后果真发生祸乱。这件事，既显示了他作为政治家的敏锐洞察，又体现他的忠君思想和品德；他在父亲去世时，辞官回乡尽守孝道，表现了儒家风范；他在回乡期间，上书皇上提出要修凿大庾岭通道，既为乡亲父老造福，又为贯通南北交通立下不朽功勋，而且在修路期间，传说他的夫人又以性命作出贡献。这些政绩既显出这位大儒的高风亮节，又表明他具有珠江学派"重新""重民""重海"的特质和气度。张九龄又是岭南第一诗人，他的诗作，在唐代甚有影响，在中国诗史上也有一席地位，被称为：在初唐诗坛"首创清淡之派"的诗人，启开了后辈孟浩然、王维、储光羲、常建、韦应物等的清雅诗风之先河。他的名诗《望月怀远》："海上生明月，天涯共此时"，既是他清淡诗派之诗风体现，又是珠江文化风格的典型体现，可谓一语凝集了珠江文化海洋性、宽宏性、共时性的特质与风格。故称其为珠江文化的古代诗圣。

其实张九龄的清淡诗风，不仅开创了唐代孟浩然、王维等代表的清雅诗派，还开拓了岭南诗史上历代以清雅诗风为特色的珠江诗派，如宋代以创"骨格清苍"诗风的余靖为首的山水诗群、明末清初在丹霞山发祥的海云诗派等，直至清末的珠江文化近代诗圣黄遵宪，虽不是以清雅为风格，但却是以"我手写我口"的"新派诗"而承传发展了珠江学派"重新"学风之源脉。

四是"重民"，即百姓、人民、民众、民心、民事、民俗、民艺、民族、民系、民权、民生之"民"。历代珠江学派大都有"重民"的特点，但大多不挂重民之名，而是重为民之实。如葛洪在道教炼丹中发现和发明了许多治病良药，虽不言为民，却很实用于民；六祖惠能称"人人心中有佛，直指人心"，"顿悟"成佛，可谓以弘佛而为民。如此等等，既是历代珠江学派"重实"特点的承传，又是特有"重民"之风的体现。打出"重民"旗号之珠江学派，最杰出的是梁启超的"新民说"和孙中山的"三民主义"。

梁启超既是政坛风云人物，又是学术大师、文坛泰斗。他以"新民说"倡导国民性革命，认为改造中国要从改造中国人的奴性、奸俗、为我、怯弱、无动等国民性做起，提倡新道德、新理想、新观念。他说这是"采合中西道德""广罗政学理论"而提出来的。他还先后提出并发动"学术界革命""史学界革命""舆论界革命""文学界革命""小说界革命""诗歌界革命"等等，在各个领域开创新文化先河，成效卓著，影响深远，堪称中国近代国学的一代宗师、近代珠江文化文圣。

孙中山是中国民主革命的首创者和杰出领袖，名文，字逸仙，广东香山（今中山市、珠海市）人。青年时代即开始进行革命活动，提出"驱除鞑虏，恢复中华，建立民国，平均地权"口号，创造以民族、民权、民生为主旨的"三民主义"学说。1911年10月辛亥革命成功即被推举为中华民国临时大总统，次年让位袁世凯，并将同盟会改组为国民党，当选为理事长。1913年护法起兵讨袁，建立中华革命党；1917年在广州组织护法军政府，当选为大元帅，誓师北伐。1919年，在上海将中华革命党改为中国国民党，次年就任非常大总统。1923年，粉碎陈炯明叛变，在广州重建大元帅府。1924年在广州召开国民党第一次全国代表大会，确定"联俄、联共、扶助农工"三大政策，提出"新三民主义"。1925年3月12日，在北京与北洋政府会谈期间病逝，弥留之际仍发出"和平，奋斗，救中国"的呼喊，留下"必须唤起民众及联合世界上以平等待我之民族"的遗嘱，可见他的"重民"心切。"三民主义"，是他的政治纲领，也是他首创的学说。这学说是吸收西方资产阶级自由、平等、博爱的人权思想，为中国推翻数千年封建制度、建立民主共和国的需要而确立的，是以西方现代文化用于中国实际的产物，辛亥革命的成功，体现了这学说的成功，也是近现代珠江文化最大高峰的标志。

五是"重海"，即南海、海洋性、海洋地理、海洋文化、海洋意识和海纳百川之"海"。广东濒临南海，海洋线长，江海一体，受海洋影响很大，文化的海洋性特强，海上丝绸之路和文化学术，都是"始然于汉"，历代珠江学派都有"重海"之特点与源脉。

据《汉书·地理志》记载，汉武帝于元鼎六年（公元前111年）平定岭南后派黄门译长从徐闻、合浦出海至海外多国，这是海上丝绸之路的发端；东汉牟子以《理惑论》传入佛教文化，是最早引入海洋文化学术；南北朝印度和尚达摩在广州西来初地登岸，最早传入佛教禅宗；唐代六祖惠能创造的禅学，改造海外传入的佛教学术，又传扬海外；唐代张九龄的《开凿大庾岭路序》，是我国最早的对接海陆丝路论文，所修的梅关古道，是我国最早人工修凿的海陆丝路对接通道；宋代曲江人余靖，是我国以亲身调查研究海潮的首位学者，他的《海潮图序》是我国首部海洋学论著。这些"第一"的成果，无不证实屈大均所说的广东文化学术"始然于汉，炽于唐于宋"的论断。这些"始"和"炽"的高速发展，与珠江文派的"重海"特点和源脉有着决定性的影响和关系。

到明清时代，珠江文派也是由于具有"重海"的特点和优势，更是达到屈大均所说的"乃照四方焉"的辉煌时代。被誉为古代海上丝绸之路最高峰——郑和下西洋，七次都经南海水域，其中第二次于广东海港出发；利玛窦从西江首次传入西方海洋文明和科学技术；珠江学派由于"重海"而引进和创立的具有鲜明海洋文化特点的学说，更是多得不胜枚举。如洪仁玕的《资政新篇》；郑观应《盛世危言》；"中国第一个开眼看世界的人"——湖广总督林则徐，在虎门销毁鸦片揭开了近代史上反帝斗争第一页的同时，招募外语人才翻译西方书报，编辑成《澳门月报》，并编纂《四洲志》等书吸取西方文化；任湖广总督18年的张之洞，在广东提出的"中学为体，西学为用"理论，以及他为实践这理论而在任内极力推行洋务运动；著述《西学东渐记》的容闳亲率首批30名幼童赴美留学；康有为以孔子大同思想与西方民约论、人性论、空想社会主义糅合为一体，著有《大同书》以及领导"百日维新"运动；清末民初的肇庆人陈焕章，既是中国科举末代进士，又是美国政治经济学博士，他在哥伦比亚大学期间，将孔子学术与西方理财学结合，创造了《孔门理财学》，并且创造了"孔教"和"孔教学院"；等等，这些都是海洋文化的学术理论和实践，都是珠江学派"重海"源脉的承传发展。

六是"重粤",即广东、南越、南粤、岭南、岭表、南海、珠江、岭南、粤海之"粤"。"重粤",即立足广东、面向全国、放眼世界,同时又是站在世界高度、以全国一盘棋、走进广东。这是历代珠江学派的学术起点和归宿,是贯穿古今的"粤海风"源脉,也是梳理"南学"文化学术体系的脉理,建造"南学"文化高地的基石。

最早的"重粤"学者是东汉的杨孚,番禺(今广州海珠区下渡村)人,代表作《异物志》,是第一部记述岭南动植物、矿物等的学术著作,为多家史书列入,故又被称为粤人入志之始,且全书以四言诗体(其实是用"赞"的文体)行文,故又被称为粤诗之始。内容主要是赞美评述"南裔异物",即岭南各种珍奇之物的形态与功用,被称为"有多识之美,博物之能"。如《鹧鸪》:"鸟像雌鸡,自鸣鹧鸪。其志怀南,不思北徂。"这不仅是粤诗之开创,而且意味着岭南风物及文化也登上了全国文坛,既与汉诗乐府同步,又有自身的独特风采。他为官时向皇上提出贤良对策,主张以孝治天下,朝廷采纳而定出父母病故均要守丧三年的制度,可谓开孝治文化之先。他为官清廉,辞官回广州后,河南洛阳百姓特送他两株松柏,种下后即引来广州从未有过的一场大雪,人们称他因清廉将河南的大雪也引来了,故将他的住地取名河南(今广州市海珠区),称他为"南雪先生"。

明末清初的屈大均,是最早最系统做"重粤"学问的大学者。他是广东番禺思贤乡人。16岁补南海县学生员。18岁时参加抗清斗争。清攻陷广州后,仍以出家当和尚作掩护,结交顾炎武等抗清志士继续斗争。晚年回乡隐居著述,直至卒年。他的著作甚丰。他的代表作《广东新语》,是一部广东地方百科全书。他在自序中说:"是书则广东之外志也,不出乎广东之内,而有以见夫广东之外;虽广东之外志,而广大精微,可以范围天下而不过。知言之君子,必不徒以为可补《交广春秋》与《南裔异物志》之阙也"。可见他是旨在"范围天下"而写广东之"广大精微"的,也即是说以天下之眼光写广东,同时也是为补正过去写广东著作之阙而写的。这就清楚其写作意图是在于:向天下推介广东,写新语,立粤学。其效果也正是如此,自其问世后直至当今,数百年研读广东者,莫不以此著为经典,也由此而掀起粤学之风。

自屈大均之后，"南学"蒸蒸日上，长足发展。据司徒尚纪《泛珠三角与珠江文化》一中介绍，由于晚清先后任湖广总督的文化人阮元和张之洞，大力提倡办学，设学海堂等机构，培养了一批饱学之士，学风始盛，声名鹊起。二十世纪初，日本学者内藤虎次郎有"文化中心流动论"，认为明以后中国文化中心在浙江、海通以后将移到广东，与陈寅恪"南学"之见完全一致。此见虽有偏颇之嫌，但对"南学"概念和发展的肯定则是言之成理、持之有据的。

依笔者看来，"南学"的真正蓬勃发展是在二十世纪八十年代初至今，在改革开放的大背景下，受海洋文化影响，广东在全国率先掀起了现代新文化学术高潮，一方面表现在引进大量西方文化学术著作，并吸取西方先进学说开拓新的文化学术领域，如港澳及海外华人文学研究、南海及海洋文化学术研究、海上丝绸之路研究、珠江及江河文化研究、地域文化学、旅游学研究等；另一方面是以新的视野对广东民系和史地的研究，如广府学、客家学、潮汕学、雷州学、岭南学、珠江学、南海学等。这两方面（或两类）学科著作，每种都可称为一种学说，每类学科的学术队伍都可称为一种学派，或者内有多个学派。所以，在改革开放中"先走一步"的广东文化学术领域，也是最先兴起并具有"众说纷纭"、学派林立的景象和格局的，这正是"重粤"风盛、"粤海风"劲所致。

以上"六重"之学风源脉，共汇为源远流长的"粤海风"，贯穿广东历代学派两千年。我们编写这部书链，旨在沿着"粤海风"之风路，梳理"南学"文化学术体系和源脉，为建设"南学"文化新高地铺路。本书链将按时代先后为序，以上古、中古、近古、近代、现代、当代等六个分册编写出版。

2016年11月15日于广州康乐园

文海感言

双方化情写天涯　一心耕耘度浮生

——《浮生文旅》跋

一

既是从文之旅，又是以文照旅。
双文①化情写天涯，一心耕耘度浮生。

二

天生我材必有用，别人不用自己用。
山重水复路何方？走得一程是一程。

三

超前创启冒风雨，事后功成薄利名。
力以水文润业地，开花结果见识情。

四

生不逢时又逢时，路未走对又走对。
自感知足又不足，问心无愧又有愧。

2000年11月15日

---

① "双文"，既指文学、文化，又指论文、散文。

要有文化的视野、品格、气度和境界

——《珠江文化论》代序

在当今文化时代，经营文史事业，要有文化的视野、品格、气度和境界。

文化者，指大文化，乃源于一定客体世界（时代、国家、民族、地域）之共性意识、思维方式和行为方式也。以此去掌握客体世界（领域、学科、现象、人物、作品），即可见：天地间皆有文化，文化中自有天地。

有文化的视野，在文史领域中，会将"死"材料化成活材料，会不断有新发现；这些发现，既是文史研究的深化和发展，又是文化的积累和开拓；既在文化之中，又超出文史之外。

有文化的品格，会有独到的文品和品文之格，即对相同的对象或史料，会写出不同的文章，做出不同的学问，编出不同的稿件，做出不同的事业；日积月累，持之以恒，会形成独家的文品和风格；从而在整个文史领域中，形成真正的百家。

"文以气为主"①。写文、办刊、办事，同样如此。以文化为气，自有风骨；以文化为度，自有力度和深广度；有文化气度，自有文化气魄，文化风度。

"词以境界为最上，有境界则自成高格"②，写文章、做学问、办事情，也是同理。有文化境界，会有更高追求，使文史研究升华，逐步提高档次。无追求即无创造，无创造即无境界。

谨以浅薄之言，与《岭南文史》编者、作者、读者共勉之、共磋之、共行之。

（本文是为《岭南文史》2001年第4期写的"卷首语"）

---

① 曹丕《典论·论文》。

② 王国维《人间词话》。

浮生有限写八"记"，学海无涯划九"舟"

——八十自述并跋《珠江文珠》

不知道从什么时候开始，中山大学每年举办一次祝寿会，为当年寿届70、80、90、100岁的教职员工贺寿。十年前我参加过一次，是贺70之寿；最近第二次参加，是贺80大寿了，实在不敢相信，真是"光阴似箭，岁不我留"啊！既然如此，人生在世，总该留点东西纪念吧？思前想后，只能编本文章选集作点表示。因为自己书生一世，别无所长，只是做点学问，写写文章，从1958年发表文章开始，到现在60余年，粗略计算有近千万字，20多部编著，量多质浅，只好选些有代表性的文章结集一册，作个纪念。这就是编选这部散文集的缘起。

在编选过程中，触卷生情，回味省悟，感慨良多，汇而言之：浮生有限写八"记"，学海无涯划九"舟"是也。

"八记"者，所选散文为八篇所"记"。"既是从文之旅，又是以文照旅；双文化情写天涯，一心耕耘度浮生。"这是我的写作信条。双文者，既是文章、文化之文，又是散文、论文之文；而双文所写，既是记下化情的天涯，又是记下耕耘的浮生。所以，所写的文章皆是"记"。《境记篇》是记下对某处某地文化意境的探索，或者说以意境记下其文化特质和内蕴；《考记篇》是亲历各处各地的考察报告，或者是调研某个课题的参事建议；《游记篇》是写到国内外旅游或讲学时的实地记录；《笔记篇》是读书读稿写下的浮想联翩；《札记篇》是同故人的交往书信或往事追怀；《史记篇》是对学术历程或有所发现的记录；《传记篇》是人生道路或几个转折的记载；《后记篇》是对所著所编之作的感受和推介之文。以上对各篇什选文的解释，不过是为我所选散文分类，也在于以此自嘲：浮生有限，文章亦有限！

"书山有路勤为径，学海无涯苦作舟"是我做学问的信条。以"勤"为"径"，才能上"书山"，以"苦"作"舟"，才能渡"学海"。然而，学海无涯，学无止境。做学问，只能说是乘上小舟在学海中撑伐遨游；每做一个学问（包括开拓一个领域、进行一个项目、课题、专著等），就是乘上一个小"舟"；做成这个学问，就是到达一个小小的彼岸。

　　在走过人生大半"书山"之际，反顾数十年"学海"生涯，虽然大部分岁月是走着"勤路"，伐着"苦舟"度日，但所划之"舟"既小又少，所达驿站或小"涯"，更是小而少。虽有多部囊括近百书目的系列编著，但可称之为"舟"者，也不过仅有九片而已：以《创作方法论》为代表的文艺理论研究之舟；以《欧阳山创作论》为代表的作家研究和文艺批评之舟；以《当代中国文艺思潮论》为代表的文艺思潮和当代文学研究之舟；以《文艺辩证学》为代表的艺术哲学研究之舟；以《浮生文旅》为代表的文化散文创作之舟；以《中国禅都文化丛书》为代表的六祖惠能及中国禅学文化研究之舟；以《珠江文化丛书》《中国珠江文化史》为代表的珠江文化和中国江河文化研究之舟；以"海上丝绸之路研究书系"为代表的"一带一路"研究之舟；以《中国南海文化研究丛书》为代表的世界海洋文化研究之舟。这九片小"舟"，虽已渡到面世之小"涯"，但仍当持续撑伐航行，永无止境也！然，同"学海无涯"一样，学术无限，而人的精力与生命毕竟有限。但愿我开划的这九片小"舟"，能有后人接力撑伐，并将其划渡到更大更高的驿站和境界。

2015年8月1日建军节写于广州康乐园

人生就是走路

——《珠江文痕》代序

（本文原是笔者2015年11月15日在广东省珠江文化研究会成立15周年学术成果汇报展——暨"海上丝绸之路研究书系"《珠江文化丛书》赠书仪式上的欢迎词，现作为《珠江文痕》代序）

首先，热烈欢迎并衷心感谢各位专程来参加我们广东省珠江文化成立15周年庆典和学术成果汇报展，衷心感谢广东科学馆、广东经济出版社、广东旅游出版社、中国西樵艺术院，同我们珠江文化研究会共同举办这次活动。

这次赠送给各有关单位的"海上丝绸之路研究书系"，是由广东经济出版社最近出版的。书系第一辑《开拓篇》四册300万字，是2014年春，我们为响应中央"一带一路"建设号召和按省领导少华同志的要求，从我们20年进行海上丝绸之路研究开发以来出版的近百种相关著作中，精选出四部专著，汇编出版的。2014年春，胡春华书记与少华同志出访东盟三国（越南、马来西亚、新加坡）开拓二十一世纪海上丝绸之路，曾以此为礼品赠送三国领导人，受到海内外人士好评，印尼等国还购买了此书的版权。书系第二辑《星座篇》十册200万字，是我们将20多年来在全省各地考察研究发现、经深入研究论证、评审出来的海上丝绸之路重大历史文化遗存景观，作为海上丝绸之路十大文化"星座"，并以每个"星座"为一本书，由相关专家分工撰写的，计划出齐后汇总为书系的第二辑《星座篇》出版。这十部"星座"书稿，本已在去年8月完成，但由于种种原因，才于最近出齐。所以现在才搞赠书仪式。此外，《梅州："一带一路"世界客都》一书，是最近第四届世界客商大会的礼品用书，属于海上丝路书系，也在此一并赠发。

赠送大家每人一袋的新书中，还有五部新出版的《珠江文化丛书》，包括广东旅游出版社新出版并赠送的《珠江文行》《珠江文珠》，以及《中国珠江文化简史》《珠江文化之旅》《珠江粤语与文化探索》等共五册，共约500万字，是我们在2010年出版300万字大型史著《中国珠江文化史》以后，在珠江文化系列研究上的新成果，也一并作为赠书向大家汇报。

这次举办的学术成果汇报展，有两方面展品：一方面是我会同仁15年来出版的学术著作，以及发表文章和相关评论报道的书籍报刊选件，共约200余种；另一方面是我们自开始研究开发珠江文化和海上丝绸之路以来，在各地考察或举办学术活动的图片，共约300多幅，分列珠江文化行、海上丝路行、广府文化行、侨乡文化行、珠三角文化行、西江文化行、南江文化行、北江文化行、东江文化行、韩江客家文化行、六祖禅学文化行、科技考古文化行等12个专栏布展。在座诸位都会在这些图片和书籍中，或多或少地看到自己的足迹和身影，会看到我们在这15年走过的是怎样的学术道路。

回顾过去，我感到我们走的学术道路有三个明显特点，或者说我们走出了三条有特色的学术道路。

第一，学术发现与学术论著同步。我们有个口号："走万里路，写千字文，著百种书。"我们的方针是坚持"五个结合"（即：参事文史工作与学术研究结合、理论与实践结合、田野考察与文案研究结合、历史文化与现代文化结合、文化研究与多学科交叉研究结合）。这个方针，使我们在"走万里路"中，持续不断地有新的学术发现，同时，在同步进行的论著中，逐步有"著百种书"的新成果。1995年，我们在南雄发现并提出珠玑巷及其寻根后裔文化，为后来成立珠玑巷后商联谊会和世界广府人联谊会开路，同时，我们同步进行和出版了一系列关于珠玑巷文化的论著；1996年在封开发现广信文化、广府文化和粤语发祥地，为岭南文化找到源流，同时，我们也相应地举办了系列研讨会，出版了系列论著；2000年6月，在徐闻发现中国最早的海上丝绸之路始发港，将中国海上丝绸之路史推前了1300多年，接着在湛江举办了全国性的学术研讨会，出版了系列专著；2002年，在南华禅寺1500周年庆典提出并参与主持六祖禅宗文化国际论坛；2003年在阳江为"南海Ⅰ号"宋代沉船定位为"海上敦煌"，受到联合国教科文组织和世界著名海洋学家的赞许； 2005年在粤西四市考察发现"南江文化"，并先后发表有关西江、北江、东江文化的专论著作系列，确立了珠江水系文化系统；2006年出版《十家文谭》，将当时发现和论证的著作，编成系列出版，确立了珠江文化体系；2007年在粤北梅关、珠玑巷等地发现并提出海上与陆上丝绸之路对接通道，2008年提出科技也是文化软实力和科技文化概念，2009年在东莞凤岗提出客侨文化概念，在江门发现"后珠玑巷"、在台山提出广侨文化概念等，均被称为"填补学术空白"的新发现，也都同步举办了学术研讨会，出版了系列著作，使《珠江文化丛书》达近百部；2010年，大型史著《中国珠江文化史》在珠江文化研究会成立十周年之际出版，受到中共中央政治局委员、时任广东省委书记汪洋同志致信表扬；2013年，关于海上丝绸之路的参事建议，受到中共中央政治局委员、广东省委书记胡春华同志的高度重视和批示，并于2014年春出访东盟三国（越南、马来西亚、新加坡）时，将该会主编的"海上丝绸之路研究书系"《开拓篇》作为礼品用书；2014年，我们在梅县松口发现客家人移民印度洋之路第一港，并于今年8月与梅州共同举办了国际性的学术研讨会，会后出版的论文集《梅州："一带一路"世界客都》，也被作为在梅州举办的第四层世界客商大会的重要礼品。这说明我们走这条学术发现与学术著述同步之路，是有成效有特色的。

第二，建言献策与"虚功实做"同步。我会历来挂靠省政府参事室党组，大部分成员是省政府参事和文史馆员，负有参政议政、建言献策、研究文史的职责，是多学科的专家学者，常到各县市、各行业调查研究，撰写《省政府参事馆员建议》建言献策。同时，我们还经常为各地作出文化定位，提供建设策划方案，发表论证文章或谈话，作辅导报告，合办论坛研讨会、承担调研项目等工作，既为省领导和各地市、各部门建言献策，也为其做"虚功实做"的实事、好事、大事，为省领导和各部门、各地市、各协会、各单位服务。如2004年，我们关于珠江文化理论的参事建议，为泛珠三角（"9+2"）区域合作提供了理论支撑，受到时任广东省委书记的中共中央政治局常委张德江同志的高度重视和批示；2011年，提交的关于建设文化大省、建设广东大西关文化等参事建议，也都受到时任广东省委书记的中共中央政治局委员汪洋同志的重视和批示，省文化厅、广州市和云浮市有关单位都先后与我会共同进行落实措施；2013年，关于海上丝绸之路的参事建议，受到中共中央政治局委员、广东省委书记胡春华同志的高度重视和批示，省文化厅、交通厅、水利厅、海洋局、航运局、地税局，以及东莞市、梅州市、江门市和广州荔湾区，都邀请我们作辅导报告，共商落实"一带一路"建设大计并举办论坛，说明我们走这条建言献策与"虚功实做"同步之路，是实在的、实惠的、有益的。

第三，发挥余热与发挥业余力量同步。我们这个学术团队开始的时候，多数是刚退休或即将退休的专家教授，他们学识渊博，专业性强，精力尚佳，都有余热，而我们所开创的珠江文化工程，是多学科交叉的立体文化工程，他们的所长，正是工程的需要，他们大有发挥余地；另一方面，我们也一直按工程和课题的需要，吸收中青年学者参加工作。他们都有繁重的科研教学任务，只能利用业余时间和精力参加课题，与我们密切合作，从而使我们的学术道路，正是老人发挥余热与中青年发挥业余力量同步的学术之路，我们所取得的一切学术成果，都是这条学术道路之特色和成效的实证。

现在，我们老一代学者已逐步跨过了古稀之年，精力逐步衰退，难以再担重任了。我个人就是这样，年届80，眼蒙耳背，力不从心，应当交班了。所以，这次会员大会，还有换届议程。现届常务理事会中心组反复研究，郑重提出第四届常务理事会名单草案，请大家讨论通过，予以支持。

回顾珠江文化研究会成立15周年走过的学术道路，进而回顾我个人80年人生道路、近60年学术生涯，真是感慨万千，激动不已！深感到走过的人生道路，是那么匆匆，又是那么漫长！从孩提时代学走路开始，到读小学、中学、大学，都是学走路，跨出校门走进社会工作，仍是学走路，进入"从心所欲"之年也仍是学走路！人生道路呵，果真如一首流行歌曲所写，是那么"曲曲弯弯细又长"！可慰的是自己"一直看着遥远的远方"走路，迄今还不至于走错路或走回头路，遗憾的是走得太慢了，步子太小了，走得太吃力了，但我还有信心继续向前走，走下去，因为人生就是走路！

年轮、计步器，以及"个别"和"另类"

——《珠江文痕》后记

　　自从2010年6月《黄伟宗文存》（上、中、下）出版后，至今不觉近六年了。在这期间，由于"海上丝绸之路"项目和"珠江文化"工程的需要，我曾将相关的新旧作品，分辑为《海上丝绸之路与海洋文化纵横论》，以及《珠江文行》《珠江文珠》先后出版。由于这三部专题性的书未能囊括我在这期间所写作品的内容，而且未能入选的作品甚多，又因受专题所限而不能体现《黄伟宗文存》出版后的延续性，所以，感到很有必要再编辑出版一部续补文存而又避免重复三部专题性作品的文集，这就是编辑出版《珠江文痕》——《黄伟宗文存》续补的初衷，也是本书的选稿原则和思路。

　　本书为何取名《珠江文痕》？有两方面意思，一方面是珠江文化学术团队学术历程的记录，另一方面则是我个人学术历程的续编，正如本书《题记》所言："树添年轮增德寿，人留文痕似年轮；做事人走做事路，步步留痕德寿增。"自然，这是自勉之词，并无自跨之意，不过是力求像树木每年都在树干内留个年轮那样，留点做事的痕迹而已。正如现在有不少成年人，为坚持走路强身而用计步器记下每天走了多少步路，以此自勉坚持走路的行动和精神。也正是这个原因，我在2015年11月15日在珠江文化研究会成立15周年学术成果汇报展致欢迎词时，发出"人生就是走路"的感慨，并且将这欢迎词作为本书的代序。

　　至于本文题目所示的"个别"和"另类"之说，也是因这欢迎词的遭遇而引发的。事情的经过是这样的。有位老朋友为我这欢迎词所恸，主动将稿子投给某文学报刊，希望发表。不久，一位编辑回复说：这欢迎词只是讲作者的个人感受，太个别了；而且，所做的事是文化，是文学之外的"另类"文章，不宜在我们文学报刊发表。这位老朋友只好拿到某社会科学类刊物试试，所得到的答复则是：我们是理论刊物，尊作只是总结实践经验或策略性的文章，而且我们也没有"文化"专门学科，故不宜用，也同样作为"另类"文章退稿。老朋友在事后才向我诉说这些遭遇，听后令我啼笑皆非，悲叹不已！我感到可悲的不是退稿，而是自己走了20年的学术道路不被人理解、甚至误解：明明写的是我们珠江文化研究学术团队所走过的学术道路，是从珠江水系探索世界江海文化的学术道路，怎么是"个人"的或"个别"的呢？明明我们进行的是包括文学、文化和社会科学在内、并且始终是坚持理论与实践结合的"多学科交叉的立体文化工程"，怎么会被认为是与文学或社会科学不沾边、甚至是欠缺理论、没有专门学科的"另类"文章呢？是不是文化既是一种包罗多种学科或与多种学科沾边、又未能成为一种单独学科而视为"边沿"或"另类"呢？这些误读或误解，是怎么造成的？是这两位刊物编者视而不见呢，还是见而不明呢？是我的文章词不达意，还是我们做的学问或走过的学术道路不被理解或认同？是我们做的学问或做法太落后还是太超前了？……如此等等问题，实在令我反复深思，困惑难解。

2016年元旦于广州康乐园